【美】
亨利·基辛格
HENRY
KISSINGER

冯洁音 唐良铁 毛云 译

A WORLD RESTORED

重建的世界

梅特涅、卡斯尔雷与和平问题，1812-1822

Metternich, Castlereagh and
the Problems of Peace, 1812-1822

上海译文出版社

致威廉·扬·艾略特

致谢

在撰写此书过程中，我得到了很多人的建议和帮助，他们听任我利用了他们的兴趣所在或善意。我对以下人士表示特别感谢：

麦克乔治·邦迪与我有过多次激动人心的谈话，并对部分手稿提出了批评意见。

卡尔·乔·弗里德里希鼓励我努力将历史研究与政治研究结合起来。

克劳斯·爱泼斯坦阅读了几乎全部手稿，利用他非凡的历史知识帮助我修改了一些结论。

斯蒂芬·格劳巴德阅读了部分手稿，有许多个晚上我们在一起交谈，使我产生了很多灵感。

约翰·康威诠释了保守主义的性质，令我获益匪浅。

科瑞恩·李曼校对了整部手稿，提出了许多极其有用的建议。南希·贾维帮助打出了手稿。

没有我妻子的耐心和帮助，这本书不可能完成。

我将本书献给威廉·扬·艾略特教授，在学术研究以及为人处世方面，我得之于他甚多，此生难以回报。

毋庸赘言，书中如有疏漏及不当之处，责任在我。

亨利·基辛格

目录

第一章　概述　1
外交活动的有限性——稳定国际秩序的要素——政治家的挑战

第二章　欧洲大陆政治家　9
梅特涅的性格——国际关系观——早期外交生涯——就任外交大臣——与敌合作的性质——拿破仑在俄国战败的涵义

第三章　不列颠岛国政治家　35
卡斯尔雷的性格——国际关系观——卡斯尔雷与英国国内体制——卡斯尔雷对梅特涅提议调停的反应——皮特计划

第四章　梅特涅与政治均势的定义　51
梅特涅的调停政策——对奥地利策略的定义——克尼塞伯克备忘录——对赴伦敦和反法同盟总部使节的指示——与亚历山大一世谈判——梅特涅的政治均势观——对施瓦岑贝格的指示——战争的原因与和平的性质

第五章　同盟的形成　77
梅特涅与奥地利的国内体制——合法秩序与革命秩序之间的关系——申明维护现状国家的政策——奥地利开始调停——合法秩序与革命秩序中协商的功能——德累斯顿会谈——布拉格会议——梅特涅外交的性质

第六章　同盟的考验　105
英国的同盟观——卡斯尔雷对梅特涅不信任——波兰问题——卡斯尔雷规划普遍同盟条约——同盟战争的问题——法兰克福提议——卡斯尔雷在欧陆的使命

第七章　同盟的危机　131
卡斯尔雷的同盟观——战争目标的功能——同盟的“合法性”——卡斯尔雷与梅特涅的相互理解——朗格勒会议——沙蒂永会议——第一阶段——特鲁瓦会议——定义战争目标

第八章 《肖蒙条约》与和平的性质 155

沙蒂永会议——第二阶段——对魅力型统治的记忆——《肖蒙条约》——波旁复辟——回顾与前瞻的和平协议——《巴黎条约》

第九章 维也纳会议 175

稳定的解决方案的要素——安全与合法性——维也纳会议的外交阵容——会议程序问题——波兰问题磋商——萨克森问题磋商——卡斯尔雷的国内困境——塔列朗加入四国同盟——一月三日的秘密联盟——最后协议——建立合法秩序

第十章 神圣同盟与安全的性质 211

拿破仑的逃离与欧洲的团结——战争的合法化——集体安全的问题——第二次巴黎条约——四国同盟与神圣同盟——政治家与先知——第一阶段

第十一章 梅特涅与保守的困境 231

保守主义与革命——职责与忠诚的观念——理性主义的与历史保守主义——梅特涅对宪法性质的看法——梅特涅对革命性质的看法——保守主义的困境——奥地利的国内体制——从政之道与行政

第十二章 亚琛会议与组建和平 259

合法秩序中的外交——新国际秩序的构成——奥英合作的基础——社会的与政治的斗争——有关亚琛会议的指示——亚琛会议讨论的问题——结束会议

第十三章 《卡尔斯巴德决议》与在中欧的主导地位 279

奥地利与中欧的关系——组建德意志——团结的希望破灭——暗杀科策布——特普利采与卡尔斯巴德会议——大国的反应——奥英合作关系的边缘化

第十四章 特罗保会议与欧洲的组织 297

“梅特涅体系”的结构——英国的革命观——那不勒斯的革命——梅特涅的困境——对神圣同盟的解释——特罗保会议——卡斯尔雷的反应——梅特涅的成就

第十五章 莱巴赫会议与欧洲的治理 325
梅特涅的外交策略——莱巴赫会议——第一阶段——卡斯尔雷与同盟——皮埃蒙特革命——重申梅特涅的政策——外交僵局——欧洲的团结

第十六章 希腊的叛乱 345
希腊的叛乱——第一阶段——政治家与先知——第二阶段——重新诠释神圣同盟——卡斯尔雷重返同盟——汉诺威会面——梅特涅对亚历山大的请求——塔蒂斯切夫-梅特涅的谈判——邀请函与备忘录——意识到岛国政策与大陆政策不符

第十七章 从政之道 375
会议制度的终结——卡斯尔雷与梅特涅的从政经验——从政之道

参考文献 399

索引 411

第一章
概　述

一

身处热核毁灭威胁的时代，不免让人怀念那些较少采取严厉制 1*
裁措施的外交的时光，那时战争的危害是有限的，大灾难几乎无法想象。如此形势之下，也难怪实现和平成为关注焦点，对和平的需求被认为是实现和平的推动力。

但实现和平不像渴望和平那样简单。因为历史离不开复仇女神涅墨西斯的身影，她以另一种形式满足人类的愿望或过分实现人类的祈祷，从而将其击垮。回顾以往，那些看似最和平的日子却是最少寻求和平的时候，而人们似乎无休止地寻求和平的时候，反而始终无法获得安宁。每当和平——即避免战争——成为一个或数个大国的首要目标，国际体系就处在了国际社会中最霸道成员的摆布之下。当国际秩序认识到即使为了和平某些原则也不可让步时，至少还可能在实力均衡的基础上建立稳定局面。

因此稳定往往不是追求和平的结果，而是产生于一种普遍接受的合法性。这里的“合法性”不应与正义的概念混淆，它只是有关可行性安排的本质及外交政策上所容许的方法与目标的国际协定。它意味着该国际秩序框架被所有主要大国接受，至少一定程度上没

有国家过于不满，没有像《凡尔赛和约》后的德国那样以激烈革命的外交政策来表示强烈不满。合法化的秩序并不能完全阻止冲突发
2 生，但它限制了冲突的规模。战争仍会发生，但将以现行格局的名义展开，战后的和平会被认为是更好地体现了“合法化的”普遍共识。传统意义上的外交，即通过谈判协调分歧，只能在“合法化的”国际秩序下进行。

每当有一个大国认为在当下的国际秩序或使其合法化的方式中受到压制，该国与其他大国间的关系就会发生变革。此时，不单是在既定体系下调整差异的问题，而是体系本身的问题。差异调整虽然可能，但会被认为是最终摊牌前巩固地位的战术策略，或是挫折敌方士气的手段。当然，革命国家的动机很可能是防御性的，声称感到威胁时很可能是认真的。然而，革命国家的显著特征不是因为它感到威胁——威胁是由主权国家建立的国际关系中固有的性质——而是没有什么能消除这种不安。唯有绝对的安全——压制对手——才被认为是充足的保障，因此某个大国希望获得绝对安全意味着其他大国将感到绝对的不安全。

外交是一门控制权力使用的艺术，无法在如此的环境下施展。认为只要有“诚信”和“达成共识的意愿”，外交手段总能够解决国际纠纷的想法是错误的。因为处于变革的国际秩序中的每个大国都会被其他强国看做是恰恰缺乏这些品质。外交官仍会会面，却无法说服彼此，因为他们不再有共同语言。由于缺乏对什么是合理需求的共识，外交会议充斥着对基本立场枯燥乏味的重申、对背信弃义的谴责或“缺乏理智”和“颠覆破坏”的指控言辞，变成了一场场煞费苦心的舞台剧，意图将尚未表态的国家贴上某个对立体系的

---

* 边码为英文原书对应页码，书后“索引”中所指页码即为此页码。

标签。

对于长期习惯于和平安宁又毫无灾难经历的国家来说，这将是
艰难的一课。经过一段看似永久的稳定时期，它们几乎不可能相信
革命的国家声称要摧毁现行的体系架构是认真的。因此现行体系的 3
维护方一开始往往如此对待革命的国家，好像它的抗议只是策略层面上的，好像它实际上接受了现行的合法体系，而只是为了讨价还价才夸大了它的情况，好像只是因为心怀怨恨，想得到一些有限的安抚而已。那些及时对危险做出警告的人被认为是杞人忧天；建议随机应变的则被认为是稳妥理智的，因为他们占尽了所有充分的“理由”：他们的论据在现行框架下被视为有效。“绥靖主义”如果不是作为争取时间的手段，那就是因为无力对付无限制目的的政策。

但革命国家的本质特征是它拥有坚持自己信念的勇气，愿意甚至迫切渴望将它的信念贯彻到底。因此，无论一个革命国家能取得其他怎样的成就，它也将产生侵蚀作用，即使不能改变国际秩序的合法性，至少会影响该秩序运行中的制约力量。稳定的秩序具有自发性的特征，革命局势的本质则是具备自我意识。在合法时期，责任原则是再理所应当不过的而从不被提及，因此该时期在后来者眼里似乎肤浅和自以为是；而在革命的局势下，原则却成为关注焦点，一直是人们的话题。成效甚微的努力很快就耗尽了其全部的意义，双方以同样的词语来援引各自有关合法性“真正”本质的版本也就很平常了。由于在革命的局势下，比起调解差异，竞争体系更在意破坏忠诚的行为，所以战争或军备竞赛就代替了外交手段。

二

本书将以法国大革命的结束及战后影响为研究范围，在这十年

时间里，上文提及的问题尤为显著。很少有哪个时期可以如此充分呈现革命的国家出现后引发的困境：词语倾向于改变其涵义，甚至最熟悉的关系也倾向于改变其意义。一种新的思想大胆声称它将重塑现行的责任格局，大革命时期的法国展开行动来实现这一思想。
4 “是什么使得权力合法化？”被卢梭定义为政治的关键问题，而无论他的对手如何努力，都没能消除这个问题。此后，争执不再是在被接受的框架下的差异调整，而是框架本身的有效性；政治竞争成为学说辩论：贯穿十八世纪复杂运行着的权力平衡瞬间失去了它的灵活性，面对声称其政治准则与他国不相容的法国，欧洲均势对大国来说貌似不再是充足的安全保障。但普鲁士和奥地利三心二意地试图恢复法国合法统治者原先地位的努力，只是加强了革命的干劲。一支建立在甚至连最专制的王权神授统治者都无法想象的征兵制度上的法国军队打败了侵略军并迅速占领低地国家，接着出现了一位征服者，他试图将法国革命的道义诉求变为现实。在拿破仑的影响下，不仅十八世纪的合法体系支离破碎，就连至少在同时代人看来作为稳定先决条件的实体防护都被毁于一旦。

尽管拿破仑帝国幅员辽阔，却证明了不被屈从的人民所接受的征服是多么脆弱。尽管拿破仑成功推翻了现行的合法概念，但他未能找到新的替代。欧洲从涅曼河至比斯开湾得到统一，但武力代替了义务，法国革命的物质成就超越了道德底线。欧洲是统一了，但只是消极的统一，敌对一个被视为异类(这是缺少合法性的最确凿的征象)的强国，“他者”意识很快被赋予了道义诉求并成为民族主义的基础。

当拿破仑在俄国战败，构建一个新合法秩序的难题最直接地摆在欧洲人面前。反抗情绪可能制造广泛的共识，或许甚至成为规模最广泛的共识，但这个因它们讨厌的因素而联合起来的共识体的成

员却可能会为该用什么来取代它而争论不休。正因如此，本书以一
八一二年作为研究的起始点。无论人们如何看待它——从对民族自
决的道德辩护到英雄人物的悲剧性命运，已经有了许多诠释——一
八一二年记录了这样的时刻，证明欧洲不能依靠武力组织起来，然 5
而其他手段远不是如此显而易见。显然有散布在世界各地的新势力呼吁民众参政议政，但同样不言而喻的是，这些势力要为这长达四分之一个世纪的动乱负责。法国大革命或许对君权神授观念给予了致命一击，但也恰是该观念的代表被召集起来结束杀戮的年代。在这种形势下，令人惊奇的不是解决方法显得多么不完美，而是多么有理智，不是如十九世纪史学自以为是的学说所评论的那样多么“反动”，而是多么平衡和谐。它可能无法满足理想主义时代人们所有的希望，但它或许给予了这代人更为宝贵的东西——稳定，使人们有机会去实现希望，而不至于受到一场大战或长时期革命的阻挠。本书研究范围以一八二二年为终止年，因为此时从革命冲突中浮现的国际秩序逐渐成形，并维持了超过一代人的时间。随后的稳定时期最好地印证了一个所有强国都接纳的“合法”秩序已经建成，因而此后它们都在此框架下寻求调整而不是推翻它。

欧洲之所以能从似乎混乱的局势中稳定下来，主要是由于两位伟人的努力：以谈判促成国际和解的英国外交大臣卡斯尔雷以及使这种和解合法化的奥地利外交大臣梅特涅。这并非说国际秩序产生于个人的直觉判断。每位政治家必须要在什么被认为是合理与什么被认为是可能之间进行协调。什么是合理的取决于他的国家的国内体制；什么是可能的则取决于国家资源、地理位置和决心，以及其他国家的资源、决心和国内体制。因此，卡斯尔雷因英国的岛国优势而深感无忧，故倾向于只反对公然的侵略行为，但梅特涅作为位居欧洲大陆中央的大国政治家，尤其力图预先防范动乱。英国深信

其无懈可击的国内机制，提倡互不干涉内政的对外政策，而面临民族主义时代本国脆弱体系的危机，多民族的奥匈帝国则坚持拥有普
6 遍干预权，无论何地出现社会动荡时都有权出兵镇压。由于英国只担心欧洲为一国独霸，卡斯尔雷首要关心的就是建立均势。但均势只能限制侵略的规模却不能防止其发生，所以梅特涅试图通过建立一种合法观念并使自己成为该合法观念的监护人来维持这种均势。

两人都各有得失：卡斯尔雷使英国永远成为欧洲舞台的一员；梅特涅始终坚持其呕心沥血建立起的合法原则。但他们的成就不容忽视：一个维持了近百年的和平时期，稳定安宁如此普遍，甚至于可能部分导致了灾难。在这长期和平的时代，人们忘记了惨剧的悲伤，忘记了国家可能灭亡，忘记了动乱的损失可能无法挽回，以及恐惧能成为社会团结的手段。第一次世界大战爆发时歇斯底里的兴奋席卷欧洲，这是一个愚昧时代的症状，但也同样是一个充满安全感的时代才会产生的现象。它表达了一个太平盛世的信念；希望世界都沐浴在爱德华时代的恩泽之下，人们安居乐业，没有军备竞赛也没有对战争的恐惧。若是早知道一九一八年的世界格局，更不用说知道如今的世界格局，哪位在一九一四年八月宣布开战的首相不会因为恐惧而退缩？[①]

如此世界面貌在一九一四年是不可想象的，这恰好印证了两位政治家的作为。本书将对此展开讨论。

---

①　有一个人具有这样的直觉并且的确退缩了，当然，此人是英国外交大臣格雷勋爵。

第二章
欧洲大陆政治家

一

在建立一个新国际秩序的进程中，拿破仑在俄国战败的消息突然席卷了整个欧洲，奥地利所面临的问题几乎具有了象征意义，这既有地理上的原因也有历史原因。奥地利坐落于欧洲中部，受到怀有潜在敌意的各国包围，既无天然屏障，国内又有德意志人、斯拉夫人、马扎尔人和意大利人，民族构成非常复杂，所以成为了欧洲的地震仪。战争只会加速肢解一个只靠同一个王冠维系的国家，因此奥地利必然会是任何大规模动乱的第一受害者。正因为奥地利如此需要稳定，而法律是对现状的表述方式，奥地利代表了限制的观念以及平衡的重要性，代表了法律的必要性和协议的神圣。正如塔列朗所说："奥地利是欧洲的上议院。" 7

但比起地理位置，奥地利的国内格局更是欧洲困境的缩影。直到十八世纪末，奥地利帝国仍是欧洲最具活力的国家之一。即使到一七九五年，普鲁士爱国人士施泰因还认为奥地利帝国比普鲁士更团结兴旺。但如今随着俄国部队向西进军，首先波及的就是奥地利帝国，将其变成了一所"各民族的监狱"。并不是政府体系变得更具有压迫性，而是它的合法性越来越受到质疑，因为监狱不仅可以是物理建筑还可以是一种心理状态。十八世纪的时候谁也不会仅仅因为哈布斯堡皇帝代表了一个德意志人统治的王朝就认为他是个“外国人”。而到了十九世纪这却成了一条常理，且防备情绪造成了适应调整困难，所以奥地利的政策注定越来越僵硬。奥地利帝国
8 没有变，但历史却开始抛弃它。

一八一二年冬天拿破仑大军溃败的残余部队出现在中欧，在奥地利看来代表着一种预兆，既可能是成功也可能是危险：成功的是随着拿破仑军队的溃败，奥地利终于能够在三年后首次实施真正的独立政策，摆脱了生存有赖于某个人的意志这样一种意识；危险的是不知法国瓦解后的混乱中又会发生怎样的变故。对于这个封建时期最后的残余，对于一个如此复杂甚至是微妙的社会结构，民族主义与合理化行政管辖的新思想只能是一种消解力量。更何况不能肯定来自西方的压迫是否会被来自东方的同样的威胁所取代。如何避免软弱无力和灭亡？如何同时实现和平和均势、胜利和合法性？

当帝国命运危在旦夕，政治家的信念是帮助帝国生存下来的媒介，成功取决于这些信念与国家特殊需求的一致性。奥地利注定在其危机年代听命于一位集中体现国家最紧要需求的人物，这是奥地利的宿命而不是幸运，因为就像是希腊悲剧，克莱门斯·冯·梅特涅的成功导致了他长期努力维持的国家最终无法避免地走向灭亡。

正如他所代表的国家，梅特涅是一个时代变革进程中的产物。他生于十八世纪，关于这个时代，塔列朗曾声称法国大革命后的人将永远不会知道生活可以多么美好恬静。梅特涅始终保留了年轻时代的坚定自信。同辈人或许会嘲笑他援引表达常识的箴言，讥笑他

肤浅的哲学思维和圆滑的隽语，他们不懂是历史意外地将梅特涅置于完全背弃其性情的变革时代的争斗，因为就像这个造就了他的世纪，他的风格更适于操作现成的因素，而非意志竞争，更适于通过均衡而非权衡获得成就。他是个洛可可式的复杂人物，八面玲珑，像精雕细琢的棱镜。他的脸精致但线条柔和，他的谈吐精彩却少了一份严肃。不管是在家中的会客厅里，还是在内阁，举止优雅温和 9
的梅特涅都是十八世纪贵族的理想典范，高人一等并非因为拥有真理，而是与生俱来。他从不让步于新时代，那不是因为他不理解其严重性，而是他对此不屑，因此他的命运也是奥地利的命运。

正是此人运用着他年轻时学到的几乎漫不经心的行事风格，统治了奥地利，而且时常是整个欧洲的一代人。但无论梅特涅如何委婉周旋都无法掩盖的是，他的确置身于一场革命性竞争，这使他最不露声色的策略也具有一种无意识的张力。他或许能获得胜利，却无法获得理解，因此，他使用了启蒙运动中最骄傲的主张，即相信理性准则是普遍的，将不断增长的自我意识作为革命斗争中的武器。若梅特涅早五十年出生，他仍会是一个保守派，但那时无需撰写关于保守主义本质的迂腐论文。他会踱步穿过充满时尚气息的客厅，带着毋庸置疑的魅力和优雅气质，巧妙而冷漠地运用着他那迂回却象征着自信的外交手段，身处一个人人都以同样的方式来理解模糊之事的世界。他仍会摆弄哲学，因为这正是十八世纪的流行风尚，但他不会考虑将哲学作为政策手腕。但在一个看似将永远变革下去的世纪中，哲学是唯一能从未定权益诉求中挽救普遍性的方法。正因为如此，梅特涅才那样坚持反对将他个人的名声等同于他的时代，这种态度看似与他的虚荣心相当不一致。如果有“梅特涅体系”的话，那他的成就将是个人的，他的战斗将失去意义。他坚称：“将一种理念个体化，那会导致危险的结论，好似将个人看做一项事业，这是一种错误的观念，因为假使果真如此的话，那就会表明事业并不存在，而只不过是虚饰。”[①]保守主义的困境是必须以它的实质而不是它的说辞来匿名地对抗革命。

因此梅特涅在他永不停息的对革命的对抗中再次回到他长大成人的那个时代的教义，但却以一种强硬的方式来演绎这些教义，此种方式在这些教义仍是理所应当的时代是没有必要的，在应用它们时则曲解了其实质。他仍然属于认为“伟大发条”或“黄金时代”不是虚幻梦想的一代人，宇宙中总有一处可以容纳人类最高尚的志向，对有序机制的理解确保了成功，违反机制的规律必会受到惩罚：“国家就像人类一样，经常违反规律，唯一的区别是受到的处罚更严厉。”[②]“社会同自然和人类一样也有法则，旧的体系就像老人一样，不可能再恢复年轻……这就是社会秩序的运行方式，因为这也是自然规律，所以不会例外……就像物质世界一样，道德世界也会有风暴。”[③]“没有人能让废墟覆盖世界，却使废墟下没有尸体。”[④]梅特涅使用这些十八世纪哲学的老生常谈来反对革命和自由主义，不是因为革命和自由主义是邪恶的，而是因为它们是反自然的，不仅因为他不想生活在其对手图谋建立的世界里，而且因为这样的世界是注定要灭亡的。革命是对欲望和权力的要求，但存在的真髓是均衡，它的表现形式是法律，它的机制是平衡。

因此，这位保守主义政治家是最现实的现实主义者，他的对手则是“空想主义者”。梅特涅在他的政治遗训中坚持说：“我是个实实在在的人，不是诗人。”[⑤]“我的出发点是沉静思考这个世界的

---

① Metternich，Clemens，*Aus Metternich's Nachgelassenen Papieren*，8 Vols. Edited by Alfons von Klinkowström.（Vienna，1880）. Vol. VIII，p. 186. 后文以 N. P 表示。

② N. P.，I，p. 35.

③ N. P.，III，p. 322.

④ N. P.，VIII，p. 184.

⑤ N. P.，VII，p. 635.

事务，而不是别的我不了解的世界的事务，那个世界是与知识截然相反的信仰的对象……在社会生活中……应该抛开仇恨或偏见，通过观察审时度势果断行事……我生来是为了开创历史，而不是创作小说，若我猜对了，那是因为我知道。发明创造是历史的敌人，因为历史只知道已发现的事物，并且只有已经存在的才会被发现。”①这就是哲学王的传说，理想的十八世纪统治者，超越受个人情感支配的领域，冷静，沉着，至高无上。治国之道是有关国家利益的科学，②服从与物质世界规律完全一样的规律。这位政治家是一位深谙 11
此道的哲学家，他执行着他的任务但并不乐意，因为这些任务使他偏离了唯一真正的乐趣所在——对真理的沉思。③他只对自己的良心与历史负责——前者是因为包含了他对真理的观点，后者是因为历史是检验其正确与否的唯一途径。

认为梅特涅自鸣得意和死板守旧的反对声持续了约一个世纪，如今发展成否认他的成就。但一个人能在他参与的每个联盟中都占主导地位，被两位外国君主认为比自己国家的大臣还要可靠，在三年的时间里他实际上是整个欧洲的首相，这样的人不可能是个无足轻重的小人物。他喜欢将他的成功归因于其学说教义的道德优越性，但无疑更多是因为他杰出的外交手腕。他的才华是功能性的，不是创造性的；他善于操纵，但不善于建树。受到十八世纪秘密外交术的熏陶，他更愿意使用委婉迂回的策略而非正面进攻，而他的理性主义思想常常使他错把优美措辞的声明当做才智过人的行动。拿破仑认为梅特涅将政策与阴谋诡计混淆了。在维也纳的汉诺威公使哈登贝格分析了梅特涅于一八一二年危机最尖锐期所采用的外交

---

① N. P. ，Ⅷ，p. 184.

② N. P. ，Ⅰ，p. 33.

③ 见于诸例，可参见 N. P. ，Ⅲ，p. 342，或 N. P. ，Ⅲ，p. 357。对梅特涅政治思想的详细论述参见第十一章。

手法，他写道：“他自信才能杰出……喜欢在政治中施展巧计，并认为这很关键。既然他没有足够的精力来调用奥地利的国家资源……他试图通过用阴谋狡诈来代替实力和品格……如果有某个幸运的意外事故——例如拿破仑的死或是俄国的伟大胜利——能营造出一种世界局势，使他得以让奥地利扮演重要的角色，这对他来说就再适合不过了。”①弗雷德里希·冯·根茨是梅特涅长时期的亲密
12 伙伴，对梅特涅手腕和性格的描述可能是最为概括的：“他不是一个激情洋溢、大刀阔斧之人，不是天才却极具才华；他冷峻、冷静、沉着，是一个出类拔萃的精明人。”②

于是，一八一二年的奥地利就把命运托付给这位政治家了。他是教条主义者，却以十八世纪博学多才者的方式行事。他善于周旋，因为有极度坚定的信念而能够非常灵活地施展手段。他客观冷静，沉着地追逐治国才能这门艺术。他的性格特征是老练圆滑、敏感细腻。这样的人或许主宰的是十八世纪，但他在任何一个时代都令人敬畏。虽然他是位能力平平的战略家，却是一位伟大的战术家，非常擅于在有既定框架的时期或有外因强制目标的时期展开固定的战役。一八一二年正是这样一个时期，梅特涅面对的问题与其说是解放欧洲，不如说是在精神上和物质上恢复均势。

二

梅特涅是著名的奥地利政治家，但他在十三岁前从未到过奥地

---

① Oncken, Wilhelm, *Oesterreich und Preussen im Befreiungskriege*, 2 Vols. (Berlin, 1880). Vol. Ⅱ, p. 88. 写给大英帝国摄政王(当然他也是汉诺威选帝侯，急于拉拢奥地利联合反对拿破仑)的这篇报告，其意义不仅在于评价了梅特涅的政策方法，还在于它解释了梅特涅用阴谋狡诈激励一些同时期政治家却失败的原因。

② Srbik, Heinrich von, *Metternich der Staatsmann und der Mensch*, 2 Vols. (Munich, 1925). Vol. Ⅰ, p. 144.

利，直到十七岁才开始在奥地利生活。梅特涅生于莱茵兰，曾在斯特拉斯堡和美因茨上学，在布鲁塞尔长大，当时他的父亲正在那里任低地国家总督，因此梅特涅接受了典型的十八世纪贵族教育。他既是世界主义者，也是理性主义者，使用法语比德语更在行。但无论梅特涅是多么典型的十八世纪贵族，他却没有追随贵族对法国大革命的乐观评价。在他看来，拿破仑战争似乎不像十八世纪的战争，那时的战争特点是目的明了，规模固定，不会影响职责义务的基础格局。他也不认为妥协能满足征服者的欲望，不相信通过让步可以使其节制，或者可以利用同盟来限制他。他在一八〇七年写道："所有国家都犯了一个错误，认为与法国的协议具有和平的价值，却没有及时准备再战。一个革命的制度不可能带来和平，无论是对贵族宣战的罗伯斯庇尔还是对大国宣战的拿破仑。"[1]他确信各 13
国团结一致的原则高于革命的原则，更加强了上述信念："孤立的国家只不过是所谓的哲学家提出的抽象概念。在国际社会中每个国家都有利益……使它与其他国家联系起来。政治学的伟大原理来源于对所有国家真正利益的认识。保障生存符合普遍利益，而特殊利益只是次要的，虽然不安分和目光短浅的人认为追逐特殊利益是一种政治智慧……现代历史表明了团结和均势原则的实际应用……表明了为推动恢复共同法则，国家间团结一致努力反对一国霸权……那么利己的策略、空想和卑鄙猎取的策略将获得什么？"[2]

但当一八〇一年梅特涅开始外交生涯时，国家间的团结一致似乎无法达成，因为"要想协调永久和明确的原则与一套实际采用时与之直接对立的行为体系，没有什么比这件事更困难的了"[3]。只剩

---

① N. P.，Ⅲ，p. 147.
② N. P.，Ⅰ，p. 34.
③ N. P.，Ⅱ，p. 236.

下建立均势的任务，当然不是为了保障世界和平，而是为了实现尚可忍受的休战。梅特涅二十八岁时被委任为奥地利驻萨克森公使，他的首份外交报告提出了均势的概念，这一思想指导了他一生的政策：必须削弱法国的实力；奥地利和普鲁士应当忘记近来争夺西里西亚的战争。合作，而不是竞争，才是它们应当实行的政策。只有凭借以英国为后盾的强大中欧才能建立均势，因为绝对注重贸易的大国利益和完全内陆的大国利益是永远不可能形成竞争的。①

但基于对实力考虑之上的均势是最难建立的，特别是在一个经历了长久和平之后的变革时期。对稳定的记忆使国家放慢节奏，往往在无为中寻求安全，误将无能认作没有受到挑衅。理性，或许还有协作能驯服征服者，总之要采取不可能构成道德威胁或者完全毁灭的策略。反对变革的联盟总是要经历一系列漫长的背叛和动乱最
14 终才能形成，因为在敌人表露出来之前，代表合法性和现状的大国不会“知道”他们的敌人是不听“道理”的。而且在国际体系被推翻前，敌人也不会表露出来。

梅特涅在一八〇四年被派去与普鲁士交涉建立同盟时体会到了这点。他发现普鲁士王室将正当防御的准备工作认作明确的战争挑衅，认为采取一致行动会埋下世界厄运的种子。梅特涅几乎是其同代人中，唯一认识到普鲁士弱点的人。普鲁士仍沐浴在腓特烈大帝的光环之下，但在长久和平的岁月中失去了斗志。梅特涅以其古怪的风格写道：“有这样一群平庸的阴谋团体……因为对任何决定性行动的共同恐惧而聚集起来……没有人提醒国王，比起在柏林和波茨坦的平原，他的军队可以在战场上发挥更大的优势。腓特烈二世（大帝）死后，普鲁士疆土面积增加了两倍，但实际实力却在不断衰

---

① N. P., II, p. 4f.

退。腓特烈·威廉三世统治着大面积领土，但绝不会与腓特烈二世使用同一种语言，腓特烈二世的首都森严壁垒，从来都是一座军营。”①

因此建立均势不仅依靠实力，还必须有利用均势的决心。如果对法国的恐惧牵制了同盟行动，那么或许对俄国的恐惧可以促成建立同盟。梅特涅说：“我们只能在俄国战胜普鲁士，”并且开展外交活动使俄国部队压向普鲁士边境，向普鲁士发出了最后通牒——结盟还是开战。但普鲁士国王拒绝接受这一严重违背国家间“正常关系”的行为，并威胁要以武力反抗。战争得以避免的唯一原因是拿破仑部队穿越普鲁士一块领土地区的鲁莽行为使腓特烈·威廉义愤填膺，将怒气转移到了拿破仑身上，而拿破仑一心想成为主宰欧洲的征服者时都从未领教过这种怒气。一切都看似顺利。普鲁士派人到维也纳谈判同盟条约的最终安排，普军侧面攻击入侵波希米亚的法国军队，俄军正在横穿波兰。对拿破仑的决定性一击蓄势待发。

但在巨大机会面前，胆怯的人更可能表现出恐惧而不是勇敢。 15
秘密外交的“规则”是，最大额度的议价应该在需求最大的时刻提出，再加上长达一个世纪不间断扩张的传统思维，两者一起导致了普鲁士延迟履行它的最终承诺。更愿意占据有形优势而不是无形利益，这就是平庸的本质。普鲁士选择在这么关键的时刻对威悉河一带的军事边境问题讨价还价，以“合理”条件敦促武装调停的建议，却换来对拿破仑背信弃义的再一次证明。②梅特涅关于均势、关于安全是基于国家关系而不是领土大小的倡议和努力成为徒劳，他徒然询问一个国家如何能够自己为自己调停。③但这不是一个逻辑

---

① Oncken，Ⅱ，p. 68f.

② 有趣的是武装调停正是梅特涅 1813 年的政策。参见第四章和第五章。普鲁士历史学家认为武装调停是为了使普鲁士有机会转移部队。

③ N. P.，Ⅱ，p. 64.

问题。当普鲁士犹豫时，法军向南推进，在奥斯特利茨打败了奥地利和俄罗斯。

又到了这样的关头：有限战争的理论提议和平，而革命性争斗却是持续不断的现实。现在梅特涅的斗争转移到了他自己的政府内部。他坚持认为拿破仑看似无所不能，其实反映出来的是他对手的不团结，盟军军队数量加起来仍然比拿破仑军队数量多得多。他督促真诚地公开战败情况，这应成为再结联盟的道德基础。[①]但如果普鲁士利用危机来巩固自己的利益，奥地利则在危机中看到了削减其损失的机会，并协商单独媾和。同时，拿破仑军队展开对战普鲁士的部署，尚未要摧毁普鲁士，而是要通过合并汉诺威和使其与英国隔离来胁迫普鲁士成为同谋。俄军撤回波兰。梅特涅惊叹："十万士兵打败了比它多五倍数量的部队。天赐在何处？上帝何时显灵？"他还说他有些绝望，但只有死亡才能抹灭所有希望，使他完全绝望。[②]难怪梅特涅一直推迟奥地利的承诺直至所有潜在同盟者都实现承诺，难怪他不相信基于承诺未来实现的忠诚声明，难怪他经过
16 一段时间的考虑才建立联盟关系，这令有些急切与奥地利合作的国家很恼火，但对于测试联合在道义上的牢固程度至关重要。

三

在执行一项获益甚微的政策时，政治家自然会在踌躇中寻找能代替该行动的方式。一项允许自己受到事件影响的政策，正式措辞为"顺应发展"，很可能会为更正一个错误的决定而采取极端相反的立场，而不去考虑中间应对措施的可能性。因此普鲁士突然醒

---

① N. P.，II，p. 92f.
② Srbik，*Metternich* I，p. 111.

悟——它的犹豫不决曾经在很大程度上导致了一八〇六年的灾难——意识到尽管有汉诺威王国并入，它的国际关系和相对地位还是都削弱了，并且还盲目地投入到与法国的战争中，而这是普鲁士前一年极力试图避免的状况。但拿破仑不会因为一场战役的失败就倒下。普鲁士在耶拿和奥尔施泰特战役中受挫，经历了与奥斯特利茨战役中的奥地利同样的命运。俄军支援的承诺再一次落空。俄军在弗里德兰战败之后，拿破仑和亚历山大一世在蒂尔西特涅曼河的一只木筏上进行了会面，在那儿完成了对世界的瓜分。

但现行框架的最终瓦解却反常地恢复了梅特涅对最终胜利的信心。至此，拿破仑物质基础和精神基础之间的鸿沟显现，中间力量被消除，通过有限战争获得无限胜利的时间结束了。从此，胜利将取决于国内实力，而拿破仑没能建立一套责任原则来维持他的胜利成果，他将发现动用武力的持续需求耗费着他的力量。与此同时，梅特涅成为了驻巴黎公使，他从那儿发出了许多建议，恭敬而微妙，尊敬有礼但坚持不懈，这些建议有关乎国内重组的，建议继续军事改革的，有回避拿破仑裁军建议的，还有加强民族凝聚力的。梅特涅在一八〇八年写道：“民意是最有力的武器之一，它就像宗教那样能深入最隐蔽的角落，那里行政措施无法施展影响力。轻视民意就如同轻视道义……（民意）需要完全属于它的崇拜追随者……
在这个充满话语的世纪，后人将很难相信我们视沉默为一种对待民 17
意的有效武器。”[①]一八〇七年，梅特涅获悉蒂尔西特的消息后，在一封雄辩有力的信中总结了他的目标：“因为我们政府的智慧，在总是随着严重掠夺主权事件而来的某个时刻，终有一天三十万人会在无序混乱的欧洲成为主角。没有谁能预测这个日期，唯有一个人

---

① N. P.，Ⅱ，p. 192. 将此与梅特涅之后的表达对比一下，比如 N. P.，Ⅲ，p. 440 或 N. P.，Ⅷ，p. 238。

的生命能推迟这天的到来，而此人并未采取任何行动来制止必然的混乱。”[①]武力能够征服世界却不能自行合法化。奥地利是所有留存下来的旧原则和旧形式的贮藏所，维持其完整性正是它的任务，随着时间的推移必将为奥地利带来强大的盟友。[②]

拿破仑在西班牙的战争似乎证实了梅特涅的预期。拿破仑第一次面对战败仍不投降的敌人，且未能用西班牙的物资增加法国的资源。拿破仑的援军早早撤退打破了其战无不胜的神话。一八〇八年梅特涅如此写道：“我们得知了一个惊天的秘密，拿破仑有的只是一支军队，拿破仑大军和法国新军并不比其他国家的部队好。”他料到法军必定打败西班牙，但西班牙不会淡然接受。以拿破仑的个性绝不会考虑退兵，因而西班牙将会一直消耗着法国的人力物力。更重要的是道义上的获胜。奥斯特利茨战役已证明了与拿破仑为敌是危险的，耶拿战役则证明保持中立也会损失惨重，但西班牙无疑证实了与拿破仑为友是致命的。

那么，还有什么选择？梅特涅认为，要保持自我，不失时机地弥补过去的损失。[③]拿破仑的目标无疑是要摧毁奥地利，因为奥地利的领土和所代表的原则，它的存在妨碍了拿破仑统治世界的野心。[④]但如西班牙战争证实，掠夺是有限度的，而且坚定的对手如今甚至能在法国内部找到盟友，包括所有那些已尽享荣耀、获得满足、渴望
18 平静地享受战果的人；尤其是塔列朗和富歇，梅特涅描述他们像迫不及待要叛变推翻勇猛领航员的水手，只是在等待船只触礁的那一刻。[⑤]梅特涅引用塔列朗的话作为名言：任何莱茵河、阿尔卑斯山脉

---

① N. P.，II，p. 122f.
② Srbik, *Metternich* I，p. 129.
③ N. P.，II，248f.
④ N. P.，II，178f.
⑤ N. P.，II，268f.

及比利牛斯山自然边界外的战争，都不再是法国的战争，而是拿破仑个人的战争。

但梅特涅不只注意到在法国内部的盟友，他重提奥俄互体互谅的计划，建议直接对沙皇诚恳说明奥地利的决心和困难，并提出军事合作的特别提案。[①]他向当时在巴黎的俄国外交大臣罗玛佐夫解释俄法联盟是多么不自然的事，如果缺乏强有力的中心，欧洲绝不可能获得长久和平。[②]然而，反复说明均势本质的努力最终证明是白费了。如同一八〇五年、一八〇六年发生的一样，一八〇九年当拿破仑进军至其边界时，俄国再一次表现出被动旁观的态度。

因此一八〇九年奥地利陷入一场生存之战，这是梅特涅时代第一次也是最后一次，在民族认同名义下，由一支建立在征兵制度上的军队所进行的战争。甚至梅特涅都被这股爱国热忱感染了，这与其世界主义观点很不一致。他在给上司施塔迪翁的信中写道："(拿破仑)把胜利的希望寄托于我们的迟缓行动、我们首次胜利后的休整，或者我们首次战败后丧失信心……和瘫痪……因此让我们采用他的原则。让我们在战后第二天才认为自己获胜了，战后四天才能认为是战败了……让我们始终一手持剑一手握着橄榄枝，始终准备谈判但总是边战边谈……一个人永远不可能冒与古代帝国相同的风险……我们第一次自强起来，让我们施展出来……让我们永远不要忘记一八〇九这一年将是旧时代的离去或是新时代的开始。"[③]

但事实上两者皆不是。这个世界冥冥之中自有安排，但不是在限定的时间内发生，更不是在短时间内发生。奥地利有史以来最优秀的军队被打败了，皇帝不愿孤注一掷，要求和谈。在梅特涅领导

---

① 比如参见 N. P.，II，171f.，286f.。
② N. P.，II，270f.
③ N. P.，II，295f.

19 下，奥地利再也不想依赖一己之力或将国家命运完全寄托在人民的道德素质上。一八〇九年的战争既不是旧时代的终结也不是新时代的开始，只是一个转折点和延续。称之为转折点，是因为这使得奥地利皇帝更加犹豫是否要进一步依赖构成其帝国的多语言民族的支持，今后，他将在稳定中寻求安全，尽可能不改变现有体系。它将延续一个失去了冲劲和自信的政府的模式，这个政府知道自己的不足却不知道目标在哪里，尤其是在国内事务上，并且通过与尽可能多盟国的谨慎外交关系来规避风险。“梅特涅体系”在一八〇九年埋下了基石。

同样在这一年，弗兰茨一世任命梅特涅为外交大臣，他在这个位置上一干就是三十九年。奥地利从此战中吸取的教训具有象征性：比任何人都急切催促参战的人现在成为了和平的缔造者，他将通过圆滑、耐心以及施展操纵的手腕来挽回因全力付出而失去的一切。

四

一个面临被肢解威胁的战败国家有两大选择：公开反对或者劝说。若认为战败反映了民族决心不够坚定而不是国家实力不济，它将动用更多资源，聚集更高的士气以弥补其在战场上的缺陷，直到有其他或更好的时机允许它再次尝试武力竞争。这正是一八〇五年后奥地利的态度。或者战败国相信的确是自己实力不够，从而努力顺应胜利者以保存国家资产。这不一定是一个英勇的政策，虽然在有些情况下这是最英勇的选择。合作却不丧失灵魂，协助却不牺牲自我，为了解救而伪装奴役，忍气吞声，还有比这更艰难的道德考验吗？

不管怎样，这正是一八〇九年后奥地利的政策，至少一部分是因为缺乏实力而被迫如此。为了和平，使奥地利失去了三分之一的领土、防御堡垒和沿海地区。沿着亚得里亚海岸的法国新省伊利里 20
亚成了以后匈牙利的雏形，同时，北邻的华沙公国代表了奥地利顺从听话的抵押物。由于奥地利帝国财政危机非常严重，拿破仑甚至都没有去限制其军队力量，因为他很清楚奥地利没有足够的物资来维持一支实在的军队。梅特涅在给奥地利皇帝的第一份政策陈述中指出："如果说一八〇五年后奥地利仍有足够力量来寻求全面解脱……现在却将被迫在适应法国体系中寻求安全。我几乎不必重提我们是如何不适应这样一个所有原则都与正确构想的政策截然相反的体系……但是我们再也不应该在没有俄国的帮助下考虑反击了。那个犹豫不决的俄国朝廷，如果再也无法利用其卑劣的政策获得特权，也许能早日清醒过来……我们只剩下一条出路：以更温和的手段开展行动，储备实力，等待良机，并且不要回头。"①

在此梅特涅政策的所有主张都汇聚在一起：确信一个通过武力建立的体系与一个有序的国际社会是相悖的，还有俄国的背信弃义，同盟的失败，为达成一个目标而采用的灵活政策，然而因为这个目标反映了普遍的法规，必然看似遥不可及。梅特涅所主张的政策，如今我们会称之为"与敌合作"。只有确信自身道德力量的国家或因深感缺乏道德力量而不得不如此的国家，才会采用这种政策。该政策会对国内责任原则施加某种压力，因为它永远不能由其真正的目的来证实合理性。正如梅特涅曾经说的，该政策的成功取决于表面诚信，取决于有能力佯装成傀儡而实际并非如此。表露自己的目的就是惹祸上身，过分成功则会导致崩溃。在这样的时期，区分流氓和英雄、叛徒和政治家的不是他们的行为，而是他们的目

---

① N. P., II, p. 311f.

的。与敌合作到什么程度将损害国家实质，或在哪个环节成为找个简单出路的借口，这些问题不是抽象推理可以解决的，只有经历过考验的人才能知道答案。唯有一个具备高度凝聚力和旺盛斗志的社会有机体才能成功地与敌合作，因为这样的社会有机体是以对领导
21 阶层的信赖为先决条件的，这才能使得背信弃义似乎难以置信。梅特涅曾指望依靠奥地利的道德力量在战争中获得胜利，但没能实现这个目标，然而这种力量却在屈辱的和平时期拯救了奥地利。

于是，梅特涅实施了如下政策：始终开放所有可能性，保留最大限度的行动自由，但限制所有需要履行的义务，以赢得法国的信任。奥地利参加了反对英国的欧洲大陆体系，但从未与英国断绝关系。梅特涅与汉诺威公使哈登贝格保持紧密联系，从而间接地同大英帝国摄政王保持联系。通过哈登贝格，梅特涅甚至表达了希望奥英两国不仅继续交好，而且关系升级至相互献计献策。①与俄国保持适当的关系，但明确表示法国的容忍而非俄国的援助才是奥地利对外政策的基础。奥地利幸存的条件是法国缓和对它的压力，但缺乏信任的大环境，压力就无法真正释放，谈判也毫无意义。信任的前提是拿破仑认为可以认同的一项原则，也就是至少在一定程度上，奥法两国的利益相同。如何协调一统天下的诉求与均势平等的诉求？对于认为所有限制都是挑战的国家，以及限制就是生存条件的奥地利帝国，如何协调它们的诉求与一统天下的诉求？

然而，拿破仑格局存在一个弱点，梅特涅总是不厌其烦地指出：合法性应建立在接受的基础上，而不是能够强加实现的。尽管征服的战果辉煌，法兰西帝国的命运却维系于拿破仑一人之身。因此，梅特涅利用了拿破仑作为暴发户的不安全感，建立了一种联

---

① Oncken，II，p. 52. 并参见 Luckwaldt，*Oesterreich und Die Anfaenge Des Befreiungskrieges*，(Berlin，1898)，p. 31。

盟，这种联盟是拿破仑唯一会认可的“诉求”。他牺牲了合法性来交换喘息的时间，放弃永恒的希望换来生存的承诺。他安排了奥国公主与拿破仑的婚事，她是弗兰茨一世、使徒国王陛下及最后一位神圣罗马帝国皇帝的女儿，该皇族统治了五百年，而拿破仑只是个才当了十年统治者的科西嘉人。一八一〇年，梅特涅在给奥皇的信中写道：“无论拿破仑何时展开摧毁行动，他都会声称是为了保障，但这个词通常的意思与他的行为几乎完全不匹配。保障通常有赖于政治关系的状况……但拿破仑并不赞同政治意义上的保障，他 22
的目标是现实，是保证。于是在他看来每一次掠夺行为都是他的实力和存在的保障……在这层意义上，他发动的每一次推翻皇位的行动……都披着自卫的外衣……但是通过与奥皇陛下公主的婚姻，拿破仑得到了无法从推翻奥地利王权中……获得的保障。”[①]因此，梅特涅超越了革命形势下特有的相反合法体系间的障碍，大胆采用拿破仑所主张的合法概念(他唯一认可的概念)来对抗他。正如拿破仑的征服成果是由于他的对手无法想象一个有着无限目的的政策，拿破仑最终的失败是因为他本人没能领会王朝关系的不稳定性。

梅特涅不久就利用了其新职位的优势，前往巴黎协助新皇后适应新的环境，并预测拿破仑的下一步行动。他获得了微不足道的让步：略微降低奥地利的赔款数额，允许在比利时发行公债，调停教皇与拿破仑的关系。但他离开时已经非常确信：法国对俄国的进攻是无法避免的，可能会在一八一二年夏天发生，至少奥地利可因此获得喘息。虽然奥地利利用战争间隙来恢复经济，但迫在眉睫的战争也造成了新的进退两难局面，因为长久以来迫切渴望获得的同俄国的联盟现在似乎唾手可得，欧洲大陆的均势再次有了希望。甚至

---

① N. P.，II，p. 411.

在蒂尔西特战役之后退至次强国的普鲁士也开始试探结盟的可能性。但梅特涅很清醒地意识到经历了一八〇九年的战败，奥地利不能再犯任何错误了。他清楚任何一场失败的战争或一场持久战都可能导致奥地利瓦解，并且他既不信任普鲁士的实力也不相信俄国的道德力量。另一方面，梅特涅在给奥皇的备忘录中提出：与法国结盟是绝不可能的，这会动摇奥国实力的根基及其所声称的道德优势；而中立的态度既会招致俄国的敌视，也得不到法国的好感。在未来的和平协定中奥地利将失去任何发言权，迫使它沦落至二等国家的地位。①

23 一系列的悖论或许会使哲学家很感兴趣，但对政治家来说却是一场噩梦，因为政治家不只是思考还要解决矛盾。与俄国结盟或许能打败拿破仑，但同样可能把战火引向奥地利，使它最终落得个再次被俄国出卖的下场。与法国结盟会有损奥地利的名声地位，同时维持军队保持中立会耗尽国家财力物力。因此，奥地利恰恰到了与敌合作的回报率开始减少的关头，站在了或者消极斗争或者丧失意志的边缘。当其他强国扩大承诺的时候，梅特涅则试图通过限制其承诺来绕开面临的困境。他希望为奥地利恢复一部分自由行动的空间，并利用危机来发展国力。梅特涅选择进一步迎合法国，但所采取的方式表明了他内心的保留态度。奥地利与法国磋商结盟，答应投入三万奥地利后备军直接由拿破仑指挥，享受法国的补给。作为交换条件，拿破仑保证奥地利帝国的完整，不仅许诺按照奥地利的付出情况给予一定比例的领土补偿，还答应给予奥地利额外、甚至可能“超常”的土地添附作为见证法奥两国永久和平的“纪念”。②无论世人如何看待走这一步的道德性，但梅特涅无疑达到了目标。

① 参见梅特涅向皇帝汇报的长篇分析，N. P.，Ⅱ，p. 410f.。
② Oncken，Ⅱ，p. 85.

奥地利武装军队不仅不会受到法国的反对，还会得到法国的鼓励。奥地利确立了在和平调停中的一席之地，象征着它在这个法国体系中已占据了优先地位。土地添附取决于法国的战胜情况，如果法国战胜，就能起到抗衡法国的作用，如果战败则毫无意义。梅特涅描述奥地利的参战既不是征服之战也不是防御战，而是以保护实力为目的的战争，这并非没有道理。①这是一个极其有限的联盟。②

现在只剩下澄清奥地利承诺的有限程度。梅特涅告诉哈登贝格，奥地利没有选择余地，也从不会忘记自己作为抵抗拿破仑的核心的身份。但他也补充说，在奥地利更有实力前公开反对法国是有勇无谋的，并督促英国加速在西班牙战场转移法国的注意力。③与此 24
同时，他向俄国保证奥地利不会有真的进攻意图，并提出了令人吃惊的建议：奥地利与俄国就双方在战争中的行动达成一致，保证奥军后备军的安全，使其避免在主战场上参与厮杀。梅特涅建议俄军将主力集中在加利西亚地区来掩饰奥军的消极参战，并作为再建立一支新部队的借口。④但他避开了俄国关于将这些提议付诸文字的要求。梅特涅打定主意不想让奥地利在首次战役中冒灭国之险，他施展浑身解数保持中立，以获得更多支持，直到他能够完全了解各路军队的力量，并且能让奥地利扮演其真正的和传统的角色——组织联合，使和平合法化。

五

当法国在俄国惨败的消息传到梅特涅耳中时，这正是他当时的

① N. P.，Ⅱ，p. 440.
② Oncken，Ⅱ，p. 47.
③ Oncken，Ⅱ，p. 824.
④ Oncken，Ⅱ，p. 93. 并参见 Luckwaldt，p. 39。

态度。一八〇五年的战争让梅特涅看清了联盟的脆弱，而一八〇九年的战争则表明了联盟的必要性。一八〇五年的失败使他确信面对迫在眉睫的危险时，保持中立或结盟都可以是正当的，欧洲大陆政策不可能一蹴而就。一八〇九年的灾难让他相信爱国热忱无法代替物质基础。这段时期内俄国的行动始终意图不明，俄国帮助消灭了本来可以牵制法国的诸强国，而且在首次战败后就一直避免战争，直到它自身的领土受到威胁。如今，当俄国军队向西反攻，梅特涅就像当初担心俄国犹豫不决一样害怕他们所向无敌。他为实现均势付出了近十年的努力，不能落得个消灭了西方霸权却换来东方统治的结果。他也不能让一时的热情毁掉奥地利好不容易恢复的一点点国力。当俄国指出改变立场的时刻到了，梅特涅却表示奥地利现在的立场不是它自主选择的，如果一个国家的存在本身取决于对协约关系神圣性的认可，它就不能轻易地打破同盟，奥地利的政策不是建立在感情基础上，而是经过冷静的分析考虑。[1]

25 正如梅特涅预言的，这一刻真的到来了，三十万士兵在欧洲的混乱形势中扮演了最重要的角色。但是奥地利的兵力只有这一数字的五分之一，其中还有一半在俄国战场上协助拿破仑。更重要的是，奥地利不得不检验俄国的决心，还要试探俄国想将战争引向什么方向，因为奥地利在意的不是民族的自由，而是恢复历史性国家的自由。一场民族的战争很可能引发多语言帝国的解体，一场民族运动或将导致多个王朝瓦解，而奥地利在德意志的地位正是以这些王朝为基础。梅特涅惊叹：“一个伟人的倒下是如此沉重(Que la chute d'un grand homme est lourde)……所有中欧落魄国家的计划都将是力求不要化为齑粉。”[2]因此，一切不仅取决于打败拿破仑，

① Oncken, Ⅰ, p. 47.
② Luckwaldt, p. 41.

而且取决于以何种方式打败他，不仅在于建立同盟而且在于同盟所赖以战斗的原则。

梅特涅一直认为克里米亚战争时有个情景与一八一三年时很相似，他在该战争期间曾经说过：“若一个大国被迫在严重危机形势下采取措施，它必须至少保证自身至高无上的领导地位。”[①]这对奥地利帝国更为重要，因为包围它的都是竞争激烈、后方有大海或大草原为屏障的国家：“在奥地利参战之前，首先要求军事和道德立场的双重保证。”[②]但很明确，奥地利的道德立场需要的是一场国家之战，而不是民族之战，是以保守主义和稳定为宗旨的合法化同盟，若有可能，是一场根据现行条约而不是以毁约名义而引发的战争。

此外，对权力的考量使梅特涅变得谨慎。拿破仑虽然在俄国战败，但仍是低地国家、意大利和伊利里亚的主宰者。莱茵联盟的德意志各邦国依然支持拿破仑，而普鲁士也仍然是他的盟友。梅特涅十分了解拿破仑的个性，在他深思熟虑的政策中，他确信充分发挥这一优势的时候到了。梅特涅一八二〇年写道：“我与拿破仑打了 26
数年的交道，仿佛在下一盘棋，谨慎地观察着对方；我准备将他一军，他准备将我和棋子一同摧毁。”[③]这正是此时期关键问题的象征：意志强大的人和理性冷静的人，一统天下的原则和事务有限度的观念，主张武力同倡导合法。但无论一八一二年的事件还说明了什么其他道理，它首先证明了不能再通过粉碎对手或毁灭棋子来赢得比赛，说明了不得不按照游戏自身的规则来下棋，重视谋略而不是蛮力比拼。拿破仑越拖延承认这一事实，越注定他最终的失败。

---

① N. P. , VIII, p. 371.
② N. P. , VIII, p. 364f.
③ N. P. , III, p. 332.

一统天下的诉求若以大量武装力量为后盾，或没有遭到足够坚决的反抗，可能会通过其暴行瓦解国际关系的格局。但如果力量有限，对手坚决，对以往丰功伟绩的记忆又会让人产生幻想，这便成了灾难来临前的序曲。

梅特涅决心采用的玩法，并不是孤注一掷的冒险，而是深思熟虑、机智灵活的策略，在这场游戏里，优势在于立场的逐渐转变，玩家一边调布其资源，一边利用对手的行动来麻痹他，进而摧毁他。这场游戏的大胆之处在于不得不在孤独中进行，必须直面来自敌友双方的误解和辱骂；一步踏错将意味着大难临头，丧失信心或许会招致孤立，必须保持冷静和勇气；伟大之处来自手段技巧，而不在于其观念的鼓舞。最终奥地利在这场游戏中获得了同盟的最高指挥权，使战火离开本土，以政府而不是民族联盟为基础，从而确保了和平，它的持续存在证实了其合法性。这谈不上英勇，但却拯救了一个帝国。

梅特涅的开局之举是向当时在法国驻维尔纳指挥部的奥地利外交大臣发了一份急件。信是在十二月九日发出的，梅特涅当时已获悉拿破仑战败的消息，但还不清楚他战败的严重程度。狡猾尖刻，同时恩威并施，这是接下来外交努力的基调，也决定了今后游戏的
27 风格。急件的内容并不重要，这只是复杂策略的第一步，七个月之后该政策的充分影响才会显露出来；重要的是信中传达的基调和独立性的声明，梅特涅认为独立和一个人的健康一样重要。[1]信的开头对目前形势作了讽刺性的总结：“奥地利恭敬有加，恐怕不敢评价那位本世纪最伟大的指挥官的军事部署。这是个新奇的问题，圣彼得堡的内阁已太多次证明了它的反复无常，甚至（强调语气为我所

① Text，Oncken，I，p.17.

加）连最清醒的盘算也认为，像征服莫斯科这样几乎不可能的举动……将迫使亚历山大一世参加谈判。但这个希望破灭了；俄国可以轻而易举地放弃盟友的利益，但不可能放弃自己的利益。”

在接下来长篇分析军事和心理可能性之前的这段文字，归纳了这样的命题：拿破仑大军所获取的全部胜利只是一场幻梦，征服俄国是不可能的，单独媾和的意图子虚乌有。那么解决方法是什么？梅特涅的回答是由奥地利调停纷争，通过谈判达成普遍和平。他认为只有奥地利能够在不冒犯他国尊严的情况下接近其他国家，同时它又与法国有联姻关系。这个掌握着中欧五千万人民的国家有责任要求和平，甚至对法国也一样，哪怕只是为了维持表面的和平。在这段表示奥地利信念的威胁性主张之后，又跟了一段意味不明的话：“法兰西皇帝似乎早已预见到了今天发生的一切，他经常和我说这段（与玛丽-路易丝的）婚姻改变了欧洲的局势。这一时刻即将到来，或已经到来，拿破仑将从这次幸运的联盟中获得真正的利益。”梅特涅用以下文字进行了总结，在这些文字下他不仅加了下划线还加了着重号，表现了他的大智若愚和机智大胆：“当我们尊贵的陛下获悉法军从莫斯科撤离的消息时，他用下面这句话总结了他主要的态度：‘这一刻终于到来了，我要让法兰西皇帝见识一下我是谁。’这里我只是完全复述陛下的原话，如此简洁但同时如此有力。我授权你将这句话传达给巴萨诺公爵（法国外交大臣）。补充任何其 28
他说明只会减弱这句话的力量。”①

于是梅特涅展开了通过向对手议和从而实现反法同盟的策略。通过这种手段，他首先取得了法国的同意使联盟关系调整为中立立场，中立转为调停，调停转为战争，一切都在现行协约名义下完成，

---

① 这份急件刊登在 Oncken，Ⅰ，p. 36f. 。

号称出发点是对伟大盟友的关心。有人会问为什么梅特涅选择如此间接的步骤，如此复杂、难以合法化的手段，为何不尝试顺应席卷欧洲的爱国热忱，调整奥地利国内的格局。但一个政治家不能凭空行事，奥地利的国内格局很僵化，反而比国际格局还要刻板得多。但在我们研究奥地利国内格局对梅特涅外交政策的影响之前，我们必须了解一下另一位政治家，一个始终坚持不懈地对抗拿破仑的国家的外交大臣。他也同样试图推动同盟，也以促进和平计划的形象登上舞台。

第三章
不列颠岛国政治家

一

国家的记忆是对其政策正确性的检验。当一个国家以过去来诠 29
释现在时，越是基本的经历，影响就越深远。有的国家甚至可能还会因为经历了太悲惨的经历而深陷过去的阴影中无法自拔。但一八一二年的英国却没有如此，它受到了冲击但挺了过来。虽然英国的道德体系并没有受到损伤，但经历了近十年孤立无援的磨难之后，它决心不再让自己被孤立在外。

如果可以任意指定一位能实现这一决心的人，几乎所有人都会推举卡斯尔雷子爵。他在拿破仑大军集结到涅曼河的关键时刻成为了英国的外交大臣。卡斯尔雷生于爱尔兰一个虽然不显赫但却古老的家族，接受了典型的英国贵族地主教育，那时英国与欧洲大陆的联系甚少，外交事务仅限于组建反对革命大潮的临时联盟。卡斯尔雷的事业稳固但不引人注目。他最早参与的公共事务涉及镇压爱尔兰起义及废除爱尔兰议会，由此确立了他的名声——毁灭自由主义的魔鬼。他在皮特手下担任陆军大臣，这段经历为他日后的政治策略打下了基础。在这段时期的大部分时间里，他都受到更有影响力的坎宁所排挤。一八〇九年，在一场不幸的决斗之后，他们两人都被迫辞去了政府职务。卡斯尔雷于一八一二年重返政治舞台，在利物浦勋爵内阁担任外交部长兼下议院领袖，当时人们认为该内阁最多只能坚持几个月。鉴于坎宁在外交事务上拥有众人皆知的“专业能力”，卡斯尔雷主动提出将外交职务让给坎宁，但要留住下议院
30 领袖的位置。但是利物浦内阁的前途似乎太过惨淡，所以坎宁拒绝接受——直到十年以后他才达到自己的目的。于是卡斯尔雷几乎是以候选人的身份，就如他的个性一样不起眼，开始在历史舞台上有了一席之地。

然而不是别人，却是这样一个人物再次建立了英国与欧洲的联系，捍卫了同盟，他参与和谈制定的基本纲领维持了逾五十年之久。心理学家很可能要花许多时间来分析这样一位看似事业平平的爱尔兰贵族如何能成为最具有欧洲特征的英国政治家。卡斯尔雷与他最大的拥护者梅特涅性格差异极大。梅特涅是优雅、温和的理性主义者；卡斯尔雷却是一位可靠、沉闷的实用主义者。梅特涅机智、口才好，虽然有些学究气；卡斯尔雷则表达烦琐，虽然辩论起来很有效力。梅特涅喜欢引经据典，委婉含蓄；卡斯尔雷却实事求是，直截了当。很少有人会像他们这样留下如此少的个人回忆。卡斯尔雷始终孤独、冷淡、缄默、令人难以亲近，就如他的政策一样不被他绝大多数的同胞所理解。有人说他就像一座冰霜覆盖、绝美、与世隔绝的山峰，无人可及，也鲜有人问津。直到他悲剧性的死亡，世界才意识到孤独的代价。

但是，作为英国历史经验的象征，卡斯尔雷却再合适不过。因为英国参战的原因既不是反对某个革命学说，更不是以其他名义，而是为了反对征服世界的野心；不是为了自由而是为独立而战；不是为了社会秩序而是为了均势。这个出发点不断遭到欧洲大陆国家的误解，特别是奥地利。在大陆国家看来，这场战争不仅是为了独

立，还为了恢复它们历史经验意义上的独立；而对大英帝国来说，这场战争是为了建立一个没有霸权的欧洲。对奥地利，这是一场挽救社会秩序的战争，而这场战争在大英帝国看来，是为了建立必要的“民众阵线”以牵制法国。[①]一八二一年，当梅特涅构建国际联合干预理论以对抗他所谓世界革命的危险时，卡斯尔雷提醒他说，在 31
拿破仑式战争中大英帝国参战是出于对财力物力的考虑，因为这明显涉及英国的利益，而不是因为对原则的含糊阐述。[②]

因此，英国的目的更容易用否定而非肯定的语言来表述。这些目标体现了一个岛国的政策，对它来说一旦欧洲大陆被一方霸权统一，则意味着致命的威胁；体现了一种社会结构的政策，它意识到自己是如此的独特——而且这种意识要比独特性本身更为重要——以至于只有外国的国内转型涉及强力对外扩张时，它才会感到对自己构成威胁。将英国视为欧洲均势的平衡者，这是一种防御性的外交政策概念。而且，既然均势被设定为政治性而非社会性的，因此就被认为是取决于基本实力均等的国家间的平衡，而不是合法性的原则。英国曾经对抗过法国革命的对外投射，要为建立一个禁止对外扩张的欧洲格局而参战。奥地利及其他欧洲大陆国家则被法国大革命这一事实逼到了崩溃的边缘，而且迫于在地理上和心理上都不可能单独抗衡，要为这样一个其“合法性”概念使得一方独霸世界不可想象的欧洲而参战。除非其他大国间的差异大于它们集体与扮演平衡角色的国家间的差异，扮演平衡角色的国家就无法发挥它的功能，因此一个将英国排除在外的大陆和平对英国来说是噩梦；而欧洲的噩梦则是永久的革命，因为如果一个社会必须一直抵御攻击

---

① Castlereagh, Viscount, *Correspondence, Dispatches and Other Papers*, 12 Vols. Edited by the Marquess of Londonderry. (London, 1848-1852), Vol. Ⅷ, p. 355. 后文缩写为 C. C. 。

② Webster, Sir Charles, *The Foreign Policy of Castlereagh*, 2 Vols. (London, 1931 and 1925). Vol. Ⅱ, p. 554 (Appendix).

其传统信念的势力，这个社会就无法正常运作。[1]

这并不代表英国政治家对国内体制没有倾向性，但是他们的倾向性是基于这些政府更能够维持欧洲均势。利物浦内阁在反对拿破仑继续统治时，甚至比奥地利政府更坚定不移，但这与波旁皇族的“合法性”无关，而是源于确信只要有拿破仑在就没有长久的和
32 平。卡斯尔雷在获知拿破仑逃离厄尔巴岛之后说：“谁会说如果(拿破仑)再次掌握法国的命运，欧洲会获得宁静、安全保障或独立？我认为现在法国存在的问题更重要的是涉及欧洲是否能够恢复以前的道德体系，以便据此……维护人类的利益，或我们是否应当继续保持近二十年来的状态，必须维持一个军事政策体系；欧洲未来将呈现的景象是自由的还是武装的国家的集合。”[2]

卡斯尔雷反对革命的原因与梅特涅不同，不是因为革命“不正常”，而是因为革命令人不安。自由主义者对卡斯尔雷的辱骂是误解了他的意图。即便他从未主张“自由主义的”做法，他每次有把握时，也主张采取温和怀柔的措施。[3]但欧洲休养生息才是最重要的，政府的信条必须让步于国际和平稳定。“我们想要的不是在意大利引发暴乱，而是在我们信任的君主统治下建立纪律严明的军队。”[4]这是一八一八年卡斯尔雷在致威廉·本廷克勋爵的信中所说的话，威廉·本廷克当时正在策划将英国宪法的好处推行到不怎么情愿的西西里。卡斯尔雷还在信中提到了外交政策要比国内政策更重要，实力均衡要比社会结构均衡更重要，他写道：“……欧洲已经在治理国家的学问上进行大范围的实验，我不希望立刻以相似的

---

① 参见第十一章和第十四章的展开阐述。

② Hansard (Commons)，20 March，1815.

③ 例如可参见他对法国国王的建言，Webster Ⅱ，p. 504（Appendix）或对西班牙国王的建言，C. C.，Ⅹ，p. 26。

④ C. C.，Ⅸ，p. 434.

方式在意大利推广。人们不可能看不到欧洲正在发生巨大的道德转变，自由主义原则正在全面落实。危险在于转变可能太过突然……以至于无法使世界更美好或者更幸福。我们在法国、西班牙、荷兰和西西里颁布了新的宪法，让我们先看看效果如何再进行下一步尝试……如果我们希望与奥地利和撒丁王国保持一致，对意大利我们就更必须三思而行。”这段话表达了英国保守党对突然转变或原则性转变的担忧，也表明了这位英国政治家相信同盟具有控制力。

由战争产生的同盟正是卡斯尔雷视为均势的永久表现。既然他在战争中看到了对付霸权的防御力量，他自然会认为结盟是防止未 33
来入侵的方式。由于拿破仑独霸欧洲的野心破坏了所有的信任，大革命战争已呈现了如此的规模，恢复国际关系的诚信就成为实现长久和平的前提条件。一八一四年卡斯尔雷写给他的“问题儿童”威廉·本廷克勋爵说：“若不压制猜疑……那我们要做的就不是协调军队而是准备内战。除非各方友好相处互信互让，不然就将招致他们自己最不愿意看到的灾难。”①总之，英国对欧洲大陆唯一感兴趣的就是稳定，应当起到调停竞争的作用。英国相对而言不在乎大陆国家地区范围的诉求，所以能够提倡实现整体安定的解决方法。但是英国只有在不被怀疑有自私动机的情况下才能这么做，因此，卡斯尔雷一直坚持要有节制，坚持建立基于均势而不是霸权的和平，以和谐而不是复仇为目的。当卡斯尔雷访问位于巴塞尔的同盟军总部时，他与同伴里彭说：“他预料在下一步谈判中会遇到的难题之一将会是这些大国作为一个整体，却缺乏彼此之间的信任交流。通过引导各方自由交流，包括参与对所有重大突出问题互信互任的洽谈，或许能够减少许多矫饰。”②他时不时与总是对牵涉大陆的问题

① C. C., IX, p. 431, 3 April, 1814.
② C. C., I, p. 128.

表示怀疑的内阁进行争辩，有一次他写道："我们在大陆的名声标志着我们的国力、军力和信心，比其他任何成就都更重要。"[1]

一个岛国唯一不可让步的就是海洋权利。因为制海权使英国在孤立的十年中得以生存，所以海洋权利就显得格外重要，超过了其真正的重要性。但谁会去反驳一个民族对其过去历史的阐释呢？这是它面对未来的唯一方式，"真正"发生了什么常常不那么重要，认为发生了什么才更重要。封锁权和搜索中立国船舶的权利被认为是终结拿破仑霸权的主要因素，而卡斯尔雷在写给英国驻俄国特使
34 卡斯卡特的信中只是陈述了英国政策的常理："大英帝国或许可能被赶出某场欧洲会议，但不可能放弃海洋权利，若大陆国家明白它们自身利益就不会冒此风险。"[2]

至此，卡斯尔雷在外交事务上的观点与英国国内的观点还是一致的，或至少是可以被后者接受的，但是当卡斯尔雷开始将反对拿破仑的同盟转变为维护和平的国际组织，他就不仅疏离了国家和内阁，而且还疏离了盟友。因为合作的基础实际上只限于法国入侵时的承诺，这对于大陆国家来说远远不够，对于英国国内体制来说又太过分了。大陆国家没法满足于一个如此有限的合作，因为它们可获得的安全保障太少了。卡斯尔雷尽可以警告梅特涅不要实施基于预防理由的外交政策，[3]但梅特涅的国家没有英吉利海峡，不能躲在海峡彼岸估量事态的发展，也不能在最佳时机跨越海峡实行干预。他的安全保障取决于第一战，而不是最后一战，因此预防是其唯一的政策。无论如何受承诺所限，欧洲政府对于英国国内体制来说都太过分了。坎宁，而非卡斯尔雷，警告说承诺定期参加欧洲会议将

---

① C. C.，IX，p. 474，19 April，1814.
② C. C.，IX，p. 39，14 July，1813.
③ Webster，II，p. 106.

使英国陷入一种陌生且可疑的政治策略，他代表的是国家的看法：“（英国）将深深陷入欧洲大陆国家的政治，但我们真正的政策一直是保持不干涉，除非有特别紧急的状况，而且必须有一支优势兵力。”①

这就是互不干涉内政的信条，是坚信英国制度独特性的另一面。它表述了这样的信念：外国政府的变革不可能影响英国的制度，对英国安全的威胁是政治性的而非社会性的。谁占据了斯海尔德河入海口对英国来说很重要，因为对海峡绝对的控制权就取决于此。谁拥有了那不勒斯的宝座并不重要，至少在缪拉被推翻之后是如此。结果是英国社会的政治信念转化成了国际信念。各国对本国政体都有自主权，这是下议院双方均认可的公理。干涉其他国家的 35
内政在极端必要情况下或许会被认为是正当举动，虽然从未得到过准许；或许会得到容忍，但从来没有被认为是一项普遍权利。正是议会和民意为卡斯尔雷的外交政策提供了限制条件：“我们行事一贯必须控制在一定的范围内，使得如果提交议会讨论，也能证明我们的谨慎是必要的。”②卡斯尔雷即使不为他自己，也是代表议会回答了沙皇提出的让欧洲干预西班牙国内革命的建议：“当欧洲的领土平衡被打破时，（英国）可以有效介入，但对任何一个绝对性的问题，英国政府会是欧洲国家中最不能指望或最不肯随意作出承诺的……当真正危险（强调语气为我所加）威胁欧洲体系时，我们会尽到我们的责任，但这个国家不可能，也不会按照防患于未然的抽象原则而行动，现在的同盟在其建立初衷中并无此目的，也从未向议会如此解释过，若曾解释，议会也必然不会批准。”③

① C. C.，XII，p. 56，20 October，1818.
② C. C.，XII，p. 90，7 December，1813.
③ Webster，II，p. 240.

卡斯尔雷政策的所有要素都集中反映在这封信件中：欧洲均势本质上是政治性的，英国将抵制任何试图破坏均势的企图，但必须是公然的威胁而不是单凭猜测；采取的行动必须是防御性的而不是预防性的。虽然革命非我们所愿，但也不是真正的威胁。当俄国企图动用同盟来镇压那不勒斯的革命时，卡斯尔雷对俄国大使列文说："皇帝的政策是一种妄想，是美好的幻影，英格兰尤其不可能去追求它……现在提出来要去战胜革命，但是只要这场革命仍没有完全明显成型……英格兰就不准备与之对决。对于任何其他纯政治性的问题，英格兰将像其他国家的内阁一样，一如既往地深思熟虑，从容行事。"①

"对于任何其他纯政治性的问题"——这是一个深信其国内制
36 度无懈可击的岛国所坚持的对外政策原则。这种政治与社会因素的区别是梅特涅这位大陆政治家一直不予承认的。但这些区别在一八一二年还不明显。均势受到威胁是明摆着的，对同盟的需求也是显而易见的。以军事独裁面目出现的革命必须受到镇压，无论是以社会均势还是领土均势的名义。因此梅特涅当然要展开外交努力，提出和平以建立一个道德框架，而卡斯尔雷则着眼于推动领土解决方案以达到实际上的均势。

二

当目标确定，同盟有待维持，和谈有待达成协议，纠纷有待解决时，卡斯尔雷最能发挥所长，而一八一三年的局势正是如此，他的目标是解放欧洲和恢复力量平衡。但是不打败拿破仑，欧洲就无

---

① Webster，II，p. 283.

法获得解放，这一点在卡斯尔雷看来是如此明显，以至于梅特涅的精明狡猾似乎像是在寻找借口和托辞。这位“光明磊落”的政治家以海峡带来的安全保障及十年相对孤立的背景来审视欧洲，不可能指望他对边议和边备战的政策产生共鸣，尤其是当这种政策成功与否取决于其表面忠诚度时，就更是如此。因此他尖锐地回应了梅特涅的提议，其法律条文般的措辞表明了他对那个表象即是唯一现实的外交关系的看法。它断然直指那种暧昧不明，而梅特涅的政策成功与否正取决于其含糊其辞。他认为，奥地利是法国的附属国，它只能以不可避免或正义为借口参加反对俄罗斯的战争。若是以前者为借口，当摆脱了“不可避免”的压力后，奥地利就有义务退出战争，考虑自身的利益。若奥地利认为拿破仑战争是正义的，那实际上就要求大英帝国认同大陆体系。因而，在奥地利表明独立立场前，英国就无法配合实施奥地利的和平计划。[①]

但是比起奥地利努力催促英国过早地参与和谈，卡斯尔雷更担
心的是一个把英国排除在外的欧洲大陆和平。任何协议，不管多么 37
不令人满意，都好过平衡者持续被排除在均势之外。因此理所当然，卡斯尔雷应当做的是通过将最兼收并蓄的构想纳入英国的目标来推动大陆国家，而且他应该借鉴其杰出导师皮特的做法。皮特在一八〇四年遇到的状况与卡斯尔雷在一八一三年的遭遇很相似。同一八一三年一样，当时欧洲正努力重建均势，抵抗一统欧洲的企图，虽然人们还未普遍认识到威胁的本质，依旧存在着认为尚且可以各自调停的幻想。梅特涅正试图说服摇摆不定的普鲁士：与拿破仑统治下的法国和平共存的可能性为零，与此同时，俄国年轻的沙皇亚历山大一世派使者前往英国商议结盟和请求英国资金赞助。沙

① C. C.，Ⅷ，p. 276f. 这是库克的一份草案，但无疑反映了卡斯尔雷的观点。

皇仍处于自由主义思想阶段，不满足于只为削弱或推翻拿破仑帝国而建立同盟，同盟将发展成为一场改革运动，最终目的是实现全欧洲的和平。

冷静的皮特对俄国公使提出的计划很是犹豫。亚历山大一世认为古老欧洲早已一去不返，一个全新欧洲必将诞生，除非推翻封建主义的最后残余，制定自由主义宪法进行国家改革，才能使局势恢复稳定。甚至奥斯曼帝国也应当被拯救。为了避免任何势力扰乱宪政国家的和谐，亚历山大一世补充了若干保障措施：要求存在纠纷的国家服从第三国的调停；任何反对新欧洲的国家将受到所有其他国家的联合干预；由于地理优势，大英帝国和俄国将担任保障此协议的责任。[1]还提到了一些关于领土安排的事项，尤其是关于撒丁王国和涉及组建德意志的一个不太明确的计划，但亚历山大一世对此并不真的感兴趣。和平需要社会和谐来保障，消除战争的可能性才能避免战争。

但是皮特并没有打算开展关于宪政自由的改革运动，他也不愿考虑放弃英国的海洋权利，虽然沙皇建议英国为了国际友好往来应当作出这样的牺牲。另一方面，他也不希望同盟因为政治哲学上的
38 争论而摇摇欲坠。为了避免进退两难的困境，为了说服沙皇将他改良社会的计划推迟到和平会议以后，皮特试图实现英国的首要目标：削弱法国实力。于是，一八〇五年夭折的皮特和平计划在一八一三年复活了，并形成了战后协议的基础。

皮特的计划首先将俄国的建议压缩到他同意的三点基本目的：“一、解救那些从革命开始就被法国征服，处于法国控制之下的国家，将法国削弱至它原先的规模；二、对从法国收复的领土做出安

---

① Webster，I，p. 54f.

排，以便为其提供平静幸福的环境，同时建立起更为有效的屏障防御未来可能来自法国的入侵；三、在恢复和平的过程中，形成普遍共识，保障各国的彼此防御和安全，为欧洲重建一个普遍的公共法律体系。”①

这些主张只是期望目标的抽象构想，因此，皮特开始着手勾画能够将其变为现实的蓝图。他认为，既然大英帝国和俄国都没有领土野心，也都具备了宏观视角，就应该由这两个国家来商定欧洲均势的性质，并确保其他国家接受它。既然法国霸权是通过将次强国削弱为卫星国来实现的，那么新的实力平衡就应当建立在控制强国影响力的基础上。当然，恢复民族独立是同盟的首要目标，但也有一些国家不是迅速崩溃就是对法国献媚奉承，因而证明了自己并不适合自治，其领土将被用来吸引大国参加同盟，以建立“民众阵线”来牵制法国。被认定将消亡的国家包括热那亚，位于莱茵河左岸属于教会的领土和位于意大利北部属于西班牙的地区。奥地利和普鲁士将是最主要的受益者，奥地利将获得意大利部分领土，普鲁士获得德意志部分领土。皮特希望通过诱使奥地利成为控制意大利领土的主要国家，消除奥地利与普鲁士对德意志的争夺，两国在此问题上的冲突曾经给了法国太多介入干涉的借口。

于是，欧洲形成了以英、法、俄、奥、普这五个国家为主要势力 39
的国际社会。法国被次强国团团包围，每个周边国都有一道防御堡垒抵御法国首次突袭，有一个强国作为后盾。由普鲁士支持的荷兰负责镇守北方，由奥地利做后盾的撒丁王国防守南方，奥普联盟则保卫中部地区。整体的布局由一项总协议和一项独立协议来保证，前者是所有主要国家间的协议，保障领土解决方案，后者是俄英两

① Text in Webster, Sir Charles, *British Diplomacy*. 1813-1815. (London, 1921), p. 389f. 后文缩写为 B. D. 。

国间的协议，为保障提供保障。

寥寥数页纸上平凡的语言代表了英国承诺的实质内容。这应当是一场为安全保障而不是为教义而进行的战争，为了反抗霸权而不是反对革命，其目的在于削弱法国，增强中部国家实力，最终实现稳定的力量平衡。维护这种格局，是以领土保障作为均势的形式，“无私的”大国的特殊保证作为国际诚信的象征。只有在两点问题上，大英帝国是无法动摇的：海洋权利，皮特的计划对此闭口不谈；还有一点是不受大国控制的荷兰。

该计划的务实之处既是它的优势也是它的弱点，它导致目的单一，使得英国能够在其他国家之前达到自己的主要目标，但该计划也牵涉到国际关系的机械式概念，其结果是不允许国家间的关系发生转变。想要达到的均势是基于一种防御概念：抵抗来自好战法国的威胁。只要这个威胁被各国普遍承认，就有足够理由将均势合法化。但当新问题和不同性质的威胁出现时，均势的实质就必须重新定义。在新的定义中，原先的一致意见很难再次达成，因为只有在革命时期威胁才具有普遍性，也只有此时防御性联盟才具有普遍意义。和平时期的稳定往往会瓦解战时形成的联盟，如果除了对共同威胁的记忆之外没有其他可以使其团结在一起的理由的话。

但这仍然是很遥远的事情。随着拿破仑大军的战败，英国似乎即将摆脱孤立状态，卡斯尔雷重启皮特的计划，将此计划与下面这
40 封信一同寄给卡斯卡特：“或许这么早就要对欧洲政治做出安排是件更为艰难的事……我们赞同的主要观点有：需要广大民众才能维持法国；普鲁士、俄国和奥地利应当……一如既往保持强大实力，而从属国家必须被动员起来协助我们，若反抗将付出代价……我寄给你这份文件作为据以作出判断的纲要……一八〇五年建立联盟就是以此为基础。或许俄皇在他的总部里都没有这份有趣的文件[……

我清楚记得，在皮特撰写这份文件之前(强调语气为卡斯尔雷所加)，我不止一次与他讨论其中的细节]。有些建议目前或许不太适用了，但这份文件非常巧妙地概述了如何重建欧洲，所以若阁下能够将其精简，拟成清晰的提议，并了解皇帝陛下对此内容的态度，我将感到非常高兴。”[①]于是，皮特计划就成了卡斯尔雷的政策蓝图。后来卡斯尔雷如此成功地实现了其目标，以至于到了一八一五年，他竟然能把皮特计划提交下议院，作为《维也纳协定》的充分依据。

但是在一八一三年四月，时机仍未成熟。还不确定接下来的形势将会是和平还是战争，如果是战争，又会是怎样的战争。同盟仍有待形成，也尚不清楚拿破仑的新军队实力如何。奥地利依旧采取着暧昧的政策，谈论着调停，而卡斯尔雷几乎要失去耐心。只有等到同盟形成，同盟的伟大守护者才能有所作为，而建立同盟却是梅特涅的任务，在他完成之前，其他一切只能等待。

① C.C.，Ⅷ，p. 356，8 April，1813.

第四章
梅特涅与政治均势的定义

一

梅特涅曾经写道：“（政策）就像一场多幕戏剧，一旦大幕拉开 41
就必须开场，若是宣告演出取消将成为笑柄。这场戏将继续进行下去，不是演员出演……就是观众上台表演……然而聪明的人从来不会认为这是问题的关键。对他们来讲，问题的关键在于决定大幕到底是否需要拉开，是否需要召集观众，而且还在于这场演出的内在质量……”[1]到一八一二年年底，大幕已经拉开，但展现出来的却是杂乱无章的舞台，有一位谨慎的设计师正在不动声色地调整道具，直至营造出符合他喜好的布局。因为设计师不愿意那么快透露他真正规划的布局，他不断抵制着所有来自外界的催促和压力，有时候甚至很恼火。

当梅特涅向拿破仑建议为其斡旋以获得全面和平时，他明白开展这项政策将没有回头路可走。若梅特涅只是希望从累赘的法奥联盟中脱身，他大可以提出帮助法国单独与俄国议和，就算失败了也可以退居中立。但既然将目标设定为全面和平，那就最直接地牵涉到了奥地利帝国的利益。假设拿破仑拒绝接受梅特涅正在制定的条件，那就没有别的选择，只能进入他的敌人的行列，因为显然这些

条件是奥地利唯一能在其中获得安全保障的欧洲所需的框架。梅特
42 涅自诩深知拿破仑的个性，一定早就不指望拿破仑会接受这些条
件，并不是因为这些条件苛刻，而仅仅因为这些是条件。

因此，梅特涅无疑知道以法国盟友的名义开展外交活动是迈出了严肃的一步，最终奥地利在反法同盟中的道义及军事领袖地位成为了无可争议的事实。因为这项活动的成功取决于真诚的假象，必须避免任何可能使奥地利动机受到怀疑的举动。俄国请求奥地利声明政策，得到的是闪烁其词或不作答复，当卡斯卡特勋爵派出使者敦促奥地利参战时，梅特涅答复说不认识什么卡斯卡特勋爵，并称等一切就绪他会到伦敦与英国交涉。由于奥地利进行谈判的立场取决于独立的假象，所以行动自由成为了梅特涅的首要目标。一八一三年一月初他写道："所有利益中列在首位的是独立。任何一方竞争者未耗尽兵力就获得完胜对奥地利来说，都预示着必定会制造出新的尴尬境地……(但是)一八一三年初，奥地利因为另外两个王朝精疲力竭而变得强大……正是由于这个原因，我们对法国实施的每一步政策，都表现出独立意识，并且这种情绪将日益确定。"②

但是奥地利兜着圈子的做法、说话的语气以及对遵循拿破仑愿望的犹豫不决，都证明了其独立性的矛盾本质，但这种独立又因为借助束缚的名义而得到了更有效的体现。它首先体现在传达给奥地利使者布勃纳的指示中，表面上奥地利是派他与拿破仑协商调整联盟关系以适应新形势，但实际上是为了试探拿破仑的意向和预见任何法国令人尴尬的提案。③这些意在向拿破仑重述的指示，再次提到了奥地利调停的事宜，并且将其与奥地利后备军队的部署联系起

① N. P., Ⅷ, p. 190.
② Oncken, Ⅰ, p. 80f., 3 January, 1813.
③ Luckwaldt, p. 62.

来，因为这些后备军队代表了奥地利的核心力量。这些指示一开始谈到了拿破仑的战败，采用一贯暧昧的语气：尽管有连续不断的错误，尽管缺乏一位军事天才，俄国却已成为胜利者。这是一场结果无法估量的胜利。梅特涅含糊其辞地说："在过去的二十年里，欧 43
洲人民学会了判断军事实力。关于近期事件可能造成的后果，他们不会上当受骗。"唯一的解决办法是通过奥地利调停以实现和平，奥地利欠了拿破仑一大笔应尽的义务，但对奥地利人民亏欠得更多。梅特涅坚持说，若战争继续，显然最有利于共同事业（强调语气为我所加）的是将奥地利后备军队撤至加利西亚地区，并在那儿与侦察部队会合（梅特涅在一八一二年通过安排对付来自俄国的"威胁"而获准建立了这支侦察部队）。[1]于是，梅特涅一边营造独立的道德氛围，一边谨慎地收罗能实现独立的资源。拿破仑将认识到过度热烈的拥抱可能会带来毁灭。

接下来发生的较量就像一场有条不紊、规则复杂的日本戏剧。双方都极力掩盖事件的真相，维持表面，留有余地：拿破仑为了重建军队，裹挟奥地利，哄骗威胁奥地利填补法国大军溃败后的空缺；梅特涅为了赢取时间来检验准盟友们的决心，当有必要撤退时可以加以掩饰，以及建立足以对抗拿破仑的力量，而让奥地利免于第一次进攻。这是一场耐力测试，每一次出击都正派得体，每次接手都表现得好似表象与真相之间没有任何区别。这也是一场耐心测试，对付令人烦恼的小事儿必须表现出优雅微笑，对暧昧含糊不予理会，似乎那无关紧要。一个习惯于下达命令的人很难学会与人协商，因为协商就相当于承认实力有限，但是一个位于欧洲中部的国家无法感到安全有保障，除非置身于谈判是国际关系常用手段的世

---

① Text, Oncken. Ⅰ, p. 390f., 20 December, 1812.

界中。对于拿破仑，一切都取决于展示自己永远无所不能；对梅特涅而言，却取决于证明法国实力有限。

于是就导致了一场奇怪且无结果的对话，因为双方都不愿意将各自的立场完全摊牌。十二月三十一日，拿破仑在与布勒纳的第一次会面中强调了法国财力物力的优势，强调了再次入侵俄国的决
44 心，并要求奥地利后备军队的数量增加一倍。在维也纳的法国大使也曾经向梅特涅提出了类似的建议，梅特涅于一月三日答复说，如此“非政治”的战争继续下去的话将会表明王国道义上的削弱。他还阴郁地补充道，奥地利的命运极其依赖对法国资源的正确估计，因此它不可能误会其真正的情形，奥地利知道如何区分新兵和一支正规部队。[1]法国外交大臣巴萨诺伯爵认为，梅特涅对法国真正实力的判断有误，一位在巴黎的经验丰富的奥地利观察员很快就会让梅特涅了解到拿破仑的雄厚实力。梅特涅在十二月九日[2]的信件中说，奥地利出于友善才让它的五千万人口心平气和，其中的威胁语气没有被忽视，但是巴萨诺警告说，奥法之间的战争将是一场生存战，而不是政治战争。[3]深知此理的梅特涅并没兴趣反唇相讥，但更不想参与一场实力较量。他和缓地回应道，当奥地利只是为了保护本国领土，也即法国盟国的领土，以抵抗俄国军队的进攻时，怎能指责奥地利是在与法国较量兵力呢？梅特涅最后拐弯抹角，以相当于表明握有权力的坚持态度说，掌握着五千万人口的奥地利应当获得法国道义上的支持，而不是受怀疑。[4]与此同时，一月七日拿破仑又写了一封夸夸其谈的信给奥地利皇帝，再次一一列举了法国的兵力，要求奥地利后备军队扩充一倍，并要求法军获得过境奥地利领土的

① Oncken，I，p. 69f.
② 参见第二章，p. 26f.。
③ Luckwaldt，p. 72.
④ Text，Oncken，I，p. 400f.

权利，以此作为法国资助的回报。

如今一切都取决于奥地利后备军队的命运，这支军队专门由基干官兵组成，是任何军力动员的关键。奥地利实现了其政策的第一个目标——政治机动性。而拿破仑在十二月三十一日与布勃纳会面之际，确认了准备接受奥地利的和平努力，但他督促奥地利拿出实际行动，增加后备军队的兵力。[①]从这点可以看出拿破仑的误解有多深。他将奥地利的犹豫不决归咎于胆小懦弱，试图让奥地利意识到自己实际上力量强大，希望以此来克服他以为是奥地利所担忧的问题。但梅特涅却正在储备实力，为了有朝一日有能力反抗拿破仑。45
拿破仑将后备军看做防护盾，期待在其保护下重建他的军队，而梅特涅视后备军为保证奥地利独立的核心力量。由于这位来自科西嘉岛的暴发户将义务与私人关系等同起来，所以他以为父亲不可能对自己的女婿开战。而哈布斯堡王朝从五百年的统治中认识到历史将超越个人考虑之外，因此只关心那些可能确保其永久性的问题。

后备军的指挥官施瓦岑贝格受命与俄军指挥官直接谈判，他利用这次许可安排了一场“理论上的”战役，其复杂程度足以令一位中国将军也感到荣幸。他督促俄军指挥官将军事行动从奥地利后备军的南面转移到北面，并且建议一场侧翼行动，那将使得奥军不得不撤退至加利西亚。[②]梅特涅同意了这个策略，最终命令后备军向克拉科夫撤退。一月三十日，施瓦岑贝格受命签署了一份无限期停战协议。[③]

于是后备军得以保留，奥地利通过极其巧妙的秘密外交策略重获了行动自由。梅特涅以弗兰茨皇帝的名义起草了两封信件给拿破

---

① Oncken，Ⅰ，p. 66.
② Oncken，Ⅰ，p. 99. 并参见 Luckwaldt，p. 68. 。
③ 详细的停战协议及其意义，参见 Luckwaldt，p. 83f. 。

仑，第一封信回复了拿破仑在一月七日提出的要求，第二封宣布了施瓦岑贝格从维斯瓦河退兵的消息。第一封信的时间是一月二十三日，再次以声明奥地利的友好作为开场白——如今这几乎必不可少——顺便陈述了法国的失败，由此暗示了奥地利的相对实力："……我因注意到陛下不愿信任我而深感苦恼……我以为我在多次表示友善关切之后值得您信任……我不会自欺欺人，也就是说，我不会将运气差——非人力所及的环境条件造成的结果——归结于敌人的军事优势……我毫不怀疑法国的军事手段。相反地，我寄和平希望于此。"①梅特涅用这些讽刺的言辞一一提到法国的兵力，据此得出了与拿破仑意图截然相反的结论，也即又多了一个和平的理由。

46 实际上，这封信继续提到，奥地利已超出了拿破仑的期望。将调动十万士兵而不是六万："用于包围敌军侧翼，这样安排是为了威吓俄军，甚至引起英格兰的警觉。"但即便是这些豪言壮语也是增加了又一个主张和平的理由，因为只有对和平的希望才能激发奥地利人民做出必要的牺牲来组建这样一支军队。所以，这封信既是托辞也是陷阱，以共同协作的名义拒绝了拿破仑的所有要求，并且借此托辞使拿破仑更深地落入奥地利的调停计划。新组建的奥地利军队将按既定方针反抗在奥地利朝廷看来是阻碍和平解决的势力，这就是梅特涅对未来的推断。

第二封信的日期是一月二十四日，谈到了奥地利的困境，坦言如此大规模招募组建的十万士兵，将主要用于保卫奥地利，而不是为法国所用。无论语气如何谦卑，如今穿越波兰的道路已经敞开却是无法掩盖的事实。信中的冷嘲热讽表明了梅特涅日益自信在秘密

---

① Text，Oncken，Ⅰ，p. 405f.

外交上他才是高手，他解释说法国大军——在另一封附函中梅特涅怀有恶意地称其为“那支所谓的军队”——从总部撤退后中断了与施瓦岑贝格的通讯。“在如此紧急的情况下，陛下的代表离开了他的指挥部，我不得不通过采取直接措施来照管我们后备军的利益……我相信我的命令符合陛下的意向。”[1]据布勃纳汇报，当他把这段话念给拿破仑听时，拿破仑神色大变，不是愤怒，而是对事态意外扭转感到惊愕，拿破仑完全领会到了其严重性。[2]奥地利后备军的撤退以及梅特涅在交流中流露出的傲慢不只是表明独立的行为，还表明了拿破仑的无能为力。有史以来第一次，拿破仑别无选择，只能接受这些措施，换做任何其他形势下他都会以宣战来回应。

普奥两国的背叛所显示出的差别具有这一时期事件的特征。普 47
鲁士后备军指挥官约克在陶拉格达成的休战协议标志着民族独立以及摆脱外国束缚，但却立即遭到普鲁士皇帝的否认，因为他牢记着拿破仑是耶拿和奥尔施泰特战役的胜利者。奥地利军队的撤离是一场国家的举动，而且也如此告知了拿破仑。普鲁士违背了现行协议，与拿破仑关系破裂，奥地利却是以现行协议的名义重获行动自由。政策是出于爱国热忱还是秘密外交，是民族的战争还是国家的战争，这是一八一三年所面临的选择。梅特涅很确定奥地利应该作何选择，为此建立框架是他接下来的目标。

二

如果卡斯尔雷知晓梅特涅所有的行动，他就不会如此担心奥法单独作出安排。梅特涅重新获得了行动自由之后，就全力以赴推进

---

① Text，Oncken，Ⅰ，p. 407.
② Oncken，Ⅰ，p. 107；Luckwaldt，p. 86.

形势顺利发展，拉拢其他国家，使拿破仑陷入困境。梅特涅明白他的行为已经使得奥地利不可能容许法国再一次获得全面胜利，力量有限的拿破仑或许会接受奥地利的自作主张，因为他别无选择，但是拥有征服力量的拿破仑不可能原谅这种使他陷入困境的友谊、这种使他孤立的调停。

奥地利军队的撤离实际上达到了两个目的，一来集中了奥地利帝国的兵力，二来通过打开横穿波兰的道路，奥地利试探了俄国的决心。梅特涅非常清楚俄军首脑们，包括他们的指挥官库图佐夫在内，都希望将法国大军逐出俄国边境即止。如今俄军开始渡过维斯瓦河，此威胁已不存在，但是俄军的行动规模一部分取决于普鲁士的支持。由于前一年的损失，俄国无力独自继续进军中欧。梅特涅努力促使普鲁士参战，并使俄国的军事活动越过其边境。

于是，梅特涅利用他新获得的“机动性”使战事路线远离奥地
48 利边境，在俄国更坚定地明确其目的之前，保持超脱旁观的态度。梅特涅有理由像担心俄国犹豫不决一样担心俄国获胜。由波兰爱国者恰尔托雷斯基起草的一份文件在“特殊情况”下落入了他的手中——据说是通过一次追捕“马路窃贼”的行动，这是奥地利秘密警察惯用的方式。这份文件呼吁所有波兰省份在波兰帝国的名义下再次团结起来，只通过君主本人与俄国发生联系。①但是，梅特涅曾反对拿破仑建立华沙公国作为波兰民族主义的象征，现在也不准备在拿破仑失败后还要接受它。梅特涅在处理这个问题的方法上同样表现出诡计多端、足智多谋：他将缴获的文件交给拿破仑。这么做表现了他的忠诚，而其实这封文件在法国媒体公开要比在奥地利安全得多。与此同时，梅特涅向拿破仑表明了与俄单独议和的希望只

---

① Text, Oncken, Ⅰ, p. 219f.

是徒然。[1]如果没有获得压倒性胜利，俄国就不可能有希望推翻拿破仑的私人建树——华沙公国。就这样开始了对波兰问题的争论不休，两年之内都无法结束，而且几乎将欧洲卷入另一场战争。

然而，目前争论如何处置波兰仍为时尚早。普鲁士还未表明态度，俄国在没有援助的情况下也没有能力继续进攻。就在此时，普鲁士派遣谈判使者克尼塞伯克前往维也纳提议结盟并且听取建议。

普鲁士正深陷困境。自一八〇六年战败后，普鲁士跌落到次等国的地位，领土面积也缩减至只有原来的三分之一。普鲁士在反俄战争中的角色也突出了它作为拿破仑附庸的身份。在战争中，普鲁士充当了拿破仑大军的供应基地，军队也由一位法国元帅指挥。而现在，随着俄军大举西进，波兰遭遇的命运似乎正等着普鲁士，虽然当初腓特烈大帝努力使普鲁士进入了主要强国之列。普鲁士朝廷 49
从过去失败无能的视角关注着事态的发展，在面对所有的偶发事件——法军再次进攻、俄国大胜、民情汹涌或者奥地利的中立——时都因为其潜在的风险而表现出瘫痪无力。普鲁士知道自己担心什么，却不知道自己的目标与能力所及。俄军西进只是增添了普鲁士的烦恼。俄国使者迫切要求普鲁士宣布反对拿破仑，威胁说否则一旦胜利将要保留东普鲁士，而此时爱国热潮正席卷这个残破不全的国家，前任普鲁士大臣施泰因在东普鲁士组织反抗拿破仑。看来普鲁士只有两个选择，出兵镇压或民族分裂。克尼塞伯克的使命是请求不要将普鲁士孤零零地抛弃在被两大外围国（俄国和法国）控制下的欧洲。

这使梅特涅陷入两难境地。与更关注地区事务的“奥地利学

---

① 唯恐拿破仑还不确信自己已被真正孤立，也因此仍怀疑奥地利的重要性，梅特涅劝诱在维也纳的俄国大使斯塔克尔伯签署了一封联名信给拿破仑，说明俄法两国不可能单独议和。Luckwaldt, p. 133.

派”政治家完全不同，梅特涅一直认为一个强大的普鲁士是奥地利安全保障及欧洲均势的必要条件。但在一八一三年一月，只有牺牲法国，而不是通过与奥地利结盟，普鲁士才能强大。结盟除了将结束尚未正式开始的奥地利调停，还会加强普鲁士朝廷中的“主和派”势力，该派别设想有一个中立的核心隔开相互竞争的大国，好像中立取决于意志行为而不是依靠一定程度的实力来得以实现。①但是拒绝结盟，可能会将普鲁士无法挽回地推向俄国一方，从而使俄国的影响力深入中欧。如何将普鲁士推上战场，却仍保留未来合作的可能性？如何使俄国作出承诺，但又避免它占尽优势？

梅特涅解决困境的方法是，表现得好像奥普两国利益一致是不言而喻的，无需明确的安排。所有送至巴黎的信件始终都复制了一份转给普鲁士政府，表明奥地利日益独立的态度。现在梅特涅又更进了一步。在与克尼塞伯克第一次会面时，他坚持说奥地利完全不担心普鲁士与俄国结盟，实际上更希望如此，以便试探俄国的决心。②接着致信驻柏林的奥地利大使，建议普鲁士以守卫奥得河为借
50 口重建在西里西亚的军队，并且嘲讽地补充说，离约克将军的坏影响远一点。③梅特涅如此向普鲁士表明两大同盟国都将遵循奥地利的游戏规则，因而将奥地利的利益与普鲁士的事业等同起来。虽然他仍未承诺协助普鲁士达到它的目标，但现在也不会再让普鲁士来承受拿破仑愤怒的所有后果。

但如果说梅特涅希望普鲁士改变战线将俄国引入中欧，他同时也希望普鲁士限制其承诺范围，为未来合作的可能性留有余地，尤其是在波兰问题上。在奥地利的支持下，普鲁士将起到抑制俄国野

---

① 关于普鲁士主和派，参见 Luckwaldt，p. 97。
② Oncken，I，p. 132，Knesebeck report.
③ Oncken，I，p. 135.

心的作用，而不是协助俄国的政策扩张。因此，他必须表明奥地利的保留态度是暂时的和战术性的，是为了更确保实现双方的共同目标。他选择的方式是典型的拐弯抹角：一月十四日克尼塞伯克起草了一份分析奥地利目的的报告，经由梅特涅修改，连同一封对此予以否认的信件一并送至柏林，以备这份信件落入法国之手后可以撇清责任。①这份备忘录首先比较了普鲁士与奥地利的立场：与法国签署了结盟协议的普鲁士分明是被武力所迫，一旦外来压力消失，就有权摆脱束缚。但奥地利则与法国有联姻之亲，并且是在貌似自由的前提下签署的协议，因此轻易地改变立场必定会冒犯其统治者的尊严。奥地利要做的必须是在拿破仑的许可下重获自由，得由法国自己解除协约关系。这个目标已经实现。从拿破仑接受奥地利调停那一刻起，奥地利的处境就完全改变了。

但是克尼塞伯克的备忘录警告说，虽然奥地利目前重获了行动自由，但在俄国更清晰地表明意图之前，它将止步于此。除非俄国声明其目的，奥地利将只采取以下举措：将后备军缓慢转移至西里西亚；各省根据面对的俄军数量按正比例配备武装；通过实际行动来表明，可以而且必须拒绝法国寻求支援的要求，从而使法国的盟友关系陷入瘫痪。奥地利可以如此消极行动，目的就在于促使俄国军队继续向前推进，鼓励德意志自己努力获得解放，而不要指望依 51
赖奥地利单独的勇敢行为。

这说明梅特涅非常充分地吸取了一八〇五年事件的经验教训。这次的同盟最大限度地留有余地，而且除非风险已经最小化，奥地利不会置身其中。接下来的段落表露出一八〇九年的经历也未被忘记，明确了奥地利的根本目标是“建立一个伟大的、自愿的……中

---

① Text, Oncken, I, p. 138f.

欧同盟，以国家独立及财产安全为基础，从而建立一个正义的体系来取代被迫联合的现行体系……来反对任何对外扩张的企图，无论其来自何方”。所有的措辞都经过精心挑选，以便最大限度地阐述合法化原则，奥地利正是以合法化的名义提议对抗拿破仑。这个国家间自愿建立的同盟意味着梅特涅决心阻止以民族自决为基础的德意志统一，而正义的体系将取代拿破仑以武力维系的体系，但必须建立在财产安全的基础上，并且旨在预先阻止北部的民族主义热忱所设想的全面改革。最重要的是，奥地利并非在对抗拿破仑个人，而是反对法国霸权，而且不打算让一个霸权被另一个霸权所取代。

以这些针对俄国在波兰的计划以及普鲁士在德意志的野心发出的警告，梅特涅表明了奥地利承诺的实质：奥地利并非将其成功的希望寄予急躁的一代人的理想，而是寄托在历史经验的智慧中；并非寄予公众的热情，而是基于对征服者心理的估计。梅特涅在某个批注中写道：“奥地利的整体政策是建立在拿破仑个性的基础上，因此必须根据奥地利与此人以及与外国政府，尤其是南德意志政府打交道的经验来判断。”①因此，梅特涅将俄国的道德主义热情以及普鲁士的民族主义冲动引向精心规划的协同运作，不动声色地改变了两国所作努力的道义基础。该政策看似投机取巧，却可能逐步实现目标，而若一开始就直接完全暴露这样的目的，必定遭到愤怒的拒绝；该政策对戏剧性举动不屑一顾，因此其成就在冷漠的表象下
52 反而愈加获得了保障。梅特涅如此成功地，甚至是狡诈地将合法性植入了他的目标，以至于几乎所有奥地利的目标都由其他大国主动向它提出。当局势最终形成，对照克尼塞伯克备忘录及局势形成的过程，就会发现几乎毫无偏差。至于许多伟大理想未能如愿，许多

---

① Oncken, I, p. 141.

精力未能得到利用，就又是另一码事儿了。

虽然克尼塞伯克的出使未能实现普奥联盟，却给予了普鲁士想要的再次保证。奥地利皇帝对普鲁士使者说，没有什么——因此即使是普鲁士背叛他的女婿——能破坏奥地利与普鲁士的亲密关系，[1]而且梅特涅非常明确地表明了奥地利的意向。二月六日，普鲁士国王要求组建自愿军。二月八日，克尼塞伯克被指派了另一项任务，这次是会见沙皇磋商条约内容，这就是后来的《卡利什条约》，将普鲁士纳入俄国一方，并使得俄国承诺在中欧作战。

三

当梅特涅鼓励普鲁士与俄国结盟时，他实际上使得奥地利承诺不能容许法国获得完全的胜利。现在则应该在和平谈判的幌子下建立一个能够切实打败法国的同盟。二月八日克尼塞伯克被派去见沙皇，同一天，梅特涅为两位特使起草了指令。维森博格男爵将前往伦敦，勒布泽尔腾男爵前往沙皇的总指挥部，企图说服英俄两国接受奥地利的调停。这是一项非常艰巨的任务，要说服英国理解一个大陆国家的问题：成就同盟的方式与反法同盟这一事实一样重要；胜利的取得不仅在于战役本身也取决于选择的战场。还要说服亚历山大一世，宏伟理想不能取代力量均衡。是否能够成立同盟取决于能否成功说服英国理解均势合法化的重要性，以及能否让俄国接受有限的概念。

这两份指令的导言段落内容一致，都以一段含糊其辞的套话作 53
为开场白，强调说，奥地利只是中间人，而不是调停者。调停者的责

① Text，Oncken，Ⅰ，p. 154. 并参见 Luckwaldt，p. 105。

任是指定和平条款，而中间人的作用是在阵营间转达和平条件。如果大英帝国和俄国清楚它们真正的利益所在，就会希望帮助奥地利从中间人的角色转变为调停者。但是在能够明确和平条件之前，必须先对和平条件源自的普遍信条达成一致意见。

这些话的意思一目了然。奥地利在法国面前表现出调停者的姿态，也就意味着承诺为它将要提出的和平条件而努力，虽然事实上这一承诺针对的是法国这个唯一必须做出牺牲的国家，而拿破仑并没有注意到这一点。但是奥地利请求大英帝国和俄国的支持，使调停更有价值；明确能够证明奥地利行动正当性的整体框架，而非和平的条件。这个中欧帝国要求的是以获得合法性作为参战的条件。

至此，两封信开始出现不同。送往英国的那封信恳请理解，并阐述了一个欧陆国家与一个岛屿国家间的关系："那些宁愿仓促行事而不愿冷静衡量之人，那些不了解我们的资源也不知晓我们与他国关系的梦想者，渴望投身争斗，他们无法领会我们的政治体系……当前危机最需要考虑的是，我们必须竭尽所能避免战争转入国内……如果北方战争转为南方的战争……这将会使拿破仑摆脱在一片精疲力竭的领土上继续战斗的窘境，让形势再一次倒向拿破仑……若英格兰能考虑将其与欧洲大陆联系在一起的利益关系，如果它理解欧洲均势的价值……就会希望能保全可以同时牵制俄法两国野心的那个国家……在没有什么能够保障完全成功，而一旦失败则会导致最可怕的后果的时刻，不应该指望奥地利竭尽全力消耗自己……倘若我们采用了其他措施代替目前的体系……我们早就失去了中心地位的所有优势。"①

54　如果说送往伦敦的信件是请求理解的话，会见沙皇的密使所携

① Text，Oncken，Ⅰ，p. 416f.

带的指令则表现了奥地利对俄国十年来态度暧昧所产生的怀疑。[①]梅特涅指出，俄国与大英帝国的区别在于，岛国更为可靠。至于俄国，它在近期取得的胜利及其深远影响都令人意想不到，但这可能只会使得俄国朝廷更加自鸣得意，像它一贯表现的那样。当然，通过巧妙的外交手腕可以利用俄国的不稳定，但却不能小看俄国对外征服的野心、它对革命运动的利用，以及可能在首战失败后退回到孤傲中所造成的威胁。基于所有这些原因，勒布泽尔腾推迟了行程以待时机成熟。但是现在，梅特涅就像一位正在为其作品添上最后一笔的大师，满怀骄傲地宣布关键时刻已经到来了："普鲁士可能已经做出决断改变政策；不久之后俄军将抵达奥得河；我们的机动部队分布在他们的侧翼甚至其后方；他们未来的作战要依赖我们的善意；我们可以帮助他们也可以阻止他们；因此进行谈判的时候到了。"以上寥寥数语，务实平淡，好似从未听闻过欧洲北部的热忱，梅特涅就此宣布其政策的第一阶段结束了。主角已经上场，而且别无选择。奥地利通过约束其他国家而获得了自由，依靠其他国家对它的需求获得了力量。的的确确是该谈判的时候了。

勒布泽尔腾沿途多次称"病"后终于在三月五日抵达位于波兰卡利什的俄国总指挥部，他发现形势正如梅特涅预料。与普鲁士的结盟协议已在数日前签署完毕，协议保证普鲁士将获得与一八〇六年前相同的疆域面积，但完全没有提到这些领土的具体位置。正是这些含糊不清的用词——规定在北德意志获得的领土将用于增补普鲁士的面积——使人得出唯一的结论：沙皇有意利用普鲁士占有的波兰领土来实现他的波兰计划。然而尽管梅特涅知道沙皇的波兰计划，他却命令勒布泽尔腾尽可能推迟抵达，正是为了逃避普鲁士谈

---

① Text，Oncken，Ⅰ，p. 421f.

55 判者极其渴望的协同行动。他主要的目标是俄国，自信有能力以后在波兰问题上与亚历山大一世机智周旋。在因形势发生关键转折而产生的一片欢乐气氛中，勒布泽尔腾抵达了，此时君主们正互相表白友谊地久天长，而爱国者们正起草对德意志人民的宣言。看来奥地利不可能对民族热忱置身事外。

但热忱可能会搅乱结盟谈判，因为它撕破了谈判者貌似能够自由选择的伪装，而这些却是他们最有分量的谈判武器。普鲁士的全权代表抵达卡利什，实际上他背负着普鲁士人民的爱国热忱。当他在波兰问题上犹豫时，沙皇直接向普鲁士国王表达了他的诚意，达成了联盟。因为迫不及待要作出承诺，所以普鲁士的选择受到限制，但奥地利却不会因为民众的呼声而却步，更不会被革命威胁所吓退。梅特涅曾说过：“说什么保卫文明这类禁不起仔细推敲的空话，根本明确不了什么具体政策。”[1]勒布泽尔腾的任务就是要注意让沙皇谈到具体的内容。

除了给他本人的指令，他还带着奥地利皇帝写给沙皇的两封信，其中友善的语气无法掩盖他们逃避任何具体提议的事实，[2]毫无疑问奥地利不会被进行道德讨伐的含糊承诺所鼓动。勒布泽尔腾表现出同样的保留态度，梅特涅指派给他的唯一的任务就是只接受提案。[3]当三月八日沙皇恼怒地问起奥地利到底想要什么时，勒布泽尔腾冷静地回答：应该由沙皇来构想一些总体计划，作为谈判的基础。于是，沙皇明确了战争目标，其中包括了归还奥地利所有从前的领土，允许普鲁士独立及扩充领土，从法国的束缚中解放德意志，以及恢复奥地利君主神圣罗马帝国皇帝的称号。[4]

---

① N. P.，Ⅷ，p. 365.
② Text，Oncken，Ⅰ，p. 488.
③ Luckwaldt，p. 135.
④ Oncken，Ⅰ，p. 354.

如此一来，普鲁士未能获得满足的要求奥地利却得到了，而且是由俄国主动提出的。不仅奥地利原本的领土面积，而且旧时的领土都获得了保证。沙皇的波兰计划受到了一定的限制，因为沙皇的回复就等于自愿放弃属于奥地利的三分之一波兰领土。只有对于恢 56
复神圣罗马帝国皇帝称号这项，梅特涅不感兴趣。他告诉汉诺威使者哈登贝格，德意志君主尝到过完全独立的滋味，因此即使屈从于奥地利也会暗中损害它的利益。[①]拿破仑靠的是战无不胜的光环和武力威胁，才能维持他的莱茵联邦。但是奥地利本来就不是法国的对手，决不能再卷入与法国人的战争，同时还要对付协助法国人的心怀怨恨的德意志诸君主。他更倾向于建立一个以条约或法律来联合各独立邦组成的德意志。虽然本来可以但他并没有再补充说，这样的安排将保证奥地利在德意志的支配地位。比起充满妒忌心的隶属关系，无所作为的独立将是更为牢固的纽带。对普鲁士霸权、法国侵略及国内动乱的恐惧要比一个苟延残喘的神圣罗马帝国更有效地加强奥地利的优势。

三月二十九日，沙皇不仅重申了之前向勒布泽尔腾提出的建议，还提议奥地利也明确本国的疆界。他表示不会干涉奥地利在南德意志的行动，承诺无论梅特涅决定向这些朝廷提出怎样的提案他都支持。[②]于是，在一八一三年三月底，梅特涅实现了他的基本目标。抵达欧洲中心地带的俄军开始与法国展开殊死一搏，普鲁士参加了同盟军共同抗敌。只有奥地利静观不动，仍未最后出击。同盟认可了奥地利的主要目的，而拿破仑则接受了奥地利的调停。奥地利正在日渐恢复实力，当然不是通过人民的热情，而是通过自律和坚韧的领导力。确定的奋斗目标是进行一场为实现均势的战争，建

---

① C. C.，IX，p. 60. 并参见 Luckwaldt，p. 112f.。

② Oncken，I，p. 359.

立由国家而非民族构成的国际社会，建立一个由许多独立主权组成的德意志以及一个保守的欧洲。直到奥地利的合法化原则得到认可，梅特涅才准备明确陈述他对欧洲均势的理解。正是因为梅特涅的机智手腕和耐心筹划，才让原本会被认为是奥地利对自身利益的陈述看起来就像是在单纯地主张正义。

四

57 当时的情形是奥地利正几乎不动声色地一步步远离同法国的联盟，也进一步使中欧领土暴露在俄国军队面前，而这一切都如往常那样是在现行条约的名义下完成的。自奥地利后备军从维斯瓦河撤离后，下一条河道，即奥得河的防御就取决于奥军的行动。如果它继续撤至西里西亚，聚集在奥得河中心地带的法军残余部队或许还有机会牵制俄军的进攻，直到春季拿破仑的新编部队抵达此地。如果向南撤离，奥得河防线将从侧翼被包围，战场也会再向中欧深入一百五十英里逼至易北河。梅特涅命令施瓦岑贝格向南往克拉科夫方向撤退。

他在写给布勃纳伯爵的信件中宣布了这项决定，语气上仿佛甚至不能想象还有其他选择，而且像是在宣布一件令人愉快的事情：曾参与《同盟条约》谈判，后来离职去指挥后备军的前任驻法大使施瓦岑贝格亲王现在正返回巴黎，毫无疑问那里非常需要他，他将向拿破仑说明中欧各国军队间的关系。认为有可能防守波兰河道，那只是波兰移居者们的幻想，梅特涅又讽刺地补充道，他们就和法国移居者们一样，为了自身利益可以毫不犹豫地消耗他人资源，因为这对他们而言百得而无一失，也就无需保卫。接着是一段对俄军在波兰情况的夸张估计——虽然与事实毫无关系，倒也精确详细——

声称施瓦岑贝格的部队实际上已经牵制俄国大军四周有余，总之，奥地利的措施是在千方百计地保全法国盟军的实力。①

但施瓦岑贝格并没有立即出发前往巴黎。四周多过去了，他才出发。当三月十八日梅特涅给施瓦岑贝格起草指令时，普鲁士已经改变了立场，沙皇也已承诺保障奥地利的目的。尽管如此，施瓦岑贝格仍没有直接前往巴黎，他在南德意志各国首都停留，这些国家
仍然因为联盟条约而与法国联系在一起，他督促这些国家逃避法国 58
要求它们履行军事援助的责任。施瓦岑贝格直到四月九日才与拿破仑第一次会面，那时俄军已经完全越过了波兰。

然而，施瓦岑贝格的使命让梅特涅有机会可以详细陈述他的均势理论。他给施瓦岑贝格的指示以一段历史性的总结开始，旨在突出对势力平衡的需求：②一连串的战争已经颠覆了过去所有有关均势本质的概念。一八〇七年之后，欧洲大陆上只剩下法、俄、奥三个大国，而且实际上其中两个还联合起来对抗另一个。但是经历了一八〇九年的战争，奥地利虽然物质上损失惨重，却获得了道义上的力量。战争使得法奥两国建立起紧密的关系，但同时也为俄法两国的不和埋下了种子。梅特涅接着总结了造成俄法紧张关系的其他原因，解释战争爆发的起因以及奥地利为阻止战争蔓延所付出的努力，最后得出结论说：法国的战败扰乱了所有的盘算，必须建立新的均势。奥地利主动提出调停，正因为它是最为关心重建均势的国家，因为奥地利的地理位置使它必将在两个大国——这两国交锋必然以奥地利的牺牲为代价——之间的任何战争中被摧毁。

但是，当奥地利将调停的建议传达给拿破仑时，梅特涅故作无

① Text, Oncken, Ⅰ, p. 306f. (German), p. 430f. (French), 18 February.
② Text, Oncken, Ⅰ, p. 439f.

辜地解释说，发生了一件非常出人意料、后果极其严重的事件，那就是普鲁士与俄国结盟。梅特涅非但没有谴责普鲁士的这一举动，还称之为是自一八〇六年以来普鲁士遭受苦难的合理结果。梅特涅唯恐拿破仑可能会打击以前的盟友以重振威风，指出普奥两国生死与共："由于地理位置不同，(欧洲)各国态度也不同。法俄两国与欧洲其他国家接壤的只有一道边境，而且几乎是牢不可破的；莱茵河的三道要塞防守线确保了法国的安宁；恶劣的气候……使得涅曼河成为俄国同样牢不可破的边界。而奥普两国却可能遭遇来自四面邻国的攻击。两国不断受到来自法俄的严重威胁，若想要获得安定
59 唯有依靠机智慎重的政策、敦睦邦交、与邻为善；两国的独立……最终只能通过自身的实力来保障。每削弱一点这两个中欧国家之一，都是对另一个国家生存的最直接的打击……"

这封信尽管语气沉着冷静，却代表了一种挑战和对有限性的定义。如果梅特涅的分析正确，拿破仑正在准备的这场战争将会没有对象。如果普鲁士可以得到保存，如果可能变得更强大的话，那梅特涅关于莱茵河上法国防线的描述就不是虚华辞藻，而是界定了法国的势力范围——梅特涅认为这事关欧洲和平。给施瓦岑贝格的指示是为了警告拿破仑不要再抱有幻想，奥地利对法国联盟的忠诚并不是领土扩张的前景就能收买的，这个中欧帝国不在乎胜利，而是想要休养生息。奥地利的安全保障来自各国间的相对实力而不是领土面积，在于比例而不是规模："皇帝……永远不会通过摧毁一个友邦来寻求虚幻的成就……奥地利要是协助毁灭另一个中间国，就是在自寻死路。"通过给施瓦岑贝格的指示，梅特涅宣布了革命征服时期已经终结；拿破仑，这位按照意志行事的人唯有认识到有限性才能获得和平；法国曾经通过主宰他国来寻求安全保障，现在只有选择放弃才能保障安全。奥地利致力于重建均势，必要时将反对

拿破仑。[①]

在几天的时间里，卡斯尔雷和梅特涅都明确了各自想要建立的欧洲的性质。他们都认同均势取决于一个强大的中欧，这意味着需要实力雄厚的奥地利和普鲁士。他们也都认为必须削弱法国的力量，虽然关于这些限制的性质是什么，梅特涅的态度比卡斯尔雷要含糊得多。这绝非偶然。卡斯尔雷正在建立一个反对法国的同盟，难以承受的苦难经历使这位岛国政治家力图消除战争的祸端——扰乱和平者。但对梅特涅而言，拿破仑的战败并不是问题的终结，而 60
是明确持续关系的契机。因此，相比遏制法国和建立防御屏障，他更在意势力分配和各国的相对实力。卡斯尔雷认为削弱法国的力量是欧洲安宁的保障，而梅特涅则认为对法国的限制要取决于俄国的势力范围。卡斯尔雷将皮特计划作为与大陆重建往来以后的首要措施之一来推进，而梅特涅直到利用复杂谨慎的外交手段建立了同盟的道德框架之后，才开始实施他的均势设想。对卡斯尔雷来说，拿破仑霸权这一事实本身就是建立同盟的充足理由，剩下要做的只是基本技术问题——如何最有效地遏制侵略者，但是对梅特涅来说，和平的性质才是首要议题，因此他关心的是基本道义问题——如何将和平协议合法化。

五

一八一三年三月底，当梅特涅思考局势时，他大可心满意足了。奥地利成功地从法国的附庸一下翻身成为欧洲的关键国家，并

① 梅特涅并不反对一个将大英帝国排除在外的欧陆和平。但那样的话，拿破仑将必然证明战争的继续只是为了英国的利益；简言之，他不得不赞成高度限制法国实力，使得即使没有英国的支持欧洲依然可以感到安全保障。欧陆和平的提议成为海市蜃楼般的徒劳。

且还得到了准盟友们提供的无条件和平承诺。双方都被非常坚定地告知绝无可能单独议和，于是所有的谈判都必须通过奥地利转达，这被认为是一项基本事实。因此，梅特涅掌握着所有事件的脉络，他可以根据奥地利国力增强调整策略。十二月，梅特涅仅拥兵五万，次年一月，奥皇对拿破仑说有十万。到了施瓦岑贝格与拿破仑第一次会面的时候，他表明有希望达到此数量的两倍。突袭可能带来的灾难的威胁正在减弱。这一切都实现了，若谈不上得到拿破仑的赞成，至少是得到了他的容忍，还没有损害其他国家对奥地利的信任。

但无论一项政策多成功，也不可能自动产生成果。梅特涅仍需要将按照他的条件达成的结盟协议转化成政治现实，他仍然不仅需要制定均势的原则，而且还要建立实际的均势。他很清楚这一切不
61 可能不战而成，拿破仑绝不可能放弃德意志的大部分地区，以及拱手奉上安特卫普——若不如此英国不会和解，但是这一事实对于奥地利内阁的其他成员不一定显而易见。倘若其他国家难以理解梅特涅的目标，他的同事也同样如此，有些认为他的政策太冒险，有些则认为在欧洲爱国热情的大潮中这样的政策太卑鄙无耻。奥皇牢记着经历过的四场战败，一直更愿意保存实力而不是取得成就，他固执地期望实现和平，几乎不惜任何代价。而在此期间，其他国家始终好说歹说连哄带骗，企图将奥地利拉下水。

梅特涅再一次施展巧妙的平衡手段，这位平衡者拨弄天平时几乎无人察觉，熟练的程度就如魔术表演，不知不觉空中就只剩下了一只球。他下定决心，即使奥皇犹豫不决，也要使奥地利成为首脑国，但无论盟友如何请求，奥地利只会在适合自己的时候出现，并尽力符合奥地利的国情。一切都取决于战争的理由，因为那将消除奥皇的疑惑，同时一劳永逸地确定和平合法化的原则。有了这样的

打算，梅特涅开始将奥地利从一个中间人的身份转变成调停者。当民族主义热情的大浪席卷欧洲，爱国团体正在为改变了的人类起草未来计划，这位冷静的、精于盘算的人却在维也纳准备着能让所有这些努力成为泡影的开战理由。梅特涅打算让奥地利顺理成章地参战并使同盟合法化，他准备通过证明和平不可能来展现战争的必要性。

第五章
同盟的形成

一

于是，当梅特涅筹备同盟以及两大军队向德意志中部迈进之 62
时，他谈论的是和平。此时梅特涅的政策到了转折点。“奥地利学派”的贵族不欢迎他的政策，他们更希望依照普鲁士的模式，进行一场解放战争。的确，梅特涅在三月份不得不镇压了一场由约翰大公领头的密谋，后者策划在蒂罗尔举行一次民族起义，以此向奥皇施加压力。但是奥皇支持梅特涅，即便是出于不同的目的。十年来的挫败使得奥皇逐渐养成了此后一百年哈布斯堡皇室所具备的首要品质，即忍耐和坚韧的毅力。但他只是为忍耐而忍耐，毅力坚韧的目的也只是为了生存。奥皇为人迂腐呆板，以为停滞不前就是稳定，消极行动就是和平。在此之前，梅特涅采取的都是保守措施，例如撤退后备军，要不就是避免行动，例如拒绝拿破仑穿越奥地利领土的要求。但是能够说服奥皇采取积极行动吗？当梅特涅表明他的消极行动只是为全力以赴做铺垫时，他是否会退缩？

梅特涅谈论和平并不是没有目的的。在危机时刻不可能去抱怨这个国家的国内体制，何况梅特涅无论何时都不是会那么做的人。梅特涅的优势并不是创造，而是他有能力利用一切现有因素，将它

们合理分配，实现看似随意但却最适合形势的安排。在梅特涅看来，奥皇的固执性格要比盟国的恼怒更难对付，因此，奥地利无法
63 顺应这个时期的精神，而是要让这个时期顺从奥地利的精神。哈登贝格在五月二日的信件中写道："梅特涅伯爵必须迎合奥皇非常独特的性情，奥皇会反对一切加速局势爆发的举动，但是现在他已经被一步步引导至局势爆发不可避免的时刻……然而，为了走到这一步，梅特涅必须隐藏所有雄心壮志的表现，甚至要隐藏想冒险一战的愿望。即便是如今，他成功地给奥皇灌输了战争必要性的思想，但也只是在拿破仑拒绝接受公正和平均势的情况下才能如此……"[①]梅特涅就像一位柔道高手，即使有时候看起来他在妥协，其实却牵着奥皇鼻子走，先是诱使奥皇组建军队维护中立立场，进而又利用这支军队来维护和平。

拿破仑对新形势的把握不力也帮了梅特涅的忙。一位因施展个人魅力或动用武力而合法化的统治者难以接受这样的事实：从此以后他必须在自我限制中寻求安全，事情不再服从他的意志，和平不再取决于他的力量而是取决于他对其他国家力量的认识。一位革命者只记得自己的对手曾经被禁锢在他们当时所谓的"正统"中，等到对手已经清楚了解到自己所面对的危险程度时，这位革命者却很难将他们的决心放在心上。因为他的对手在进行目的有限的战争时轻易地投降了，所以这位革命者深信再打一次胜仗会再一次暴露他们的怯懦。而且他也不相信会失去盟友，因为他不会承认自己的力量遭到削弱。这就是拿破仑在一八一三年四月准备动身去军营时的心理状态。他自信再打一次胜仗将瓦解同盟，也毫不怀疑奥地利最终将加入他的阵营。他忘记了——假设他曾经明白——他的伟大胜利

① Text，Oncken，II，221f.

既是因为他的军队打了胜仗，也是因为他的对手轻易地就接受了失败。难怪相比同盟国军队的状态，梅特涅更关注同盟国的决心。

从拿破仑四月九日与施瓦岑贝格的会面中，他的误解之深可见一斑。[①]即使拿破仑怀疑奥地利的居心，从他提出的建议中也看不出来。提议包括要求在波希米亚聚集十万奥军，以及与在加利西亚的后备军协同行动。拿破仑的提议使梅特涅再一次实现了自己最大的 64
愿望，因为如今可以根据法国的要求在波希米亚建立一支军队，将用它来对付法国。施瓦岑贝格没有回应关于后备军的提议，因为他希望拖延至“更适合”的地点和时机才来作出解释。的确，要让后备军的指挥官来解释后备军已经不存在，那有些不太合适。

梅特涅已经决定，随着反法同盟军接近易北河，奥军的位置应该在波希米亚，这是唯一仍暴露在危险之下的省份，也是威慑法国进攻部队侧翼的最佳位置。梅特涅收到勒布泽尔腾关于沙皇部署意向的第一封报告之后，就立刻开始清除阻挡俄国进军的最后障碍：来自加利西亚侧面进攻行动的威胁。这一切仍是以现行协议的名义实现的，若有可能，还会获得拿破仑本人的许可。三月二十五日梅特涅致信勒布泽尔腾，建议俄国废除休战协议，从两侧向奥地利后备军进军，奥军随后将迫于形势投降。[②]四月十一日梅特涅又发出了一封信，气愤地抗议俄国没有进军波兰：“我们作为法军盟友的身份结束了；我们正准备以一个主要国家的角色登场……因此无法理解为何我们至今未收到废除休战协议的消息。”[③]梅特涅最终实现了他的期望，却起草了一封义愤填膺的抗议信给沙皇，我们可以想象此时他脸上一定挂着邪恶的笑容。他在信头上写下“清晨两点”的

① Text，Oncken，Ⅱ，p. 618f.
② Text，Oncken，Ⅱ，p. 201f.
③ Oncken，Ⅱ，p. 205.

字样，强调他感到非常不安和惊讶，而此信的目的无非是为了表明他对盟友法国的持久忠心而已。

梅特涅有充分的理由要表明他的忠诚，因为此时与法国的关系正经历着严峻的考验。四月七日，法国大使纳尔博纳转达了拿破仑的一项命令，要求奥地利增加军队数量并与拿破仑军队协同行动。梅特涅对哈登贝格说："拿破仑再次证明了自己执著于一个空想政策，"他开始利用对手的错误。拿破仑要求奥地利成为完全的合作
65 伙伴，因此等于承认前一年的有限联盟已经不再适用。倘若即使以重获奥地利领土为由也无法说服奥皇改变现状，那他必定也会抵制任何让他为女婿出力的企图。但是虽然他不会同意为了加强均势和平而调动军队，或许他会为了抗议"无理"的援助要求而答应这么做。梅特涅对奥皇说："从此，一切都看我们的了。我们必须自寻出路，为这个最尴尬的时刻找出一个皆大欢喜的结局……"①

随后，梅特涅与纳尔博纳之间就开始了一场错综复杂、不顾一切、尔虞我诈的交锋，虽然不失微妙优雅，却依然你死我活。但是这一次梅特涅在心理上占据了优势。拿破仑早期的胜利是由于他的对手未能明白他的巨大野心，拿破仑也正是抓住了对手眼光的局限性。梅特涅现在的优势就在于他已经十分清楚拿破仑实力的局限性，而他的对手却依旧自以为无所不能。一八〇五年至一八〇六年拿破仑取得胜利是因为他的对手采取了针对有限目标的外交政策，而一八一三年他之所以失败是因为他还像具备无限实力时那样行动，因此现在梅特涅与拿破仑的处境互换了。拿破仑一直自诩拥有高度灵活性，其实那只反映了他的对手不懂得见机行事，而如今梅特涅却真正具备了这种灵活性。然而拿破仑的灵活性表现在战场

① Luckwaldt, p. 173.

上，梅特涅却施展在秘密外交上。正如拿破仑行动之迅速使得仍循规蹈矩认为这样的行动“不可能”的对手措手不及，梅特涅行动之机敏却让这位对规则不屑一顾的对手孤立无援。拿破仑将一切都押注在他的实力上，而梅特涅则全凭假象迷惑人心。在一个变革时期，仅仅依靠外交努力或许会招致灾难，但依靠不充足的力量则相当于自杀。

因此，梅特涅采取的措施不只需要依赖迂回周旋——虽然他非常喜欢施展计谋——更重要的是慎重选择武器。策略越是迂回曲折，就越能肯定交锋将摆脱爱国热情，转向秘密外交。梅特涅与纳尔博纳之间的交锋实际上是战争缘由的转变，从道义问题转变为法 66
律问题，从民族自由转变为国家均势。商议从四月七日开始，纳尔博纳首先要求奥军展开行动反抗同盟军，梅特涅的答复是建议取消法奥《联盟条约》中关于限制奥军实力的条款。他还态度暧昧地补充道，如果奥皇“合理的”和平提议不被采纳，他就不会认为自己还会再受到协议条款对后备军规模的约束。①这是梅特涅首次表明自己正在计划“武装调停”，实际上也等于宣布奥法联盟已经终结；但是四月二十日纳尔博纳仍然继续坚持要求奥军全力支持法国。此刻梅特涅告诉他后备军已经从加利西亚撤退，并告知兵力支援已是不可能，因为奥皇不可能既当调停者又当参战者。纳尔博纳回复说这等同于宣战，但是拿破仑的武力威胁已经不再有效。梅特涅坚持说，奥地利的目的是和平不是战争，但会时刻准备着为了和平而战。会面最后的交谈内容突出体现了幻想拥有实力与施展狡诈能力之间的冲突本质。纳尔博纳坚持说：“但你们没有准备好，我的任务就是看清楚这一点。”梅特涅回答说：“而我的任务则是隐

① Luckwaldt，p. 75f.

藏这一点，让我们试试看谁能做得更好。”①

但是纳尔博纳并没有气馁。就像人无法想象自己的死亡，一个摇摇欲坠的世界秩序，即使是以武力得来，也很难相信自己会崩溃。对永恒的幻想或许是我们最重要的神话，至少，它能使生命支撑下去。纳尔博纳不相信面对法国的威胁，梅特涅能保持“真正的”冷静，正如十年前拿破仑的对手无法相信十八世纪的体制已经土崩瓦解。但是四月二十三日同奥皇的会面让纳尔博纳犹豫了。法国的坚持使得奥皇不得不采取唯一能让他扮演英勇角色的立场，那就是固执地不采取任何行动。梅特涅关于与纳尔博纳会谈的报告令
67 奥皇感到惊讶，他下令将波希米亚的军队增加至八万五千。②如今他告诉纳尔博纳，既然参与调停，他就不可能去攻击俄国，并且总而言之，与法国的有限联盟不再适用于新形势。如果拿破仑将此次拒绝视为违背协议，那么关系破裂错在拿破仑自己。他再次强调自己有二十万士兵做后盾，准备将其政策坚持到底。③

纳尔博纳再度发起进攻，但是此时幻想时期已经即将结束。四月二十九日，他与梅特涅再次会面，通知他拿破仑已经与其军队会合，这是一场胜券在握的战争。这会影响奥地利的部署吗？梅特涅冷静地回答说，奥地利采取的行动不是基于对同盟军获胜的考虑，而是基于对同盟军战败的考虑，而战败将激励奥地利付出双倍的努力。五月一日，梅特涅对法国的要求作了最终的回复，宣布了奥地利主张均势的立场：“奥地利皇帝已经采取了最高尚的态度……担任调停者。一旦（奥皇）渴望实现一个目的，他也同样看重方式方法。他所采用的方式是……完全保持公正以及发展强大的力

---

① Oncken，Ⅱ，p. 215. 至少梅特涅对哈登贝格是这么说的，他希望如此，即使这不是真的。

② Luckwaldt，p. 199f.（20 April，1813）

③ Oncken，Ⅱ，p. 217f.（Report of Hardenberg）

量。……奥皇希望得到和平，仅此而已。奥皇不会在缺乏战斗力的前提下提出他的和平主张以及对抗法国利益的敌人(强调语气为我所加)，而法国的利益也同他本国的利益密不可分。”①通过这些具有威胁性的和平言论，梅特涅完成了将奥地利从盟友转变为武装调停者的过程。尽管言辞模棱两可，但梅特涅给纳尔博纳的回复无疑清晰地表明了他的真实目的：奥地利的调停用意并非反对法国，因为法国是欧洲均势的必要组成部分。欧洲真正的利益——因此也同样是法国和奥地利的真正利益——的敌人是拿破仑。梅特涅的下一步行动就是要证明这个观点。

二

战争是导致和平不可能实现的元凶，梅特涅的计划就如这个命题一样既简单又复杂。俄国和普鲁士即将开战的对象是一位仍旧被 68
昔日的胜利光环围绕着的人物，所以不可能期望他能够领会梅特涅政策中的深思熟虑与错综复杂。在当前的局势取代了所有的策略时，人们就很难理解策略的重要性。善意的中立立场总是很微妙，因为它要求准确把握伪装的尺度，这会导致盟友不安，却又不足以让敌人安心。过于成功可能会失去盟友，过早失败又会引来突袭。失去反法同盟的信赖将使梅特涅陷于完全孤立的处境；而如果确信奥地利的背叛，拿破仑将会把愤怒全都宣泄在奥地利身上。因为奥皇回避他提出的私下会面的要求，沙皇已经感到不快，正不怀好意地嘀咕着希望得到奥地利的军事支持而不是外交帮助，他也同样不太满意梅特涅在后备军问题上采取的拐弯抹角的措施。②另一方面，

① Text，Oncken，Ⅱ，p. 224f，p. 630f.
② Luckwaldt，p. 215.

梅特涅担心亚历山大一世脾气反复无常，可能会突然反悔，这将导致同盟尚未完全形成就瓦解。

为了克服同盟各国的猜疑，并让他们相信一定能获得奥地利的最终支持，四月二十九日梅特涅给沙皇写了封信，请求沙皇理解并保证提供协助，这是迄今为止奥地利对俄国最为坦率的表白，最终归结为一项简单的提议：这场战争只能依靠决心打赢，不能单凭一时的热情；有条不紊的进军要比激动人心的政策声明更为重要；奥地利将会站在同盟军一边，但必须是在合适的时候。[①]信中首先提出了三项基本要求：一、一旦发生灾难，同盟国最大程度的坚守；二、奥地利与反法同盟彼此之间最充分的理解；三、最大限度地发展奥地利的军事力量。奥地利打算毫无保留地宣布，同盟军如果失败只会使奥地利加倍努力，以牵制拿破仑的行动。但是，这封信接下来是一段专为博取沙皇信任的内容：奥地利内阁悲伤地注意到俄国朝廷对自己明显不信任，然而其措施只适合奥地利的特殊处境：
69 “我们对抽象概念没有兴趣，只接受已经存在的事物，并且尽我们最大能力防止自己对现实产生幻想。”

梅特涅提醒说，奥地利决心已定，不会因为民众或是君主的激情洋溢而冲昏头脑，当“现实”摆在梅特涅面前时，他开始着手仔细审视现实。一八〇九年，奥地利军队已经处于完全解散的状态。到一八一一年，甚至无法调动六万士兵，但如今奥地利却以组建后备军和侦查部队为借口建立起一支具有相当规模并且不断壮大的核心武装力量。奥地利的确向法国提出了调停，也拒绝加入俄普联盟，但是梅特涅坚持说，这些举措源于奥地利的固有本质。奥地利的存在本身就有赖于对协约关系神圣性的认可，不能只因为其盟友

---

① Text, Oncken, II, p. 630f.

的不幸就改变立场，并且成功所需的财政措施也只能在和平条件下加以实施。何况，因为奥地利已预见到了决定性战役将在易北河和奥得河之间爆发，所以奥军集中在波希米亚，而且为了尽可能地打乱拿破仑的计划，奥军延迟了向拿破仑发布最终声明："拿破仑自上一次战役起就产生了完全的错觉，有鉴于此，他指望……来自我们原先后备军的积极配合。更为不可思议的是，他自以为我们会让所有部队听从他的指挥。结果却发生了完全相反的情况，后备军解散了……六万多士兵被安排在法军侧翼。即使拿破仑赢得此次战役，他也将毫无所获，因为奥军不会允许他利用他的成功；他若输掉此次战役，他的命运就将更快地决定，但也不至于更为确定……无论哪种情况，奥地利都将首当其冲。我们不惧怕这样的未来，在过去的二十年里我们充分地证明了这点。但是如果我们一开始就在需要的军队数量上欺骗自己，而且没有在上战场之前就组建好军队，那样就不可原谅了……"①

这就是一个古老国家的政策宣言，这个国家在热情多次被浇灭后变得睿智，在诸多梦想被证明脆弱不堪后变得更为谨慎，在经历了许多徒劳的战役后感到厌倦，现在不得不精打细算以弥补其薄弱的安全边际。奥地利处于常常会引来外国入侵的中央位置，但这也 70
将成为保证最大行动自由的有利条件。梅特涅认为，最暴露的国家应当明知不得已也要假装甘愿为之，在危机时刻利用对它的需求实现暂时的独据一方，熟练的外交将创造出地理上的隔离为一些得天独厚的国家提供的优势。这是一种新颖的观点。当奥地利召集军队时，梅特涅正在以暧昧不明的态度施展外交手段，看似保留所有可能性，实则渐渐将奥地利推向同盟阵营。矛盾的是，在所有其他国

---

① Oncken，Ⅱ，p. 634.

家都着手行动之后这个中欧帝国才最后一个上场，但它却又是唯一在和平条件下调动军队的国家。

这项政策的成功取决于两个因素：对对手相对实力的正确估计以及外交行动的功效。梅特涅认为奥地利是关键国家，因为他确信没有奥地利的帮助双方都不可能取得决定性胜利，而且他可以将这个判断付诸现实，因为奥地利是唯一能够开展外交的竞争国家。法国与同盟国的关系是“革命性的”；它们正在为合法化原则的性质而竞争，外交必然是无用的，但是奥地利却可以根据双方认可的“合法”基础来向它们提出要求：同盟军需要保障欧洲均势，而拿破仑则因为与之有联姻关系。当然，要不是拿破仑抱有幻想，梅特涅所有的巧妙计策都是无用的，而拿破仑最致命的幻想就是认为一个父亲不可能向女婿开战。

三

如今，当两支军队在中欧不断靠近时，梅特涅着手开展武力调停，这种武力调停将持续下去，直至奥地利加入反法同盟。他派了两位全权大使前往对战双方的总部，像是要表明对战双方之间的分歧已经大到无法直接沟通，似乎即将爆发的战争正是为了说明奥地利的不可或缺。被派往同盟军总部的施塔迪翁带去了一份奥地利有关和平条件的提议，这份提议极其温和，使得奥地利的动机遭到了
71 更多的怀疑。[①]但是讨论和平条件还为时过早，因为五月二日同盟军在吕岑战败，五月十六日又在包岑战败。避免灾难要比争论战利品更为重要。

---

① Instruction to Stadion, 7 May, 1813. Oncken, II, p. 640f.

同盟军的战败使奥皇陷入恐慌。面对一个看似无敌的拿破仑，又受到一八〇五年和一八〇九年记忆的折磨，他担心法军随时可能大举南下入侵他的领土。作为梅特涅与大英帝国的联络人，哈登贝格汇报说："若拿破仑此时要求明确解释(奥地利的意图)，他必然会承诺无条件中立……我知道在关于奥地利实现其目标需要付出多少精力这个问题上，梅特涅已经与奥皇存在严重分歧。"①因此，梅特涅又再次谈论和平，派遣布勃纳前往拿破仑的总部。原本派遣布勃纳的初衷仅仅是为了实现"外交对称"，只给了他最含糊其辞的指示，但如今在奥皇的坚持下，他受命将施塔迪翁向同盟军提议的和平条件原封不动地传达给拿破仑。②另有一项补充指令催促布勃纳在言谈举止上要表现得像一位奥地利的使者，而不是调停者。③

而拿破仑则带着三个幻想参与战争。他指望通过致命一击瓦解同盟军，认为他随时都可以同俄国单独议和，相信他即使不依靠奥地利的援助，至少也能指望奥地利采取中立态度。但到五月底，拿破仑赢得了两场战役，胜利却依然遥不可及，一部分因为他缺少骑兵而无法实现近身追击，但更重要的是因为这场战争的"规则"不允许投降或单独媾和。五月十八日，拿破仑派使者前往俄军前哨提出与沙皇会面的要求，但是沙皇拒绝了，并坚持说所有的谈判都必须通过奥地利。④此时梅特涅准备利用拿破仑仍存有的幻想——他能够依赖奥地利的善意——来剥夺他战役胜利的果实。当同盟军撤离 72
至西里西亚时，施塔迪翁奉命要求休战，好让奥地利有机会进行调停。

所有国家都需要休战：拿破仑想重整骑兵；俄国和普鲁士要重

① Oncken，Ⅱ，p. 311. 并参见 Luckwaldt，p. 224。
② Instructions to Bubna，11 May，1813，Oncken，Ⅱ，p. 314f；645f.（French）
③ Luckwaldt，p. 233f.
④ Luckwaldt，p. 283.

组军队；梅特涅要重整同盟军，并且完成奥地利的军队调动。拿破仑的胜利使奥地利不得不改变部署，原计划进攻北巴伐利亚的部队如今重新部署，用来保卫通往波希米亚的峡谷。此外，五月十六日施塔迪翁与同盟军共同制定了战略计划，按照奥地利总参谋部的要求，该计划需要三十七至五十七天的时间来实施。①但是，比奥地利尚未准备就绪更严重的是奥皇的情绪状态。正是在拿破仑看来虚弱时极力要求进行爱国战争的那批人，如今面对拿破仑表面上的战无不胜又坚持要议和。皇帝心急如焚、想方设法地试图恢复到过去完全消极行动的状态。梅特涅写给施塔迪翁的信中说："皇帝、杜卡和军队现在全都强烈呼吁和平……休战乃是众望所归……这将让我们有机会相互了解，有机会与同盟军协同军事举措，巩固最受威胁的环节。"②

六月四日在帕拉格维特茨达成的休战将一直持续到七月二十日。就像一位进入战场发号施令的指挥官，梅特涅此刻正将他的总部推进至伊钦，那是一座波希米亚的城堡，位于作战双方总部的当中。一切都看奥地利的了。同盟军选择的撤退路线维持着与奥军的联系，如果奥地利继续保持中立，必然会发生灾难。同盟军的心情越来越焦急，驻普鲁士总部的英国全权大使斯图尔特在五月三十一日写给卡斯尔雷的信中无疑表达了这样的心情："我们所采取的行
73 动意味着对奥地利抱有绝对的信任：我们寄希望于……一个领土狭窄的国家，那里……一支军队是否存在已经值得怀疑。我们放弃了布雷斯劳，失去了与卡利什的直接联络渠道，因此等于把波兰交予波拿巴控制，但是奥地利仍然不肯宣战……对于谈判磋商和战场上

---

① 有关军事计划的协议参见 Oncken，Ⅱ，p. 320f. and 341f. 。

② Oncken，Ⅱ，p. 336。在七月底施塔迪翁写给奥皇的信中，以及对比他此刻春风得意的处境与仅六个月前的绝望处境，也能看出奥皇的心态："(包岑战役后)奥皇对同盟事业感到绝望。他认为战争的目标失败了，为了避免更大的不幸，只能议和，即使和平的条件完全不符合陛下在派遣我出使时构想的伟大目标。" Oncken，Ⅱ，p. 443.

的进展，我无论如何都不会感到满意。”[①]梅特涅政策的前提是同盟军允许他用自己的方式，即奥皇唯一可接受的方式来达到一个共同的目标。如今他处境危险，因为一个国家无论如何满怀善意，也不会为了另一个国家复杂的国内体制而甘冒灭顶的危险。

同盟军所有的疑虑都集中在施塔迪翁交给总部的和平方案上。奥地利建议将伊利里亚归还给奥地利，让普鲁士兼并华沙公国，扩大领土面积，建议法国交出它位于莱茵河右岸的领土，解散由法属德意志国家组成的莱茵联盟。同盟国五月十六日的反提案中增加了其他一些条件，例如西班牙独立，以及保证普鲁士将获得与一八〇六年之前相同面积的领土（但不是相同的地方）等。[②]但是争论涉及的是比和平条件更根本的问题。同盟国不愿与拿破仑达成和解，但它们希望自己的方案至少反映出它们对安全保障的要求。梅特涅认为不可能与拿破仑达成任何协议，他关心的是同盟国的提案所产生的心理影响。同盟军是在陈述和平的条件，而梅特涅却在费心琢磨一个战争的借口。同盟国担心拿破仑会接受奥地利的温和条款，梅特涅操心的却是若同盟军不让步，拿破仑将有机会重新召唤法国人民，并求助于奥地利皇帝。

于是真正的问题围绕着即将举行的会议的目的展开。如果会议旨在达成共识，与会者的方案就必须反映出他们的最高要求，但如果会议是为了表明不可能达成共识，就只需要能反映最低要求的方案。在一个稳定的国际秩序中，只要提出了要求就可以进行协商，而在革命时期，要求一旦提出就会变成纲领。在稳定的秩序中，外 74
交会议的目的是为了协调竞争国之间的差异，而在革命形势之下，会议的目的就是心理战术，试图确定一个行动动机，而且主要针对

① C. C. , IX, p. 21, 31 May, 1815.
② Text, Oncken, II, p. 318f.

的是那些尚未表态的国家。在稳定的秩序中提出最低要求，就是在谈判中放弃灵活性的优势，而向必然会拒绝的对手提出过高的要求，则是要解决变革时期主要的难题：说服未表态的国家相信革命者就是革命者，任何革命者的目的都是没有限度的。这就将主张温和策略的优势让给对手，而又不至于危及温和策略的实行。一八一三年五月，未表态的原因就在奥地利内部，梅特涅期望召开会议来把拿破仑的目的告知自己的皇帝。

因此，一切全看梅特涅是否准确判断了局势。倘若拿破仑的政策是完全灵活机动的，他就会接受梅特涅的最低要求，从而使梅特涅无计可施。但外交中的完全灵活性只是外行人的幻想，如果假设所有偶然因素都具有相同的可能性并据此制定政策，就等于是将治国之道与数学混为一谈。既然不可能为所有的可能性做准备，那么如果假设敌人具有完全的灵活性，就会导致行动瘫痪。但是，理解无形因素的人知道没有哪个国家会放弃自己关于“合法性”的设想，也没有人会放弃他的存在理由，不是因为实际上不可能而是因为心理上不可能。如果要拿破仑在知道自己可以获得海上和平前就先实现大陆和平，放弃他在莱茵河与伊利里亚的所有战果，那拿破仑就不是拿破仑了。梅特涅要求的是比割让领土更为根本的事情：终结革命的政策。从这层意义上来说，或许可以认为他的政策旨在从拿破仑手中拯救拿破仑自己。

因此，当反法同盟的全权大使们于六月十日同施塔迪翁商讨奥地利的和平条款时，他们坚持其最高要求的方案，而施塔迪翁则极力主张他们将此推迟至最后的和平会议。[①]单凭这点就能看出梅特涅对商讨方案没兴趣，而是另有所图，但是梅特涅唯恐别人还存有

① Oncken，Ⅱ，p. 340，Report of Stadion.

任何怀疑，于六月十四日写信给施塔迪翁，重申了他的立场。[①]梅特 75
涅表示奥地利的建议是至关重要的，因为“除非已经召集和平大会并且已经证明拿破仑连这些要求都不会接受，否则皇帝不会采取行动”。提出过多的要求就会照拿破仑的游戏规则办事，会使拿破仑有机会召唤法国人民，有理由为民族荣誉而进行战争。总之，问题在于不是要证明*安全的*和平不可能，而是要证明*任何*和平都不可能。梅特涅唯恐拿破仑接受奥地利的最低条件，从而打乱他的全盘计划，他还补充了附加条款：即使同意这些条件，也不排除和平会议上同盟国还会提出其他要求。

这些大概就是六月十九日梅特涅在奥波奇诺与沙皇会面时所表达的主张，沙皇是以探望妹妹为借口前往那里的。无论梅特涅说了什么，同盟国与奥地利之间的谈判在沙皇返回总部后成为了一件急迫之事，并于六月二十七日达成了《赖兴巴赫条约》，这是一份意义如此含混不清的文件，以至于历史学家今天仍用它来阐明拿破仑是如何固执。实际上，这份文件声明奥地利邀请了俄普两国朝廷接受其调停，以实现*初步*和平，如果拿破仑拒绝在七月二十日前接受以下四项条件，奥地利就将加入对抗拿破仑的战争：解散华沙公国；扩大普鲁士面积；将伊利里亚归还给奥地利；汉堡和吕贝克恢复为自由城市。[②]这些“温和”的条件看似对这位征服者“手下留情”，但这都无关紧要，在这些政策的柔性表面背后实际上隐藏着非凡的重要性。经过七个月无比暧昧的外交活动，奥地利已经承诺将在一定的时间和特定的条件下参战。

《赖兴巴赫条约》代表了梅特涅这半年来曲折迂回活动的至高

① 参见 Oncken，II，p. 667f.。并参见 B. D.，p. 71.，Stewart's report。

② 参见 Martins，*Recueil de Traités*，p. 106f.。上述这段话是这样的：“奥地利皇帝已经邀请俄普两国与法国谈判，以实现初步和平，最终实现普遍和平，奥地利同意若法国在 7 月 20 日前拒绝接受以下条件，即向法国宣战。”

点。他的行动如此循序渐进，以至于短短几个月前还似乎是一项极其大胆的措施，现在已经被视为是对客观形势的必然反应。他的外交手段如此精湛，以至于正是《赖兴巴赫条约》中的提议之温和隐
76 藏了其实际毫无意义的真相，因为条约中只提到了奥地利的承诺而没有关于同盟军的内容，提到了奥地利皇帝向普鲁士及俄国朝廷提出调停，但没有说在怎样的条件下同盟国接受调停。条约提出如果法国拒绝四项条件就开战，却没有提到如果法国同意接受条件，同盟军该怎么办。[1]梅特涅——即使不是奥皇本人——对和平的可能性不会抱任何幻想，因为普俄两国的大臣都在六月十九日的信中明确表示他们仅仅接受奥地利的条件作为调停的基础，而不是作为他们和平条款的内容。[2]

这种逻辑诡辩只不过是让本已不详的表述——拿破仑如果接受《赖兴巴赫条约》的条件，也只能得到*初步的*和平——更增添了一份暧昧不明，实际上是要求拿破仑以接受莱茵联盟的边界划分作为条件，不是为了实现和平，而是为了有协商和平的可能性。拿破仑一直将他的王朝的命运与其帝国完美无缺的存在等同起来，绝不会如此示弱，而梅特涅确信无疑拿破仑会是这个反应，这就是他认为必须开战的真正理由。拿破仑相信自己拥有力量上的优势，将一切都押注在这上面，因此在他明白力量的局限性之前不可能就范——结果等到他醒悟已为时太晚。奥地利皇帝则将一切都押注在求取生存上，除非证明拿破仑的诉求与均势体系不相容，无人能够说服他参战。《赖兴巴赫条约》使得这两个命题以数学等式那样的必然性结合起来。最终，梅特涅的外交策略依靠的是对奥皇与拿破仑这两位人物个性的准确把握，其外交策略的成功证明了无形因素所具有的实际意义。

---

① Text，Oncken，Ⅱ，p. 365.
② Oncken，Ⅱ，p. 359f. 并参见 B. D.，p. 78f.。

四

现在奥地利距离加入同盟仅剩下最后一小步。六月十六日斯图尔特致信卡斯尔雷说："如今看来梅特涅是勇士，而弗兰茨皇帝才是胆怯之人。给他适当的刺激让他振奋起来……坚决要求他作出承诺是我们目前要实现的目标……弗兰茨皇帝陛下不像我们希望的那 77
样，他看不到事物有利可图之处；人们向他指出在波拿巴后方采取行动……可以歼灭他的女婿，他却宁愿指望那些和平协议可能带来的有限支配权。"[1]梅特涅外交的最后一步就是要展示和平约定不可能对拿破仑施加限制。

拿破仑自己也因为一次鲁莽行动而使事态激化，这再一次证明了他对奥地利的态度仍继续抱有幻想。当得知梅特涅在奥波奇诺与沙皇会面后，拿破仑还邀请梅特涅到他在德累斯顿的总部交换意见。梅特涅致信施塔迪翁说："你瞧，我的厄运又在召唤我去德累斯顿……会谈不会有任何结果……我认为此行将使我能够以最明确的方式澄清问题的关键。"[2]

梅特涅在晚年生动描写了一八一三年六月二十六日他与拿破仑在德累斯顿的会面：大臣挤满了会客厅，视他为和平的最后希望；一边是神气十足的拿破仑，另一边是泰然自若的梅特涅；一个把帽子扔在角落，另一个拒绝将其捡起；离别时的一句预言："陛下您输了。"[3]即便没有叙述真正发生了什么，但却具有古人所谓历史的真实性——具有心理上的真实性。在德累斯顿，一位自我意志坚强

---

① Alison, Sir Archibald, *The Lives of Lord Castlereagh and Sir Charles Stewart*, 3 Vols. (London, 1861). Vol. Ⅰ, p. 667.

② Text, Oncken, Ⅱ, p. 362.

③ N. P., Ⅰ, p. 151f.

的人物与另一位凡事讲究分寸的人物最后一次面对面，而自我意志坚强者被打败了，因为他缺乏决定性的洞悉力：对有限性的认识。与拿破仑会面之后不久，梅特涅在致奥皇的信中简要地报告了会谈的实质，①其核心内容是拿破仑要求了解奥地利调停的条件以及梅特涅坚持拿破仑首先必须接受武力调停的原则；拿破仑拒绝割让任何领土，除了放弃一部分波兰领土给俄国，因为其他国家“不配”获得任何利益；梅特涅则借口说领土问题应当在和平会议上提出来。拿破仑的争辩就好像和平取决于他的个人意愿，但在盛气凌人
78 之中又有其可怜之处，因为他已经不再有力量来实现他的意愿。梅特涅正在试图召集大会，把竞争摆到现在由他控制的层面上，即秘密外交，部分是因为其对手的愚蠢。拿破仑为了让难以捉摸的对手作出承诺，以及为了再次获得些许休战延期，同意了奥地利提出的武装调停和召开会议，因此他正一步步走入陷阱，因为现在和平已不再是关键所在，开战理由才是。

梅特涅与拿破仑在六月三十日签署的协议规定了法国接受奥地利的调停，延长休战至八月十日，七月五日前在布拉格召集会议。②另一项举措体现了奥地利新取得的独立，或许甚至比拿破仑接受奥地利军事调停更具有象征性：奥地利从与法国联盟的关系中解脱出来。六月二十七日，梅特涅要求调停期间搁置联盟关系，因为与其目的不一致。六月二十九日，法国外交大臣解除了奥地利的所有义务，因为“法国不希望成为其朋友的累赘”。③于是，奥地利在一八一三年六月底实现了它的目标，它成为了反拿破仑同盟的主导成员，并且顺利召集了十五万士兵。无论发生什么，和平或战争，奥地

① N. P.，Ⅱ，p. 462f.
② Text，Fain Ⅱ，p. 454.
③ Text，Oncken，Ⅱ，p. 392.

利的国内体制都不会受到威胁，因为它的合法性将得之于这个中欧帝国继续存在下去的唯一保障：欧洲均势和协约关系的神圣性。难怪梅特涅从德累斯顿写信给奥皇，不无讽刺地说道："倘若我们只是一味采取折中手段，奥地利今将何在？"[①]

但是梅特涅仍必须说服同盟国认识到延长休战协定的必要性。奥地利的第一个举措就违反了《赖兴巴赫条约》，而同盟国本来就是非常勉强地认可，这对奥地利的调停来说不是个吉利的开头。虽然同盟国的大臣不至于像斯图尔特那样写信给卡斯尔雷，说奥法之间存在着秘密协议，[②]不过他们仍然指出了奥地利反复拖延不肯作出承诺，先是从六月一日拖到七月二十日，现在又延迟到八月十日，谁知道奥地利究竟会不会采取行动呢？但是梅特涅很坚决：他 79
无法阻止同盟国于七月二十日再次采取战争行动，但那样的话奥皇或许会宣布奥地利无条件中立。他还提醒道，奥地利实际上已经不仅在外交上而且在战略上成为了同盟的关键。他坚持认为中立将阻碍同盟军穿过波希米亚，而如果不穿过波希米亚，就无法逆转拿破仑在易北河上的形势。总之，梅特涅首先要在国内使其政策合法化，战争只能等待。

因此，布拉格会议的意义不在于全权大使间的谈判，却在于它对旁观者所产生的影响，而最重要的旁观者就是奥地利皇帝。梅特涅与奥皇间的一次对话表明了真正的问题所在。七月十二日，梅特涅向奥皇递交了一项请求，请求下达命令，称如今胜利看似触手可及，恳请奥皇坚定不移。[③]信一开头就断言——这一贯令奥皇感到不悦——不能继续逃避做决定了。梅特涅认为国家的实力取决于两个

---

① Oncken，II，p. 395.
② Alison，*Lives*，I，p. 674.
③ N. P.，II，p. 463f.

方面，国家的财力物力以及统治者的个性。奥地利通过当前的政策，已经达到了有可能达到的至高点，但即使是至高点也必然会导致需要下决定。只有当梅特涅能够仰仗奥皇的伟大毅力和坚定不移时，君主政体才能得救。对于任何熟悉奥皇心思的人来说，这项请求尽管语气谦卑，也仍旧显得胆大包天。它实际上指出了失败不是因为物质匮乏，而是因为丧失了意志；作出承诺的时候到了："我们不能执著于现在的做法，当帝国暂时处于弱势时只得如此，因为那时示弱是我们聚集力量的唯一机会……当然……我们仍不如以前强大，但是在平衡权重中……（奥地利）占了主导地位。如此考虑是唯一正确的选择，而我们似乎没有足够地放在心上。"

如此先提醒了盘算绝对实力会导致行动瘫痪，以及实力取决于国家的相对立场，梅特涅转而审视奥地利将在布拉格会议上面对的可能情况。他声称，奥地利政策的一贯原则是，调停只能在对反法同盟有利时才能进行，以及只有当法国拒绝《赖兴巴赫条约》的基
80 本条件时奥地利才会宣战。即使同盟国拒绝奥地利提出的四项条件，那也难以想象奥地利会加入拿破仑阵营。如果出现这种情况，梅特涅保留在适当时候提交建议的权利。但是梅特涅实际上并不担心同盟国，他以下面这个疑问来概括他的担忧："若拿破仑拒绝奥地利提出的条件，我能仰仗陛下您的坚定意志吗？在那种情况下，陛下您是否……决定……以武力来捍卫正义的事业……？"梅特涅太清楚如果奥地利再次犹豫不决，同盟军的恼怒和拿破仑不断加剧的不满将合在一起，足以击垮背信弃义的奥地利。或许暧昧的态度可以迫使他人作出承诺，但是无论如何延迟，这种承诺却代表了一种诉求。梅特涅总结说："（若我们再次拖延，）我们既得不到和平也得不到对我们有利的战争……而很可能落得个帝国崩溃的下场……而我尽管本着最好的愿望，也将成为摧毁所有政治考虑和道

德本质，以及解散国家机制的工具。”梅特涅所有拐弯抹角的表述都无法掩盖一个事实，那就是欧洲的命运取决于一个人的决心。

此人对其大臣的答复最突出地表明了他的心思。他固执地渴望安全，畏惧所有的危险，这对那些企图让奥地利以普鲁士的模式参与讨伐的人是最好的答复，他写道：“……和平，持久的和平是每一位值得尊敬的人最渴望达到的目标……我的臣民如此奉公守法，疆土如此美丽，经受的磨难……令我心情沉重……因此我更加渴望和平。这绝对是我们的目标……我们不可被一时之利所欺骗……”① 此人将奥地利帝国视为个人财产，认为应该勤俭持家，不会出于对欧洲均势的考虑，更不会因为民族自由而受到鼓舞。为了证明他愿意促进和平，他甚至提出放弃《赖兴巴赫条约》中“奥地利的”条件，即收回伊利里亚的诉求。但他坚称，如果拿破仑拒绝接受这些“合理的”要求，那么战争就是唯一的解决方法。奥皇弗兰茨投入了日后被称为“解放战争”的战争，像一位打定主意要抵抗竞争者的店主，因为没人能让这个竞争者意识到平分市场是彼此和谐关系的最佳保障。

而梅特涅成功在即。在卡利什，他成功地使俄国接受了奥地利 81
的调停；在德累斯顿，拿破仑也同意了。如今奥皇也受到了他自己政策的影响，而这可算是梅特涅的出色成就。各方接受梅特涅的政策有各自的理由，例如沙皇为了确保奥地利成为盟友，拿破仑为了使奥地利瘫痪，奥皇为了逃避作出承诺，但是那有什么关系？沙皇视奥地利的调停为胜利的武器，拿破仑视其为征服的工具，奥皇视其为和平的手段，这又有什么区别？如今，所有的线都捏在梅特涅手中，只等系上最后一个结。

---

① N.P.，Ⅱ，p.467f.

布拉格会议从未真正召开。或是为了表现不屑，或是为了赢得时间，拿破仑直到七月二十五日才派出他的全权大使。沙皇派了一位阿尔萨斯人，安斯泰德，有意侮辱拿破仑。英国使节斯图尔特和卡斯卡特严阵以待，准备通过承诺给予资金赞助来鼓舞那些摇摆不定的国家，或通过声称取消资助来威胁它们。然而，已经没有机会来摇摆不定。拿破仑深信奥地利优柔寡断，因而感到放心，他离开指挥部外出视察。他的全权代表科兰古必须向拿破仑汇报所有提议，让他做最后决定，因此根本就无法达成任何协议，即使只是程序上的。梅特涅在七月三十日写给施塔迪翁的信中说："我们这里发生的情况无疑表明了八月十日将成为我们与法国保持良好关系的最后一日……科兰古证实了我在德累斯顿就认识到的情况：有关当前的真正形势，拿破仑是自欺欺人。他所有的打算早就落空了，如今他还一心执著于那些迎合其预想的观念。就像当初他在莫斯科时认为亚历山大一世会同意谈判一样，他现在似乎也以为奥地利永远不会武装起来反抗他。"①

于是，拿破仑当年为了使王朝地久天长而作出的和平努力——与玛丽-路易丝的婚姻——反而成为了加速其垮台的工具。甚至科兰古也要求奥地利坚定不移，至少梅特涅向奥皇是如此汇报的。②梅特涅引用他的话说："带领我们回法国，无论是通过战争或是休战，
82 三千万法国人会感谢您。"八月八日，梅特涅以最后通牒的形式向他转达了奥地利的条件。他对形势了如指掌，以至于他竟能让科兰古承诺对他们的谈话内容保密，从而使得拿破仑不可能借此来召唤法国人民。科兰古没能说服拿破仑"以和平来瓦解敌方同盟"，拿

---

① Oncken，II，p. 440. 并参见 B. D.，p. 79(Report by Stewart)。

② 梅特涅在逗留布拉格期间，递送了大量报告，其中科兰古和富歇的观点貌似与他自己的观点相同。例如可参见 Oncken，II，p. 433f.。

破仑认为即使不能信任其岳父的忠诚，至少也可以相信他的懦弱。八月十日已过，拿破仑仍没有消息。八月十一日，一名信使带来了拿破仑的反提案，这在任何情况下都不合适，梅特涅只是回答说：“昨天我们是调停者，但今天不是了。从此，法国如有提议，将同三个同盟国朝廷对话。”

五

八月十一日，波希米亚山坡上的篝火向奥地利的部队宣告战争已经爆发，也标志着一场非凡外交活动的终结。冷静从容的外交活动使得奥地利成为了同盟不可争辩的发言人。这种外交既没有提出过任何伟大的观点，也没有利用过急躁的一代人的高尚理想，其技巧不在于创造性而在于权衡轻重，在于将既定因素结合起来的能力。梅特涅首先认定奥地利因其中心位置以及特定的国内体制而具有特殊的需求，成功地根据条约神圣性和主权合法性建立起同盟。他使奥地利从法国盟友转变为法国的敌人，每一步骤都得到了拿破仑的许可。他使战争从民族解放战争转变成为了均势而在内阁之间进行的争夺，而且还是作为沙皇主动的提议。他在法国人的鼻子底下组建了一支军队，他带领奥地利加入战争，其参战的理由将确保最终的和平能符合奥地利的体制，即获得奥皇的认可。

哲学家或许会对这项政策的道德水准有所争议，但政治家却能通过对它进行研究而受益。一个仍未从两次灾难性战争中恢复的古老帝国不可能在它即将面临生死存亡之际进行改革，政治家不可能如此选择他的政策，好似所有的道路都对他开放，任由他挑选。作为一个多民族国家，奥地利不可能进行民族战争；作为一个财政紧张的国家，它不能进行持久战。虽然这个“时代的精神”不利于一 83

个多语种帝国延续下去，但是如果要求它的政治家将民族自杀上升为一项政策原则，那也太过分了。当然，即便奥地利的国内体制较为灵活，梅特涅也几乎不会考虑采用其他政策。他成功的原因在于其信念与奥地利形势的需求相一致，但这也只是说明了在事关他最深刻的价值观时，梅特涅并不是一个愤世嫉俗之人。

他的政策在内容和形式上都代表了奥地利帝国的本质。奥地利不能加入一场征战，因为征战要求的是统治世界，而奥地利的存亡取决于对有限性、协约神圣性以及合法性的认识。深思熟虑的措施、冷静的盘算以及谨慎的战术都表明了对这样一个世界的追求：统治世界的诉求将消失，霸权也将成为不可能之事。既然奥地利的政策不能指望从民众的热情中获得力量，那就必须通过坚韧不拔和巧妙机智的外交手段来实现目标。很少有外交活动能如此清晰地展示政策就是权衡轻重，展示政策的智慧在于其相互举措间的关系，而不是在于个别行动是否“机智聪明”。每一项举措都模棱两可，每一步骤都可以有不同的阐释，但结果却是形成了一个同盟，其道德框架经受了考验，无论人们如何看待它的内容，其成就就是在经历了四分之一个世纪的战争后重建了和平。

梅特涅后阶段政策的所有要素都已经在这个时期显露：细心的准备，强调尽可能达成道义共识，利用敌人的心理更坚决地摧毁他。其最高成就是成功地将奥地利的国内合法化原则与国际秩序合法化原则等同起来。难怪奥皇用他原汁原味的奥地利乡音告诉一位普鲁士来访者：“现在你看，难道我不比你们聪明吗？我不是有条不紊地办成了你们手忙脚乱地想做的事情吗？”①

---

① Springer, Anton, *Geschichte Oesterreich's seit dem Wienen Frieden von 1809*, 2 Vols. (Leipzig, 1863). Vol. I, p. 222. “Schaun's war ich nicht gescheiter wie Sie? Hab'ich nicht in Ordnung getan, was Sie in Unordnung tun wollten?”

然而有条不紊地办成事情并不是他的功绩，功劳属于他的外交大臣。避免了灾难，建立了同盟，奥地利再一次挺了过来。弗里德里 84
希·冯·根茨这样总结了梅特涅的成就："在一个健康强盛且资源无限的国家的光辉照耀下，要在世界舞台上扮演角色并不难……但要指引一艘风雨飘摇了二十年的船只穿过悬崖绝壁，绕过漩涡，克服千万障碍，战胜重重压力，回到开阔的大海，这就不是许多人能办到的了。"①

此后，梅特涅还将证明在风平浪静的海面上判断方向要比在暴风雨中把握航线更为困难，因为在风暴中，恶劣的环境往往会激发更大的求生欲望，给人更多灵感。

---

① Srbik，I，p. 128.

第六章
同盟的考验

一

当梅特涅正忙于实施他的复杂计划时，对抗拿破仑最持久、最 85
坚定的国家的那位政治家却只能无能为力地焦虑等待。在卡斯尔雷看来，拿破仑的背信弃义似乎如此不言而喻，任何试图证明这点的行为都只是为了隐藏懦弱或是别有居心。他认为如果举办一场会议只是为了展示拿破仑不守信用所产生的心理影响，那只是毫无意义地回避问题。外交政策的防御性设想表达了非常专一的目的，旨在反抗一个具有威胁的国家，但是却无法说服那些仍未表态的国家。如果人们已经意识到了危险，那就没有必要再去提起它，在别人没有经历过危险之前，恳求共同行动都只会像是强求别人为他国而战，而因为这种请求往往自以为是，就更加令人恼怒。由于这个原因，当欧陆国家一个接一个陷入单独缔结协约的幻想或孤立无为时，英国却置身事外。也正是因为这个原因，英国才冷眼旁观，即使拿破仑拒绝了甚至是最为温和的条件，因而证明他根本无法接受限制的观念。

梅特涅阻止盟军指挥部的英国代表参加有关和平条件的所有谈判，他的借口是因为英国拒绝奥地利的调停，但是真正的原因是他害怕英国会坚持某些条款，从而导致他说服奥皇相信战争必要性的努力白费力气。也难怪被派往同盟国朝廷的英国代表，驻普鲁士的查尔斯·斯图尔特和驻俄国指挥部的卡斯卡特勋爵，对梅特涅表示出毫不掩饰的沮丧。[①]一个从未经历过灾难折磨的国家很难理解另一个国家带着灾祸的预感来实施的政策，如果一个弱势盟友设法避
86 免风险，那在它看来，只不过是不求上进的精明人要弄的花招。维森博格男爵是梅特涅派往伦敦的使节，他的角色最为悲惨，他遭到了上流社会的冷落，从未得到摄政王的正式接待，在新闻界的恶毒攻击之下，几乎无人肯容忍他，他曾经一度认真考虑过躲到乡下去避开民众的愤怒。[②]而斯图尔特自告奋勇要揭露卑劣的阴谋，从同盟军指挥部写信来说："我难免认为……梅特涅正在企图进行某种家族联盟……如果事态发展，需要召开大会，请派一位非常能干的人来。肯定会需要这样的人……你肯定需要一位聪明过人的人物。"[③]

一八一三年春天及夏初，当卡斯尔雷思忖着欧洲局势时，他实在没有什么可以感到满意的理由。同盟军的确占据了欧洲的中心，但却似乎因为机会太多而不知所措。英国虽然不再孤立，却仍然未成为同盟力量的一员，部分是由于通讯困难，但主要是因为一个已绝对表态作出承诺的国家就没有了讨价还价的资格。它最有利的磋商武器是威胁停止给予同盟军资助，但这也无法阻止和平谈判，正如《赖兴巴赫条约》所示，因为该条约就是在签署有关资金赞助的条约仅仅三天之后达成的。[④]虽然梅特涅的措施遭到了很大的误解，然而却表明英国仍然没有完全成为欧洲的一部分，也表明了抛开英

---

① 例如参见 C. C.，IX，p. 13，18 May，1813。
② 关于维森博格在伦敦扮演的角色，参见 Luckwaldt，p. 122f.。
③ C. C.，IX，p. 23，6 June，1813.
④ 当然，梅特涅的磋商遭到了完全的误解。我们看到英国只是在初步和平时被晾在一边，英国将参与实现普遍和平，而且俄国和普鲁士也特地保留了这项权利。韦伯斯特在这点上有所误导。究竟如何，请参见 B. D.，p. 78(哈登贝格写给斯图尔特的信)。

国的大陆和平至少是有可能的，而英国努力奋斗的目标绝不是为了实现一个有可能促成纯粹欧洲大陆和平格局的国际秩序。

在对纯粹大陆和平的担忧背后是绝不再置身于孤立的决心。比起平衡者一直被排除在权力平衡之外，比起让大陆对手有能力实施针对岛国的政策这种潜在的威胁，几乎任何安排都是更可取的。必要时，英国宁愿同意一种远远低于其期望的和平，只要是同它的盟 87
友们在一起缔结和平。卡斯尔雷写给卡斯卡特的信中说："你必须防止一个将我们排除在外的大陆和平，而我们这边无所作为的话就会造成这种危险，即使有我们的条约……为此，必须公开声明我们准备与盟友进行磋商，使他们没有理由来谴责我们。"[①]只有西班牙、葡萄牙以及西西里的独立，以及英国履行对瑞典的义务，当然还有海洋权利是无可商议的。[②]这个岛国必须保留一些对于大陆的影响力，即使不是在其中心，至少应该在守护海洋航路的外围。

卡斯尔雷甚至更进了一步。七月十三日，他听从了普鲁士和俄国大使的请求，接受奥地利的调停，尽管态度有些粗鲁。[③]但他立刻对此做了解释，指出和平可能太不完善，无法让大英帝国放弃任何殖民地。[④]这就相当于保留否决和平解决的权利，因为只有归还法国失去的殖民地才能诱使拿破仑接受奥地利的条件。在另一封信中，卡斯尔雷甚至对初步和平都增添了许多障碍，最后还提出了劝告，同时也表达了他对梅特涅令人费解的政策的极度怀疑："波拿巴接受了一次严重的教训，但当他还有这样一支严阵以待的军队，他就不会屈从于任何安排，即使是那些连梅特涅伯爵也会厚颜无耻地签上他的名字（强调语气为我所加）的协约，这是基于欧洲安宁所需要

① C. C., IX, p. 30, 6 July, 1813.
② B. D., p. 6f.
③ B. D., p. 12.
④ C. C., IX, p. 36, 14 July, 1813.

的牢固的原则。”[1]但是他没有意识到他与梅特涅对形势的分析是完全一致的。无论如何，英国不可能独自奋斗了十年，到头来会让别人说服自己不去享受胜利的果实。[2]

等到英国接受调停的消息传来时，事情已成定局，实际上直到奥地利宣战之后消息才传到了奥地利朝廷，而且也只不过是作为诚信的象征。[3]此后，卡斯尔雷致力于将同盟这一事实转化成对其必要性的认识。他向卡斯卡特承认，布拉格会议虽然不太可能成功，却
88 让他无比焦虑。[4]他在九月至十月期间的信中不断地陈述共同行动的必要性，强调面临共同的威胁，表现出在其迂腐的文风中很少见的滔滔雄辩。他在写给卡斯卡特的信中说：“欧洲的君主们陆续发现，无论如何顺从都无法让他们获得安全或安宁，一旦他们自己不再是战争的对象，就不得不成为法国手中的工具，用于……征服其他无辜的国家……正是这种共同威胁（强调语气为我所加）应当始终被视为同盟的真正基础……相对法国而言，通过协同而最终达成的和平，虽然在和平条款上好处不多，但也好过以磋商为代价从敌人手中讨来的最大限度的让步……单凭这点就能将敌人军队的规模降至正常水平，以免欧洲被自己的猎物一步步征服。”[5]

唯独奥地利看起来仍然犹豫不决，难怪卡斯尔雷继续不断地怀疑梅特涅缺乏决心。因为比起获胜，梅特涅对平衡更感兴趣，比起摧毁法国，依然更在意限制法国的实力。梅特涅努力避免任何一方占有优势，试图阻止产生可能会进一步激发俄国野心的权力真空。卡斯尔雷唯独担心法国占据优势，想要促使同盟发挥最大作用。他

---

① C. C.，Ⅸ，p. 40，7 August，1813.
② 参见 B. D.，p. 79f.。
③ C. C.，Ⅸ，p. 45，1 September，1813.
④ 例如参见 B. D.，p. 103，15 October，1813。
⑤ B. D.，p. 20，18 September，1813.

非常担心奥地利缺乏决心，所以提出了一箩筐的建议要将战争转化为民族战争，而非国家之间的战争，以此唤起民众的热情，总之，试图做到所有那些梅特涅费尽心思想要避免去做的事情。他写信给卡斯卡特说："要我颠倒是非我真的做不到，奥地利大臣越快对此下定决心……他所冒的风险越少……这已经成为一场民族之间的竞争，而不是政治家的游戏。若他按照任何其他原则来处理这个问题，将会使波拿巴有机可乘。"①因为担心奥地利倒戈，卡斯尔雷甚至主张为国际秩序建立一个社会基础，他在寄给阿伯丁的信中说："看来(梅特涅的)耳朵还是听不得半点战争的声音，他更愿意窃窃私语，不希望大声传到国人的耳朵里……整个大革命的军事史教会 89
我们担忧怪物一旦在法国土壤上诞生，就可能会逃到其他地方寻觅它的食物……如今，人民是唯一的屏障，他们反对法国，而这是一个国家为了保卫本国最应当决定使用的盾牌，尤其是对像奥地利这样缺乏一道防御边界的国家来说。"②因此，卡斯尔雷难得一次涉猎社会哲学领域，为坚持不懈地反法提供了更多的论据。

卡斯尔雷对奥地利的劝诫实际上是出于一种误解。奥地利貌似犹豫不决，并不是因为缺乏对法国威胁的认识，而是因为梅特涅操心着另一个卡斯尔雷尚未注意到的危险。当卡斯尔雷仍然期望"无私的"大英帝国和俄国协同行动来制定欧洲均势的条件时，沙皇正在进一步完善有可能将中欧置于其支配之下的计划。当卡斯尔雷劝诫梅特涅注意欧洲霸权的危险时，他并不知道他的这些话梅特涅早就了然于心。他只知道梅特涅一边瞅着拿破仑，一边盯着沙皇和波兰。

---

① B. D., p. 34, 14 October, 1813.
② B. D., p. 105, 15 October, 1813.

二

匪夷所思的是，一个一七九五年就消失的国家和一个以其高尚原则而自豪的君主竟然会在同盟中引发不和的因素。在一七九五年被第三次瓜分的波兰仅仅存在于爱国人士的心目中；直到一八〇七年，拿破仑恢复了曾经为普鲁士拥有的波兰领土，成立了华沙公国，一八〇九年的战争之后再与奥地利拥有的波兰领土合并。一八一二年，拿破仑利用波兰爱国主义作为对俄行动的工具，他宣称这场战争是一场波兰战争，从而使他的士兵数量增加了八万，其余部在一八一三年仍跟随着法国军队。从莫斯科撤退后，波兰想要延伸至第聂伯河的愿望破灭了。随着俄国军队向西席卷而来，波兰的命运似乎只剩下回到从前各国瓜分占领的状态。

90 但是波兰爱国人士的狂热常常超过了他们选择获胜方的能力。当俄军向波兰逼近，亚当·恰尔托雷斯基——他的父亲曾在拿破仑的支持下负责全波兰联邦的公开声明，他本人当时也从俄军辞职——想起了他年轻时的朋友沙皇亚历山大一世。十二月六日他写了封信给沙皇，信中包括了这样一段话："若您以胜利者的姿态进入我国，您是否会再次启动您从前关于波兰的计划？您能够征服它，同时也征服它的心吗？"

这封信的暧昧程度与那位收信人的反复无常不相上下。拿破仑认为沙皇很有能耐，但无论做什么事他总缺了点"什么"。既然无人能预知在某个既定情形下缺失具体哪一处，他实际上是完全不可预测的。梅特涅形容他是"一个男性优势与女性弱点的古怪结合体，他太软弱，无法施展真正的抱负；但是又太强硬，而不至于有纯粹的虚荣心”。[1]他既神秘又狡猾，既理想主义又处心积虑，呈现出一个矛盾的混合体，以普遍原则来为具体的俄国利益申辩，以崇高的动机来支撑在其他人那里会被视为自私的抱负。他可以做到大无畏地自我牺牲，正如他在神圣同盟时期多次证明的那样，但他又可以冷酷奸诈。塔列朗评论他：“他不愧是(疯子)沙皇保罗一世的儿子。”毋庸置疑，他相信自己的目标与普遍正义的诉求是一致的。如果说这些诉求大体上与俄国国家利益一致，至少在他早年统治时期，那就更不会受到质疑。他年轻时受其瑞士籍教师拉阿尔普的影响巨大，拉阿尔普力求将他培养成启蒙运动所希望的理想领袖，成为按照普遍信条治理国家、以宽宏大量造福人民的哲人王。当亚历山大一世还是大公时，他曾经答应亚当·恰尔托雷斯基会为波兰的自由解放作出努力。那封信中提到的就是这个承诺。

亚历山大一世给恰尔托雷斯基的回信暴露出了他的双重本性。
他写道：“我从来没有报复心。我最大的快乐就是以德报怨。”在声
明了他关于波兰问题的目标并没有改变之后，他谈到了他将遭遇来
自俄国内部以及来自奥普两国的反对意见。一项仓促的声明可能会 91
使奥普两国不再愿意加入同盟，也可能将它们推向法国的怀抱。然
而他保证他的计划会随军事形势发展逐渐显露明白。[2]高尚的灵魂
或许会为波兰独立提供动机，但奸诈将是其完成的方式。

亚历山大一世确实是个信守诺言的人。值得注意的是，《卡利什条约》避开了任何将波兰领土归还给普鲁士的承诺，并且在谈判进程中提到可能把萨克森作为一种补偿。虽然沙皇小心翼翼避免完全暴露他的野心，但正如我们将看到的，梅特涅却早就心中有数。奥地利既不可能无视俄国深入中欧的扩张，也不可能不在乎普鲁士

---

① N. P.，Ⅰ，p. 316f.

② Text，Oncken，Ⅰ，p. 226.

从东欧国家转变为一个德意志主导的国家。如果俄国几乎扩张至奥得河，那将会使东部边境防守无力的普鲁士成为俄国的卫星国；但是，一个转变为德意志国家的普鲁士也可能与奥地利竞争主导位置。因此，梅特涅并不急于彻底打垮法国，不急于营造出一个只会增强俄国谈判筹码的权力真空状态，特别是在英国态度仍然不够明朗的时候。因为还不知道大英帝国会不会认为欧洲均势除了打败拿破仑之外还有其他内容，或者是否能让英国认识到在波兰防守安特卫普是最好的。

卡斯尔雷却仍然没有意识到这些问题。就算他知道，他也很可能会把这些问题归咎于梅特涅的诡计多端。对他来说，这场战争仍是一场国家间为了重建均势的交锋，这些国家深深领教过异国统治，因而将会适当抑制自己的野心。卡斯尔雷似乎无法想象除法国以外的任何其他国家还有可能再次扰乱和平，因此在他这段时期诸多信件中都没有发现任何直接或间接地提到这方面的信息。相反，他倾向于遵循皮特计划制定的线路：与另一个“得到满足的”国家——俄国合作，建立欧洲均势；制止中欧国家之间的历史性敌对，推动同盟，保障欧洲和平协约。因此，正如皮特计划所规定的那样，关于战后安置的所有提议均首先递交给沙皇。在卡斯尔雷来到欧洲
92 大陆之前，他并没有认识到英国的天然盟友是奥地利这个欧陆国家，没有认识到不管奥地利与英国的国内体制存在怎样的差异，它依然代表了对均势和安宁的诉求。

这个误解导致了与亚历山大一世的一次对话，对话因为悬而未决的真正原因没有立刻显现而愈加令人恼火。在他第一次与沙皇交涉时，卡斯尔雷仅仅是提出了英国的条件，确保实现这些条件的前提或者是英国已取得的成就，例如西班牙、葡萄牙或西西里的独立，或者仍只是纸上谈兵，例如荷兰的独立或在任何和平会议中都

避而不谈海洋权利等。无论卡斯尔雷如何关心同盟，他都以一种近乎狂热的执著追求着这些目标，在荷兰和海洋权利问题上尤其是如此。早在四月十日，他就写信给卡斯卡特，让他“将沙皇的急切意图引向荷兰。只有迫使法国跨过莱茵河并为那个国家提供一个安全的生存环境，我们才能获得抵御法国的有效屏障，并且在欧洲大陆上与我们的盟友实现安全的交流”。[①]应该利用所有机会敦促荷兰独立，但是当同盟军还未逼近时，沙皇含糊的答复只能说是反映了当时的军事局势。

海洋问题也同样陷入僵局。尽管卡斯尔雷试图避免所有关于海洋权利的讨论，沙皇却主动提出为大英帝国和美国进行仲裁，从而将此事推至风口浪尖。由于英美进行战争，在很大程度上涉及英国是否“有权”搜查中立国船舶的问题，所以英国被触到了痛处，卡斯尔雷以尖锐的警告予以回应。他致信卡斯卡特说：“我不得不(强调)这件事的重要性：必须提醒皇帝注意，一定要将任何海洋问题排除在谈判之外。若他不这么做，就将冒……被一些国家误解的风险，而如今欧洲的安全有赖于这些国家的团结……”当在伦敦的俄国大使再次提到这个有争议的问题，卡斯尔雷回复了一封更长的信。他重申没有哪位英国大臣胆敢在海洋权利问题上妥协，他还阴郁地说，如果欧洲国家希望通过建立均势来对抗法国，那他们就不 93
应该随便提出这个话题来讨论。[②]这确实是英国极为重要的利益，甚至超过了反法同盟。

正当卡斯尔雷准备实施皮特计划的基本构想——谈判建立将定义欧洲均势条件的普遍同盟——另一个难题出现了。在得知布拉格会议终止后的几天里，他向沙皇提出了请求：“如果有一个(国家)

---

① C. C., Ⅷ, p. 359, 10 April, 1813.
② B. D., p. 32.

试图单独议和，就必然会导致法国掌控其他国家的命运。正是因为西班牙战争，俄国才得以保存，德意志可能会得到解救；正是由于在德意志的战争，西班牙才会有望摆脱压迫……决心生死与共是它们唯一的安全保障，要做到这一点，同盟就必须同意反映共同利益的某些固定原则。”[①]这场战争就此完全是因为需要抑制法国而获得合法性，提出的条件则反映了这个目标：呼吁荷兰、西西里、西班牙以及葡萄牙独立，要求解除法国对意大利和莱茵联盟的控制，使奥地利和普鲁士帝国恢复它们在被拿破仑打败前享有的领土和影响力。

卡斯尔雷显然深信这些提议会被毫不犹豫地接受。他催促卡斯卡特向沙皇保证他的行为对英国政府产生了不可磨灭的影响，他建议英俄两国共同邀请其他国家加入同盟。如果还能想到会有什么困难，那必定是来自奥地利，虽然卡斯尔雷安慰自己说，要让一个谨慎的国家勇敢起来，最佳办法就是要说服它相信自己有着温和但却坚定不移的盟友。[②]但事实证明异常难对付的却是沙皇。当卡斯尔雷的信件抵达时，同盟军正追击在莱比锡战役中败退的敌军，而沙皇则以军事考虑为由数次避而不见。当卡斯卡特终于在十月二十六日见到沙皇时，沙皇对建立同盟的提议基本上表示了赞同，并建议与
94 他的大臣涅谢尔罗迭商讨同盟条款。[③]然而在随后的会面中他却变得越来越缄默。他以自己的诚信为由来说明不需要订立什么正式约定；他再次提到了海洋权利问题，坚持要英国具体说明它打算归还哪些在战争时期征服的殖民地，并要求英国对未来的资助给出确定的承诺。沙皇含糊地说和平条件必须反映“真正的局势”，但却没

---

① B. D., p. 19f., 18 September, 1813.
② B. D., p. 30.
③ B. D., p. 35, 30 October, 1813.

有明确说明这究竟是什么意思。卡斯卡特在汇报中说，奇怪的是，原以为会制造最多麻烦的国家奥地利竟然似乎如此好说话，而沙皇却那样地顽固不化。[①]但这也是一种误解，因为梅特涅如此好说话正是因为沙皇如此固执。

同盟实际上已经到了这样的关键时刻：申明目标可能反而会使所谓的和谐显得薄弱不堪。同盟的成员与共同敌人之间的差异比它们内部彼此之间的差异更大，这本来应该是同盟的本质。既然表面和谐是同盟最有效的武器之一，那它决不能承认某个成员可能会构成类似共同敌人那样巨大的威胁，而且当胜利改变了国家间的相对地位时，该成员或许会成为愈发具有威胁性的国家。所以，让维持现状的国家与迫切求取的国家结盟向来是一桩难事，并且通常是建立在一种误解或托辞之上。误解，是因为这样一个同盟往往会比较容易通过共同认可特定的诉求来解决次要问题，即那些只有一部分成员关心而且不影响基本国家关系的问题。托辞，则是因为关键问题在战争胜利期间悬而不决，拖得越久，迫切求取的国家的地位就在军事和心理上越发地强大。敌人的彻底战败至少会使平衡少去一个砝码，迫使维持现状的国家要么投降要么与昔日的盟友开战，而该盟友的相对地位已经因为敌人的溃败得到了提升。

因此，一个维持现状的国家必须要尽早地在冲突初期促使明确战争的目标，实际上，通过增加敌手的分量，或者是增加对敌人的担忧，使目标倾向于自己的利益。只要迫切求取的盟友与共同敌人之间的分歧足够大，对胜利的渴望或对复仇的惧怕就有助于做出决 95
定。这就是梅特涅设计的最终让奥地利加入同盟的外交策略。这场战争自始至终，他的这种策略都将保持不变。

---

① B. D., p. 37, 11 November, 1813.

相比之下，迫切求取的国家将尽力拖延达成最后的解决方案，在此过程中，它会占尽所有优势。如果它坚持最后的安排必须取决于军事形势，就会想要引发一场全面的战争，通过彻底摧毁敌人来制造权力真空。真空越大，扰乱均势的因素也越大，“自然的”无限度诉求也会越多。只有单独媾和才能预防其发生，但维持现状的国家，即使不是实际上，那么在心理上也总是很难通过违反现行条约来终结战争，因为它们真正的战争目的是稳定，而稳定取决于对条约关系神圣性的认可。如果迫切求取的国家声称它们的目标的确是“有限度的”，并以其诚信作为担保，就会将同盟破裂的责任转嫁给那些本来能够因其盟友的忠诚而获得最大利益的国家。在盟友暴露真相前，它们无法确定盟友宣称的诚信其实是虚假的，而盟友将努力避免暴露这一点，直至为时已晚。当同盟军向西大举进发时，沙皇大肆宣扬要实现一种基于军事形势、以他的诚信为保障的和平。

但是卡斯尔雷的提议却使亚历山大一世陷入了困境。这些提议意在遏制法国，但也间接地限制了俄国，因为如果沙皇同意联合，其他国家的主要目标将得到保障，即使沙皇还未挑明他的目的。但是如果他明确波兰计划，就可能会促使法奥单独议和。如果所有的国家都获得了它们的利益，再将波兰问题拖到最后和谈就很危险了，因为那时它们有可能团结起来反抗俄国的要求。然而，如果他打算把波兰问题纳入同盟的目标，那就不需要进行最终和谈了。而梅特涅同样不愿意表态。沙皇放心不下，唯恐如果他同意盟友的目标，会使盟友不再有同意对俄补偿的动机，而梅特涅则害怕一旦英国的特别条件得到满足就会从大陆撤兵。尚不清楚英国认为其安全
96 保障是与斯海尔德河河口相关还是与欧洲均势相关。直到英国更清楚地表明态度，梅特涅才提出利用英国对荷兰问题的执著来挫败沙

皇的波兰计划。

当时沙皇和梅特涅都在逃避同盟，即使是出于截然相反的理由。梅涅特认为所提议的条约是促使英国承诺防卫欧洲的又一种手段；沙皇则视其为提出诉求的手段。但是梅特涅知道沙皇的意图，因此利用他来作掩护。他反复声明自己愿意签约加入同盟，但催促说如果俄国不加入，就会毫无意义。[①]其他时候，他又主动提出为俄国最终同意加入同盟作担保。梅特涅曾对轻信他人的英国驻奥地利新大使阿伯丁说："我亲爱的阿伯丁，请代我向卡斯尔雷勋爵问好，问问他接下来还需要我们怎样证明我们的忠诚和热情。"[②]最后，当已经很清楚得不到俄国的同意时，梅特涅提议阿伯丁签署一份协议，以表明他愿意签署协议，[③]但不出梅特涅所料，阿伯丁拒绝了。

卡斯尔雷就是这样向他注定会与之抗衡的国家寻求支持，甚至甘冒战争的风险，而他同时又不信任这个将成为他最大支持者的国家。除非消除这个误会，不然英国的政策没法切中要害。在写给卡斯卡特的一封信中，卡斯尔雷总结了他日益增长的疑虑。这封信的语气带着细心斟酌的通情达理和诚实正直者的义愤填膺，表明是皮特遗留的影响使得不可能将俄国视为一个急于进取的国家。[④]信件首先谈论沙皇对诚信的表白以及他所提到的军事形势的发展：说什么提出结盟就意味着不相信沙皇，这种指责是不合理的。因为大英帝国最先就选择信任俄国，将措施的成功主要寄托在它"扩展的设想"上。沙皇对军事形势发展的看法也令人费解。同盟的成功使共同目标更容易实现，因此也应该是消除而不是增加全面建立同盟的障碍。沙皇建议英国列出打算归还的殖民地，对此卡斯尔雷愤怒地

---

① B. D., p. 119, 9 December, 1813.
② Webster, Ⅰ, p. 175.
③ C. C., Ⅸ, p. 105, 19 December, 1813.
④ B. D., p. 56f., 18 December, 1813.

97 拒绝了。归还殖民地曾经是英国主动提出来的，但除非大陆国家对和平协议的框架达成一致，否则就不可能具体谈论归还哪些殖民地。总之，殖民地的作用就是用来确保任何协议都能保障英国的根本利益。最后，卡斯尔雷反复强调，再次呼吁，表达了他对沙皇依然犹豫不决所感到的惊讶和怀疑，仿佛达成一致的障碍是因为沟通有问题，只要有一位耐心的老师反复说几遍就能够消除一般。他再次强调，英国首先与俄国取得联系，不是因为不信任俄国，而是因为英俄是两个最不需要此同盟的国家："……在各国政策跌宕起伏之际……我认为英俄借此庄严联手的机会……从此一同阻止法国的压迫，既是明智的举措，也是承担起对世界的责任。(这个)决定……将给予欧洲一个最有利、或许是唯一的持久和平的保障……英国政府根据原则，必须*通过大陆的普遍利益来追求自身利益*(强调语气为我所加)。……但若不如此，英格兰(将不会是)第一个因为孤立政策而遭受磨难的国家。"

结果，这封骄傲的信件并没有寄出。发生了一件事，让卡斯尔雷决定亲自前往大陆参与同盟国的商议。必定是有重大变故才会使得一位英国外交大臣史无前例地前往大陆。同盟确实正经受着考验，因为梅特涅不愿看到苦心谋划的均势被彻底颠覆，所以以同盟的名义向拿破仑提出了议和。

三

当一八一三年八月十一日奥地利向拿破仑宣战时，它在反法同盟中的领导地位已是既成事实。同盟军的总指挥是一位奥地利陆军元帅，而且加倍讽刺的是，他居然就是拿破仑后备军的前任指挥官施瓦岑贝格亲王。实际上，梅特涅是反法同盟的首相，是他在和平

谈判期间代表同盟国发言；是他与那些数量不断增多、努力想加入 98
获胜方的拿破仑属国进行谈判。九月七日，他支持普鲁士与俄国通过《特普利采条约》结盟，此条约提出了解放北至莱茵河的德意志地区以及构成基于主权国家的德意志统一体。《特普利采条约》只不过再次体现了反法同盟认为这场战争不是以民族主义名义进行的战争。

梅特涅成为反法同盟发言人还有另外一个原因。拿破仑始终不愿意相信奥地利会参战，如今又自以为是地认为奥地利的决心很薄弱，就像当初迟迟不肯参战一样。八月十八日，巴萨诺公爵已经提出重启和谈。九月二十六日，拿破仑的副官出现在奥地利的前哨基地，带着一封递交给奥皇的信件，请求和谈以避免更多的不幸。十月十七日，莱比锡战役的第一天，拿破仑又派出了一位使节——被俘的奥地利将军默费尔特——提出议和。没有什么比这些提议的命运能更好地表明，当两种合法性相遇时达成协议有多么困难。无论拿破仑如何急切如何真诚地想结束战争，同盟军却没有忘记他擅于利用和平提案瓦解同盟，因此拒绝与他交涉。直到拿破仑在莱比锡战败，总之当他的力量被削弱到足以保障他有诚信时，梅特涅才开始考虑他的提议，并且那时也只是因为法国的衰弱增加了他对俄国的担心。

当法国残余部队试图以莱茵河为屏障时，梅特涅面临着似乎是他能防止战争全面爆发的最后机会。所有明确的目标都已实现。拿破仑如果再次失败，这场战争就会进入另一种境地，届时任何协议都无法限制诉求，欧洲均势将受到严重的威胁。但是在谈判期间停止进军可能会导致同盟破裂，使得拿破仑有机可乘重整他的兵力。拿破仑是一位强者，除非等到他相信自己已经无能为力，否则不可能逼迫他就范。但是如果他能力削弱过于明显，就失去了一个能与俄国抗衡的最重要的国家。如何与一心要自我毁灭的对手较量，实现均衡的和平？当敌人认为承认有限性就是让王朝自取灭亡，如何在面对这样的敌人时，防止产生权力真空？梅特涅回答说，通过提
99 出适度的和平提议以及继续进军。他曾在一八〇九年的灾难性战争期间写过："让我们始终一手握剑一手拿着橄榄枝，时刻准备进行谈判，但只在进军时才谈判。"是将这些信条付诸行动的时候了。一个适度的和平提议会对俄国的诉求有所限制，与此同时唤起法国人民对和平的渴望，从而削弱拿破仑的国内地位。梅特涅说，这将是"借用(法国)人民来铸造同盟军的武器"。①

但是怎样才能让同盟国，尤其是俄国和英国于胜利在望的时刻进行和谈呢？对梅特涅而言幸运的是，除了卡斯尔雷，其他主要人物都聚集在同盟军指挥部：三位君王与他们的大臣及陪同的主要官员，尤其还有三位英国全权代表，恰好构成了能让像梅特涅这样能干的外交家进行活动的合适舞台。正如后来多次在类似情况下一样，梅特涅成功地掌控了所有的主要人物。他与向来爱听恭维话的沙皇建立起热火朝天的关系。卡斯卡特写道："亚历山大一世皇帝本人就是自己的大臣，他平日那些大臣都在圣彼得堡，他在这里雇用的几个信得过的手下人无法行使大臣的权力……陛下完全清楚这位奥地利大臣的能力……梅特涅亲王随时可以接近他，陛下的确是满怀信心地听取他的意见……当然，梅特涅亲王事事谦恭有礼，才获得了这种优势，他坦诚……的举止给人留下了极大的好感。"②诉诸国家利益没能使得沙皇同意结盟；迎合他的理想主义却让他赞成了和平提议。

① Fournier, August, *Der Congress von Chatillon* (Vienna, 1900), p. 242 (Appendix), 9 November.
② B. D., p. 43f., 28 November, 1813.

英国驻奥地利大使阿伯丁伯爵就更容易对付了。他年仅二十九岁，几乎说不来法语，根本就无法招架梅特涅这样的精明圆滑外交家。他倔强自信，却只是被梅特涅玩弄于股掌之上。卡斯卡特说："梅特涅对阿伯丁伯爵非常殷勤。"结局即将揭晓。梅特涅曾经形容说外交官的任务就是装糊涂的艺术，在对付自视甚高的阿伯丁时，他将这门艺术发挥得淋漓尽致。阿伯丁在写给卡斯尔雷的信中说："别把梅特涅当成那么令人望而生畏的人物……我一直与他相 100
处……还不了解他吗？若他真是异常狡猾之人，他必然要在那很少见过行骗的人面前试一试，但他不是这样的人。我再次强调，他不是个很聪明的人。他好虚荣……但还是可以信任的……"[1]因为阿伯丁既自视甚高又轻信他人，他为自己赢得了梅特涅给他起的讽刺绰号"亲爱的傻瓜外交官"。[2]

十月二十九日，沙皇、梅特涅和阿伯丁举行会谈，决定答复拿破仑于十月十七日提出的建议。所选择的方式正是这位奥地利外交大臣最中意的那些微妙而具有象征性的举措之一。拿破仑通过一位被俘虏的奥地利军官提出议和，因此，同盟国也通过一名俘虏的法国军官予以回应，这才是恰如其分。在魏玛的法国代办圣艾尼昂，也是拿破仑在布拉格的全权大使科兰古的妻兄成为了承担此项任务的人选。涅谢尔罗迭、梅特涅和阿伯丁会面，决定提出法国的"自然"边界为莱茵河、阿尔卑斯山脉和比利牛斯山；要求荷兰独立，虽然它与法国的边界可待谈判解决；恢复西班牙的古老王朝。[3]梅特涅坚持在谈判期间仍然继续进行军事行动。梅特涅完全掌控了阿伯丁，以至于阿伯丁在卡斯尔雷和想要推行更苛刻条款的涅谢尔罗迭

---

① Webster，I，p. 174.
② Fournier，*Congress*，p. 91.
③ B. D.，p. 110.

面前都极力维护这些条件。[1]

但是梅特涅在允许事态发展之前，又增加了最后一笔，表明了他想要结束战争的迫切愿望。十一月九日他安排了一次与涅谢尔罗迭和圣艾尼昂的会面，阿伯丁则貌似意外参加了会面，会上解释了英国对和平的渴望以及英国愿意给予法国那些“它能够拥有正当要求的”海洋权利。无论这句高深莫测的话是什么意思，尽管阿伯丁否认这句话意味着在海洋法中作出任何让步，但很显然阿伯丁遗漏了至关重要的一点：海洋权利对英国来说既具有象征性意义又有实
101 质重要性。在此背景下谈论海洋权利，表明阿伯丁承认了海洋权利可以商榷，而这是英国政治家一直拒绝讨论的问题。阿伯丁急切地想赢得促成欧洲和平的荣誉，他忘记了没有哪个国家会同意就它视为本国生存条件的问题进行谈判。

条款内容要比军事形势所容许的更为温和，因为梅特涅最为关心的是法国在欧洲平衡中保留作为重要砝码的地位。把比利时和莱茵河左岸留给法国，这是几代法国人曾经徒劳地想要获得的领土。为了强调这项慷慨的提议，十一月十日梅特涅寄给科兰古一封私信。他提醒道，法国不应该错失这次议和的机会。同盟军新的胜利将带来更多苛刻的要求，而法国即使胜利却无法减少这些要求。如果像他担忧的那样，拿破仑不肯让步，就将最终导致既无目的也无限度的动乱。[2]那样的话，关于莱茵河边界的提议就不再是一项对自我限制的请求，而是对拿破仑真正实力甚或是最大实力的明确定义。这封信呼吁拿破仑放弃他的幻想，实在不是因为梅特涅想挽救拿破仑，而是因为他想挽救萨克森和波兰。为了这个目的，梅特涅打算试试看法兰西皇帝是否可能成为——按照塔列朗的说法——法

---

① B. D., p. 107.
② Fournier, *Congress*, p. 32.

国国王。

但这些微妙之处在伦敦并不为人所知，在那里人们甚至没意识到在波兰问题上会有何争议。阿伯丁的信件不能消除疑虑。皮特计划想将法国限制在大革命前的“旧时”边界内，不包括比利时和莱茵河左岸，但是圣艾尼昂传达的信件却提出了基于“自然边界”的解决方案。没有在低地国家里为荷兰划定界线，而缺少这样的界线，荷兰将只不过是法国的附属国而已。对阿伯丁而言幸运的是，英国内阁还未完全意识到他在海洋权利问题上漫不经心的态度可能招致的后果。但是对于阿伯丁激情洋溢的报告，卡斯尔雷的第一反应说明了他对此缺乏热情。他谨慎地同意反法同盟的措施，将其视为既成事实，表明相比基于这些条款的和平，英国唯一更害怕的意外就是同盟的解散。卡斯尔雷写道：“得知这个国家可能不高兴看 102
到任何没有将法国严格限制在旧时疆界中的和平……你不会感到惊讶……的确，以任何(强调语气为我所加)条款来与拿破仑议和都不会受欢迎……我们依然准备与我们的盟友一同面对和平可能引发的危机……但我很高兴我们不必鼓励盟友修补不完善的安排。”①

卡斯尔雷同样也不放心法兰克福计划中只字不提安特卫普问题。他在信中强调说：“我必须特别提请您关注安特卫普问题。摧毁那个火药库对我们的安全至关重要，让其落入法国之手就近乎强迫大英帝国照管一个永久的战争设施。鉴于我们在这次战争中为大陆做了那么多，他们应当为了我们也为了他们自己，消除这个对我们双方都造成威胁的巨大危险源。”②在另一封信中，卡斯尔雷警告说，在当前的形势下，英国如果放弃它的殖民地，那只能是为了让

① C. C., IX, p. 74, 13 November, 1813.
② C. C., IX, p. 75.

荷兰和意大利获得更好的边疆。①他的焦虑不安最终还表现在反对“自然边界”条款上。反法同盟的提议不是出自权利诉求，而是权宜的考虑，因此一旦遭到拒绝，就没有必要再坚持下去。②卡斯尔雷明确表示英国将很难接受这些和平条款，即使战争已经进行了二十年。

但是，拿破仑再次解除了所有的困窘。正如假使他接受《赖兴巴赫条约》的基本原则，本可以打乱梅特涅的所有算盘，如果他接受法兰克福提案，就可能解散同盟。但是这位征服者仍然无法相信其对手的决心。十一月二十三日，有人送来一封巴萨诺公爵的信，仅仅提议以曼海姆作为会议地点，除了谈到英国已经宣布愿为实现普遍和平而作出牺牲，对同盟国的条件只字不提。英国可能会为了与拿破仑结束战争而在海洋权利上作出让步，这种说法让英国内阁充满愤怒。卡斯尔雷给阿伯丁写了两封言辞尖锐的信，指示他致信反法同盟，对别人如此曲解他的话提出抗议。③然而，在阿伯丁履行
103 这项任务前，梅特涅已在十一月二十五日代表反法同盟做了答复：只有等到拿破仑接受法兰克福提案的基本原则，才可以开展谈判。

拿破仑错失了这一心理战的关键时机。他拖延接受法兰克福提案，以便争取时间来扩充军备。但是他将问题摆上实力竞争的层面，只不过是让反法同盟有机会充分认识它们的相对实力。当同盟军向南开进，穿过瑞士从侧面行动，梅特涅起草了一份给法国人民的声明，表示万分愿意和解，以至于科兰古后来称这份声明比一场败仗的破坏力更大。声明中说，这场战争不是针对法国，而是为了反抗法国霸权。因此，同盟国首先会利用胜利来提出和平。但是拿

---

① B. D., p. 115, 30 November, 1813.
② B. D., p. 117, 7 December, 1813.
③ B. D., p. 116f.

破仑的回应却是又一轮征兵。同盟国希望看到法国强大昌盛，实际上希望比以前所有国王统治下的法国更强大，但它们也希望自己有一个和平的生存环境，并且将坚持不懈直到实现合理的力量均势。① 当梅特涅撰写声明的时候，他的确打算不让这场战争成为一场讨伐。如果维持法国的均衡作用无法阻止沙皇的计划，梅特涅希望通过让他也作出温和的声明来牵制他。

倘若如梅特涅所言，这项声明意在激起法国人民对和平的渴望，因此甚至能在法国国内对拿破仑施加压力，那它几乎是没有必要的。有鉴于民众的不满，拿破仑任命以倡导和平出名的科兰古取代巴萨诺公爵出任外交大臣。但是当科兰古在十二月二日接受了法兰克福提案，已经为时太晚。同盟军正准备入侵法国，梅特涅只是将科兰古的信转发给伦敦，并且建议英国委派全权大使。

四

这就是一八一三年十二月的局势：英国期待大联合的希望破灭了。同盟国或许会一致同意必须打败拿破仑，但英国却没有料想到，这并不意味着对欧洲新格局已经达成共识。法国霸权的威胁或许显而易见，但出乎意料的是，这并不能为重建均势提供恰当的动 104
力。正当科兰古接受法兰克福基本原则的关键时刻，想要就同盟条约达成一致意见的努力在同盟军总部却陷入了僵局，结果任务转交给了伦敦。但是由于同盟国大使们未被授予全权，谈判再次无果而终。与圣艾尼昂的交涉表明，人们甚至对当前战争的目的也有着各

① Fournier, *Congress*, p. 23f.

式各样的理解，而且比起战败，有些同盟国对战胜的态度只是略微不那么害怕而已。大英帝国的影响力与它付出的牺牲并不相称，通讯困难导致梅特涅的信件总是比事件发生至少滞后十天，而且在大陆的英国代表之间的权力分散也降低了他们的效率。哈登贝格称斯图尔特、阿伯丁和卡斯卡特这三驾马车组成了“英国公会[1]”，他们也受到了内斗的困扰。阿伯丁不让他的同僚知晓圣艾尼昂谈判的消息，这样的轻慢险些导致斯图尔特辞职。没有一位英国代表真正能胜任自己的任务。阿伯丁太年轻，斯图尔特太好虚荣，卡斯卡特太迟钝。总而言之，斯图尔特和卡斯卡特始终会为了一点点小事而恼火争吵，阿伯丁则总是对拿破仑的不幸流露出一些同情。为了表现英国参与谈判者的权威，为了在一定程度上控制悬而未决的谈判，十二月二十日英国内阁史无前例地派遣了外交大臣前往大陆执行使命。

卡斯尔雷携带的指示大部分由他自己起草，反映了英国对这场争斗的看法：同盟的重要性在于它象征着对大陆霸权的反抗，荷兰的重要性在于体现了岛国的安全保障，诚信的重要性在于使共同行动由充分的纽带维系。[2]他们一开场就恰如其分地谈到了海洋权利的问题：“之前收到(同盟)国大臣对海洋问题令人满意的保证，摄政王陛下很高兴……指派陛下的外交大臣立刻前往同盟军总部……”英国的最根本利益得到保证后，卡斯尔雷将与同盟国达成
105 谅解，以便在与敌方谈判过程中能够陈述共同的利益。由于内阁依旧认为无法达成共识的原因很大程度在于其他国家误解了英国的动机，所以卡斯尔雷打算“表示愿意尽可能地认同大陆的普遍利益；

---

① Sanhedrin，原指在罗马帝国统治下的巴勒斯坦地区的犹太人正式机构，具有政治、宗教和司法职能。——译注。

② Text，B. D.，p. 123f.，26 December，1813.

给予同盟国最明确的保证，将坚定不移地支持它们签订一个有利的和平协约，避免任何可能造成对英国怀疑的事情，避免认为我们是为了自身目的而帮助它们”。

但显然内阁首先要考虑的是英国的目的。因此，这些指示中未提的内容与提到的内容同样重要，暴露出英国仍然没有摆脱十年孤立所养成的习惯，依旧没有将孤立政策转变为欧洲政策。英国的确提到了共同利益，但这指的是在军事上打败法国；英国主张建立欧洲均势，但真正想的却是安特卫普。只是极其粗略地提到了对意大利和德意志的安排，却长篇大论地谈论派遣大量同盟军队进入荷兰。没有提到波兰问题，却在关于海洋和平的专门备忘录中列举了如果低地国家得到妥善安置，英国将归还哪些殖民地。同盟将在战后继续保留下去，但是履行条约的前提是法国攻击协议各方的欧洲领土。英国全神贯注于对抗拿破仑的战争，竟然从未考虑过均势还可能遭受其他威胁这个问题。

当卡斯尔雷身负使命前往大陆时，法国霸权的威胁已成过往，但取而代之的其他选择尚未明显成形。反法同盟成立了，但仅仅依靠对共同威胁的意识勉强支撑。当敌人的力量被削弱，同盟中的离心因素则日渐显现。拿破仑有可能被打败，但不能肯定扫除了欧洲霸权，是否最终只能落得个各国纷争混乱不堪。英国的政策仍然基于双重幻想：“心满意足”的俄国与依靠诚信以及不言而喻的必要性得以维持的欧洲均势。尚不确定英国是否能摆脱其狭隘隔绝的世界观，也不确定能否让它看清荷兰的独立以及英国的安全保障只是欧洲均势的一部分。

这位正赶往同盟总部的人肩负重任。必须由他来决定安全保障 106
有赖于选择孤立还是作出承诺；是否能够使对和平的需求起到像对法国的恐惧一样的团结作用；打败敌手之后，同盟能否形成自己的目标；能否摆脱外界压力实现自我限制。远离大陆国家间利益狭隘的争吵，他可以以欧洲仲裁者的形象出现。正是需要由他来将同盟从事实转变成现实。

第七章
同盟的危机

一

卡斯尔雷爵士的背景中没有任何内容表明这位或许是英国政治家中最具有欧洲作派的人物如今将乘船前往欧洲大陆，因为迄今为止他采取的所有措施都只是迫于外部事件。鉴于对付拿破仑的同盟是英国政策的最基本方针，外交大臣要对付的问题自然而然变成了最实质性的技术任务，即如何最好地实现它。控制斯海尔德河河口或者地中海上半岛的自由在皮特计划中已有详细描述，代表了英国政策的老生常谈。但是当卡斯尔雷准备前往欧洲大陆时，英国已经面临的关口或许比在困境中英勇坚守还更为困难，那就是国家必须拿出自己的目标。外面的世界不再具有压倒一切的力量，不再意味着所有的挑战；英国必须重新诠释现实。一个岛国应该从考虑安全的性质着手来从事这项任务，拿破仑也应该再次成为关注的重点。 107

当一个岛国处于事件的边缘时，会觉得很难承认战争也可能有内部起因。既然它参战通常出于自卫，是为了避免让别人主宰天下，那么它会认为对和平的需求本身就足以证明均势具有合法性。在和平的好处如此显而易见——这是一个所有要求都得到满足的国家的看法——的世界里，战争的起因只能出自歹徒的邪恶念头。鉴于人们不理解力量均衡具有内在的不稳定性，因此战争往往成为消除动乱“起因”的讨伐战。任何一个国家，甚至那些被拿破仑占领过的国家都不像英国那样痛恨拿破仑；也没有哪个国家像它那样不愿意议和，从而使拿破仑得以维持他的王朝。

108 甚至在卡斯尔雷离开英国之前，各地就捷报连连，拿破仑的命运似乎有赖于反法同盟的意志。同盟军途经瑞士，进攻法国；威灵顿带领的英国军队越过比利牛斯山，受到了当地百姓的热烈欢迎。威灵顿提出，现在是让一位波旁家族的王子在法国现身的时候了。①将要搭载卡斯尔雷前往欧洲的船只受到大雾阻碍，尚停留在哈里奇港口，此时内阁将威灵顿的信件转交给了卡斯尔雷，并且没有掩饰其赞同意见。似乎没有人想到除了波旁王室的“合法”首领、前任法国国王的弟弟路易十八之外，还有其他人可以取代拿破仑。内阁派遣卡斯尔雷去与拿破仑政府谈判，但实际上却是要求他去帮助推翻这个政府。

无疑内阁的态度反映了国人的意见，②但是卡斯尔雷并不准备把英国的安全与某个人的命运等同起来。他认为当下法国大众的表现给了英国背离同盟国的理由，因为它们会认为代表波旁王室的任何努力都会是一种破坏行为，意在完全摆脱谈判：“我们不应该忘记，别人一直怀疑我们对和平有什么秘而不宣的意图，因此我们才必须多加小心……如果波拿巴同意你的条件，你也不应该……在反对革命的迷宫里拿联盟冒险。”③这是卡斯尔雷第一次表明其政策的主要原则：除了英国最基本的利益之外，同盟的团结一致最重要；

① Wellington, Duke of, Dispatches, 13 Vols. Edited by Gurwood. (London, 1837). Vol. XI, p. 306, 21 November, 1813.

② 参见 C. C. , IX, p. 137, 5 January, 1813 and Webster, I, p. 514 (Appendix), 12 January, 1813。

③ C. C. , IX. p. 124, 10 December, 1813.

或者说，欧洲结成同盟本身就是英国的利益所在。

这并不意味着要忽略纯粹的英国利益，但必须在同盟团结一致的框架下寻求这种利益。卡斯尔雷抵达欧洲大陆后，在海牙停留，安排威尔士公主与奥朗日王储的婚姻。允诺将协助把比利时纳入荷兰。他出资修建针对法国的防御堡垒，换取割让好望角给英国。[1]在 109
英国的根本利益得到保障之后，卡斯尔雷动身前往同盟总部。正是在这趟旅途中，他告诉同伴里彭伯爵，自己准备担任调停者，使各方开始无拘无束的交流，消除不满，丢弃虚饰。[2]如果战争是由缺乏诚信引起的，那善意将起到弥合作用。

的确急需善意。他的使节的信件越来越清楚地表明，只是因为等待卡斯尔雷的到来，总部才没有爆发激烈的争执。阿伯丁一月六日写道："在对待敌人方面，我们的情况好得不能再好，但我们内部彼此之间却正好相反。过去一直被压抑的情绪现在全都爆发出来，您的到来真是天赐良机。如果您不偏不倚……就无所不能；对您的功劳，语言难以表达感激之情。"[3]

卡斯尔雷抵达总部时，敌人的日益衰弱已经急剧地改变了盟国彼此之间的关系。只要敌人的力量超过同盟中任何一个成员国，对团结的需求就会压倒对个体利益的考虑，要求安宁的国家会侧重于定义战争的目标，而这目标就像所有条件一样，意味着限制。但是一旦敌人力量衰落，同盟各方有能力单独达到自身目标时，同盟的命运就掌握在其最有决心的成员手中。随着构成均势的国家之一完全垮台，所有其他国家都会提出自己的要求，唯恐被甩在背后。因此，毫不奇怪，虽然当初反法同盟几乎没有受到任何阻碍就进入了

---

① C. C.，IX，p. 153，8 January，1814.

② C. C.，I，p. 128(原文请参见第三章)。

③ C. C.，IX，p. 142，6 January，1814.

法国，大获全胜似乎只受它们的意志左右，甚至只在于每一位成员国的意志，然而一八一四年的同盟却因为沙皇和梅特涅之间的竞争而四分五裂。

因为大获全胜表明梅特涅算计错了，他曾经坚信只有通过心理和军事压力，通过威胁不和平就开战，通过以和平的名义进行的战争，才能使拿破仑坐到谈判桌上来。因此他坚持冬季战役，既考虑到其心理影响也考虑到军事影响。他几乎是单凭自己的力量，通过
110 瑞士进行了侧翼包抄行动，而不顾沙皇的激烈反对，因为沙皇不愿意冒犯他敬爱的老师拉阿尔普的祖国；还要令普鲁士国王克服犹豫不决，因为他想要谋取自己的利益。梅特涅这样做，是因为相信拿破仑仍很强大，足以在一次战役中击败同盟的任何一方，因此奥地利威胁退出就总是能表明冬季战役将会因此受到限制。

梅特涅试图在某种妥善权衡的解决方案中寻求这种限制，此方案对于十八世纪而言，意味着被誉为“伟大的钟表机械式”宇宙之合情合理。他抵制拿破仑的外交政策，因为拿破仑对国际秩序发起了革命性攻击，但是他钦佩拿破仑的国内政策，因为他有能力控制十年来的社会动荡。因此梅特涅试图消除拿破仑对国际均势的威胁，但是仍然想要保留他，以便维持社会均衡。但是没有什么政策能够面面俱到，拿破仑的本性使他成为国内独裁者，而正是这一本性使他在对外事务上成为一个革命者。正因为他不肯让步，才能摧毁国内的反抗力量，因此他也不可能及时与国外的敌人展开谈判。当同盟军穿越朗格勒高原后，通往巴黎之路似乎已经敞开；法国已经不再是均衡中的砝码；以均势名义进行的战争已经失去了必要的限制。

此后，同盟军每进一步都将更加削弱已经疲乏无力的敌人的力量，从而相对巩固俄国的地位。只有当拿破仑的力量被削弱至有限范畴之内，奥地利才能得到安全；但是等到俄国可以任意主宰中

欧，而法国仍处于一个革命的政府掌控之中时，奥地利同样会不得安宁。每前进一步，梅特涅都更加担忧俄国始终会是——用卡斯尔雷的话来说——战后波兰问题的主人。何况，在当下开始的竞争中，所有的优势都在沙皇这一边。梅特涅最好的时期是当奥地利无论是在军事上还是外交上都处于轴心位置时。一八一三年六月，假如没有奥地利的帮助，反法同盟就不能取得一次决定性的胜利，当时奥地利是唯一能够施展外交的国家，因为它拥有双方都认可的“合法化原则”：与拿破仑的联姻以及由俄国和普鲁士来恢复均势。但是现在沙皇可以声称将独自前行，更加重要的是，是沙皇，而非梅特 111
涅，“拥有”共同努力的“合法化原则”①。

因为战争也有其自身的合法性，那就是胜利，而非和平。在战争如火如荼时谈论和平的条件几乎像是各打小算盘那样大逆不道。当实力占了上风，任何条件似乎都束缚手脚，会威胁到共同行动的干劲。奥地利最得心应手的讨价还价手段是单独议和；沙皇的最后诉求是打败对手。沙皇告诉卡斯卡特，只有在大获全胜之后才能进行和平谈判②，从同盟的角度来看，他说得“合情合理”。当梅特涅要求再做一次努力与拿破仑达成和平时，从同样的角度来看，他表现得“很胆怯”。在凯旋时刻表现出温和态度只有后代才能理解，极少能在当时得到理解，在当时看来，这似乎是没有必要的投降。梅特涅写信给他的首席顾问胡德里斯特说：“现在主要的罪恶仍然是过度丰盛，只有我的温和……才能帮助大家抵御……毋庸赘言，现在的空前成功与此前的灾难深重都让我感到非常难堪。”③

因此，沙皇与梅特涅之间的争议尽管通常是就周边问题展开，

---

① C. C., IX, p. 148, 8 January, 1814.

② C. C., IX, p. 112, 24 December, 1813.

③ Fournier, *Congress*, p. 48, 9 January, 1813 and p. 251, 20 January, 1813.

实际上是有关稳定的国际体系本质的一场竞争。亚历山大一世寻求将新的国际秩序与他个人的意志等同起来；创建一个主要由其准则的纯粹性来维护的架构。梅特涅则努力寻求不至于过度强调自我限制的力量均衡。沙皇提议通过将战争转化为道义象征来使战后时期神圣化；梅特涅则试图通过将战争的目的定义为实现均势来维护和平。亚历山大一世往往无法将个人积怨和国家利益、道义诉求和民族雄心区分开来，但是既然这些动机总是会彼此巩固，将它们区分开来或许也并非那么重要。分歧起因于对瑞士的侵略，沙皇曾经威胁说要将其视为对俄国宣战，但是梅特涅认为哪怕让一个帝国不高兴，也要与意大利直接交流，再次施展了迂回变通的手腕，使得瑞
112 士人邀请奥地利军队来保护他们的中立。梅特涅告诉阿伯丁说，他以既成事实来反抗沙皇，直到在施展手段到达目的之后才将手段的原则转交给沙皇。[①]尽管他多次重申友谊，但如此造成的裂痕好几个月后仍未愈合。

但是很快出现了更为根本的分歧。梅特涅试图避免使这场战争成为一次讨伐，但是他讨价还价的地位却随着法国越来越明显地衰弱而变得不利，因此他试图以拖延军事行动来替代法国的抵抗，于一月八日命令施瓦岑贝格“谨慎”进军，“通过避免战争行为来利用法国普通百姓希望和平的愿望”。[②]亚历山大一世出于同样的理由，试图保持局势不稳定，他不厌其烦地强调自己的诚意，认为与拿破仑议和是不可能的，明智的做法应该是直到获取胜利之后才详细协商战后的边界划分。[③]如果不从实体上消灭法国的力量，沙皇提出了两个方法来确保自己的利益：反法同盟签订条约，将法国排除

---

① C. C.，IX，p. 111，24 December，1813.
② Fournier，*Congress*，p. 51.
③ 例如参见以下：C. C.，IX，p. 112，24 December，1813；p. 149，8 January，1814。

在任何涉及法国境外事务的决定之外[①]；如果推翻拿破仑的话，则让瑞典王子、拿破仑的前元帅贝纳多特成为法兰西国王。沙皇此举证明他为人狡猾而难以猜测。解除法国对欧洲事务的发言权意味着法国不能参与以外交手段来维持的均势；而使贝纳多特成为法兰西国王实际上是巩固了以俄国为主导的法俄联盟。

但是梅特涅在一八一三年曾经冒着引起灾难的危险，务求使战争立足于王位的合法性原则，现在自然无意通过扶助一位本身就从革命中崛起的统治者来结束战争。任何取代拿破仑的选择都是无力的；任何软弱无力的政府必然力求获得民众支持；任何受民众欢迎的政府必然需要召唤雅各宾派。如果一定要推翻拿破仑的话，梅特涅不会接纳一位缺乏拿破仑的魅力却仍想倚靠他的力量因素的元帅，他只会接纳一位其合法性不以民众意志为转移的统治者。甚至 113
哈布斯堡王朝由玛丽-路易丝摄政统治的前景也不能吸引梅特涅，他对玛丽-安托瓦内特的命运印象深刻。他唯一承认的其他选择是现存或“合法的”王朝，即超越了社会革命的人物，或只能作为革命对立面存在的王朝。

如果战争胜利的结果反而导致法俄联盟的幽灵重新出现，那么梅特涅不准备袖手旁观。他再次诉诸自己最喜欢的一个强大的中欧的观念，试图使普鲁士摆脱俄国的影响，提议如果普鲁士在波兰问题上反对沙皇的话，他会默认普鲁士对萨克森的兼并。[②]梅特涅也不会允许一位奥地利的司令官来督促彻底破坏均势。一月十六日，施瓦岑贝格接到命令，让同盟军停止前进，直到接到下一个命令。奥地利的生存有赖于承认国内和国际的限制，抵抗拿破仑就是为了这个原因，因此不可能提议通过一场讨伐来开启欧洲的新时代。梅特

① C. C.，IX，p. 170，15 January，1814.
② Fournier，*Congress*，p. 361 (Hardenberg diary)；C. C.，IX，p. 171，15 January，1814.

涅写信给胡德里斯特说："我们践行了所有的承诺，不但达到而且超过了同盟所有的目标，我们现在应该再次申明自己的目标，因为同盟像所有友好往来一样，如果没有坚定的目标，就会变成一盘散沙。"①

当卡斯尔雷前往反法同盟总部时，拿破仑貌拟软弱无力，相比他拥有强大军事力量的时期，他现在这种状况反而使反法同盟处于更大的解体危险。在巴塞尔居然有两所住处在等待着卡斯尔雷光临，这本身就暴露出同盟内部的争夺，一处位于靠近沙皇的俄国占领区，另一所位于总部的奥地利一侧，靠近梅特涅。②幸运的是，向巴黎的进军似乎莫名其妙受阻，沙皇急于进军，只好放下想尽早与卡斯尔雷会谈的念头。卡斯尔雷到达之前两天，亚历山大一世启程前往施瓦岑贝格的指挥部。显然卡斯尔雷的态度将决定同盟的命运
114 和战争的结果。如果英国将其目标限于海峡地带的安全，波兰就完了，俄国将取代法国主宰该国。相反，如果卡斯尔雷明白英国的安全有赖于欧洲大陆的稳定，那还有可能建立均势和平。

卡斯尔雷来时不带什么成见，他认定反法同盟的团结高于局部的利益考虑，但是他还没有意识到当前的问题之所以如此复杂，正是因为它本质上并非一个局部的问题。他于一月十八日抵达巴塞尔，立即遭遇了几乎使同盟解体的问题：是与拿破仑议和，还是继续向巴黎推进。科兰古一月九日已经抵达同盟军的前哨，请求护送他来总部议和。但是拿破仑在无法肯定是否会被接待的情况下，就派遣一位外交大臣前来，这被视作拿破仑力量衰弱的又一个表现，更使得沙皇急于进军。因为沙皇的催促，科兰古被告知等待卡斯尔

① Fournier, *Congress* (Appendix), p. 250, 17 January, 1814.
② C. C., IX, p. 164, 14 January, 1814.

雷到来，如果反法同盟准备议和，就会告诉他。[①]同盟国为拿破仑的命运激辩，似乎那完全由它们的意愿决定，科兰古则在吕内维尔等候。

一月十八日到二十日之间，卡斯尔雷与梅特涅就同盟的未来举行了几次会面，卡斯尔雷惊讶地了解到沙皇关于贝纳多特的打算，不出所料，他主要关心的并非这事对欧洲均势的影响，而是对战争进程的影响："即使该计划没有其他害处，它肯定也会使同盟军完全瘫痪。我有理由相信，在否决这种意图之前，奥地利军队不会向前进军多少……"[②]这里又遭遇到拿破仑的命运这个问题，但来自完全不同的方面。卡斯尔雷曾经为了同盟的团结一致，抵制了内阁想要推翻拿破仑的愿望。但是现在看来同盟似乎恰好在这个问题上产生巨大分歧，因此似乎使得英国能够自由追求自身的目标。

但是卡斯尔雷根据欧洲而非英国的观点作出了决定。梅特涅说："再怎么赞扬卡斯尔雷都不过分，他的态度极好，他的工作方
式也直截了当，我与他没有任何分歧，我可以肯定，他的态度是和 115
平的，是我们所认为的那种和平。"[③]两位赞成稳定的杰出政治家已经会面，并且理解彼此。卡斯尔雷说："人们对奥地利外交大臣的很多指责言过其实。但是他拥有了不起的才能，能使机制正常运作。"[④]卡斯尔雷更倾向于由波旁家族统治法国，以防止政治动荡，但为了同盟的统一也愿意与拿破仑谈判。梅特涅倾向于由拿破仑统治法国，以避免发生社会变革，防止法俄联盟，但他也愿意为了与英国的友谊而与波旁家族议和。他们同意拿破仑或波旁家族是仅有

① Fournier, p. 61.
② B. D., p. 133f., 22 January, 1814.
③ Fournier, p. 61.
④ B. D., p. 160, 26 February, 1814.

的两个选择，贝纳多特和玛丽-路易丝的摄政都不在考虑范围之内。[1]应该让法国人民自己作出选择，但同时也应该考虑与拿破仑议和的可能性。卡斯尔雷写信给利物浦说："我们不能背上这样的包袱，弄得好像这件事(推翻拿破仑)是我们起头。我们不能过于强调自己的要求，我们同时还牵扯在一个问题中，这个问题只要与法国现任政府相关，就先于所有其他条件。"[2]梅特涅说："法国将决定与谁议和。我们左右试探究竟应该同谁打交道，这是明智的吗？如果我无拘无束，能够独立行动，就不会这样做。但是在目前的情形下，团结的要求超过了所有其他考虑。"[3]

就这样，带着犹豫不决和疑虑，两人开始合作，直到卡斯尔雷去世。卡斯尔雷认为同盟本身就是目的，因此很适合成为调解内部分歧的人；而梅特涅认为同盟是合法化原则的成果，则很适合充当其发言人。卡斯尔雷和梅特涅一同去朗格勒会见沙皇，两人都有理由感到满意：卡斯尔雷感到满意，因为他得知奥地利尽管不赞成，但也不会反对推翻拿破仑，如果这是唯一获得和平的方式；还因为梅特涅赞成在低地国家里为荷兰设置一个屏障；梅特涅感到满意，
116 因为关于贝纳多特一事，他得到了保证，还因为即使最后无法挽救拿破仑，奥地利在欧洲也不会孤立。

二

但是在朗格勒的会谈开始之前，梅特涅再次尝试定义战争的目标，使其符合欧洲的均势。他得到了一个机会：统帅施瓦岑贝格在

① B. D., p. 137, 22 January 1814.
② C. C., Ⅸ, p. 185, 22 January, 1814.
③ Fournier, *Congress* (Appendix), p. 256.

给奥皇的备忘录中表达了奥地利的不安，因为战争似乎已经演变为一场完全不符合奥地利精神的全面的战事。他以平庸者那种俗常被称为“客观的”方式，将责任转向自己倾向的观点，收集了是否继续战役的正反两方面的意见，这表面看来是征求奥皇的意见，其实无疑表明了他自己的担忧。[①]他承认继续进军的好处，但也强调了暴露在外的两翼固有的危险，部队中越来越多人患病，供给也有困难。施瓦岑贝格主要担心的不是失败，而是胜利。他的备忘录记载，即将举行的谈判迫使他指出，朗格勒是巴黎前的最后一站，也是与拿破仑议和的最后一次机会。他以军人精于对政治事务假装无知的技巧，强调此后的战斗将具有内战的特点，因此以皇帝的高瞻远瞩，应该能做出决定：“我们将要采取的步骤太重要了，我觉得……事关本人荣誉，必须请求陛下明示：我是否应该继续按兵不动，让我的部队好好休整一下，等待供给，让我的侧翼能够追赶上来。或者我是否应该下到平原里去，开始一场前途未卜的战斗……”施瓦岑贝格如此指出军事上和政治上在稳定与混乱之间非此即彼的选择，清楚地表明了奥地利的两难境地：过了朗格勒就胜利在望，然而胜利却毫无意义，因为它必定猛烈动摇均势，以至于威胁到现存局面，而维持此局面则完全有赖于拒绝全面转变。

施瓦岑贝格的观点绝非没有人支持，普鲁士国王与他身边的人 117
也相当同意他的观点，尽管不包括他的将军们，如布吕歇尔和格奈泽瑙等人。斯图尔特交给卡斯尔雷一份备忘录，基于差不多相似的观点。[②]梅特涅现在利用这个机会来请求他的君主指引方向，请求他的盟友定义战争的目的，并且重申奥地利关于安全是均势、和平是

① Text, Klinkowström, Alfons, *Oesterreich's Theilname an den Befreiungskriegen*, (Vienna, 1887), p. 810f.

② C. C., IX, p. 525f., 27 January, 1814.

平衡的观念。他那份备忘录的开头提到奥地利参战前的时期，[1]他认为，反法同盟最大的成就是心理上的，撕去了拿破仑谦和的伪装。难道现在反法同盟自己准备倒过来展开一场征服之战吗？将法国拘囿于与欧洲均势相符的限度之内，以及使奥地利和普鲁士恢复至一八〇五年的规模，除此之外，这场战争难道还有其他目的吗？梅特涅只字不提俄国的获益，这意味深长，因为均势显然只会受到其干扰。至于是否要与拿破仑议和，只需与科兰古会谈几次就能了解拿破仑是否真诚，无论如何，拿破仑的最终命运只能由法国人民，而非同盟国来决定。但是如果拿破仑拒绝同盟的条件呢？梅特涅回答说，在那种情况下，就别无选择，只能继续推进，诉诸法国人民，公开同盟提出的议和条件。

无论梅特涅考虑到了什么偶然因素，他都全部转化为请求定义有限性，因为显然他希望同盟国共同表态，既作为一种要求沙皇作出承诺的手段，也为了对法国人民施加影响。他最后以一系列询问概括了这些问题，再一次力求诱使亚历山大一世明确他的目标，趁着此时战场上仍然还有一支法国军队。他询问同盟国是否仍然准备与法国议和；是准备为法国安排一位统治者，还是将王朝的事宜留给法国人民自己去解决；最后的关键问题是，同盟国是否准备互相告知，除了恢复一八〇五年的局势之外，彼此还有什么其他要求。

但是在同盟逐渐占优势的情况下，很难强迫一个迫切求取的国家，因为在没有达成共识时，每一天都会增强其相对优势的地位。
118 亚历山大一世狡猾的回答回避了任何有关战争目标的讨论，解释说这种讨论只会干扰现存的和谐，尤其是因为和平的条件有赖于军事形势。[2]对战争目标的定义在巴塞尔不同于在法兰克福，在朗格勒不

---

① Fournier, *Congress*, p. 62f.
② Fournier, *Congress*, p. 67f.

同于在巴塞尔，而且随着形势的改变，还会重新定义。只要继续进军，他就准备与拿破仑谈判。就这样，沙皇的提议实际上造成了一种两难境界，最终将导致拿破仑的崩溃。他同意讨论欧洲均势，但必须在与法国了结之后。他准备与拿破仑谈判，但将使谈判条件有赖于军事行动。既然这些情况每天都在朝着有利于同盟国的方向不断变化，沙皇保留了不断提高价码的权利。总而言之，奥地利只有协助消灭法国的力量，才能了解亚历山大一世的议和条件。如果说拿破仑曾经企图通过征服莫斯科来达到征服英国的目的，那么亚历山大一世也试图通过在巴黎取胜来赢得华沙，这并非没有道理。

关于沙皇的波兰计划，卡斯尔雷得到的消息有误，[①]而且无论如何，他还没有准备好承认除了拿破仑之外，还有其他对和平的威胁，他也要求继续军事行动。结果是达成徒有其表的妥协，让反法同盟维持统一的外表，掩饰同盟内部的力量平衡已经出现转移这样的事实。与拿破仑议和的决定已经做出，但同时也继续进军。卡斯尔雷拒绝了沙皇关于甚至不允许法国过问欧洲和平协议的提议，但是他的替代方案也只不过是象征性地有所改善：把和平协议的条件告知法国，但只是为了征求同意，而非为了谈判磋商。[②]法国被暂时排除在均势之外。当同盟国的大臣准备商讨将要转达给拿破仑的条件时，越来越清楚的是，战争只会在巴黎结束；为均势而战正在制造出一个权力真空；欧洲必须从混乱的威胁中恢复平衡，如果可能的话。

但是在朗格勒的会面同时还表明，无论以何种方式达成新的协 119
议，英国都将起到不可或缺的作用。朗格勒标志着卡斯尔雷转变成

---

① 卡斯卡特一月十六日错误地报告说，沙皇仅仅要求以维斯瓦河为界，卡斯尔雷似乎相信了这种说法，因为他后来将这封信给沙皇看，以表示他对这个问题的了解程度。C. C.，IX，p. 169.

② Castlereagh report，B. D.，p. 141f.，28 January，1814.

一位欧洲政治家的重要一步。他成为同盟的协调人，这使他获得了同盟国的首肯来进一步在低地国家中设置一个障碍，将比利时置于荷兰的暂时管辖之下。二月一日，他指示驻荷兰朝廷的英国大使克朗卡迪，奥朗日王储如果想要提议将直至默兹河一带并入低地国家，他不会遭到英国的反对。[①]最后，同盟国放弃了法兰克福达成的一致，同意将法国限制在其旧时的疆界之内。卡斯尔雷获得了奥地利对这些问题的认可，因为越来越清楚的是他想要通过欧洲大陆的稳定来保障英国的安全，即使他仍然将稳定与限制法国等同起来。他对待殖民地问题的态度意味深长。他提出了能使英国交出部分战利品的条件，除了此前关于法国旧时疆界以及在低地国家中为荷兰设置屏障的要求之外，还要求在欧洲大陆国家之间达成睦邻友好协议，“使得……既然通过团结一致削弱了法国的力量，就不大可能因为内部的分歧而让法国重振威风”。[②]梅特涅打定主意要保证任何友好协议都不能让沙皇占有波兰。

尽管梅特涅在朗格勒没有能使沙皇承认其野心，但他做到了或许更为重要的事情。当同盟军着手准备施瓦岑贝格所说的下到平原里去时，梅特涅知道穿越平原，他就有可能争取卡斯尔雷站到他这一边。

三

二月三日召开的沙蒂永会议代表了想要确定是否能迫使拿破仑接受均势和平的最后努力，但只是进一步突出表明了很难弥合两种对立的合法性体系之间的鸿沟。谈判者甚至远远无法达成一致意

---

① C. C., IX, p. 224.
② B. D., p. 146, 6 February, 1814.

见，因为同盟国关于安全的概念与拿破仑关于其王朝的需求的概念无法协调一致。拿破仑认为不能牺牲任何他征服所得的成果来换取 120
和平，而同盟国则不准备议和，除非拿破仑被拘囿于他认为将使他失去皇位的范畴之内。因此，这个问题成为纯粹的实力较量问题，沙蒂永会议则表明在这种情况下很难达成自我限制。在此过程中，拿破仑只是在最初和最后关头愿意议和，因为最后他似乎已经完全战败，命运完全由同盟国来决定。当打胜仗恢复了一些平衡、和平部分有赖于他的意愿时，他就不愿意议和，而他恰好遭遇了同他一样情绪多变的沙皇，这使得事情变得更为复杂。

因此最后的阶段是军队犹豫不决地向巴黎推进，此期间尚无定局的和平会谈则一直在争辩议和条件，而似乎暂时获得胜利的那一方永远不肯接受这些条件。战争正在全面展开，因为双方永远不能就恰当的权力关系达成一致，而且，最主要是因为拿破仑不愿意接受独立于他意志之外的欧洲的合法性。因此沙蒂永会议阶段对于同盟国内部关系的意义超过了同盟与拿破仑谈判的意义。

当谈判代表于二月三日在沙蒂永会面时，拿破仑刚在拉罗蒂埃打了败仗，似乎同盟军肯定将在两周之内攻到巴黎。每个同盟国都派了代表出席会议，尽管它们同意作为一个整体，让奥地利为全权代表，施塔迪翁为发言人。英国人都来了，包括卡斯卡特、斯图尔特和阿伯丁，由卡斯尔雷带队，但是他自己并非全权代表。然而，要求全体同意的规定使得会议注定徒劳，将它的命运置于能从拖延中获益最大的国家掌握之中。在沙蒂永会议的第一阶段，这个国家是俄国，它的全权代表得到的指示是没有亚历山大一世的同意，就不能签署任何文件。

这导致一系列奇怪的会谈。同盟国不愿意建立一种和平来使之成为拿破仑重获权力的唯一希望，虽然其条款之有利超过了六个月

前任何人最好的想象；而科兰古在没有得到拿破仑明确的首肯之
121 前，也不敢接受“旧时的疆界”这样的条件。同时，卡斯尔雷的条件是归还殖民地必须视欧洲共同协议而定，而在与法国达成议和之前，沙皇又拒绝讨论共同协议。这再次导致来回兜圈子的争议：如果不归还殖民地，要法国接受“旧时的疆界”是不可能的；而归还殖民地的前提是与法国议和，这就要促使沙皇参与讨论欧洲协议。施塔迪翁写信给梅特涅说：“我们在上演一出喜剧，有趣之处仅在于是老生常谈……不值得按照外交惯例来玩这一套。”[①]无疑和平的关键不在沙蒂永会议，而在位于特鲁瓦的同盟国总部，无疑和平既有赖于拿破仑，也有赖于亚历山大一世。具有象征意义的是，二月九日，科兰古在给梅特涅的一封信中同意“旧时的疆界”，而就在同一天，法国全权代表离开沙蒂永，返回总部去听取“指示”。沙蒂永会议的第一阶段就此结束。

亚历山大一世不再隐瞒他决心要向巴黎进军，推翻拿破仑，召开显贵会议来选举新的统治者。他坚持要取得全面胜利，使得梅特涅只好强烈要求摊牌，导致反法同盟几乎破裂。向巴黎进军，同时每前进一步又都表明和平不可能，因为继续谈判本身就意味着追求平衡和一个拥有具体目标的世界，这是一回事；但是盲目地奔向巴黎，则是向无限迈进，那又是另一回事。奥地利这个中欧帝国只能根据那种允许将胜利转变为精确政治条款的“规则”打仗。居于竞争势力之中的国家既不敢允许出现权力真空地带，也不敢允许出现无法弥补的鸿沟；而一个对其他国家国内变化如此敏感的国家也不可能用革命来结束一场战争。相比面对拿破仑的军队，奥地利更加害怕通往巴黎的道路四敞大开。

---

① Fournier, *Congress*, p. 93.

在特鲁瓦总部，梅特涅因此再次准备征求意见，想迫使各国申明目的，借此收集争执各方的意见。正如反对拿破仑的同盟是以调停的名义建立的，将俄国孤立——这是唯一能确定沙皇还准备走多远的途径——也发生在定义同盟的目标这个名义之下。梅特涅提出的问题针对以下几个方面，例如如何回应科兰古的建议；如何确定 122
法兰西民族的意愿；如何与波旁家族打交道；如果攻陷巴黎的话，如何治理它。[①]不能像在朗格勒那样借口有军事行动的压力来回避这些问题，因为提出这些问题就是假装同意沙皇想要向巴黎进军的愿望，以便迫使他申明自己的目的。

卡斯尔雷的回答表明，最初他只是出于维护同盟的团结而反对推翻拿破仑，现在他已经改变了很多。[②]他当前主要关心的不再是同盟国的团结，而是均势。他将问题定义为一个选择——“是根据我们的条件接受和平还是通过推翻（拿破仑）来使得和平更为稳固”，因此在他看来，基本无疑战争的目的已经达到了。他认为，推翻拿破仑既不明智，也会破坏现有的关系；他说，进攻的目的从来就不是要更换法国政权，而是要“获得不可能在莱茵河一带得到的和平”。既然战争的合法（强调语气为我所加）目的已经唾手可得，同盟国就不再能提出波旁的问题。卡斯尔雷几乎不为察觉地转而接受了奥地利关于战争目标的诠释，他很快就会发现这与英国人的目标有多么大的差距。

二月十二日的部长级会议使同盟的分歧趋于明显，哈登贝格像卡斯尔雷那样回答了梅特涅的问题，接着涅谢尔罗迭传达了亚历山大一世的答复，听上去有点盛气凌人。沙皇坚持认为战役的目标是巴黎，在那里召开的显贵会议将决定谁是未来的统治者。波旁家族

---

① Fournier, *Congress*, p. 111.
② B. D., p. 155f., 13 February, 1814.

既不应该得到支持，也不应该受到劝阻。应该由一位俄国军事总督来统治巴黎并监督选举，以表示对反抗拿破仑最长久的国家的敬意。[1]沙皇要求的就是要担任欧洲命运的仲裁者。

但是梅特涅苦心使奥地利韬光养晦这么久，并非为了建立一种有赖于某一个人意志的国际秩序。他提交了一份备忘录来回答自己提出的问题，驳斥了沙皇关于反法同盟的道德依据就在于推翻拿破
123 仑这样一种观点。[2]他认为进行战争是为了重建均势，而非为了改变法国国内局势；科兰古在沙蒂永接受的条件已经达到了在保持均势的前提下，法国实力能被削弱的极限，再有更多的要求只能颠覆同盟的道义原则。梅特涅继续说，但是如果拿破仑被迫退位的话，波旁家族的合法首脑路易十八才是唯一的选择，因为外国势力不可能在王朝问题上诉诸民众，而不至于损害所有王位的存亡。实际上梅特涅等于是在说，哈布斯堡王室——其生存依靠的是神圣性，因此也是所有合法统治的神圣性，而非依靠是否被接受——冒险参战，不是为了让民众有机会来表达意愿。

现在一切都取决于沙皇的决心和实力。如果沙皇强大到能够独自前进，如他所威胁的那样，梅特涅就只能通过改变立场来达到目的，这是卡斯尔雷绝不会同意的，也违背奥地利所有明智的政策。但是如果拿破仑尚有余力，他的力量实际上会给奥地利增加筹码，团结的需求就有可能使得亚历山大一世就范。因此，二月十二日拿破仑击败了布吕歇尔，这使梅特涅得以主宰局势，因为普鲁士军队的前进本来正是为了表明奥地利并非必不可少，而它的失败则证明，无论拿破仑的力量如何被削弱，也不可能在一次战役中被击败。奥地利是必不可少的，梅特涅决定尽可能利用他的关键地位。

---

① Fournier, *Congress*, p. 121.
② Fournier, *Congress*, p. 123f.

大敌当前时还要坚持明确战争目标，这或许不是什么勇敢的行为，而且从来就不得人心，但是在没有必要的情况下制造出权力真空局势，则会导致永久的革命。

在二月十三日的部长级会议上，梅特涅强硬地宣布奥地利参战不是为了恢复专制统治，它最后将单独议和。[①]在成功指日可待之时，卡斯尔雷却发现他珍视的同盟即将解体，只好放弃了调解者的角色。他提议重启沙蒂永会议谈判，让梅特涅写信给科兰古，表示 124
如果法国承认“旧时的疆界”，同盟国就准备停战，他还着手去获得沙皇对这一计划的首肯。卡斯尔雷六周前启程前往欧洲大陆，本来希望欧洲因为面临法国不言而喻的优势而团结一致，因为俄英的合作而局势稳定，现在他却为了均势站到了沙皇的对立面。

接下来卡斯尔雷与亚历山大一世进行了一连串争执激烈的会谈。亚历山大一世重申他决心要抵达巴黎，要在那里召开显贵会议，他不信任波旁家族，不满奥地利的胆怯。卡斯尔雷反对卷入一场法国内战，认为很难唤起民族意识，指出无目的的竞争具有危险性。但是沙皇固执己见，他已经知道英国公众舆论激烈地反对与拿破仑议和，他拿出了一封俄国驻伦敦大使的信件，表明利物浦勋爵也持有同样的意见。然而卡斯尔雷坚持不为所动，他告诉沙皇“既然我被委以重任，就必须相信自己的判断，英国国内不了解我们目前受命决定的情况究竟如何，我不会让自己受到他们可能会抱有的愿望的影响”。[②]这句话包含了卡斯尔雷的力量和失败：骄傲地强调责任，不是为了机械地实现民众的意愿，而是为了权衡对于民众不是那么一目了然的利益关系；拒绝或无力影响公众的感情。卡斯尔

① Münster to the Prince Regent, 14 February, 1814, Fournier, *Congress* (Appendix), p. 298f.

② Castlereagh's report of the conversation, B. D., p. 147f., 16 February, 1814.

雷是一位政治家，有勇气拒绝容易的解决方案，也是一位孤立无援的悲剧性英雄，因为他无法与人交换想法，只能独自前行。

卡斯尔雷对沙皇展开的斡旋并没有立即达到目的，却使得俄国完全孤立。对梅特涅提出的问题的答复导致实际上在反法同盟内形成了一个反俄联盟。梅特涅不失时机地利用了这个优势，当他再次威胁要撤走奥地利军队时，普鲁士害怕单独留下来面对两个善变的邻国，于是也同意召开一次会议来保证达成奥地利的目的。这得到了卡斯尔雷的同意，虽然因为国内政策的问题，他没有正式参与其
125 中。二月十四日的会议代表了又一次妥协，但表明了奥地利的关键立场：规定无论拿破仑如何一败涂地，也不能强求超出沙蒂永会议基础之外的条件；必须与拿破仑议和，除非他被自发的民众运动推翻；在这种情况下，同盟将只与波旁家族和路易十八打交道，除非他自愿出局；如果巴黎被占领，将会接受一位俄国的军事总督，但实际的管辖权应该由一个代表各反法同盟成员国的顾问委员会掌握。[1]如果沙皇同意的话，就可以继续进军，否则奥地利将离开同盟。

为了大获全胜，沙皇曾经拒绝在攻克巴黎之前申明自己的条件，企图借此利用奥地利希望稳定的愿望。现在梅特涅使局势反转，利用沙皇想占领巴黎的愿望来使他同意法国的领土疆界和国内格局。由于亚历山大一世对巴黎的执著超过了所有其他考虑，二月十五日，他同意了梅特涅的条约草案。此后无论发生什么，法国都将一直是均势中的一个因素，无论谁来统治，拿破仑还是波旁家族，法国都不大可能对沙皇过于友好。战役可以继续进行了。

但是纯粹基于军事考虑的政策往往具有这样的特征：在胜利时

---

① Fournier, *Congress*, p. 133f.

忘乎所以，在遭遇逆境时惊慌失措。二月十四日，布吕歇尔再次受挫，沙皇是第一个要求停战的人，施瓦岑贝格于二月十七日向法国指挥官提出停战要求，借口即将在沙蒂永签署初步和平协议。卡斯尔雷非常恼火，他曾经利用自己强有力的谈判地位来争取同盟成员国同意以比利时来充实荷兰，同意缔结和平之后不能将任何船只交给法国，同意甚至都不能在会议上讨论海洋权利。①在拿破仑似乎终于准备接受条件议和，所有"英国的"目标都将实现的关头，等待了许久、经过千辛万苦才缔结的同盟却似乎即将解体。难怪卡斯尔雷一气之下写了一封信给梅特涅，这封信证明他还没有失去平衡意识："战争中轻微的逆转很常见，您的议会遭遇的尴尬但愿已经结束，但是如果迫于这两种情况，您就要不顾一切地牺牲掉道义和政 126
治考虑，那么和平的面貌就将被迫失去平衡……如果我们在军事和政治上都谨慎行事，法国如何能抵制六十万战士要求的正义的和平？如果它胆敢抵制，那就让它试试，我们向法国人民宣布实情的那一天就是波拿巴真正被制服的一天。"②

这些豪言壮语并不能掩盖卡斯尔雷深感沮丧这个事实，他对同盟成员国非常不满："一会儿过于骄傲不肯听任何话；一会儿又迫不及待地要避开我们的敌人，使得延长沙蒂永会议也显得有点可笑。"③他还气急败坏地给利物浦写了一封信，仅仅在两个月前他都不曾料到会写这样一封信。"奥地利与俄国反复相互指责，已经白热化，要对付双方，我的耐心差不多已经用尽了……我们不能乘着这样一艘船出海冒险。"同盟似乎的确没有了吸引力，连卡斯尔雷都威胁要单独进行战争："没有大英帝国就不可能获得和平，只有

---

① Fournier, *Congress*, p. 137.
② B. D., p. 158f., 18 February, 1814.
③ C. C., IX, p. 290, 25 February, 1814.

这样的意识才使两个国家立场坚定……我已经明确告诉它们，如果它们不愿也不能根据权威的原则议和，那么为它们也为我们自己，我们必须坚持反对法国的立场。”①

但是特鲁瓦的危机起到了一个作用。信誓旦旦声称友谊永存曾被视为永久稳定的保障，这种好日子已经一去不复返，取而代之的是人们意识到和平的问题尽管不像战争的问题那样令人兴奋，却有自己的逻辑，本身就能说明各国为何遭受磨难。沙皇开始意识到，他能够征服领土，但却无权占有，他的疆界所在是比他的诚信更重要的保障。沙皇面对的是其他国家的共同战线，与拿破仑相反的是，他接受了共同战线。无论他如何狮子大开口，或许他还是会认为合法性比征服更为重要。同盟成员国的谈判者再次回到沙蒂永，欧洲协议形式上的而非实质性的大纲终于开始浮现。同盟确定了其
127 内在关系的性质；虽然很多危机依然可能出现，然而同盟成员国已经丢掉了幻想，这是人生，也是民族命运中最痛苦的危机，但同盟却存活了下来。反法同盟的意志更加坚强，意识到了自身趋向成熟，现在能够面对剩余的问题：拿破仑是否可能接受一个其格局独立于他的意志之外的欧洲。

① B. D. , p. 160, 26 February, 1814.

第八章
《肖蒙条约》与和平的性质

一

现在正是拿破仑议和的好时机。梅特涅在朗格勒强迫犹豫不决的同盟成员国同意与一个貌似虚弱的敌手谈判，但是当时和平似乎只是一种恩惠，因此无法达成和平。同时，拿破仑也还是展示了某种实力。面临特鲁瓦的危机，同盟成员国决定即使是波拿巴的法国，如果被拘囿于“旧时的疆界”，也能与欧洲的均势相匹配。为了加快和平的进程，卡斯尔雷一一列举了英国将把哪些殖民地归还给法国。二月九日，梅特涅终于给科兰古回信，急切地恳求迅速达成协议，并且提到领导一个包含了五万哥萨克人的同盟是一件非常困难的事情。①显然一切都有赖于拿破仑。 128

但是拿破仑再一次误判了局势。即使还有人怀疑革命制度与“合法的”均势不可能和平共存，那么沙蒂永会议的第二阶段也扫除了这种疑虑。任何以个人魅力或武力使自己登上合法位置的人往往会将失败归于命运的捉弄，因为他无法承认是自己无能为力。他会将每一次成功与大获全胜混为一谈，因为有限的胜利几乎像失败一样糟糕；那意味着承认力量有限。拿破仑大谈什么将同盟军赶到莱茵河对岸去，也并非全无道理，那只不过是按照施展个人魅力的

逻辑行事而已，正如一切人类活动，施展个人魅力也有其自身的法
129 则。因此，拿破仑从易北河一路撤退到接近巴黎，但这并没有使他得到任何教训。他在自己都城的大门口也不承认他的资源是有限的，不承认哪怕一连串的胜利也只是徒劳，同盟国给出的条件反映了实力较量的现实。他固执地相信两件矛盾的事情：一方面他以为无论如何失败惨重，他最终还是能够根据“旧时的疆界”来议和，好像法国国内不可能发生变故似的。另一方面，他又认为如果失去了曾经通过征服获得的一切，他就无法继续统治下去。力量的绝对真实性与合法性的错觉，这实际上就定义了欧洲与拿破仑之间的鸿沟。

接下来在沙蒂永又上演了施塔迪翁所谓“喜剧”的第二幕，但是，为了表明人事不可预测，诸神对换了角色。现在是同盟成员国要求议和，科兰古得到的命令是坚持“自然疆界”，因而再三拖延。同盟成员国提出了初步议和的条约草案，但是科兰古的回复却只是抽象地讨论均势的性质，以及如果其他国家都在增强实力，却将法国拘囿于其革命前的疆界，那是多么地不恰当。同盟提出放弃条约中要求交出法国要塞的若干军事条款，但是科兰古只是一味要求延迟。同时，二月二十一日，拿破仑致信奥地利皇帝，蛮横地指责沙皇心怀恶意，要求以维持“自然疆界”为前提进行议和。

但是随着时间的流逝，同盟军再次意识到自己的力量优势。军事胜利总包含两个方面，即现实和心理作用，外交的任务就是将后者转化为政治条款。同盟成员国与拿破仑都记得奥斯特利茨和耶拿战役，因而将战术逆转与战略相持混为一谈。但是同盟军在这上面犯点错误无所谓，对于拿破仑却是灾难性的。他的胜利得之于战术

① Fournier, *Congress*, p. 148, 16 February, 1814.

灵活，但并没有改变根本状况，因为在消耗战中，哪怕是胜利也会损害弱势一方的地位。情况很快就一目了然，拿破仑不再是一八〇五年和一八〇九年的那个胜利者，并非因为他失去了技巧，而是因为他已经失去了使技巧发挥作用的力量。拿破仑真正的胜利是心理
上的，在于使得占优势的敌手愿意议和，他现在毁灭了自己，因为 130
他不能接受任何并非由他左右的和平。等到二月二十五日，同盟军坚持要在某个期限前得到确定的答复，科兰古此时肯定明白他所允诺于三月十日的答复是无法兑现的。

在此期间，梅特涅与拿破仑开始较量，与此前有过的较量相似，目标依然是拿破仑的灵魂，而且比以往更甚。梅特涅与拿破仑的每一个回合都有这种浮士德式的宿命性质。正是通过利用拿破仑的骄傲——他根据他看上去是什么而非的确是什么来定义自己——梅特涅诱使他一步步走向深渊，一切在布拉格终结。正是这种骄傲使梅特涅想要挽救拿破仑的努力毁于一旦。因此战争结束留下了双重教训：拿破仑体会到了力量的有限，梅特涅也知道操纵手腕并非万能，神灵一旦被召唤出来，就不可能用意志去消除。梅特涅从来都只想限制拿破仑的权力，哪怕仅仅因为推翻任何王朝对于奥地利来说都是危险的信号。因为梅特涅需要强大的法国，他现在试图扭转他自己曾经推波助澜的命运，要求拿破仑一件他自己也知道是不可能的事，即承认有限性。正如希腊悲剧中神谕警告并不足以扭转命运，因为获救在于接受宿命，而非了解宿命；因而现在拿破仑不顾梅特涅的请求，并非因为他不理解其内容，而是因为他蔑视这些请求。

奥地利皇帝否认了拿破仑对俄国报复行为的指控，反复强调同盟成员国愿意根据“旧时的疆界”立即议和，但这都是徒劳。科兰古也与梅特涅一起请求议和。梅特涅无可奈何地写信给科兰古说：

"难道没有办法让他(拿破仑)看清自己的状况吗?""难道他不可挽回地把自己与儿子的前途寄托于最后一座炮架上了吗?难道他竟会认为自己的胆大妄为能使他免于被强大的对手压垮吗?……如果奥地利皇帝可以在一八〇九年割让蒂罗尔,那拿破仑为何不能在一八一四年割让比利时呢?"[①]但是,即使这样的请求非常巧妙地迎合
131 拿破仑对"合法性"无休止的追求,最终也是徒劳的。梅特涅可以尽管宣称哈布斯堡王朝与波拿巴王朝是平等的,但关键在于拿破仑深感两者之间的差距。拿破仑从来都不会忘记指出,正统的统治者无论吃了多少败仗,都可以回到自己的都城,而像他这样的革命之子,却没有这种厚待。因为拿破仑无法——或自以为无法——将权力转化为责任,因此必须将一切押注在展示权力上。因为权力是一个具有随意性、因而不安全的世界秩序的表现,他最终只是成功地将全欧洲投入一场毁灭自己的战争。

拿破仑在灾难当头时仍固执己见,这终于表达了甚至他在胜利时也无法表达的事情:他的继续统治与欧洲和平是不相容的,任何与他签订的协议最多只是停战协议。无论同盟成员国之间有什么分歧,拿破仑的威胁现在变得非常重要。甚至梅特涅也开始意识到,相比拿破仑继续统治下去所造成的威胁,法国彻底垮台对均势的必然威胁并没有那么重要。试图以拿破仑来制约沙皇,以政治表述来挫败社会革命,这似乎过于微妙。不可能凭借个人意志,或者以没有革命,世界会变得更"合理"为由来结束一场革命。拿破仑干脆拒绝权力平衡的游戏规则。尽管梅特涅对沙皇取得了胜利,这还是变成了一场全面的战争,因为革命者宁愿自我毁灭也不愿投降。

结果是卡斯尔雷锲而不舍、不厌其烦追求的有关普遍同盟的条

---

① Fournier, *Congress*, p. 194, 3 March, 1814.

约终于得以签署，拿破仑的军队尚在中欧时，不足以使同盟成员国统一目标，但是他被追赶到自己都城的大门口，终于使同盟成员国打消了一切幻想。三月十日即将到来，和平似乎越来越不可能，同盟成员国终于一致同意采取措施，也对行动的目标达成了共识。

《肖蒙条约》于三月四日签署，主要有关如何进行对法战争。①同盟四国均同意各自在战场上投入十五万兵力，另外，英国还准备出资五百万英镑。协议签署国均约束自己不得私自议和，但这是任 132
何军事联盟的惯常条款，只是因为英国的努力才显得重要。《肖蒙条约》的真正重要性在于假定法国即使在拿破仑被打败后也还会具有威胁性。同盟将维持二十年，每个国家将准备六万兵力对付法国的进攻，而英国保留以相等资金代替人力的权利。签署《肖蒙条约》是基于最终将同拿破仑议和这一假设，因此这一条款表明了当时普遍存在的相互不信任。

但是《肖蒙条约》还代表了梅特涅和卡斯尔雷为达到各自目的所采取的手段。附加条款还规定了西班牙、瑞士、意大利、德意志与荷兰的独立，荷兰既能扩展领土，还能拥有“适当的”疆界；德意志将以拥有独立主权的各邦国联盟的形式建立。没有提到波兰。荷兰的领土扩展至少包括安特卫普，“适当的”疆界指的是比利时，而各邦国拥有主权的德意志这种形式相当于承认，建立一个统一的德意志以及普鲁士在北欧独霸一方的梦想也同样注定要遭到失败。因此，最终奥地利和英国的利益还是比沙皇的更早得到满足。的确，在有关荷兰的问题上，沙皇试图以英国接手俄国在荷兰的债务为条件。②但是通过要求这种资助，他间接承认了将比利时并入荷兰的原

---

① Text, Martens, G. F., *Nouveau Recueil de Traités*, 16 Vols. (Göttingen, 1817 - 1818). Vol. Ⅲ, p. 155f.

② C. C., Ⅸ, p. 326, 8 March, 1814.

则。沙皇成功地拖延了解决波兰问题，但是在此过程中，他一味坚持枝末小节，憎恶法国，在荷兰问题上斤斤计较，因此失去了讨价还价的地位。

卡斯尔雷大获全胜。通过同盟，英国的特殊目的已经达到；同盟已经建立，因为受到法国的威胁而具有了合法性。他带着点任性的语气骄傲地说："把我的(强调语气为我所加)条约寄给您，希望您能同意。我们四位大臣在签署条约时，恰好坐在一张惠斯特牌桌旁。大家都意识到从来没有哪次聚会像这次一样赌注押得如此之大。我素来谨慎，本不会这样慷慨，但是既然他们让我们成为军事
133 强国，我决意不当副手。事实上……我们的参与付出是他们联合在一起的总量……真是非凡的力量展示啊！我相信，这么一来，绝不会再有任何人怀疑我们对欧洲大陆事务拥有话语权。"[①]卡斯尔雷所取得成就的本质就在于：与欧洲隔绝了二十年之后，英国再次成为欧洲的一部分。

三月九日，布吕歇尔在拉昂打败了拿破仑，战争胜负已见端倪，因为无法利用自己所获胜利的拿破仑，现在再也输不起了。离沙蒂永会谈定下的最后期限只剩二十四小时，梅特涅实际上可算是同盟的非正式首相，他指示全权代表们一旦三月十日科兰古有任何答复，就立即告诉他，一方面是为了掌握谈判的主动权，另一方面也为了延缓最终不可避免的谈判终止。这使得斯图尔特急忙发问，万一科兰古接受他们自己提出的要求，那该怎么办呢？[②]但是他用不着担心进退两难，科兰古的答复依然模棱两可，因为拿破仑的指示很简短，只不过是稍作修改的对"自然疆界"的坚持。会谈终止只不过剩下个程序问题。三月十五日，科兰古提出的最后条件被转达

① C. C.，IX，p. 336，10 March，1814.
② C. C.，IX，p. 322f.，8 March，1814.

给总部，三月十七日，梅特涅起草了宣言，声明终止同盟国与拿破仑最后一次的议和努力。

即便在这样的时刻，梅特涅也不愿意为了政治均势而结束战争，却有可能动摇政治平衡的社会基础，或眼睁睁看着本来已经为拿破仑帝国所取代的法国革命再次随着拿破仑的崩溃而死灰复燃。三月十七日，沙蒂永会谈终止之后，他再次以迫不及待的语气请求科兰古——这表明梅特涅尚未知晓最后一次胜仗——让拿破仑认清现实，以法国革命的成果击败法国革命："哪一天你们准备好为和平作出不可避免的牺牲，那就到我们的总部来，但不要前来提出一些不切实际的建议。情况过于严重，不允许继续异想天开，否则将危及拿破仑的命运。同盟军会有什么损失呢？最多不过是离开旧日(革命前的)法国领土。拿破仑又能得到什么呢？比利时人民会武装 134
起来；莱茵河左岸也会武装起来……奥地利依然希望一个与其关系密切的王朝能维持下去，和平依然有赖于你的君主。不久后就未必如此了，我将尽力使卡斯尔雷勋爵多在此地羁留几天，一旦他离开，和平就不可能了。"①

就像一位气急败坏的教授，梅特涅最后一次展示了他所珍视的均势因素，似乎不相信有人竟会对现实视而不见。但是如果革命者有现实感，或至少如果他们的现实感不是与"合法性"格格不入的话，他们就不会是革命者了。等到三月二十五日科兰古答复说他准备去同盟国总部缔结和平时，大局已定。拿破仑最后一次绝望地想要阻隔同盟国之间联络的企图也失败了，通往巴黎的道路再次敞开，梅特涅简慢地答复科兰古说，奥地利皇帝已经离开了总部，这表明和平已经在望，但缔结和平的对象现在已经不再是拿破仑。

---

① Text, Fournier, *Congress*, p. 226.

无论如何，梅特涅的信可能高估了卡斯尔雷的韧性，因为与梅特涅不同，卡斯尔雷不关心法国的社会革命，他默认了与拿破仑的谈判，因为他认为“旧时的疆界”与领土扩张的荷兰足以在政治上保证英国的安全。但是他同意与拿破仑打交道，意在证明英国的诚意，而非表明英国的偏好。尽管收到一些越来越不祥的关于英国公众舆论的信件，他依然保持了这一立场。外交官库克和汉密尔顿同利物浦和克朗卡迪一样，都认为与拿破仑议和很难自圆其说。三月十九日汉密尔顿报告说：“不能与拿破仑议和的呼吁越来越普遍。国内对任何与拿破仑议和的倾向不赞同的呼声越来越高，我每天都听见声音从各界民众和各个领域传来。”[①]三月十九日，内阁命令卡斯尔雷在签署任何条约之前都要将其发回伦敦。[②]这一信件来得太
135 晚，无法影响事态的发展，但是毫无疑问，与拿破仑议和将会损害同盟成员国的团结，英国只会在没有办法的情况下才会出此下策。

沙蒂永会谈终止后，卡斯尔雷有理由感到他履行了诚信所要求的义务，现在可以自由追求自己的目标。他向内阁汇报说：“我本来希望尽可能少浪费一点时间，指出与法国目前的统治者缔结和平是多么不切实际，但最终达成和平的方式……使得甚至在法兰西民族自己看来，拿破仑也是阻碍法国有尊严地早日达成稳定和平的唯一真实障碍。”[③]既然拿破仑的实力在迅速衰减，再也没有什么理由要与他议和，拿破仑最后孤注一掷，敞开了通往巴黎的道路，希望用他的军队来阻挡同盟军的后翼，此时他的命运已经决定了。他大权独揽如此长久，以至于没有料到等他回到巴黎时，这个城市竟会起来反对他。

---

① Webster，I，p. 514 (Appendix).
② B. D.，p. 166，19 March，1814.
③ B. D.，p. 168，22 March，1814.

在三月二十日到二十二日之间，同盟军首先着手重组波旁王朝，在整个战役中，大公们一直待在法国，但是被同盟成员国忽视。现在他们的特使维特罗勒在总部受到接待，并得到鼓励去代表他们发动一次运动。同盟成员国允诺将任何表明态度的被占领省份的收入转交给波旁家族，万一与拿破仑缔结和约，则会尽力保护波旁家族的拥护者。[1]另外，卡斯尔雷兑现了英国的资助承诺。三月二十四日，波尔多省向波旁家族投降。梅特涅现在知道大局已定，拿破仑已经不再是均势的一个因素，国内外的稳定都必须通过由波旁王朝统治的法兰西才能求得。他致信胡德里斯特说："你对我们的事业尽可以放心，相信我会一直坚持我们永恒的原则，不可避免的事情，就应该因势利导，只有弱者才会止步不前。"[2]

梅特涅提到的事情正在巴黎成形，拿破仑曾经的外交大臣塔列朗正在密谋使波旁家族复辟。在所有同时代人中，与梅特涅最相像的是塔列朗，他也有同样漫不经心的风度，同样微妙敏锐，甚至更为机智。这并非巧合。塔列朗和梅特涅都是十八世纪的产物，是贵族绅士，置身于一场他们认为丑陋甚至粗野的竞争。两人都是贵族，不仅关心所取得成就的实质，也关心其形式，两人都认为平衡与适度意味着和平安宁。 136

但是这种相似中依然隐藏着基本的差别，因为命运对于塔列朗并不仁慈；没有给予他展示自身价值的机会。身为贵族并非一种名义，而是一个事实；但是对于塔列朗，在他的职业与行为之间总是有不协调之处。他年轻时被迫成为神职人员，被任命为奥特伊主教，直到在法国大革命期间才放弃神职。与革命决裂之后，他成为拿破仑的外交大臣。现在随着同盟军逼近巴黎，塔列朗着手准备波

① B. D., p. 170, 22 March, 1814.
② Fournier, p. 231, 23 March, 1814.

旁王朝的复辟。当然，在这样的行为中可以找到某种前后一致，因为他试图通过改变立场来平衡同时代人的过激行为。当然，人们也不能责怪塔列朗的同时代人不肯信任他，因为他们要根据他的行动，而非他对这些行动的解释来判断他的为人。的确，在更和平的年代，塔列朗会找到更传统的方式来施展才华。但是有两种对抗动荡的方式，或者置身其上，或者随波逐流；是按照原则，还是施展手腕。塔列朗没有达到终极的境界，因为其行为总是过于迎合当时占主导地位的情绪，因为从来没有任何事情能使他完全忘我，使他牺牲个人的利益。这也许是因为真心想要保存自己能够左右事件的地位；局外人也不妨认为他是个机会主义者。因而，塔列朗的最强项一直在于长袖善舞，操纵别人，在于为了达到大家同意的目标而想方设法制定策略。

但是无论塔列朗有什么缺点，一八一四年法国春天的形势却正适合他发挥他的特殊能力。沙皇已经到了巴黎城门前，可能会得意地认为自己仍然拥有一切选择，心怀感激的民众可能甚至会决定要
137 一个他们自己选择的共和国。第戎同盟军总部以及巴黎冷静的筹划者都想防备有人试图进行危险的试验。三月三十一日，沙皇以胜利者的姿态进入巴黎，而梅特涅与卡斯尔雷则留在第戎。他们让沙皇去享受进入巴黎的荣耀，因为他们深知外国军队的占领，无论受到怎样热切的企盼，后来回顾起来却总是一种民族的羞辱。在征服者进城时欢呼声音最高的人，在后来重新获得自信的氛围里，会将自己的脸面丢失怪罪于环境所迫，而非他们自己的懦弱；将会对异族怀有深刻的敌意，以此摆脱良心的责备。何况使波旁王朝复辟，沙皇所扮演的角色对他自己也是好坏参半。一个软弱的政权会被人怀疑是外国的傀儡，要想使自己看上去合法，最容易的办法就是谴责那使自己得以——或被认为是使自己得以——存在的国家。然而，在

胜利的狂喜中，这一点并不那么明显。四月六日，参议院在塔列朗的指挥下，并且获得沙皇的默许，通过了新的《宪法》，使路易十八重新登上了法兰西王位。与拿破仑的竞争从在战场上和在巴黎成功获得合法性而结束。

诚然，波旁家族的合法性是脆弱的，其复辟源自公众的意愿，被迫接受了自己从来没有见过的《宪法》。但这并非意味着永远不能通过意志行为来重建“合法性”，合法性的力量在于其自发性，在于不言自明，尤其是在无法明言时最有力量。但是一旦以存在一个有力量的革命政党为由，对义务的现存模式问题提出质疑，社会结构就永远不再会是老样子，即使“合法秩序”取得胜利。社会结构没有能力来重新获得自发性，正如一个人无法重获失去的纯真。[①] 但是如果波旁王朝不能重新建立旧制度，他们或许能够通过让其他国家承认其合法性而确立对权力的诉求。如果他们必须部分依赖公众的意愿，那他们最好还是开始准备建立拿破仑无法带来的和平。既然其合法性在很大程度上有赖于外国势力的承认，将要议和的条件则会反映出他们在国际上的地位。当同盟成员国开始协商时，不 138
仅欧洲的均势，而且法国国内的均势也有赖于此。

二

尽管所有战争都是以和平的名义进行的，但是通常人们总是以没有战争来定义和平，并且将其与军事胜利混为一谈。在战争时期谈论和平的条件几乎是不得体的，似乎如果承认战争可能会结束，就会造成意志松懈。这并非巧合。战争的逻辑就是实力，而实力没

① 关于这一点，见第十一章详述。

有固有的限度。和平的逻辑是适度，而适度则意味着有限。战争的成功是胜利；和平的胜利是稳定。胜利的条件是作出承诺，而稳定的条件是自我约束。战争的动机是外来的：对敌人的担忧；和平的动机是内在的：力量的均衡以及承认其合法性。不可能想象没有敌人的战争；建立于有敌人这样的假设之上的和平就是停战。战争的诱惑是惩罚；政策的任务是建树。权力可以充当裁判，但是政治谋略必须展望未来。

这些不协调是全面战争结束之后议和时的特殊问题。巨大的苦难会使人们从个人的角度来看待战争，将敌方视为不幸的“根源”，将其失败视为复仇的时刻。苦难越重，人们越会将战争视为目的本身，将战争的规则用于和平协议。越是完全投入，就会出现越多“自然的”无限度诉求。苦难往往导致自以为是，而不是谦卑，似乎那是诚信的标志，似乎只有“无辜”者才会遭受苦难。因此，每次制定和平协议都会遭遇敌方的命运问题，以及一个更为根本的问题，那就是，是否战争的经历竟然使得人们再也无法想象一个*没有*敌人的世界。

各国究竟是考虑缔结一个回顾以往的和平，还是展望未来的和平，有赖于其社会力量，以及它们自身能够产生怎么样的动力。回顾以往的和平将摧毁敌人，使他*没有能力*再战；与之相反的是与敌周旋，使他*没有愿望*再次发起攻击。回顾以往的和平是苛刻的社会
139 秩序的表现，抓住唯一确定的一点不放，即过去。这将会使得不可能有“合法的”和平协议，因为战败国除非完全解体，否则是不肯接受羞辱的。在这种情况下，存在着两种合法性：战胜国之间的内部安排以及战败国的诉求。在这两者之间，只有武力或者武力威胁才能协调关系。因为力求通过安全来获得稳定，加上所谓缺乏战争内在原因这样的神话，回顾以往的和平会造成革命的局面。这其实

就是后来两次世界大战之间欧洲的局势。

幸好在后拿破仑时代磋商和平协议的政治家抵制住了惩罚性和平的诱惑，这可能恰好得之于通常被认为是他们最大失误的特质：他们不在乎民众的压力。但无论原因是什么，他们寻求的是均势而非报复，是合法性而非惩罚。一八一四年同盟的政治家没有将法国国内的转变视作额外的收获，或者谈论毫无意义的门面问题，而是愿意接受他们自己所造神话的后果。在打败对手是最主要考虑的情况下，梅特涅强硬外交的全部含义是那么小心翼翼地含而不露，现在却变得很清晰。他谈论过那么多为了均势而进行战争，以至于人们无法设想其他理由。他那么多次宣告过进行战争是为了让拿破仑接受“合理的”条件，以至于从来没有谁认真提出过瓜分法国的问题。只有普鲁士人提到过“生来邪恶的法兰西”，但很快就回心转意了。战争进行得如此深思熟虑，每一步都如此精心地谋划准备，因此尽管战争已经全面展开，看上去却似乎不是那么回事。通过明确的步骤而达到的无限性失去了其恐怖性和诱惑力。这就是一八一三年到一八一四年梅特涅政策的最终意义。

卡斯尔雷的态度甚至更值得注意。在一个最为群情激昂的国家里，他却成为要求适度的主要倡导者之一。他抵抗住了同沙皇一起向巴黎进军的诱惑，现在又在抵御有关“绝对”安全的花言巧语。就这样，拿破仑战争的最后解决方案通过三个步骤完成：拿破仑退位以及签署安排他的命运的条约；与法国缔结和平；建立欧洲均势。

拿破仑的命运对于欧洲的力量平衡没有直接的影响，但却是同 140
盟成员国当时心态的试金石。十九世纪早期还不是根据要求个人复仇的程度来衡量胜利范围所及的时期，甚至斯图尔特也致信卡斯尔雷说，拿破仑的困境值得同情，基督徒应该将这种同情给予他们中间最不幸的人。①无论亚历山大一世有什么样的缺陷，但他并不缺乏慷慨，正是他与科兰古谈判议定了《枫丹白露条约》。根据条款，拿破仑可以保留皇帝称号，每年将从法国财政中获得两百万法郎年金。将厄尔巴岛设为拿破仑享有完全主权的独立公国，皇后则获得帕尔马公国。拿破仑的家庭成员，他的前妻，甚至还有养子、意大利总督欧仁·博阿尔纳都获得了充足的保障。拿破仑获准带领一队法国卫兵乘船前往厄尔巴岛。或许从心理角度来看，这个条约并非像看上去那么慷慨，因为对于这位欧洲的征服者来说，沦落到一个三等意大利王公的地位，肯定是致命的打击。

卡斯尔雷和梅特涅来到巴黎时，谈判已经结束了。梅特涅徒劳地抗议不该让拿破仑拥有对厄尔巴岛的主权，因为它离法国和意大利太近。他甚至预测两年之内将会发生新的战争。卡斯尔雷也并非心满意足，同利物浦一样，他更倾向于为拿破仑找到一个比厄尔巴岛“更为合适的”落脚处，何况英国也不愿意给予战败的拿破仑一种在他全盛时代也拒绝给予他的承认。卡斯尔雷成功地将拿破仑的皇帝头衔局限于他的有生之年，只认可条约中有关解决领土问题的部分。四月十六日，拿破仑开始向南迁徙，同盟现在可以同法国缔结和约了。

如同一切涉及在既定框架内进行调整的谈判那样，卡斯尔雷成为了领导人物。他现在处于最有影响力的时期，尽管同盟成员国犹豫不决，他还是使同盟保持了完整。尽管国内舆论纷纷，他还是与
141 拿破仑进行了谈判，因此为复辟奠定了道义基础。像往常一样，公众将他们猛烈的攻击解释为忠心耿耿的表现，内阁将至少是部分源于拿破仑无法把握现实的局面归因于精心的——如果是有些令人费

---

① C. C., IX, p. 449, 6 April, 1814.

解的话——安排。库克写道："请您放心，您在整个处理事务的过程中所展示的卓越才能得到了公平的评判，您成功和杰出地进行了谈判。您的优势和权威现在已经是不可动摇了。"①卡斯尔雷清楚了解自己的处境，利物浦催促他赶回来参加议会会议，因为没有他在场，议会可能无法控制，他回答道："我这样说可能有些冒昧，但我留在此地……毫无疑问要比我最初的使命更为重要。你们必须自己想办法对付……"②卡斯尔雷的主要关注点之一是巩固波旁王朝的权威，使欧洲的安全所依赖的不是一个卑躬屈膝的法国，而是爱好和平的法国。他催促波旁王朝采纳塔列朗起草的《宪法》，无论它多么不完善，而非"置身于一场有关政治形而上学的辩论"。他寻求安排同盟军尽早撤离。③既然波旁王朝在复辟前就已经同意接受"旧时的疆界"，似乎尽快达成协议已经没有什么障碍。但是，眼见一个个国家都达到了自己的目的，普鲁士却很可能被迫把所拥有的波兰领土让给俄国，而获得补偿的希望却很渺茫，因此它企图强求达成一个协议，解决所有的突出问题，在与法国缔结和约之前重新勾勒欧洲地图。这个要求并非不合理。虽然如果将达成协议推迟至消除所有敌意之后，迫切求取的国家获利最大，但它也会因一系列零散的协议而遭受最大的损失。满意的国家越多，让步的动机就越小。四月二十九日，普鲁士首相哈登贝格提交了一份和平协议草案，准备将波兰大部分领土让给俄国，同时普鲁士将兼并萨克森。

但是沙皇既要获得普遍认可，又需要作为执政者自圆其说，并不准备申明他的诉求。或许他还相信拖延得越久，英国人就会对最后的协议越不感兴趣，而他又对自己即将访问伦敦寄予很大希望， 142

① C. C., IX, p. 454, 9 April, 1814.
② C. C., IX, p. 458, 13 April, 1814.
③ C. C., IX, p, 459, 13 April, 1814.

因而没有其他选择了，只能与法国缔结和约，暂时拖延解决波兰和萨克森问题。根据《巴黎条约》的条款，法国放弃对荷兰、比利时、德意志、意大利、瑞士和马耳他的一切权利，英国获得了原法国殖民地多巴哥、圣卢西亚和毛里求斯，西班牙获得了圣多明各港的原法国占领部分。另有一项秘密条款有关德意志独立及其邦联构成。还有一项秘密条款是法国承认比利时并入荷兰。第三项秘密条款以波河和马焦雷湖作为奥地利与意大利的边界，并使哈布斯堡家族在托斯卡纳复位。

卡斯尔雷尽可以感到这个条约实现了他的愿望，那就是要使这种安排不再显示出过分的不信任。①法国不仅保留了其旧时疆界，而且还得到了在萨伏依和普法尔茨的一部分，使人口比革命前增加了六十万。条约对其军队的规模没有加以限制。英国归还了大部分征服的殖民地，保留下来的那些据认为是具有战略上而非商贸上的重要性。荷兰把开普殖民地出售给英国，部分是为了获得一些资金来建造要塞，但收回了荷兰东印度公司，该公司的价值在当时还没有被充分认识到。法国被获准保留在过去二十五年的征服中积累的艺术珍品。没有要求法国战争赔偿，这使得库克写信抗议说："如果法国不用赔偿给欧洲造成的破坏，我们却要为挽救欧洲付出一切的话，那就太难了。"②

因此《巴黎条约》是均衡和约，基于这样的共识，即稳定依赖的是没有基本分歧，政治家的任务不是惩罚，而是要融合。人们无视"绝对安全"的神话，这种神话完全以界桩的位置来衡量安全，而且因为试图仅仅限制一个国家，却在所有其他国家之间造成失衡。当日内瓦的全权代表以战略需求为由坚持要求更正边界时，卡

---

① C. C.，IX，p. 472，19 April，1814.
② C. C.，IX，p. 454，9 April，1814.

斯尔雷回答说："这些有关……战略边界的辩论太过分了。真正的防卫和安全来自这样的保障，即事实上，他们如果敢碰你，就必然要对所有那些意在维持现状的国家宣战。"[1]反对拿破仑的战争就此 143
结束，没有大肆宣扬仇恨，而是本着和解的精神，达成以下共识：国际秩序的稳定有赖于各国对致力于维护稳定下多大的决心。这种和平并没有考虑不安现状的一代人的伟大理想，其动机是安全，而非实现抽象的理想。但是经历了四分之一个世纪的动乱，安全也得之不易。

诚然，欧洲均势并未完全形成，波兰和萨克森的附加问题等待着一次欧洲会议的关注，但是解决方案已经逐渐成形。在特鲁瓦，新欧洲秩序的要素开始逐渐汇集，通过《巴黎条约》，法国开始成为平衡的一个可能因素。的确，巴黎受邀参加欧洲会议，只是为了认可其决议，但是重建工作使得法国成为一个"可以接纳的"盟国，不再有"意识形态"上的分歧将它与欧洲其他国家隔开，难道还会有哪个国家愿意接受对己不利的判决，而不去尝试利用法国来加重自己的砝码吗？这一有关自我约束的限度的难题将在维也纳会议上得到回答。

---

① Webster, I, p. 268.

第九章

维也纳会议

一

《巴黎条约》第三十二条规定要在维也纳召开一次会议，解决欧洲均势问题，战争中双方牵涉到的所有国家都得到邀请参加会议。起草该条款时，只期待会议具有象征性意义，因为一个时代的开始取决于主权国家的互相尊重。新均势的要素将在伦敦落实，沙皇、普鲁士国王和梅特涅在缔结《巴黎条约》后都将前往伦敦。因此，几乎是凑巧，会议成为竞争的场所，尽管四周是欢乐的气氛。又因为意识到再也无法回避最终的问题，这场竞争显得更加尖锐。在维也纳必须做出最后决定：从与拿破仑的战争中究竟是产生“合法的”秩序，即被所有大国接纳的秩序；还是将继续保持革命性关系，以未受支持的权力诉求为依据。 144

任何国际协议都代表某种过程的一个阶段，通过此过程，一个国家协调其自我认识与其他国家对它的认识。一个国家总是自诩为正义的表现，其社会义务越是出于自觉，就越是如此；因为只有在大部分公民自觉服从，并且只有在他们认为统治者的要求是正义的时候才服从，政府才能有效发挥作用。对于其他国家，它是一种力量或意志的表现。这是不可避免的，因为外在的主权只能由更强大

的力量来控制，因为外交政策必须根据另一方的能力而非仅仅是自己的意愿来制定。如果一个国家能够实现所有的愿望，就会寻求绝
145 对的安全，寻求这样一种世界秩序：摆脱了外来危险意识，所有问题都像国内问题那样处理。但是一个国家的绝对安全意味着对所有其他国家来说绝对不安全，因此永远不会作为“合法”协议的一部分达成，只能通过征服获得。

因此，一份得到各方认可而非强加于人的国际协议对于相关的任何一方都会显得有些不公正。悖论是，这种普遍的不满足恰好是稳定的条件之一，因为如果有任何一个国家完全满意，其他国家就会完全不满意，接下来将出现革命的局势。稳定秩序的基础是其成员相对的安全——因此也是相对的不安全，稳定反映的不是不存在尚未得到满足的诉求，而是怨恨没有大到足以企图颠覆协议而非寻求在框架内进行调整。其结构被所有主要国家接受的秩序是“合法的”，而有某个国家认为受到其结构压制的秩序是“革命性的”。国内秩序的稳定取决于权威的压倒性权力，而国际秩序的稳定则取决于力量均衡及其表现，也就是均势。

但是如果国际秩序表达了对稳定和均势的需求，那就是建立在合法化原则的名义之上。因为协议要将强迫转化为接受，就必须将对安全的需求转变为诉求，将个体要求转变为普遍的优势。正是合法化原则建立了竞争诉求的相对“公正”及其调整的模式。这并不意味着合法性的普遍真理与协议的条件必须完全相符。没有哪个大国会仅仅为了合法性的缘故而放弃它对安全的最小诉求，即实施独立外交政策的可能性。但是合法化原则定义了边缘情况。一九一九年，奥匈帝国解体与其说是源于战争的影响，不如说是因为和平的性质，因为它的继续存在与民族自决不相符，这是新国际秩序的合法化原则。十八世纪时没有谁会想到一个国家的合法性会取决于所

用语言的一致性，而《凡尔赛条约》的制订者则不能想象合法统治还会有任何其他基础。合法化原则胜在被视为理所当然。

尽管合法化原则的普遍真理与协议的条件从来无法完全相符，但稳定依然有赖于某种程度的相适性。如果存在着相当大的差异，而且又有一个大国感到处于劣势，国际秩序就会波动，“革命”国家诉诸协议的合法化原则将会造成心理上的扭曲。一个维持现状国家采取的策略的“自然”表述就是法律，即对一种持续关系的定义。但是如果有一个始终感到不满的国家诉诸国际秩序的合法化原则，那么武力就是对付它的唯一解决办法。那些能够从稳定中得到最大好处的人则会成为革命政策的倡导者。希特勒在一九三八年苏台德危机时诉诸民族自决就是乞灵于“公正”，因此造成了西欧国家在抵制上犹豫不决：迫使这些国家试图通过满足德意志的“公正”诉求来建立一种“真正”合法的秩序。直至希特勒兼并了波希米亚和摩拉维亚之后，人们才明白他的目的是主宰欧洲，而非合法性；只有这时竞争才成为纯粹的权力争夺。 146

当时国际协议的主要问题是要将合法性的诉求与对安全的需求相关联，使得没有哪个国家能通过采用革命政策来表达不满；协调力量的平衡，以防止由超出协议所订立条件之外的其他原因造成的敌对行动。这不是机械性问题，如果能够像推导数学公理那样条理清晰地建构国际秩序，各国就会认为自己是平衡中的因素，进行协调，以便达到侵略与抵抗力量之间的完全均势。但是精确的平衡是不可能的，这不仅仅是因为很难预测谁会是侵略者。这些国家在旁观者看来可能是安全设置中的因素，而在自己国内人看来却是历史存在的表现。没有哪个国家会服从似乎完全否定该国自我设想的某种协议，无论它如何平衡和“安全”。英国不可能因为顾及平衡而放弃海洋权利，奥地利也不可能放弃它对德意志的立场，因为它们

的“公正”观念与这些诉求不可分割。因而存在两种均势：一种是普遍的均势，使得如果一个或数个国家企图将自己的意愿强加于其
147 他国家之上，那会是一种冒险行为；另一种是特定的均势，定义某些国家彼此之间的历史关系。前者能防止普遍战争；后者是合作顺利的条件，因此国际秩序不太可能源自对和谐的意识。即使对合法性已经有了共识，对安全需求的看法也会因竞争国家的地理位置和历史不同而产生差异。正是从这样一种有关均势特性的冲突中，维也纳会议制定了一种接下来维持了几乎一个世纪的安排。

维也纳会议上讨论的问题并不简单，不只涉及维持现状的国家——英国和奥地利遭遇迫切求取的国家——俄国和普鲁士，而塔列朗则幸灾乐祸地袖手旁观。迫切求取的国家的诉求与保守国家的抵抗都不在同一个层面上。俄国对波兰的要求威胁到了欧洲的均势，而普鲁士在萨克森问题上的坚持却只危及德意志内部的平衡。当卡斯尔雷谈到均势时，他指的是一个不可能产生霸权的欧洲；但是当梅特涅提及均势时，他还包括了一个不可能由普鲁士主宰的德意志。卡斯尔雷意在创建一个强大到足以抵抗西欧和东欧进攻的中欧；梅特涅有同样的愿望，但他同时也关心奥地利在中欧的相对地位。在卡斯尔雷看来，欧洲大陆国家是防卫努力的构成部分；但是在欧洲大陆国家看来，普遍的均势如果摧毁了它们赖以存在的历史地位，那就一钱不值。在卡斯尔雷看来，均势是实力平衡的机械表现；但在欧洲大陆国家看来，却是协调各自由来已久的愿望。

这就导致了外交上的僵局，而且因为英国和奥地利已经各自获得大部分的特殊利益而更加僵化，俄国和普鲁士已经没有什么可以用来讨价还价的武器了；要打破这种僵局，就只能在天平的一边添加砝码。既然唯一没有做出承诺的国家是法国，过去的敌人现在成为了欧洲协议的关键。于是就出现了有关塔列朗在维也纳会议上如

何发挥作用的神话，有关这位毒辣机智的人如何出场，拆散了这些互有敌意的国家之间的同盟，然后通过使用“合法性”这个魔术一般的词，按照他自己的意愿使它们重组，最后成为欧洲的仲裁者。[①] 148
这个传说源自那些混淆结果与原因的人，源自那些职业外交家，他们习惯于将只能通过巧妙地利用更深层的因素才能获得的效果简单地归因于谈判技巧。这种神话得以流传是因为塔列朗为之效力的君主并没有来维也纳，他不得不撰写大量报告，而且为了稳固自己在国内动摇的地位，这位拿破仑的前外交大臣往往会强调自己的作用不可或缺。

的确，既然《巴黎条约》解决了法国的边界问题，塔列朗就能够摆出或许是最无关痛痒的态度。他机智和刻薄的评论变得很有名，以至于根茨说他同时赢得了讥笑者和思想者的喜欢。但是拿破仑六个月前也说过与塔列朗差不多的话，至少是那些有关俄国如何急功近利的话，却并没有得到多大反响，因为没有人信任他。真正改变局势的不是塔列朗的备忘录，而是波旁复辟和《巴黎条约》。塔列朗之所以能起到作用，是因为这些措施结束了革命的局面，开启了一个“合法的”时代。他之所以成功，并非因为他发明了“合法性”这个概念，而是因为有这个概念在那让他可以利用。

法国被排除在欧洲协议之外，被迫在《巴黎条约》中放弃在其疆界外的任何影响力，因此它自然会试图聚拢一些国家来充当楔子，使同盟分裂；它自然也会阻挠将普鲁士的重心转入德意志的尝试。但是如果法国的威胁没有被来自东方的危险所掩盖，如果同盟内部的分歧没有超过它们对法国的恐惧的话，法国的这些努力本来不会起到什么作用。只要同盟依然相信战争时期共同努力的记忆能

---

① 例如参见 Nicolson，*Congress of Vienna*；Cooper，*Talleyrand*；Brinton，*Talleyrand*；Ferrero，*The Reconstruction of Europe*。

够提供一种达成协议的动力，塔列朗就无计可施。一旦这种幻觉破灭，问题的关键就变成了自我克制的有限性，变成了一个国家是否会仅仅为了和谐的表象而放弃为自己一方增添一个因素。局势的逻辑为这个问题提供了答案：法国来参与欧洲事务，是因为没有法国的参与就无法解决问题。

149 然而，当全权代表在维也纳召开会议时，事态的发展远没有如此明了，人们仍然以为很快会达成解决方案，法国将列席会议，欧洲其他国家只需要举手通过在相对和谐的情况下起草的文件。结果普鲁士要求得到萨克森，俄国要求得到波兰，奥地利要求德意志均势，卡斯尔雷要求欧洲均势，塔列朗要求法国有权参与欧洲事务。似乎没有谁认为这些提议可能会彼此冲突。

在协调互相竞争的愿望的过程中，维也纳会议经过了五个阶段：（一）第一阶段，处理围绕反法同盟而召开会议的基本程序问题；（二）卡斯尔雷努力解决突出的问题，尤其是波兰—萨克森问题，先是亲自吁请沙皇，随后又试图联合欧洲国家来对付他；（三）梅特涅的辅助工作，把波兰与萨克森问题分开，建立具有共同历史诉求的国家联合体；（四）反法同盟的解体以及塔列朗参与同盟的讨论；（五）磋商最终协议。

二

卡斯尔雷着手准备再次前往欧洲大陆，对英国的利益有赖于欧洲稳定这一点，已经不再有任何疑问。无论内阁对于外交大臣参与欧洲大陆事务还有什么保留意见，他在这一年所成功采取的政策使他避免了遭到直接的谴责，尤其是因为沙皇在伦敦的逗留使人们幻想破灭。反抗拿破仑战争的英雄变成了一位刚愎自用、独断专行的

人，他与反对派共谋对付政府，结果只是成功地让下议院的两派都
对他敬而远之。卡斯尔雷反复警告说沙皇的执拗可能很快就会破坏
欧洲和平，由于亚历山大一世混淆了公众诉求与公众支持，这反而
使得卡斯尔雷的警告变得可信。与此同时，英国驻欧洲各个地区的
代表发来的信件均表明，俄国的阴谋已经日益明显不容忽视。杰克
逊从柏林报告，一位俄国将领曾经说，有六十万武装人员，没有什 150
么必要进行谈判。[①]阿库特从巴勒莫来信抱怨俄国干涉西西里内
政。[②]无论沙皇的真正意图是什么，他的代表的行为却使人开始担忧
推翻了一位征服者，有可能反而为另一位征服者扫清了道路。在这
样的情况下，人们不再怀疑波兰问题将会产生争议，而英国将会是
主角之一。

但是卡斯尔雷离开英国时带着三个误解：他仍然以为可以通过指出亚历山大一世所提要求的不合理来对他加以限制。如果劝服不管用，他倾向于聚集反法同盟内部的必要力量来对付亚历山大一世，而且他认为这是相对比较容易的事情，至少如同揭露俄国占领波兰对均势的威胁那样容易。最后，万一较量不可避免，他认为可以利用法国作为后备力量，当陷入僵局时让法国出场，好像法国很愿意担任这样的被动角色似的。卡斯尔雷究竟愿意走到哪一步，在他于八月七日写给当时驻巴黎的英国大使威灵顿的信中可见端倪。他授意威灵顿去询问“法国是否准备好了以武力来支持它在（波兰）问题上的主张”，并且要求法国也帮助催促普鲁士抵制俄国在波兰问题上的诉求。[③]八月十四日，卡斯尔雷建议他在前往维也纳的路上在巴黎停留，与塔列朗交换意见。对于这个建议，威灵顿答复说：

---

① C. C.，X，p. 96，19 August，1814.
② C. C.，X，p. 75，6 August，1814.
③ C. C.，X，p. 76，7 August，1814.

“世界局势当然需要英国和法国担任欧洲的仲裁，如果这些国家互相理解的话；这样的理解可能会维持和平。”[1]

卡斯尔雷于九月十三日抵达维也纳，立即开始正式会议前的初步讨论，会议将于十月一日召开，他仍然希望在此之前能够做出基本的决定，他能够利用在巴黎的停留来使俄国使节就范。[2]然而事实
151 上大部分会前讨论都被用于解决程序问题，而且很快就发现卡斯尔雷对塔列朗的主动示好是不成熟的，别的国家只有在所有其他措施都不成功的情况下才会接纳法国参与，作为最后万不得已的办法。因为战争时期的记忆仍然对国际关系有很大影响，团结仍然被视为目的本身；而和谐是睦邻友好关系的原因，而非表现形式。既然战争期间的团结一致是因法国的威胁而起，同盟成员国只是不情愿和态度暧昧地处理最为根本的“合法”秩序问题：是否能建立自发性的关系，还是必须要有敌人这样的神话来作为动力？它们同意必须由“四国”做出决定，但是必须经过法国和西班牙的认可，最后由大会批准通过。如果同盟国一致同意的话，反对意见就无效。但是如果甚至都不去考虑会有不同意见，因为那将意味着承认团结的需求并非高于一切其他考虑，那会发生什么情况呢？结果出现的唯一分歧是有关程序如何生效的问题，究竟是如普鲁士所提议的那样，以大会正式决议的形式来表达，还是如卡斯尔雷所赞同的那样，只是作为一种非正式安排来实施。[3]此时，塔列朗于九月二十三日抵达维也纳，准备利用反法同盟的合法性原则来拆散同盟。

如果“合法的”统治者代表了欧洲安宁的保障，那就没有理由将由波旁王朝统治的法国排除在讨论之外。如果“合法”统治是不

---

① C. C., X, p. 93, 18 August, 1814.

② B. D., p. 192, 3 September, 1814.

③ 有关程序问题的全部讨论，参见 Webster, Sir Charles, *The Congress of Vienna*, (London, 1934), pp. 149-165。

可侵犯的，那么普鲁士就没有“权利”来兼并萨克森的领土，剥夺其传统君主的王位。的确，同盟成员国为这种违背合法化原则的行为想出了一个巧妙的托辞，借口倒霉的国王犯了叛国罪，因为他没有及时参加反法同盟。但是塔列朗毫不费力地揭穿了这种措辞的不堪一击，他尖刻地说：“叛国显然只是个与时间有关的问题。”

然而塔列朗最猛烈的火力集中在同盟成员国的大会程序上。他抗议将法国和其他小国家排除在会议讨论之外，他否认“四国”的 152
合法存在性，威胁要让法国变成所有对四国的指挥感到不满的小国家的代言人。然而尽管塔列朗施展了机智和嘲讽的手腕，他还是只获得一些小小的让步：将大会正式开幕推迟至十一月一日，同时让《巴黎条约》的八个签署国，即“四国”加上法国、西班牙、葡萄牙和瑞典先审视未决问题。但是“四国”明白无误地表明它们将继续私下讨论，仅仅将“八国”作为批准决议的工具或仅仅与它们商议边缘性问题。

塔列朗的第一轮斡旋失败了，因为仅仅是逻辑上的不协调并不足以解散同盟。仅仅以诉诸合法化原则来对付所有其他大国——这些大国的做法好似提出诉求的政权仍然是对其存在的威胁——的共同反对是无效的。实际上存在两种关系，同盟内部的关系和同盟与法国的关系，两者都只是相互不信任和假装正常的混合体，都无法决定究竟应该依赖武力还是依赖合法性。只有当特殊正义——这是联盟的特征——的诉求消失于同盟成员国相互之间的冲突中，塔列朗才能成为平等的伙伴。但还是要先检测一下同盟“内在合法性”的功效，还需要确定是否能够劝服沙皇限制其诉求而不威胁使用武力。卡斯尔雷已经牢牢确立了自己作为欧洲均势的主要拥护者的身份，因而也正是他登场来检验塔列朗的决心。

三

所有想让沙皇申明自己在波兰的目的所在的努力最终都是徒劳。无论是在朗格勒、特鲁瓦还是巴黎，亚历山大一世都没有详细说明他的明确目标。据说他想要重建一个拥有自由宪法的波兰王国，只是通过国王本人与俄国产生联系；但是人们对其领土范围和内部结构的性质都一无所知。保守这个秘密不只是狡猾的讨价还价的手段，不只是为了推迟作出最后决定，直至将法国排除在平衡的
153 因素之外，直至英国不再对欧洲事务感兴趣。沙皇复杂的伪装从来不会如此简单地发挥作用。沙皇要求自由处置波兰问题，以兑现年轻时的誓言，他显然是真诚的；但这却使得更难建立合法秩序。亚历山大一世坚持要求得到大部分波兰领土，不是为了寻求便利，而是作为一种道义“权利”，因此他并没有使这个问题上一个台阶，而是造成了一种两难局面，可能会引发新一轮暴力。“权利”得之于心照不宣，而不是通过提出诉求，没有得到普遍认可的诉求只不过是意志专断。何况道义诉求的根本所在就是不能妥协，因为它存在的理由就是超越对权宜之计的考虑。因此，如果沙皇谈论道义责任时“的确”是真诚的话，那他就使得革命的竞争——纯粹基于诉诸武力的竞争——不可避免。这是狂热者——无论如何心怀善意，无论如何真心实意——给国际秩序造成的矛盾状况。正是因为他声称具有道义优势，才导致所有道义约束被侵蚀。

接下来是卡斯尔雷与亚历山大一世之间一系列稀奇古怪和不切实际的会谈；因为对彼此的怨恨又伴随着友谊地久天长的宣言而显得稀奇古怪，因为亚历山大一世和卡斯尔雷连最基本的条件也无法达成一致意见而显得不切实际。为了搭建协商的框架，主要角色不断变换立场，假装同意对方的原则，但是他们对原则的诠释又使得

这些原则听上去荒诞不经。就这样，在某个阶段，卡斯尔雷竭力主张波兰完全独立，而在另一个场合，亚历山大一世又声称他的波兰计划是对欧洲安全的贡献。亚历山大一世想要将他的诉求建立于其基本准则的神圣性之上，这一点在他到达后与卡斯尔雷举行第一次会谈时就变得显而易见。①这是他第一次明确谈到波兰计划，他提议保留华沙公国，除了根据《卡利什条约》将其一小部分领土并入普鲁士。亚历山大一世辩称，这些要求并非出于野心，而是源自道义责任，动机纯粹是想要为波兰人民谋求幸福。总而言之，既然这些要求不是以安全的名义提出的，那就不会威胁到任何人。卡斯尔雷的答复是强调立宪的波兰对奥地利和普鲁士辖下的其他波兰诸省的威胁，他还暧昧地提出，独立的波兰会受到普遍欢迎，哪怕奥地利 154
和普鲁士也不例外，但是如果俄国的附属国深入中欧，那就会构成持续不安的根源。但是沙皇明白无误地表示他不准备撤出所占有的波兰领土，建立一个真正独立的波兰。卡斯尔雷与亚历山大一世的第一次会谈仅仅表明了沙皇的双重性格以及对立双方不可协调的立场。

十月十三日又重新开始较量，亚历山大一世试图反驳卡斯尔雷有关占有波兰意味着威胁均势的观点。②虽然他否认对安全的需求限制了他的道义诉求，却很愿意用安全做借口，如果这有助于他的谋划安排的话。因此他提出了一个令人匪夷所思的观点，声称他的波兰方案不仅不会扩展俄国的势力，反而还会使俄国军队撤退到涅曼河对岸，削弱俄国的势力。但是当卡斯尔雷指出安全有赖于国家的整体实力，而非军队的驻扎位置时，亚历山大一世又再次回到谈论道义责任上来。卡斯尔雷强调指出亚历山大一世前后矛盾，他的道义诉求只着眼于分界线的一边，而不管另一边，他的义务只限于

---

① Castlereagh's report. 参见 B. D.，p. 197f.，2 October，1814。
② Castlereagh's report. 参见 B. D.，p. 206f.，14 October，1814。

俄国国家利益诉求等，但卡斯尔雷的话都只是徒劳。卡斯尔雷说："当前这个会议究竟是对人类的福祉还是仅仅展示……无法无天的权力争夺……这完全有赖于皇帝陛下您(的)性情。"他这样说只是表明了因为无法就什么是合理的诉求达成一致意见而显得无可奈何。当沙皇回答说波兰问题只有一个出路，因为由他说了算，显然谈判已经陷入了僵局。①因此，沙皇与卡斯尔雷之间的争议表明劝服是徒劳的，国际关系必须基于武力或武力威胁。

四

155 与沙皇谈判时，卡斯尔雷正在竭尽全力集结这样的武力。作为外交关系中的一个抽象问题，他的任务似乎很简单。如果沙皇的要求威胁到了欧洲均势，那么明显的应对措施就是汇集欧洲的力量来对付他。但是尽管均势或许是无法分割的，但在其构成者看来却不是这样。没有欧洲其他国家的统一战线，就无法对抗沙皇，但是在什么是真正的危险这个问题上，欧洲国家却完全无法达成一致意见。它们不愿意看见普遍均势被颠覆，但又不愿意牺牲自己的历史地位所赖以存在的那一部分。强大的俄国可能会主宰欧洲，但是过于强大的普鲁士也会超过奥地利，统一的德意志可能会威胁到法国。

结果是卡斯尔雷这位没有欧洲大陆地位需要维护的岛国的代表成为唯一捍卫普遍均势的政治家。普鲁士首相哈登贝格的兴趣所在是萨克森而非波兰；塔列朗既害怕波兰问题的解决不利于他，也几乎同样害怕该问题没有经过他同意就得到解决；梅特涅的态度就像

---

① 整个十月份一直持续这种对话，交换备忘录：卡斯尔雷致沙皇，1814 年 10 月 12 日，W. S. D.，IX，p. 332；沙皇的答复：10 月 30 日，W. S. D.，IX，p. 386；卡斯尔雷的答复，11 月 8 日，W. S. D.，IX，p. 410。

奥地利面临的两难处境一样复杂：奥地利不会对俄国势力扩张深入中欧无动于衷，因为这威胁到奥地利在欧洲的地位；也不会对普鲁士势力进入德意志中部无动于衷，因为这威胁到它在德意志的地位。但是奥地利的地理位置使得公开抵抗成为一种蛮干，因为这将使得领土最为暴露的国家首当其冲，放弃与普鲁士紧密合作的政策，而梅特涅视这种合作为奥地利安全的关键所在。最容易的解决方案是将普鲁士的波兰区域归还给它，换取萨克森的独立。然而只有在说服沙皇后，普鲁士才有望得到波兰的省份；但是没有普鲁士的支持，又不可能说服沙皇，而普鲁士给予支持的条件就是奥地利默认普鲁士兼并萨克森。另一方面，没有英国和法国的支持，梅特涅无法挫败普鲁士对萨克森的企图。但是卡斯尔雷只会维护欧洲的利益，而非德意志的利益；法国在会议进程早期就给予支持将会使其他德意志邦国受到惊吓。

在这种情况下，梅特涅采取了拖延时间的策略，以便使用奥地 156
利讨价还价的唯一工具，那就是，其他国家都需要奥地利的默许才能使自己的领土兼并“合法化”。他好几周都没有露面，因为“生病了”。“康复”之后，又是无休止的欢乐庆典，他的浪漫轶事弄得尽人皆知，大家都知道他心不在焉。梅特涅打定主意要把波兰问题和萨克森问题分开，为了能够一步步击败对手；利用对手急于求成的心态来诱使他们孤注一掷，这样他就能为自己的行为找到道义上的借口。因此他摆出了他一贯称之为最强硬的立场，即防守的立场，这是一个维持现状国家的心态的表现。他告诉萨克森使节说：“我用时间为自己筑起壁垒，以耐心为刀枪。”①

卡斯尔雷试图建立统一战线以对抗俄国的努力导致了一系列暧

① Schwarz, Wilhelm, *Die Heilige Allianz*, (Stuttgart, 1935), p. 13.

昧的格局安排，包括半心半意的联盟和试探性的背叛，承诺坚定不移的支持加上小心提防背信弃义。整个十月，卡斯尔雷都不知疲倦地努力着，但是同上一年那样，他遭遇了无法解释的犹豫不决和躲躲闪闪的拖延。他再次认定自己的任务是动员犹豫不决的国家，但同时又拒绝给予他们唯一能够使他们振作起来的安慰，那就是英国支持各国的特别诉求。当卡斯尔雷恳请哈登贝格和梅特涅参与共同行动时，他不得不承认“有某种相互不信任……使我无法满怀信心来谈论结果”。[1]他抱怨梅特涅令人费解的“胆怯”，断言这位奥地利大臣似乎没有任何既定计划。他责备塔列朗以旁观者的姿态幸灾乐祸地利用同盟国的尴尬处境，他说：“波旁家族是同盟成员国扶持复位的，所以没有权利来谴责……能保证同盟齐心协力的安排。”[2]

最后还是普鲁士使梅特涅下了决心，普鲁士是最拖延不起的国家。的确，《卡利什条约》、《特普利采条约》和《肖蒙条约》保证了普鲁士一八〇五年的领土扩展；但是从来没有具体指明普鲁士去哪里获取这些必要的领土，尤其是当它把波兰领土输给俄国的时候
157 该怎么办。现有的补偿——包括法国原来的省份或附属区域，主要在莱茵兰地区——也不合适，因为这些地方的地理位置与普鲁士王国的主要部分不相邻，其居民也大多信仰天主教[3]。因此，普鲁士想要得到萨克森，这块土地自从腓特烈大帝以来就一直是它觊觎的目标，因为与普鲁士国土相邻，信仰新教的居民占了大多数。但是在主要国家中，普鲁士讨价还价的力量最弱。与俄国不同，它想要的战利品目前并不在其掌握之中；与奥地利不同，它当时并没有提出

① B. D., p. 202, 9 October, 1814.
② B. D., p. 203f., 9 October, 1814.
③ 普鲁士为信仰新教国家。——译注

特殊条件才肯参战。如果波兰问题比萨克森问题先得到解决，那普鲁士就要为它的全心全意付出代价；它如此狂热地投入战争，它参战从来不需要谈判争取；它无视和平，因为战争本身就成了目的。普鲁士要求奥地利默认它兼并萨克森，因为组建德意志是普鲁士安全不可或缺的条件，但是如果奥地利在萨克森问题上以小国保护者的面目出现的话，组建德意志就只是臆想。

因此理所当然地，哈登贝格于十月九日提交了一份备忘录，同意组成“基于奥地利、普鲁士和英国的居间调停机制”的意见，①但是他提出普鲁士在波兰问题上合作的前提是奥地利同意它兼并萨克森，同意普鲁士暂时占领萨克森，作为一种诚意的表示。哈登贝格的备忘录试探着寻求同盟，又一心想要从每次行动中得到好处，结果只是表明了普鲁士的两难处境：俄国的支持或许能使它得到萨克森，但不能得到合法性；而奥地利的支持或许能使它获得波兰，但不能得到萨克森。哈登贝格备忘录的作用是恳求不要让普鲁士听命于沙皇；希望建立一种欧洲秩序，既基于奥地利和普鲁士之间的友谊，但同时也基于普鲁士对萨克森的占领。

但是这种企图将不可调和的政策整合在一起的做法反而使梅特涅能够通过微妙迂回的手腕将波兰和萨克森问题区分开。十月二十二日，他向哈登贝格和卡斯尔雷转交了两封短信，信中勉强同意哈登贝格提议的口吻掩盖了这样的事实：就抵制波兰问题而建立起来 158
的道义框架在萨克森问题上也会起到同样的抵制效果；哈登贝格竭力想要避免危机，结果却一败涂地。致卡斯尔雷的短信首先概述了反对萨克森解体的理由：②因为这可怕地意味着推翻一个“合法的”

---

① Text, d'Angeberg, Comte de, *Le Congrès de Vienne et les Traités de 1815*, 2 Vols. (Paris, 1863-1864). Vol. Ⅱ, p. 1934.

② Text, d'Angeberg, Ⅱ, p. 1939f.

统治者，而且会危及德意志的均势，如果居间调停国家对几个大国失去了信心的话，就很难建立一个德意志邦联。然而，奥地利肯如此为欧洲均势做出牺牲，只要普鲁士在华沙公国问题上进行抵制，同意在德意志内部平均分配影响力。卡斯尔雷似乎没有意识到，或者即使意识到了，也认为无所谓：奥地利肯为欧洲均势做出牺牲，这本身也表明万一这种牺牲是徒劳的话，那么它会要求在维护德意志均势上得到同样的支持。他忽视了一种秘而不宣的保留意见：普鲁士兼并萨克森不应该导致“过度的领土扩张”，但是如果普鲁士首先重新获得波兰地区的话，这个条件显然是无法满足的。

致普鲁士的短信还呼吁建立亲密的奥普合作关系，提到了在签署《卡利什条约》前的关键阶段奥地利给予普鲁士的支持，暗示普鲁士目前的地位更多受惠于奥地利，而非俄国。[①]奥地利的政策将继续基于与普鲁士的亲密关系，并因为德意志邦联而得到进一步巩固，但是其作用还有赖于消除俄国关于波兰的意图。因此，尽管奥地利不愿意目睹一个友邦的解体，梅特涅还是同意让普鲁士兼并萨克森，但有三个条件：对波兰问题达成一致意见，美因茨要塞作为南德意志防御系统的一部分，摩泽尔河作为莱茵兰地区普鲁士势力的南部疆界。仅仅这一点就足以说明梅特涅对德意志的关注超过了欧洲均势。但是哈登贝格一心要得到萨克森，因而再次忽略了另一个微妙的保留意见，那就是梅特涅的提议的条件不是波兰问题遭到抵制这一事实，而是其成功与否。

就这样，当梅特涅准备努力分离普鲁士和俄国问题的道义框架
159 时，卡斯尔雷只考虑到了波兰，仿佛可以像建立数学方程式那样确定无误地建立欧洲均势。十月二十三日，他终于成功地说服奥地利

---

① Text，d'Angeberg，Ⅰ，p. 316f.

和普鲁士同意对付俄国的共同行动计划，以梅特涅的备忘录为基础。[1]三个国家着手强制解决问题，威胁沙皇说如果直接会谈不能达成合理协议的话，就要将波兰问题提交大会讨论。他们提出了三种可以接受的解决方案：如同第一次分割之前那样独立的波兰，与一七九一年格局相同的小波兰，或者是将三个被分割的国家归还给各自过去的主人。[2]显然提出波兰独立只是为了用作讨价还价的工具，为了满足英国国内的要求，因为沙皇不太可能同意放弃两代以来都被视为属于俄国的领土，作为一次战争胜利的成果。

威胁说要诉诸欧洲会议，这是在试图通过反法同盟内部力量的结合来解决欧洲均势问题上最后的努力。梅特涅去拜访沙皇，提交有关波兰问题的最后通牒，沙皇傲慢地拒绝了他，甚至威胁要决斗，这再一次表明了沙皇往往从个人角度来看待外交事务。十月三十日，三位君主启程去访问匈牙利，亚历山大一世向其他君主求助，要求反对他们大臣的意见。他在奥地利皇帝那里没有获得成功，但是固执且缺乏想象力的普鲁士国王就不同了，他一直崇拜反复无常的沙皇的临危不惧和机智胆略，结果要说服他并不困难，既然三位大臣私下磋商已经是一种背叛行为。国王们回到维也纳后，当着沙皇的面，哈登贝格被命令不得再与奥地利和英国同行进行任何单独磋商。

因此，十一月五日，有关波兰的争议暂时结束了。卡斯尔雷个人的申诉落了空，因为亚历山大一世坚持要将其诉求基于一种超越欧洲安全需求之上的“权利”；集结优势兵力的企图也落了空，因为在反法同盟内部没有足够的决心来使沙皇就范，因为复杂的问题不会因为人们宣称它很简单就能得到解决。想要建立基于共识而非 160

① Castlereagh's report, B. D., p. 212, 29 October, 1814.
② Memorandum re procedure, B. D., p. 213f.

武力的国际秩序的努力似乎又回到了起点。

五

但这是错误的印象。如果卡斯尔雷的失败证明通过表明均势的必要性并不能达到均势，那么梅特涅几乎不动声色的辅助努力则通过诉诸合法性，为重启这个问题营造了一个道义框架。如果在波兰问题上的失败能够转化为在萨克森问题上的胜利的话，或许萨克森问题上的胜利也能为争取在波兰问题上的让步提供手段。拖拉延误令卡斯尔雷几乎发狂，但实际上却是梅特涅克服两难境地最有效的工具，因为延误强化了奥地利讨价还价的主要武器，即合法性只能赋予不能索取，意味着共识，而非强加于人。因此他在十月施展的手段主要意在拆散俄普联合阵线，为在力量最薄弱方面的行动提供一个道义框架。塔列朗报告说："梅特涅最狡猾的手段就是让我们浪费时间，因为他认为这会让他获益。"时间一周周地流逝，欧洲抱怨奥地利大臣为人轻浮，老派的奥地利外交家义愤填膺，认为他们来自"莱茵省"的大臣——他们给他取了个外号叫"跳舞王子"——正在背叛普鲁士帝国。大家玩味着利涅亲王有名的俏皮话："Le Congrès danse，mais il ne marche pas①"，却没有意识到会议正在跨入一个圈套。

哈登贝格向梅特涅提议合作，他可能相信他正在抓牢自己的所得，也正在得到对萨克森问题的保障，无论磋商会有什么结果。但是梅特涅回答说，奥地利同意萨克森的兼并是以共同措施的成功为条件的，因此将这两个问题联系在一起的努力反而会变成将其分离

① 法文，会议迈着舞步，却只在原地打转。——译注

的手段。如果波兰问题谈判成功的话，在欧洲的眼里，普鲁士就会失去对萨克森的道义诉求。如果普鲁士再次得到它原有的波兰领土，兼并萨克森就意味着“过分的扩张”，梅特涅曾经告诫过卡斯尔雷这一点。万一发生这种情况，梅特涅也不一定就会首当其冲， 161
遭到反对。塔列朗肯定会加以抵制，的确，十月间，为了控制住他已经需要费不少周折，而且德意志邦国将会团结在他周围。沙皇在波兰问题上遭遇了挫折，只可能会对普鲁士的尴尬处境幸灾乐祸；卡斯尔雷在议会遭到攻击，因为萨克森问题左右都不对，他也不可能支持普鲁士的兼并要求。总而言之，卡斯尔雷似乎预见到了这种局势发展的可能性。他致信利物浦说：“如果共同努力对付波兰问题取得成功，(法国)将会改善方式，更加友善地催促普鲁士修改其对萨克森的领土要求。”①

但是如果波兰问题磋商失败的话，在奥地利眼中，普鲁士就无权提出对萨克森的诉求。然而无论如何，普鲁士总是会孤立，因为抵制同成功一样，都会使俄国疏离。奥地利在萨克森问题上让步，表明其对欧洲的关心，现在可以用欧洲均势而非德意志均势的需求来为不妥协辩护。卡斯尔雷在波兰问题谈判上获得了奥地利的支持，就不再能够将萨克森问题视为德意志内政问题。法国或德意志小邦的态度是毋庸置疑的。普鲁士竭力想要再次获得保证，结果却是孤立了自己。

十一月七日，哈登贝格告知梅特涅皇帝的旨意，也告知要实施有关波兰的既定计划很困难，梅特涅终于得到了行动的道义立足点。②但这只是给梅特涅提供了又一个关于奥地利诚信的证据，③以及又

① B. D., p. 213f., 24 October 1814.

② D'Angeberg, I, p. 406.（哈登贝格致梅特涅的短简）虽然未经证明，还有另外一个迹象表明，梅特涅从来就只打算让波兰问题的谈判成为在萨克森问题上孤立普鲁士的一种手段：那就是他与亚历山大一世会谈的失败。在梅特涅一生事业的任何其他时候，他都不曾选择正面出击，不曾进行过如此无效的磋商并且如此容易投降。

③ D'Angeberg, I, p. 418, 18 November, 1814；并参见 B. D., p. 238。

一个在萨克森问题上进行抵制的理由，鉴于沙皇主宰了普鲁士国王
162 的意愿，普鲁士单独提议的命运如何就毫无疑问了。哈登贝格被迫报告说，沙皇又再次谈论自己本意纯真，但是他唯一愿意让步的是宣布托伦和克拉科夫为自由城。[①]尽管亚历山大一世狡猾地使得这种让步以奥地利默认兼并萨克森为前提，萨克森问题谈判却成为恢复波兰问题灵活性的一种手段。无论沙皇的提议如何要视其他条件而定，这却是他第一次承认波兰领土范围并非已经划定，不可更改。

梅特涅于十二月十日提交了奥地利最后的答复。[②]奥地利有意与普鲁士建立最紧密的关系，但是却不愿以萨克森解体为代价。它们共同的福祉有赖于德意志邦联，而后者却胎死腹中，因为没有哪个德意志邦国会加入一个以其成员之一的解体为代价的联合体。奥地利已经被迫容忍了俄国在波兰的领土扩张，无法再默认普鲁士在德意志内部的扩张，否则将会完全颠覆均势。梅特涅建议选择另一个计划，保留萨克森核心地带，将其很大一部分给予普鲁士，同时再加上莱茵兰地区其他一些领土作为补偿。但是无论如何高谈友谊，都无法掩盖这样的事实，普鲁士被耍了一把，梅特涅在波兰问题上失利，却在萨克森问题上获益，而且还通过萨克森问题部分地赢回了在波兰问题上的局面。

十一月八日，俄国在萨克森的军事总督将临时管辖权转交给普鲁士，普鲁士军队威胁要开战，但这都无济于事。俄国地处欧洲边缘，可能将其对波兰的诉求基于已经占有领土这一既成事实，但是位于欧洲大陆中心地带的国家只有作为德意志和欧洲内部"合法"秩序的组成部分才能生存下去。这样，尽管到了十二月中旬，维也

---

① D'Angeberg，II，p. 1941，2 December，1814；B. D.，p. 248.

② Text，d'Angeberg，I，p. 505.

纳会议似乎陷于僵局，但是幕后却正在准备发生深刻变化。只有牵涉到所有的因素时，才能算是陷入完全的僵局，而法国此时尚未作出承诺。十月和十一月的竞争戳穿了同盟成员国团结一致的神话，法国的威胁不再比昔日盟友的威胁更迫在眉睫。显然，曾经携手努力 163
的记忆并不足以防止任何国家试图将法国纳入自己这一边的砝码。

卡斯尔雷对在波兰问题上的失败感到绝望，[1]指责梅特涅从来都没有真心想要反对，但是有关萨克森的问题却正在形成一种汇合，将使争夺朝向一个新的方向。因为同盟如果能够抵制萨克森问题，当然也会抵制波兰问题。如果一个国家的诉求在一个方面落了空，那么这几乎也必然会限制其他国家的一意孤行。因此无疑，均势毕竟还是不可分割的，虽然问题获得解决并不是因为意识到了这一点。欧洲获救并非以欧洲的名义，而是以萨克森的名义。

六

但是在这种新汇合形成之前，英国国内对卡斯尔雷施加的压力几乎毁了梅特涅精心设计的计划。一个岛国或许可以以欧洲均势的名义来进行战争，但它往往会将对均势的威胁等同于对自身安全的威胁。因为其政策是防御性而非预防性的，所以需要把战争归因于“显示出”危险的公开行为。但是均势面临的危险只有在均势已经被颠覆时才会显示出来，因为侵略者总是会为迈出的每一步——除了最后关键的一步——找出辩解理由，声称那只是有限诉求的表现，而且要求对方的沉默作为保持适度的代价。的确，英国很早就参与了同拿破仑的摩擦，而且还继续顽强地争夺，但是对均势的威

① B. D., p. 248f.

胁只是在低地国家遭到攻击时才显示出来，而力量的平衡则等同于占有安特卫普。

但是现在的问题是波兰，这是一个在地理和心理上都很“遥远”的国家，只有在“得到证实”之后，人们才会明白莱茵河只有在维斯瓦河一带才得到了最有效的防御，除了法国之外还有其他对和平的威胁。抱着这种心态，内阁认为有关波兰问题的争议是欧洲大陆争端的产物，令人气恼，威胁到来之不易的和平，因此主要针对其对英国国内政治产生的影响来处理，这导致内阁和卡斯尔雷的讨
164 论，两者都竭力想要说服自己，意见不同其实只是信息不全所导致的误会，然而他们之间的鸿沟并不比沙皇与卡斯尔雷之间的鸿沟小。沙皇试图以他的诚意来保障欧洲安全，而英国内阁则希望将安全等同于一个岛国的地位。权力的随意性以及因隔离所造成的不负责任，这是卡斯尔雷必须要与之周旋的两难处境。

十月十四日，利物浦致信卡斯尔雷说，“英国与（波兰）问题越少打交道……越好”，并且指出，沙皇的计划比重新分割领土更好，因为维护了波兰独立的原则。①十月二十八日，利物浦又重复了这些话，还转交了财政大臣范西塔特的一份备忘录，后者干脆否定了存在俄国的威胁。范西塔特以一个庸才的急性子，自我安慰说容易的出路就是智慧之路，他认为兼并波兰领土将使俄国变得更虚弱，同时也会对英国商业有利。②这些通信迫使卡斯尔雷再一次申明英国安全与欧洲安全之间的关联，他强调说自己反对俄国不是为了波兰，而是为了欧洲。如果波兰问题的解决不利于中欧国家的话，剩下的问题将会变成奥地利与普鲁士在德意志内部的争夺问题，让俄国变成中欧的仲裁者，使荷兰失去防御能力。因此哪怕是最为直接

---

① B. D., p. 210f.
② B. D., p. 220f.

的英国利益的保障也有赖于欧洲政策：“在我看来，英国最好还是秉承它在整个战争期间所贯彻的政策的精神，为首要的欧洲问题竞争，而不是……仅仅只追求一个目的，即低地国家……那可能会导致它们面临德意志大国之间所探讨的非常不愉快的问题。”①

但是利物浦的回答表明内阁无疑害怕法国超过害怕俄国，对战争的恐惧超过对有损势力平衡的威胁的恐惧。利物浦认为，现在的战争可能会变成一场革命性争夺，而哪怕只有两年的和平也可能带 165
来稳定局面，使得十八世纪那种有限的战争再次成为常规状态。②十一月二十二日，内阁给卡斯尔雷下达了他抵达维也纳后的首次指示，巴瑟斯特写道：“不需要我来向你指出，……为了任何迄今在维也纳一直在讨论的目的而……同意让这个国家卷入敌对状态是不可能的。”③

于是，在谈判的关键时刻，卡斯尔雷被剥夺了唯一能够施加压力的手段，而且正当关键在于纯粹较量力量之时。梅特涅的延宕使得普鲁士鲁莽行事，眼看着正在失去自己在道义上和实际上的立足之地，普鲁士变得越来越好斗，军队公开谈论开战，甚至比较谨慎的哈登贝格也暗示要采取极端措施。但是如果非法占有领土是白日做梦的话，那么通过武力来获得合法性也只是空想。卡斯尔雷告诉哈登贝格“他（哈登贝格）不应该认为未获得认可的诉求可以构成充足的权利，他无论在良心上还是荣誉上都无法……以别人拒绝承认作为挑起战争的借口”。④他这么说，只是给普鲁士的两难处境下个定义。在这种情况下，卡斯尔雷不准备遵循内阁的指示。宣布英国不感兴趣将会去除战争的最大阻碍，内阁竭力想要得到和平的保

① B. D., p. 229f.
② W. S. D., IX, p. 285, 25 November, 1814.
③ B. D., p. 247f.
④ B. D., p. 255, 7 December, 1814.

障，结果将会导致它最害怕的事情。或者说，英国退出竞争将会导致奥地利让步，结果完全颠覆均势。

因此结果是卡斯尔雷和梅特涅再一次发现自己站在了竞争的同一边，而这位诡计多端的奥地利大臣曾经定义过这场竞争的道义框架。普鲁士的态度越是顽固，梅特涅的地位就越是稳固。奥地利不需要进行抽象的讨论就成为了小邦国的保护者。当梅特涅提议与巴伐利亚和汉诺威结盟，并且建立没有普鲁士的德意志邦联时，他只不过是表达了普遍的共识而已。当竞争转变成权力的较量，梅特涅
166 已经再次获得了立足之地，可以抵制表达得过分和不公平的诉求。但是随着实力较量的迫近，同样也有必要集结最大量的武力。反法同盟的最后残余正在消失，正当此时，塔列朗重新登场。他再次出现，是因为梅特涅让他登场，他的雄辩只不过反映了梅特涅想要匿名的愿望而已，因为梅特涅不想亲自出面羞辱普鲁士。梅特涅希望事情应该“自然”发生，因为这能够尽量减少个人分歧；而塔列朗则希望事情应该表现为“被引发”，因为那将巩固他自己当下在国内动摇的地位。

梅特涅给了塔列朗机会，他告诉塔列朗奥地利如何答复哈登贝格十二月十日的信件，因此表明“四国”未能解决问题。[①]塔列朗以措辞尖锐的备忘录予以答复，强调合法性的诉求高于均势的需求，否认废黜国王的可能性，因为法不及君王，尤其是不能由那些觊觎其领土的人来执法。塔列朗大胆地争论说，普鲁士没有资格说它想要什么，而应该由“合法的”萨克森国王来说明他能作出多少让步。[②]这是对两个月来言辞交锋所有互相矛盾之处最重要的概括，但其意义并不在此。比起撰写备忘录，塔列朗让自己“听候使唤”对法国

① N. P., Ⅱ, p. 503f.
② N. P., Ⅱ, p. 509f, 19 December, 1814.

的好处更大。这种书信来往真正的重要性在于这意味着法国再次成为欧洲协同的一部分。

此时普鲁士越来越慌张，为了揭露梅特涅的诡计，哈登贝格将梅特涅关于波兰问题的一些信件转交给了沙皇，如此违背外交礼仪，真是闻所未闻。但是十月份梅特涅的拖延再次获得了回报。几乎梅特涅的每一次行动都是对普鲁士动议的反应，当哈登贝格退出合作时，他的理由是要将与沙皇的竞争推迟到更为方便的时机。因此，当梅特涅将他所有的信件都交给沙皇时，哈登贝格再次被算计了，因为他不敢出示自己的信件。[1]但是这种互相作弄还是产生了有益的后果，因为这向沙皇表明了他的波兰计划如何使其他国家感到 167
不安。亚历山大一世在十月和十一月一直坚持己见，现在他的情绪又发生了他那种典型的突然转变，他先前的好斗姿态不见了，取而代之的是后来控制了他整整十年的宗教高昂情绪的早期症候。当奥皇弗兰茨请求亚历山大一世澄清误会时，后者同意将拥有四十万人口的捷尔诺波尔地区归还给奥地利，以表示诚意。沙皇最终或许能获得大部分波兰领土，但只能通过一系列协调来完成，这表明他需要得到其他国家的许可。

现在普鲁士无可奈何地提议让萨克森国王去做莱茵兰国王，那是指定属于普鲁士的领土，但是梅特涅和卡斯尔雷都还不准备认可这一点，梅特涅的理由是那样一来将会使萨克森国王从奥地利的盟友变为普鲁士的附庸；卡斯尔雷则因为他忠于皮特计划，希望看见有一个大国保护莱茵兰地区，做荷兰的后盾。[2]平衡一直朝着不利于普鲁士的方向移动，因为卡斯尔雷和梅特涅正在逐渐巧妙地使法国进入同盟的会谈。既然奥地利与普鲁士争议的一部分涉及去哪里找

① W. S. D., IX, p. 483, 17 December, 1814.
② B. D., p. 270, 24 December, 1814.

到足够的领土来使普鲁士恢复到一八〇五年的水平这样的技术性问题，卡斯尔雷提议设立一个统计委员会来确定争议领土上的人口。在奥地利和英国的压力下，该委员会接纳了一个法国代表团，显然此时针对法国的同盟已经开始了解体的过程。

离塔列朗完全参与会谈只剩下最后一步了。卡斯尔雷曾经希望能避免采取如此激烈的步骤，但最后还是于十二月二十七日同意了。十二月三十一日，卡斯尔雷和梅特涅提议从此以后塔列朗将参加“四国”会议，普鲁士现在被完全孤立了，因为塔列朗的出现意味着普鲁士尚未享受到战争的成果，反法同盟的特殊诉求就已经终止了。用卡斯尔雷的话来说，甚至沙皇“都不再建议普鲁士继续抵抗下去，既然他自己此时已经对波兰问题稳操胜券”。普鲁士被逼得走投无路，于是威胁要开战。

168 但是普鲁士的反应只是显示出它的无能为力。卡斯尔雷严厉地回答说：“这种含沙射影只会吓倒本来就战战兢兢求生存的国家，而对所有有尊严的国家来说只会适得其反；如果这种情绪蔓延的话，我们就不是以独立自主的身份在磋商，那还不如解散会议。”① 同一天，卡斯尔雷提议建立法国、奥地利和英国三方防御联盟。的确，塔列朗被要求保障低地国家，并重新确认《巴黎条约》的条款，但是他在维也纳最大的成就恰好就是这样表达了自我克制，拒绝试图以法国参与联盟来换取领土上的好处，那将会使得所有国家联合起来对付他。结果是他获得了更为重要的东西，即结束了法国的孤立状态，获得了对其平等的认可。

因此，卡斯尔雷在第一次启程前往欧洲大陆几乎一年之后，直接违抗了内阁的命令，解散了他为了意在永存的均势而如此努力建

① B. D., p. 277f., 1 January, 1815.

立的同盟。这是勇敢大胆的一步。国际关系的防御性概念可能会引起失去灵活性的危险，往往会将外交政策基于最终的危险，而不是当前的危险。卡斯尔雷提议与过去的敌人订约，表明他已经意识到任何政策，无论如何成功，本身都不是目的。他在关键时刻的决断清楚地表明了他对于政治家所负责任的概念：机不可失，失不再来；选择采取措施的时间不能依赖是否得到指示，至少在十九世纪早期的那种条件下是如此。他甚至走得更远，认为有权违抗下达给自己的命令，这既表明他在国内的主导地位，也表明他相信他行事的理由在于内阁信任他的基本政策，而非在于他们对每一步的认可。

一月三日的联盟标志着梅特涅外交活动的又一个巅峰，他总是借普世理由而非某个国家的理由之名义，通过类似的活动来孤立对手。十月份与法国联盟对付普鲁士可能会使欧洲感到震惊，但是到了一月，同样的联盟却被誉为维护均势。十月份抵制普鲁士可能会被视为眼光短浅、自私自利的表现；而到了一月，同样的抵制却受 169
到了欢迎，被当做维护合法性，反对武力诉求。如同在一八一三年春天那样，梅特涅以拖延战胜了对手，利用对手迫不及待的心情让他作出了不可挽回的决定，以此确立了自己的道义立场。鉴于普鲁士需要奥地利默认兼并萨克森，哈登贝格提出共同采取措施来对付沙皇，就这样，因为普鲁士的动议，萨克森问题从德意志问题转变为全欧洲的问题，它被如此巧妙地与波兰问题区分开，等到哈登贝格意识到这件事，为时已晚。因为沙皇现在急于要表现他的与人为善，他主动在波兰问题上让步，而在这一点上，卡斯尔雷过去动用威胁也无法达到目的。是卡斯尔雷而非梅特涅，在萨克森问题谈判上首当其冲；是他而非梅特涅，提议一月三日的联盟。梅特涅的政治手腕在于理解微妙之别的价值；知道完成一件事情的方式如同完成这一事实本身那样重要，有时甚至更重要。在梅特涅看来，在布拉格讨论的问题并非战争本身，而是战争的起因；维也纳讨论的问题不是拯救均势，而是如何拯救均势。如果奥地利施展权力来拯救萨克森，那将会是无尽冲突的开始；而以欧洲的名义使它得到拯救则只会留下日后可以治愈的伤口。

七

如果防御联盟造成了维也纳会议的危机，那它也为达成会议决议铺平了道路。在任何谈判中不言自明的是，武力是最后的手段，但外交的艺术就在于使其作为一种潜在的威胁，使其范围不确定，只在万不得已时才会动用它。因为一旦真的动用武力，就不再有恰当的磋商余地。一旦威胁动武但其实并没有能力动武，谈判就无法再回到从前。这种威胁完全毁了讨价还价的立场，因为这等于承认无能为力，而非力量有限。普鲁士把问题摆到桌面上来，结果发现自己面对的是三个无疑决心已定的大国，尽管条约本身仍然保密，而沙皇则是半心半意的盟友。一系列的部分解决方案孤立了普鲁士，因为“得到满足的”国家不会为了其他国家的诉求而努力，如果有其他体面的出路可供选择的话。

170 要由梅特涅来确保可以有这种选择。他在十二月十日的备忘录中就提出了一个计划，使普鲁士能够通过获得莱茵兰地区以及萨克森的一部分领土，恢复到一八〇五年的领土规模。当意识到普鲁士显然不会将威胁付诸实践时，卡斯尔雷也采纳了这个计划。到了一月三日，梅特涅和卡斯尔雷宣布如果没有塔列朗的参与，他们不会举行谈判，于是哈登贝格为了挽回颜面，自己出头推荐塔列朗参加进来。①

---

① B. D., p. 280.

一月五日，卡斯尔雷终于可以报告说“战争警报解除了”[①]。从此萨克森问题可以由现在的“五国”来正式讨论，其中卡斯尔雷起到了在梅特涅和塔列朗与沙皇和哈登贝格之间进行调停的作用。

导致达成最后协议的磋商再次从最有利的角度显示出卡斯尔雷的特殊素质，框架再次得到确定；显然没有哪个国家，尤其是俄国，愿意再次卷入战争。剩下的只是实际操作问题，包括如何以耐心、耐力和善意来调整相互冲突的观点。根茨报告说卡斯尔雷日夜孜孜不倦地工作，想尽早解决问题。这是有特殊理由的。议会即将召开会议，像前一年那样，利物浦请求他回国，唯恐届时很难驾驭议会下院，但是卡斯尔雷再次拒绝了，坚持说他会尽快回国，然而“在各方争夺有眉目之前……就要我退出，就像去年要我逃离莱比锡（假如我在那里的话）那样是不可能的……如果您认为非要我在场不可，那我觉得您对自己的支持者太不公平，对我又过于恭维了”。[②]

卡斯尔雷竭力要达成最后协议，既要阻止普鲁士将萨克森国王挪到莱茵河左岸的新企图，又要阻止奥地利将易北河岸的托尔高要塞留给萨克森。但是在沙皇的帮助下，他说服普鲁士，为了欧洲均势的利益，普鲁士应该承担起莱茵兰地区的防御任务，他向奥地利表明，防御联盟只不过是为了对付颠覆欧洲均势的企图，而不会干 171
涉德意志内部格局的安排[③]。战争的危险也使得沙皇更好说话。当卡斯尔雷建议在波兰问题上做一些让步，以使萨克森的安排让普鲁士更容易接受时，亚历山大一世同意将托伦归还给普鲁士。梅特涅立刻抓住这个时机，试图诱使亚历山大一世同意一系列其他调整，将解决普鲁士对领土不满的责任推卸给他。他提议将捷尔诺波尔地区

① B. D., p. 282, 5 January, 1815.
② C. C., x, p. 247, 30 January, 1815.
③ B. D., p. 295, 29 January, 1815.

归还给俄国，换取在普鲁士问题上更多的让步。[①]尽管沙皇拒绝了，但是萨克森问题还是成为限制俄国在波兰野心的手段。因为欧洲普遍均势的缘故而无法得到的，现在通过一系列使得进行局部安排有可能的让步而得到了。

二月十一日达成了最后协议。奥地利保留了加利西亚和捷尔诺波尔地区，克拉科夫成为自由城。普鲁士保留了波兹南，并控制了维斯瓦河上游的托伦。华沙公国剩余的领土及其三百二十万人口成为沙皇俄国统治下的波兰王国。在德意志，普鲁士得到了五分之二萨克森领土、瑞典的波美拉尼亚、莱茵河左岸大部分地区以及威斯特伐利亚公国。奥地利已经得到允诺，获得北意大利作为补偿，并且通过在帕尔马和托斯卡纳建立附属王国，取得对意大利的控制权。就这样，拥有少许和谐的欧洲均势终于得以建立。建立过程并非像卡斯尔雷所想象的那样出于数学原理式的必要性，因为在旁观者看来，国家或许是安全格局中的因素，它们却自视为历史力量的表达。它们关心的不是以均势作为目的——这是一个岛国的观念——而是作为手段，用以实现其对相对安全的历史愿望。因此，理所当然地，以对力量均衡的抽象考虑为名对波兰进行的争夺结果仍然尚无定论，但是有关萨克森的争议涉及德意志历史问题，为达成协议提供了一条途径。

172 一八一五年六月九日，欧洲各国举行会议，通过了《维也纳会议最后议定书》，这是维也纳会议举行的唯一一次会议。

八

有两种建立国际秩序的方式：坚持或放弃；征服或建立合法

① D'Angeberg, I. p. 676.

性。二十五年来，欧洲一直因为有人试图通过武力来建立秩序而动荡不安，在当时的人看来，教训所在并非其失败，而是接近成功。因此，在努力创造另一种选择时，在维也纳的政治家回顾了经历过稳定的岁月，并且将这种稳定与国内体制等同了起来，就一点也不奇怪了。维也纳会议上的政治家对改变人性不感兴趣，因为在他们看来，这种努力曾经造成了四分之一个世纪不断争斗的悲剧。在他们看来，通过意志行为来改变人类，以德意志民族主义的名义来超越法国民族主义，似乎就是通过革命来议和，在不可知领域寻求稳定，承认神话一旦被粉碎，就不再可能重塑。

因此，维也纳会议讨论的问题不是以改革来对付反动——这只是后代的诠释。相反，问题在于建立一种秩序，希望可以在此秩序中通过责任感，而非动用武力带来变化。革命的秩序与健康的合法秩序之间的差异不在于变化的可能性，而在于完成变化的方式。“合法的”秩序只要并非停滞不动，就会通过接纳来完成转变，这就要求对什么是公正安排的性质达成共识。但是革命的秩序已经摧毁了现存的责任结构，就必须通过强迫来实施其措施，因此任何革命的恐怖统治都必然是成功地扫除现有普遍合法性的反映。“合法的”秩序以公正来限制可能性；而革命的秩序则将公正与事实上的可能性等同起来。合法的秩序面临的问题是如何建立一种使变化并非不可能发生的体制，而革命的秩序所面临的困境则是变化可能成为目的本身，从而不可能建立任何体制。在这两种情况下，改革都不是一种突然觉悟的行为，那只是乌托邦的幻想；也不可能构建一 173
种既不包含维持现状者也不包含改革者的秩序，如果尝试这样做的话，就会要么导致极权主义国家的狂热，要么导致停滞不前。一种健康的社会体制有能力将变化转化为接受，将变化的力量转化为保存的力量。维也纳会议上的政治家经历过以武力建立这种关系的尝试，难怪他们试图构建一种基于“合法性”的替代选择。

无论人们如何看待他们解决方案的道义内涵，该方案并没有将任何国家排除在欧洲协同之外，因此证明了不存在不可弥合的分歧。协议并不仅仅有赖于诚信，那将会过分要求自我限制；也不仅仅依赖纯粹力量评估的功效，那将会使得谋划过于缺乏确定性。相反，必须建立一种体制，使力量形成足够平衡的格局，使得自我限制看上去并非自我否定，而是要考虑其构成部分的历史诉求，使得其存在转化为接受。在新的国际秩序中，不再有国家深感不满，以至于倾向于颠覆维也纳协议，而非在其框架中寻求得到补偿。既然政治秩序中不包含“革命的”国家，对于灾难性动荡不再可能发生的信念日益坚定，其关系就会变得越来越具有自发性。

维也纳会议的决议得到一致认可，并非幸运的巧合。在整个战争期间，卡斯尔雷同梅特涅都坚持认为他们的努力是为了稳定，而非报复，其合理性不在于摧毁敌人，而在于使对方承认有限性。如果我们将维也纳协议大纲与皮特计划大纲相比，将维也纳协议的合法化理由与对施瓦岑贝格的指示相比，我们就会发现在政治中，如同在其他活动中一样，幸运只不过是精心谋划的残余。但是这并非说协议显示出了一种使所有事件与某种设想相符的先见之明。卡斯尔雷放弃了他的机械均势观念，在与其成员秘密交往的过程中转而相信历史平衡的观念，于是离他自己国家的精神越来越远。梅特涅试图在意大利和德意志维持主导地位，被迫采取了力所不能及的政策。他为合法性而进行的斗争越来越僵化，表明他日渐意识到奥地利的资源基础不足以应付它为自己设定的欧洲任务。如果纯粹较量实力的政策对于地处欧陆中央的国家是自寻灭亡的话，那么依赖无
174 以支撑的合法性则令人沮丧，并将导致停滞不前。当目标明确后，技巧可以替代实力，但是当挑战转向内部时，技巧则无法取代观

念。普鲁士疑虑重重，犹豫不决，深感民族的羞辱，不情愿放弃，然而尽管不愿意，也还是被迫承担了德意志的使命。普鲁士的领土现在从维斯瓦河延伸至莱茵河，象征着对德意志统一的追求；其领土四散分布在中欧，对安全的需求——如果不是民族使命观的话——迫使它成为德意志政策的执行者，尽管它十分不愿意。普鲁士领土跨越主要的水路和陆路，它在实际上统一德意志之前，就已经在经济上占据了主导地位。普鲁士在萨克森问题上遭到惨败，满怀怨恨，但是这一失败却成为它最后战胜奥地利的武器。

但这却是五十年之后的事情，而在一个民族主义的时代，奥地利要实施真正成功的政策或许是不可能的。悲剧可以是个人的命运，也可以是民族的命运，其意义可能在于不得不在一个人们已经不再熟悉的世界上继续存活下去。在此意义上，奥地利是十九世纪的堂吉诃德。或许要衡量梅特涅的政策，不应该看其最终的失败，而应该看它在多长时间内避免了最终灾难的来临。然而，随着维也纳会议的结束，灾难似乎被战胜了。二十五年来第一次，政治家可以开始考虑和平问题，而不再是准备战争。他们将会知道尽管这些问题没有那么咄咄逼人，却可能更复杂棘手。但是他们至少构建了一种体制，或许能够应付这种调整过程。甚至在他们尚未着手此任务之前，他们就被迫意识到，无论彼此之间有何差异，他们都是更大统一体的一部分。此时一个令人难以置信的消息传到了维也纳，没有什么比各国对此消息的反应能更好地表明刚刚在会议上达成共识的秩序的合法性。

三月七日，人们获悉拿破仑逃离了厄尔巴岛。

第十章
神圣同盟与安全的性质

一

梅特涅在他的自传片段中写道："三月六至七日晚上，五个国家的全权代表召开了一次会议……因为会议一直开到凌晨三点才结束，我命令侍卫不要打扰我休息……尽管有此禁令，他还是在早晨六点左右给我送来一封标示着'加急'的信件，信封上只写着'寄自驻热那亚的帝国和皇家领事馆'……我没有打开信件，只是把它放在床头……但是受到如此打扰，我无法继续休息，七点半左右，我决定打开信封，结果发现只有这么六行字：'英国特派使节坎贝尔刚刚抵达港口，询问是否有人在热那亚见到拿破仑，因为他从厄尔巴岛消失了。坎贝尔得到了否定的回答，于是英国驱逐舰立即起航。'"① 175

这表明了人们当时抱有的信念是不可能再出现能够打断有序生活的根本危机，然而，欧洲却以这种方式意识到了它新建立的合法性依然很虚弱。单单一个人，他的行踪依然不清楚，却能够使整个欧洲胆战心惊，充满恐惧，这本身就表明了革命的性质是行使意志。这种恐惧表明达成一种协议可以划分疆界，有时甚至能扶持统治者，但只有持久才能带来自信。因此政治家们在维也纳讨论了拿破仑的行踪，好似一切选择都对他开放，好似革命的象征能够在欧洲任何地方转变成现实。塔列朗说：“他将在意大利海岸某处登陆，接着奔向瑞士。”他的话表明甚至一个玩世不恭的人也不会轻易相信他的世界秩序即将崩溃。梅特涅却比任何人都更了解革命的
176 结构——即使不是其成因的话，他回答说，“他会直接去巴黎。”因为巴黎是欧洲协议的关键；正是在那里，也只有在那里，拿破仑才能诉诸他自己那种合法性，即以个人魅力来统治。当政治家们仍在讨论时，拿破仑却在朝着罗讷山谷前进，三月二十日，他进入了巴黎。

但是这种恐惧的程度同时也表明了欧洲团结的程度。当有关他胜利的记忆仍然在营造他战无不胜的幻觉时，与拿破仑媾和是可能的，但是如今已经不可能再将国际秩序建立在不协调的国内体制上面。三月十三日，“八国”——奥地利、英国、普鲁士、俄国、瑞典、西班牙、葡萄牙和法国，由塔列朗作为发言人——发表了一个宣言，向法国国王允诺会提供必要的援助来恢复社会安宁。同时，宣布拿破仑这个专事破坏世界安宁的人已经自绝于文明与文明社会。军队本来已经准备遣散，又再次被动员起来。维也纳的协议还没有得到批准，欧洲又开始陷入战争；作为一个时代达到顶峰的最后象征，这次是对一个人，而非一个国家宣战。

拿破仑接受了《巴黎条约》，还给沙皇送去了一份一月三日签署的秘密条约——它被匆匆遗忘在杜伊勒里宫——但这都只是徒劳。梅特涅也没有回应他的恳求，因为拿破仑已经不再是那位凌驾于革命之上的统治者，现在只是一个闹闹革命的小首领而已。他或许可以申明和平的愿望，然而即使他真心诚意，他也不再有能力实现这

① N. P., I, p. 209.

个愿望。一八一四年的拿破仑尽管屡遭挫败，却仍然还有耶拿和奥斯特利茨战役胜利者的超凡魅力，而一八一五年的拿破仑却是一八一四年的战败者，关于他战败的记忆限制了他对权力的诉求。他的回归并不具有凯旋的性质，只不过是一种抗议姿态，产生于所有心怀不满者通常会形成的革命联盟。拿破仑这位凭意志行事的人已经成为一种象征，一种人们借此对抗可恨的“合法性”原则的原则；他在最后一次登上舞台时必须证明，尽管人们可以战胜观念，但观念却比人更持久。革命再次兴起，拿破仑只能通过将其政权建立于雅各宾派上，通过放宽波旁王朝的宪法，使自己合法化。如果说梅 177
特涅曾经希望使征服者拿破仑承认权力的有限性，但希冀植根于国内革命的拿破仑却不再是平衡中一个可接受的因素。五月三日，同盟各国一致认为“他们与法国当前的统治者势不两立，因为经验表明不能相信他的信誓旦旦……它们进行战争，目的是为了保证自己的独立性以及重新获得永久的安宁，因为法国在当前首领的统治下不能提供任何安全保障。”①

但是如果说同盟各国一致认为拿破仑的继续统治不符合欧洲均势，关于能采取什么补救措施，它们却远远没有达成共识。战争的再次爆发重启了所有在朗格勒、特鲁瓦和维也纳经过激烈争议才解决的问题，在过去岁月里遭受失败的所有事业的倡导者从拿破仑的再次出现中得出结论，说这正是因为没有听从他们的意见。沙皇想起自己曾经反对波旁王朝复辟，普鲁士曾经要求严厉惩罚对手，利物浦的内阁也想起他们不喜欢《枫丹白露条约》。所有要求报复的人在前一年勉强按捺住的报复心现在全都爆发了，似乎虽然革命无法征服欧洲，但也可能将欧洲带入一阵旋涡，吞噬所有的克制力。

---

① B. D., p. 331, 6 May, 1815; *British and Foreign State Papers*, (London, 1841). Vol. Ⅱ, p. 301. 以下简称 B. F. S. P.。

主要的负担落在卡斯尔雷身上。奥地利军队在意大利，俄国军队仍然深入波兰腹地，只有英国和普鲁士军队匆匆集结在低地国家，可以听从指挥。没有哪个同盟国有足够的财力来进行战争，但是前一年卡斯尔雷虽然被迫提议免去法国赔款，他现在却必须防止那些迫不及待者冒失开战，大家都同意，这一次战争的成本不应该再落在胜利者头上。三月二十五日，在维也纳接替卡斯尔雷的威灵顿公爵重启了《肖蒙条约》的资助安排，只不过这一次所有的德意志小公国都参与了进来。卡斯尔雷致信威灵顿说："如果我们做这件事的话，就不能有任何投机取巧……必须以最大的规模……必须以武力全面包围法国。"①

178 但是用武力包围法国是一回事，决定要借用什么名义来动武却是另一回事。英国可能是所有国家中最急于再次使波旁王室复位的，但是它在国内的合法化并不意味着可以为此进行一场战争。不干涉别国内政是英国国策的关键原则，哪怕是为了波旁王室也不允许违背此原则。卡斯尔雷致信克朗卡迪说："对于他的复位，(路易十八)不可能希望我们还能比现在更重视，最为要紧的是，必须尽一切努力来进行这场战争，以期达成这种结果，但是我们不能使其成为必要条件。外国尽可以立下盟约，摧毁波拿巴的权威，认为它不符合安全的要求，但是要公开指定谁来取代他，那就是另外一回事了。这是关乎国会的微妙事情。"②在致信与遭到放逐的波旁国王在一起的英国大使查尔斯·斯图尔特时，他又说："约翰牛在不受拘束时最英勇善战……虽然我们能够巧妙地将波旁的事业与战争的公开(强调语气为我所加)目的联系在一起，我们也绝没有办法一直将

① C. C., x, p. 285, 26 March, 1815.
② C. C., x, p. 301, 8 April, 1815.

(它)作为原则维持下去……”①

整个四月和五月，沙皇一直不怀好意地说情愿要共和国，也不要再来一次王朝复辟，②卡斯尔雷必须抵抗国会的压力，因为国会强迫他假装对法国的国内事务安排完全不偏不倚。当波旁王室请求救助，欧洲大陆请求经济援助时，卡斯尔雷却必须准备为战争寻找一个符合岛国心态的理由。但是无论这有多么艰难，他也拒绝利用公众要求“惩罚”法国的热情来为自己的政策寻找合法理由。他告诉议会，波旁家族赋予法国一种社会特征，使其置身于世界各国大家庭中，而拿破仑得以复位，是因为军队认为和平与其观念相左。③战争是统一的欧洲对付拿破仑威胁的斗争，目的是让法国重新融入，而非放逐。五月二十六日，战争动议终于在议会获得通过，卡斯尔雷致信涅谢尔罗迭说：“需要费点周折才能使得这个国家热情地投入一场新的战争……你可以相信我们会安排得很周到，不会辜负我 179
们的盟友和正当理由……”④

战争到来得很及时。六月十八日打响了滑铁卢战争，六月二十二日，拿破仑再次让位于他的儿子，因此使卡斯尔雷避免了再来一次同盟之战的尴尬。沙皇正带领一小队哥萨克卫兵前往巴黎，希望重演他上一年的胜利，威灵顿安排了第二次复辟，法国“合法的”统治者路易十八由雅各宾国民议会召回。正如在一八一四年四月，塔列朗借沙皇宽宏大量的名义，将既成事实摆在亚历山大一世面前，现在威灵顿和卡斯尔雷又借适度之名给了他一个既成事实。亚历山大一世的生活充实感只在于期待。

法国又再次变得“合群”，但是当四国聚集在一起再次谋划和

---

① Webster, I (Appendix), p. 545, 19 April, 1815.
② B. D., p. 324f., 15 April, 1815.
③ Hansard (Commons), 29 April, 1815.
④ C. C., X, p. 365, 28 May, 1815.

平时，前一年的希望破灭了。似乎已经很清楚，仅仅展示除革命之外的另一种选择并不能结束革命，简单地改变法国的国内体制也不能使其融入国际社会。一八一四年，进行战争的公开目的是为了使法国领土缩小至“旧时疆界”，推翻拿破仑只是偶然的附带结果，但是波旁复辟却被视为局势的根本转变。一八一五年，进行战争是为了推翻拿破仑，但是吊诡的是，这个目的实现后却造成了新的疑虑。人们忘记了前一年说过的勇敢的话语，忘记了国际社会受到的约束是各自的期望必须具有合法性。因为害怕共同的敌人，欧洲开始组织起来，并且在此过程中失去了自发性。抱着胜利者自以为是的态度，四国再次聚在一起，要将和平强加于法国，但似乎这次它们不会再有分寸感。

然而，巴黎有一个人在短短的三个月内代表了欧洲的良心。很难解释为何是卡斯尔雷抵制了普鲁士想要让法国解体的鼓噪，因为甚至梅特涅也附和普鲁士的提议，甚至要求永久拆毁法国防御系统
180 的外围；[①]也无法解释卡斯尔雷为何拒绝听从内阁和议会的指挥，两者都催促他寻求惩罚性和平。然而，这位来自最不易遭受直接攻击的岛国的代表宽恕了法国，挽救了欧洲均势。卡斯尔雷在巴黎为均势所做努力产生的效果超过了他一生中任何其他时候。他在国内受到误解，也少了梅特涅在此前一些摩擦中提供的道义框架的支持，但他以惯有的矜持方式和慢吞吞的说服力来为人处世，受到总是比表达能力更为准确的直觉的驱使。两代欧洲人将羞辱堆在他头上，说他摧毁了欧洲的自由，因为政治均势已经被视为理所当然，以至于社会竞争掩盖了其他一切；以至于人们忘记了，如果没有卡斯尔雷如此决断地加以保留的政治架构，那就根本不会有人们可以为之

① D'Angeberg，II，p. 1482.

竞争的任何社会实体保留下来。

二

当卡斯尔雷准备讨论和约时，来自各方的压力都反对温和的态度。敌手已经无能为力是事实；而敌手已经和解则只是猜测而已。领土扩大意味着拥有领土的确定性；通过自我限制将一个对手融入国际大家庭是诚信的表示。当然，“绝对安全”的倡导者总是能得到大众的支持，他们支持的是现在，而政治家必须应对未来。

无论关于绝对安全的辩论多么“有道理”，都将导致国际社会内部形成革命局势。因为他们坚持只有一种战争的起因，结果造成了实际上和心理上的失衡。和平越是具有惩罚性，就越是急切地需要集体安全体系，以过去敌人的威胁作为其合法性的理由。但是这种体系却是强硬僵化的表现，表明和平只能得之于压倒一切的武力。一种秩序如果包含一个永远不满的国家，和谐将成为目的本身，这将使协议听命于其最无情的成员，最乐意与革命势力达成妥协的成员。因此，投降的国家的软弱，其实是一种假象，越是想要确保它永久软弱，越有可能改善其相对地位。因为违背协议的合法化 181
原则，或因为无法强求过去的敌人自愿接纳协议，胜利的国家就此营造出一种心理上的扭曲。维持现状国家不再能通过诉诸“合法性”来维护自己的立场，针对惩罚性和平的受害者，它们的诉求必须依赖武力，于是那些最需要稳定的国家就成为本质上是革命性的政策的倡导者。当然，相对于失败者，惩罚性和平往往更容易令胜利者失去分寸感。追求绝对的安全会导致永久的革命。

但是一八一五年七月在巴黎，很少有人意识到这一点。面对普鲁士的漫天要价和奥地利的索求，在本国政府的压力之下，卡斯尔雷被迫——在他一生中少有的几个这样的时刻——从理论上来为自己的立场辩护。同盟军队的劫掠，德意志国家迫不及待地要将尽可能多的兵力调遣至法国，以便摆脱维持这些军队的开支，这些都使卡斯尔雷怒不可遏。[①]内阁越来越顽固不化使他火气很大，为了转移他的政策的一些责任，卡斯尔雷现在说服了深陷宗教狂热情绪之中的沙皇来提议和平方案，包括重新确认第一次《巴黎条约》，再加上要求适当的赔款。他将此提议送交内阁，并写信暗示不应该让俄国人独享实施宽容和平政策的名声。[②]

但是内阁既不愿意听从卡斯尔雷的意见，也不愿意听从沙皇的意见。七月十五日，利物浦就已经说过，法国政府对“叛国者”的容忍已经表明它不可靠；减少法国实施侵略的手段才会安全；同盟各国有权剥夺法国在路易十四统治时期征服得来的一切领土；至少同盟各国应该拆除北面和东面边境上的要塞，并且要求赔款。[③]宽宏大量的政策已经证实是令人失望的，英国“有资格为自己尽量谋求安
182 全”。如往常一样，在这种时期最后总是要求助于军事考虑，似乎安全的军事因素有自己的道德规范，似乎纯粹依赖军事考量本身并不意味着放弃政策。利物浦宣称，路易十八人缘再好，也不应该影响到清除要塞，这应该完全由威灵顿从军事上做出判断：“无论我们如何希望路易十八的政权在法国受到欢迎，我们也没有理由为了达到这个目的而牺牲被视为对于欧洲总体安全非常重要的一切”。[④]

就这样，卡斯尔雷被迫尽可能详尽地说明安全的性质。在八月十二日和十七日的两份备忘录中，他讨论的问题涉及融合还是惩

---

① C. C.，Ⅹ，p. 484f.，17 August，1815. 威灵顿的观点可见 Gurwood，Ⅻ，p. 558；B. D.，342f.。

② B. D.，p. 353，29 July，1815.

③ C. C.，Ⅹ，p. 431f.，15 July，1815.

④ C. C.，Ⅹ，p. 431，15 July，1815；C. C.，Ⅹ，p. 454f.，3 August，1815；C. C.，Ⅹ，p. 479，11 August，1815.

罚，是追求和解的和平还是瓜分一个国家的解决方案。八月十二日的备忘录探讨了割让领土的问题。卡斯尔雷认为，如果瓜分意味着安全的保障，尽管分配战利品可能会引起分裂，那还是值得尝试一二，但是事实上，瓜分只会激起法国的好斗情绪，而且还不能保证其他国家，尤其是俄国，会坚决反对新的侵略："相比因为认准极端谨慎的措施而危及同盟，让欧洲的安全依赖于所有国家都会支持的事情，这会好很多。"总而言之，绝对安全的海市蜃楼会摧毁它寻求达到的目的。歌颂稳定的物理因素，却忽视了其道义因素；集结武力来控制已经失败的敌人，却削弱了使武力发挥效力的决心："法国持续的过分举动无疑会驱使欧洲……采取瓜分的措施……(但是)应该让同盟各国利用这次新的机会来保障所有国家都急需的休养生息，并且确信如果情势让他们失望……他们会再次拿起武器，不但拥有主动权，而且拥有仅凭自身就足以使这种联盟团结在一起的道德力量……"①

如果说八月十二日的备忘录是对安全性质的定义，那么八月十七日的备忘录则否认了政策的行使会受为时短暂的公众舆论左右。②卡斯尔雷致信利物浦说："我不怀疑中间路线是最受欢迎的， 183
强求他国永久转让一两个非常有名的要塞，我们付出的努力将会得到一片喝彩，但喝彩并不是总伴随着努力……但是我们的任务不是搜集战利品，而是要尽量使世界走上和平的正轨。我不认为这适合任何想要……影响法国领土性质的企图……我也不能肯定……法国即使在它目前的格局下，是否只会是欧洲体系危险的成员，而不是有用的成员。"卡斯尔雷这位外交大臣，拿破仑的死敌，在十五个月之前仅能想象一个因为对法国的恐惧而团结起来的欧洲，现在却成

① B. D., p. 361, 12 August, 1815.
② C. C., X, p. 484f, 17 August, 1815.

了和平和谐的倡导者，这表明了他作为一位政治家的逐渐成熟。哪怕此时卡斯尔雷基本上处于孤立，他也蔑视对公众舆论让步，这代表了他对政治家所秉承的职责的理解。

因此，一方面是卡斯尔雷急切的坚持，另一方面是内阁勉强的同意，这定义了英国在新的和平协议中的作用。这种作用完全依赖一个人的信念，但这一点并没有影响到有关和约的实际磋商。但是动机本身无法强求一个要阻止落实该动机的国家的热情，甚至无法博得它的理解。以欧洲名义建立的和平只能在意识到欧洲作用的条件下才能维持，然而这种意识开始淡漠，因为人们对重大危险的记忆逐渐模糊。英国眺望海峡对岸，只见安特卫普长久掌握在友好国家的手中，因而竟然忘记了事情可能还会有另外的样子。

卡斯尔雷成功地克服了内阁的犹豫；接下来又遭遇了欧洲大陆的贪婪。普鲁士已经向法国派遣了二十八万人，要为普鲁士曾经受过的磨难实施往往表现得野蛮的报复，它不愿意再次失去为国家受到的羞辱展开报复的机会。它得到了其他小邦国的支持，它们只会从中得到好处，而不会失去什么，因为它们的领土扩张一定需要得到大国的保障。卡斯尔雷怒不可遏，斥责“掠夺的习性在一个世纪
184 以来给德意志带来了悲惨的命运”。[①]他气急败坏，甚至威胁说要取消英国对低地国家的保障，如果后者继续坚持过分的要求的话。[②]

但是像第一次《巴黎条约》那样慷慨大度的和平条件现在已经不可能了。大家同意由法国来承担战争的费用以及在荷兰建造防御要塞的部分开支，赔款定为七亿法郎。法国北部的占领军将负责实施和约条款并且保护国王的安全。最后，普鲁士和其他德意志小邦国得以修改边界线，法国领土收缩至革命前的疆界，被剥夺了第一

---

① B. D., p. 375, 4 September, 1815.
② B. D., p. 376, 4 September, 1815.

次《巴黎条约》给予它的额外领土：萨尔路易、兰道和萨伏依。革命时期获得的艺术珍品也归还给了原来的主人。

如果说这个和约没有第一次《巴黎条约》那么宽宏大量，但它也至少没有严苛到会使得法国变成一个永远心怀不满的国家。法国失去的领土具有战略上的重要性，而非商业或象征性意义，无论如何，包括近一百万人口。赔款三年内付清，占领军也在第三年底全部撤出。于是各国第二次缔结了适度的和平，在不到十五个月之内，政治家们两次成功地抵挡住了想要大获全胜的诱惑，而一个多世纪里，人们却批评这些政治家对横扫全欧洲的情绪视而不见。但是这些情绪的代表人物，例如施泰因，无论具有什么样的社会洞察力，都赞成报复式和平，而这会使欧洲遭遇无休止的政治纷争。

三

但是合法均势时代的开始不可能没有这样两种行动，这两者自觉地表明，革命的记忆可能比革命本身更危险，只有“既定”的秩序才是理所当然，而建立起来的秩序则需要加以解释。自然，这些行动应该代表追求秩序的两个方面：一八一五年十一月二十日的四国同盟代表了权力均势和诚信的现实状况；一八一五年九月二十六 185
日的神圣同盟宣告了各种愿望的相互妥协和道义原则的普遍性。由卡斯尔雷来建立政治框架是恰当的，但是其道义表述的制定者却是一位具有矛盾性的人物：俄国沙皇，他在前一年几乎将欧洲带到了战争的边缘，但是现在却厌腻了荣耀，满怀一种神秘的崇高心绪，一心要在实现基督教仁爱的信条中寻求声誉。

七月十七日，卡斯尔雷已经致信利物浦，说他上次在巴黎铸成了大错，“没有反对设立障碍，以(欧洲禁令的)条款来对付拿破仑的回归，因为无疑他……使得国家和军队都相信他能够复位，而且尽管如此仍能保持和平”。[①]因此才产生了四国同盟。它代表了一种暧昧的混合，包含一个岛国的国际关系概念与一位具有欧洲视野的政治家对稳定因素的了解。

如同它与革命的所有关系一样，这次英国又面临着欲望与国内合法性之间的冲突，想要保留波旁王朝的愿望与不干涉他国内政的原则之间的冲突。结果是一种妥协，保障了欧洲能应对法国的入侵，同时避免肯定地允诺采取共同行动对付国内的动荡。公开宣布的目标是保护《第二次巴黎条约》的领土安排，无疑这一点对英国内阁最有吸引力。既然拿破仑反复扰乱了领土平衡，针对他的情况，同盟的第二条款就不干涉原则作出了例外规定，将波拿巴家族排除在法国王位之外。但是万一法国发生除波拿巴分子主导之外的其他革命呢？将革命这样的事实作为战争的理由，这是放弃不干涉的原则。但是袖手旁观则有可能导致又一系列的革命争斗。解决这种窘境的办法是闪烁其词，英国承认欧洲稳定具有社会因素，同时考虑到公众舆论，避免作出承诺：同盟各国同意“保持警惕”，而且“如果革命再次扰乱法国……会为了各自的安全而采取必要措
186 施”。就这样，法国的革命被宣布为潜在的威胁，即使它不牵涉任何实际的侵略行为，但它也不会自动成为进行战争的理由。

十五个月前，卡斯尔雷会认为这些条文以及规定各国共同动用武力采取措施的其他条款是他的努力所产生的终极结果，而且无疑内阁每位成员都会将英国的安全与约束法国完全等同起来。但是在此期间，卡斯尔雷已经成为反法同盟许多政治家所遭遇的诱惑的牺牲品。在同盟的神话中，战前的外交关系似乎过于微妙和琐碎，造

① B. D., p. 349, 17 July, 1815.

成了最终互不信任的气氛。在共同行动的欢乐情绪中，或者当共同行动依然记忆犹新时，和平的愿望本身似乎就足以成为构建和平的动力。因此卡斯尔雷曾经认为，因面临共同敌人而产生的目标一致性是国际关系的正常模式。他陶醉于“合理性”，竟然忘记了前一年痛苦的调整过程。他越来越认为保密关系不是和谐的表现而是其产生的原因，和平秩序的要求就像取得军事胜利的措施那样一目了然。因此他催促欧洲各国保持密切联系，不但为了如沙皇所提议，控制法国，而且为了欧洲的安定。稳定可能在于共同作出承诺而非达成机械性平衡，在于采取预防措施而非防卫，这样的概念完全超出了英国内阁的想象，以至于没有人对卡斯尔雷起草的《同盟条约》的第六条款提出异议，该条款要求“缔约国”定期召开会议……“探讨有益于各国安定和繁荣……以及欧洲和平的措施”。[①]

之后统辖了欧洲七年的会议制度由此产生，这几乎像是事后的谋划。但是在任何政治局势中，都有不随人的意愿转移、不可能在一世中改变的因素。这是需求为政治家装扮出来的假象，他的悲剧性就存在于与其斗争的过程中。无论卡斯尔雷的愿景有什么优点，英国的经历却妨碍了它理解自己的外交大臣。在公众眼里，对于英 187
国的安全而言，英吉利海峡相比欧洲大陆的稳定是更为重要的保障。只是一个误解才使得冲突没有在一八一五年变得显而易见：当卡斯尔雷考虑的是欧洲时，内阁和整个国家却集中关注法国。

巴黎还有一个人物志在追求不可能达到的完善。自从维也纳的争夺以来，亚历山大一世的心思变得越来越神秘。曾经如此长久和迫不及待地追求的荣耀和称赞，现在不知为何却似乎被他搁置一旁，甚至胜利也变得越来越索然无味。第一次向巴黎进军并没有能

---

① 对该条约的详细分析，见 Webster，Ⅱ，pp. 54–56，Text of Quadruple Alliance，Martens，*Recueil*，Ⅳ，p. 27ff.。

在道义上为焚烧莫斯科复仇，但结果却导致错综复杂的阴谋，使得波旁王朝复辟。维也纳会议并没有让人服从不言而喻的道德准则，而是导致各方为貌似边缘化的问题进行顽固的争夺。当然，不能仅凭一时心血来潮就实施某种政策，因为政治家既应该对征服世界感兴趣，也应该对保存世界感兴趣。但是对于狂热者——或者先知——来说这起不到安慰作用。政治家活在当下；对他的考验是看他建立的结构在压力下是否能够长久。先知活在永恒，而永恒根本就没有现世的维度；对他的考验由他的愿景所决定。两者相遇总是悲剧性的，因为政治家必须努力将先知的愿景简化至精确的措施，而先知则会用超验的标准来判断现世的结构。在政治家看来，先知意味着一种威胁，因为强调绝对的公正即否定有微妙的差异。在先知看来，政治家代表对现实的反叛，因为试图将公正削弱至人力可及意味着偶然性压倒了普遍性。在政治家看来，协商是稳定的根本，因为它象征着调整彼此冲突的诉求，认可合法性；在先知看来，它象征着不完善，象征着扰乱普世极乐的不纯粹的动机。难怪亚历山大一世总是感觉受到误解，或者同行总是不信任他。他们认为安全是承认有限性；他认为安全是超然物外的时刻。无论卡斯尔雷与梅特涅有什么分歧，他们总是在寻求一种具有微妙联系的世界；而亚历山大一世寻求的是即时完善的世界。

沙皇再次跟随军队向巴黎前进，他开始将在维也纳的纷争归于主要参与者缺少宗教灵感，他一再提起以他的名义向会议递交的提
188 议，该提议呼吁建立国王的兄弟联谊团体，以基督教戒律为指南。[1]带着这种心态，沙皇惊讶地发现克吕登纳男爵夫人前来拜访，她是一位宗教狂，视沙皇为欧洲的救星。不难将她的出现理解为上帝的

① D’Angeberg，I，p. 571，31 December，1814.

某种暗示，或者将新的争夺视为神的考验。沙皇一到达巴黎，立即邀请男爵夫人前来，写信说："您将会在城边上一所小房子里找到我。我之所以选择这个居所，是因为在花园里发现了我的旗帜，十字架。"[①]九月十日，沙皇为其他几位君王举行了盛大的阅兵式，但是代替军队列队行进的是一场由克吕登纳男爵夫人主持的弥撒。

带着这种心态，沙皇支持卡斯尔雷寻求宽容的和平，他现在开始着手神圣化这件事，将其与裁判所有人类活动的宗教教义关联起来。经过与克吕登纳男爵夫人的协商，他提议起草一份只有君王才配得上，也只需他们签署的宣言，结果奥地利皇帝回答说，他不能肯定究竟应该与大臣们商议这件事，还是去告解室请求指点。宣言一开始就祈求三位一体和神意：因为神的关怀普照大地，所以各国君王决定"必须从根本上改变此前各国在处理彼此关系时选择的道路，迫切需要以基于我们救世主的永恒宗教之崇高真理的秩序来取而代之"。接下来是三项条款，象征三位一体，呼吁各国君王和人民视彼此为兄弟，各国视彼此同为基督教共同体内的一员；恳请各国君王以仁爱之心管辖臣民，并向彼此伸出救助之手。[②]

但是无论梅特涅如何嘲笑这种努力，而且即使他将这归因于沙皇的脑子出了问题，但在那些出席维也纳会议的精心算计的人看来，这并非一份宗教文件，而是最为重要的政治文件。卡斯尔雷说，"（梅特涅）不愿意挫伤（沙皇）的信念，因为无论那是如何不着边 189
际，却可能会给他和全世界省去不少麻烦，只要这种信念能够长久。总而言之，奥地利皇帝知道没有退路，在做了一些文字修改后，同意签署这份宣言。"[③]但是这些修改至关重要，因为梅特涅将沙皇

① Schwartz, *Die Heilige Allianz*, p. 50.
② Schwarz, p. 52f. 梅特涅后来删去了此处不同字体的词。见下段。
③ B. D., p. 383, 28 September, 1815.

的泛泛而谈转变为符合中欧帝国清醒理智状态的政策声明，而且他做得非常巧妙，使亚历山大一世确信这贯彻了他的精神。①以这样一种变通的形式，神圣同盟用君主宗法联合会取代了各民族联合团体，上述前言还提到："君主同盟已经确信，目前各国关系所走的道路必须以基于……永恒宗教之崇高真理的秩序来取而代之。"②

已经不再有急迫感，也不再提到需要根本性改革；同样也不再一提到过去的国家关系就只是谴责欧洲政治协同。而且更有逻辑地看，宣言的新版本可被视为一种对革命带来的转变的攻击，对回归秩序的承诺，对法律高于意志的确认。沙皇认为神圣同盟是纲领性的，宣告着超越历史琐碎的新时代的开始；梅特涅则用它来宣布结束一个革命时代和重返历史。因此，就这样，亚历山大一世对巴黎的第二次讨伐再次产生了意料之外的效果。在沙皇虎头蛇尾的生涯中，他构想出和约本来意在用作改造世界的工具，结果却成为维护欧洲均势的手段。

要获得英国的同意仍然还有一些困难。卡斯尔雷称神圣同盟为"崇高神秘主义和胡说八道的混沌一团"，他意识到议会绝不会同意正式认可这样一种文件，因此他提议摄政王以他本人的名义认可这份条约，"该条约不妥之处在于过分讲究参与其中的卓越性，而
190 非其特征和性质"。③但即使这样对于内阁来说也太过分了，他们摆脱困境的办法就是强调卡斯尔雷的提议不符合英国宪法的原则。摄政王最后致信其他国王，表达了他个人对他们所做努力的赞同。④就这样，带着疑虑重重和犹豫不决，带着崇高的愿景和清醒的盘算，

---

① Schwarz，p. 57.

② 有关梅特涅所做修改的探讨，见 Werner Naef，*Geschichte der Heiligen Allianz*（Berner，Untersuchungen zur Allgemeinen Geschichte），p. 8f.；条约全文见 Martens，*Recueil*，Ⅱ，p. 656f.。

③ B. D.，p. 382f.，28 September，1815.

④ B. D.，p. 385f.，3 October，1815.

神圣同盟产生了，成为了一个时代的象征。

一八一五年九月底国王们准备离开巴黎时，和平似乎终于得以确定，革命时期也终于结束了。协议如此悄无声息地达成，以至于它最大的成就，即可能会被普遍采纳，也基本不为人注意。在巴黎还缔结了两项协议，在接下来的十年中起到了指导欧洲的作用，同时也标志着其倡导者——四国和神圣同盟——的悲剧性命运，标志着对欧洲由诚信以及对道义共识的追求而团结在一起的希望，以及均势的政治和道义表述。就这样，企盼欧洲同心协力的愿景毁了当时两位完全不同的人物：清醒而迂腐的卡斯尔雷、狂热而处于宗教高昂情绪中的沙皇；卡斯尔雷毁于他的直觉——超出了国内民众的体验；亚历山大一世毁于他的努力——超出了国际秩序的经验。

然而，在巴黎有一个人了解自己能力的有限性，事实上了解得太清楚了。对于梅特涅来说，政策不是理想主义的构想或旨在改造其民众的精神特质。这位或许最需要改变的帝国政治家只看见了不可更改的框架，他设想自己的任务在于试图强使国际秩序符合其结构，在所有当时在巴黎的政治家中，他几乎是唯一将和平视为开端，而非终极目标的人。政治斗争结束了，社会斗争将要开始。梅特涅计划以他惯常的策略来加入这场竞争：以耐心而非建设性来击败对手，不是超越他们，而是拖垮他们。当梅特涅准备新的战斗时，他的社会信念的性质就变得至为重要了。

至于这位自诩为“治疗革命疾病的医生”将会开出什么药方，欧洲正在翘首以待。

第十一章
梅特涅与保守的困境

一

因此和平终于降临欧洲，但却使中欧帝国陷入了最为严重的困境。当征服者的压力似乎依然无所不在时，奥地利的特殊问题淹没在共同的危险中，但是从此以后每个国家都将遭遇自己的挑战和特殊的困难。然而奥地利是欧洲大陆上唯一能够不需做出承诺就进入和平时期的国家。在全欧洲都梦想着改造人类时，只有它保持清醒，它坚持每一步都必须能够以具体的政治语言来表述，这都正好与其外交大臣的观点相互照应，他坚信所有社会目标都应该是被动的：不是通过反对革命，而是通过坚持合法性来从混乱中挽救责任感并击败革命。梅特涅微妙迂回的外交手腕反映了一种根本的信念：自由与权威不可分离，自由是秩序的属性。梅特涅领导下的奥地利只有在保留了道德实质的情况下才会对改革感兴趣，只有保存了其价值观，才会对变化感兴趣。梅特涅写道，“世界服从两种影响，社会的和政治的……政治因素是可以操纵的；而社会因素是不可操纵的，绝不应该放弃其根本。”① 因此在目前开始的这个和平阶段，一切都有赖于这位奥地利外交大臣所持有的关于社会根基本质的观念。 191

革命时期的保守派总是多少有点反常。假使责任的模式依然是自发性的，那就没有人会想到要做一个保守派，因为认真地改变现有结构是不可想象的，但是一旦存在着一个举足轻重的革命政党，或者更有甚者，一旦革命果真胜利了，就会有两个彼此相关的问题
192 需要回答，这两个问题的出现本身比任何可能给出的答案都具有象征性：权威的意义是什么？自由的性质是什么？从此稳定和改革，自由和权威似乎彼此对立；竞争变成了原则性的，变化这个问题采取了攻击现存秩序的形式，而非就具体问题进行争论。这与政党的标签没有关系。有一些社会，例如十九世纪的美国和英国，曾经基本上是保守的，因此现存的政党可以被视为既保守也进步。还有另外一些社会，例如法国在将近一个世纪的时间内，因为存在着根本的社会分歧，所有问题都基本上是革命的，无论那些政党如何看待自己。

但是保守派在革命的局势里能做些什么呢？一个稳定的社会秩序拥有希望持久的直觉，反对持久则或者遭到忽视或者被试图化解。伏尔泰在十八世纪被视为“时髦”，并非那是一个革命时期，而是因为当时革命是不可想象的。另一方面，革命时期的特征则是其自我意识，因为一旦现存的责任模式遭到挑战，政治生活就会失去自发性。稳定秩序的动力是*职责*的观念——强调社会准则的不言而喻——行动的其他方向不是遭到否定，而是根本就不可想象。革命时期的动力是*忠诚*的观念，要控制意志需要象征性的，甚至仪式上的意义，因为似乎总存在其他选择。职责的伦理原则需要*责任感*，通过意志的导向来判断行为。正是因为这个原因，*动机*的伦理原则才竭力将个人准则与道德标准等同起来，而该道德准则无论如何严

---

① N. P.，Ⅷ，p. 340.

格，都必须为个人接受才能变得有意义。忠诚的伦理原则涉及正统概念，因为它是完成群体认同的手段，它不排除将个人准则与社会准则等同起来，但只是不需要这样做。“无论对错，都是我的国家”——这是忠诚的语言。“如此行为，让你的行为因意志而成为自然的普遍规律”——这是职责的语言。职责表达的是普遍性，而忠诚表达的是偶然性。

因此，当保守派在政治上为人处世时，哪怕不情愿，也还是会 193
成为革命时期的象征。他的根本立场涉及否认有关权威性质问题的有效性；但是因为该问题要求回答，本身就表明了一种有效性。对于革命者来说，保守派的立场因而也成为一种回答，是一种胜利，即使当下的斗争最后失利。保守派在一场意志斗争中成为胜利者，能得到什么好处呢？他的斗争不是个人的，而是社会的，他的理由不是个人的，而是历史性的。在革命竞争中，保守派的立场由反动的——反革命的——一派势力占据主导地位，这并非偶然，这个群体按照意志和忠诚原则来争斗。真正的保守派并不擅长社会斗争，他会试图避免不可弥补的分歧，因为他知道稳定的社会结构得以繁荣的原因，不在战胜对手，而在与对手和解。

那么保守派怎么使自己的立场免受互相冲突的诉求之偶然性的影响呢？那么既成事实如何起到劝服作用，当它的不言自明已经消失？保守派典型的回答是，尽量匿名争斗，使得如果一定要给出答案时，答案将超越意志，使得竞争至少在超越个人的层次上发生，使得责任成为职责，而非忠诚。以历史力量的名义来为保守主义进行斗争，否定革命问题的有效性，因为它否认社会和社会契约的暂时性——这是柏克的回答。以理性的名义来与革命进行斗争，根据认识论来否认问题的有效性，因为它有悖于宇宙的结构——这是梅特涅的回答。

这两种保守立场具有根本的差异。在柏克看来，社会责任的终极准则是历史；在梅特涅看来是理性。柏克认为历史是一个民族精神的表达；梅特涅认为历史是一种需要应对的“力量”，比大部分社会力量都更重要，但并没有更大的道德有效性。柏克否定了革命家有关理性为社会责任提供了充分基础的假设，因此他的挑战注定不会立刻起到作用。梅特涅接受了这种假设，但是从中得出了与对手截然相反的结论，因此他面临的是道德上的挑战。柏克认为革命是冒犯社会道德观，违背一个国家历史构造的神圣契约。梅特涅认为革命违背了管辖社会生活的普遍法则，要与之斗争，并非因为它
194 有悖道德，而是因为它将带来灾难。历史保守主义憎恶革命，认为它损害了一个民族传统的个体表达，理性保守主义与其斗争，是为了防止实施普遍的社会准则。

正是保守主义的这种理性主义概念使得梅特涅采取了刻板的政策，并且刻板地诠释自由的性质和权威的意义等相关问题。西方拿出了两个基本答案：自由是无拘无束，自由是自愿接受权威。前者认为自由处于权威的范畴之外；后者认为自由是权威的特征之一。自由的负面形式是一种超越了其政治架构的社会的表达，在洛克看来，这种社会存在于国家之先，其政治结构像一个为了达到既定目标而组成的有限责任公司。在这样的社会中，保守主义反对改革似乎是一个强调重点在哪里的问题，有关具体形式和内容等改变多还是少的问题。既然重要的活动场所在政权范畴之外，那么政治具有功利作用，而非伦理作用；有用处，但无关道德。基于洛克的自由概念的社会总是保守的，无论其政治竞争采取什么形式。如果不是这样的话，就无法运作一个体系，这个体系的力量在于社会凝聚力，在于“不言而喻”的事情。因为这个原因，柏克对保守主义的辩护不适用于英国国内的情况，却旨在针对外国人对它的误解。

但是欧洲大陆从来无法接受盎格鲁-撒克逊的自由观。在法国革命前，是因为洛克的观念成为一种完成了的革命的哲学，一种妥协的教义，缺乏呼吁行动的逻辑严密性。到后来，是因为法国大革命与英国革命不同，它产生了根本的社会分歧。团结一致的社会能够通过表明争议只是边缘性的的习俗来进行自我调节，包含根本分歧的社会则必须依赖法律这种对必要关系的定义。因此，是康德和卢梭，而非洛克，代表了欧洲大陆的自由观，即寻求将意志与普遍利 195
益等同起来，认为政府在公正管辖，而非最少管辖时，是最自由的政府。在英国保守主义者看来，社会问题就是调整的问题：以及时的政治让步来保护社会范畴。但是对于欧洲大陆的保守主义者来说，这是实实在在的保存问题，因为在他看来，政治让步等同于社会投降，因为人们只能对某些事情让步。当国家与社会是不同的主体时，这不成问题，但是当两者等同起来时，让步就是承认失败，承认不可逾越的社会分歧。因此，甚至在梅特涅生命将要结束之时，在他的时代早已过去之后，他仍然反对英国皮尔派成员詹姆斯·格雷厄姆勋爵的发言，后者认为政治家的智慧在于知道应该在何时作出让步，梅特涅却说："我对政治家的观念完全不同。一位政治家的真正美德……在于管辖，以避免必须作出让步的情形。"①

这并不意味着保守政治家必须反对一切变化。梅特涅写道，身为保守派，既不需要回到从前的年代，也不需要反动，只需要经过精心谋划的改革。②真正的保守主义意味着积极的政策，③但是改革必须是秩序而非意志的产物；必须强调法则的普遍性，而非权力的偶然性。梅特涅在其政治遗言中写道："在我看来，自由这个词从

① N. P., Ⅷ, p. 562.
② N. P., Ⅲ, p. 415.
③ N. P., Ⅷ, p. 288.

来都不具有起点的特征，而只有目标的特征。起点是秩序，单凭这一点就能产生自由。没有秩序，对自由的诉求只不过是某个政党在追求自己的特定目的，这在实际上总是会导致暴政。因为我是倡导秩序的人，我的努力总是为了达到真正的，而非欺骗性的自由……我总是认为任何形式的专制都是软弱的表现。它在哪里出现，就会在哪里宣告自己有罪；最令人难以忍受的是以促进自由事业的面目出现。”[①]

但是如果这些断言仅仅代表了个人的信念，那意义何在呢？它们只不过将构成一种“体系”，只是又一种其竞争干扰了整整一代
196 欧洲人的结构。这种困境使得梅特涅一直坚持反对以他的名字来命名他的时代。“梅特涅体系”这个称呼如果正确的话，原本会标志着这位保守政治家的失败和革命的胜利。梅特涅拼命反对，不是以个人的名义，而是以理性的名义，不是因为个人持反对意见，而是为了普遍性的缘故。因此，他强调自己代表了永恒的原则而非一个体系；他也强调自己比别人更了解国家的真正基础是什么；[②]他摆出医生救治“患病的”社会有机体的姿态，将革命视为一种疾病，视保守主义为真理。在掌握权势三十九年之后，梅特涅仍然能够以爱恨交加和无可奈何的心情看待这个摇摇欲坠的世界，同时掺杂着对自己对手的怜悯，他们对真正社会力量的无知将会导致可怕的大屠杀：“三十九年来我一直扮演着岩石的角色，阻挡波浪翻滚……直到最后波浪淹没了岩石。波浪并没有从此平静下来，因为使它们动荡不平的不是岩石，而是它们内在的不安。消除障碍并不能改变这种情形，从来不能……我想要对引起社会动荡的代表们呼吁：‘世

① N. P. , VII, p. 633f.
② N. P. , VIII, p. 236.

界的公民们，你们只是在做梦，什么都没有改变。三月十四日，[1]什么都没有发生，只不过少了一个人而已。’”[2]

就这样，启蒙运动直到十九世纪中期还保留了其最后一位捍卫者，他根据“真实性”而非是否成功来判断行动，他在哲学唯物主义的时代倡导理性，他从来没有放弃自己的信念，即道德可以获知，美德可以传授。他于一八二二年写道：“这些信条证明是对的，(政策)基于历史，而非小说；基于知识，而非忠诚。”[3]当另一位拿破仑在他伟大的前任被打败三十五年之后出现时，梅特涅认为这不是他个人的失败，而是表明了一种哲学上的洞见：“成百万张投给路易·拿破仑·波拿巴的选票只不过表达了一种直觉，即没有秩序，就没有社会生活，而没有权威，也就没有秩序。今天这一真理自称路易·波拿巴；这个世界已经变得如此古老，以至于真理必须冠以个人的名字，因为所有其他的道路都封死了。”[4]真理必须冠以个 197
人的名字——这是理性主义保守派的悲剧，正如历史冠以个人的名字是历史保守派的悲剧。而匿名的真理也是启蒙运动的悖论：当真理理直气壮时，其基础是忠诚，哪怕仅仅在知识论上是如此。如果真理遭到挑战，就会成为一种教条。

但是只有愤世嫉俗的时代才能有这样的洞见，这在与康德和伏尔泰同一时代的这位智者是不可能的，他为自己头脑清醒感到骄傲，这只不过与哲学准则是不言而喻的这种信念正好相互对应而已，当人们要求他题赠自己的画像时，他的题词是：“总而言之不悲天悯人。”梅特涅直到老年也一直对自然科学深感兴趣，与科学家，尤其是实验科学家保持长久的通信。当沙皇试图将其宗教狂热

---

① 1848 年 3 月 14 日，梅特涅辞去首相职务。
② N. P.，Ⅷ，p. 232.
③ N. P.，Ⅲ，p. 542.
④ N. P.，Ⅷ，p. 197.

应用到社会领域里时，梅特涅于一八一七年给他写了这样一封信："世界患上了一种非常特殊的疾病，一种神秘主义疾病，它像所有传染病一样，都会过去……现在要想告诉患病之人，上帝需要的奉献不是杀戮以及没有人能够裁断其他人的良心，那还不如重温隐修士彼得的训诫更容易些。"①这不仅是保守派在抵制任何形式的群体运动，也是启蒙运动对浪漫主义的谴责。

二

那么梅特涅的准则给予他什么启示呢？它们表明了宇宙由法则统辖，不是在对事件加以诠释这个现代意义上，而是作为其属性。无视这个法则及其和谐与均势等规则，并非是道德上的错误，而是具有实际上的灾难性。正如在政治世界中，均势反映了侵略力量和抵抗力量之间的平衡，社会秩序也显示出任何社会主体中保守与毁灭趋势之间固有的紧张关系。政治家的任务是要区分这种竞争的形
198 式与内容，要建立秩序的道德基础，在其之上，只有时间才能赋予自发性。这又导致另一种区分，理性主义者经常认为它是问题的解决方案，而非定义：人只能制定宪章，它具有纲领性宣言的价值；而只有时间才能制定宪法。②

因此梅特涅反对他的同时代人为制定理想的宪法而努力，这有两个原因。他们忽视了"时间"的因素，这里时间并非柏克所指的几乎是空洞的主体，而是最为强大的社会力量之一。他们不现实，因为整个关于宪法的讨论都不着边际。任何存在物都服从法则，而政治世界中对法则的表述就是宪法："没有宪法的国家是抽象概

---

① N. P.，Ⅲ，p. 52f.
② N. P.，Ⅶ，p. 636；Ⅷ，p. 525.

念，正如一个人没有相应的精神。”[①]正是因为这个原因，它与试图通过宪法保障来获得自由是矛盾的。在梅特涅看来，“权利”不能被创造出来，而是固有的存在，它们是否得到确认只是偶然的、技术性的问题，与自由没有关系。没有人能够超越法律，即使国王也不行，这种概念使人想起格劳秀斯的名言：哪怕是上帝也不能使二加二等于五。因此，要保障权利本身就是个悖论；这是给本来只能是事实的陈述套上权力的语言，让具有永恒有效性的东西成为一种任意的存在：“本来是不言而喻的事情，如果以武断声明的面目出现，就会失去力量……疯狂地制定法律是肆虐世界六十二年的疾病的症状……自然的、道德的或者物质的力量不是人类法规的对象。人们该怎么形容与人权一起表现出万有引力定律的宪章呢？……错误地让事物被迫服从法规只会造成想要它加以保障的事物的有限性，即使不是使其完全失效的话。”[②]

这就是理性主义者关于权利是宇宙属性的信念，是贵族关于权力和义务不可分割的观念，是启蒙运动有关秩序和自由之间关系的信念。它强调“权利”的存在超越一切人类的建构，的确，人类的建构只能有损于它，但它也强调了民主理论的一个根本矛盾：一种人 199
性观坚持认为人有自治能力，而另一种人性观却限制了这种自治的范畴，这两者都结合在同一种理论中。如果人能意识到专横的压迫，那为什么人会去压迫别人呢？为什么必须保障普遍权利？当然这在盎格鲁-撒克逊国家从来就不是个问题，那里国家与社会之间的关系具有法律的而非道德的基础。在这种情况下，宪法保障的价值在于区分对政府是显性还是隐性限制，而政府总之都被视为是受到限制的。但是在一个“讲究伦理的国家”，对政府的显性限制是毫

---

① N. P., Ⅶ, p. 635.
② N. P., Ⅷ, p. 557f.

无意义的，如果国家视道德性，而非用途为自己存在的理由，那就不存在它可以提出诉求的法庭了。如果德治而非法治，那限制只能出于自制，而非出于宪法保障。

这是保守政治家对其自由主义对手的挑战：如果保守派被迫定义权威的性质，因而成为革命时期一个不情愿的象征，那么自由派则因为回答了自己关于自由性质的问题，从而显得自相矛盾。的确，梅特涅对有关自由的问题并没有自己的答案，因为他认为这个问题与权威的概念不可分割。但是，同样，他的对手也并没有真正回应权威的问题，他们认为在定义自由时已经穷尽了这个问题。然而他们比自己意识到的要更近了一步：如果有人问梅特涅权威的有限性的问题，问他的对手自由的有限性的问题，两者都会用一个词来回答他们的问题。这表明在他们看来，问题根本就毫无意义：这个词就是理性，它不言自明，至高无上，其概念本身就证明了适用性，它会追溯自由以及必要性的界限。绝对命令可以有不同诠释，这在康德是不可想象的；王权应该以武力替代法律，这对于梅特涅却并非不可想象，但是他认为这是自寻短见，因此不大可能。正是这一点使得梅特涅与自由派之间的争议具有内战式的怨气，至少在“民主”的层面上。梅特涅是这样一位对手，他以自由主义声称自己具有普遍性的名义与自由主义抗争，他的辩论方式对于他的对手
200 来说代表了一种挑战，正如对手的存在对他来说也意味着挑战。的确，理性主义哲学很难应对这种情况：同样的假设可以导致两种截然相反的结论。

三

如果梅特涅认为寻求制定正式宪法是异想天开的话，那么他认

为革命则是实实在在的灾难。世界的特征是保存的力量与毁灭的力量之间的平衡，在这样一个世界上，革命注定会倾向于毁灭，扰乱平衡。但是既然平衡是“天然的”状况，革命也只不过是导致一种错位，最终趋向于新的融合。因此，伴随革命而来的失序是过渡时期的症候，暴力则反映了倡导革命者的无知：“革命是国家生命中暂时的动荡……秩序最后总是会恢复；国家不会像个人那样死去，而只是改变自己。政治家的任务……就是要指导这种转变，监督其方向。”[①]保守秩序与革命秩序之间的区别不是变化这个事实，而是变化的方式：“自由精神常常不考虑……国家生命中，如同个人生命中那样，有条不紊的前进与大跃进之间的区别。在前者，情况按照自然法则的顺序发展；而后者则扰乱了这种联系……自然就是发展，是现象的有序延续；只有这样的过程才能除恶扬善。但是跳跃式变革要求全新的创造——而人类并没有能力从无中创造出有来。”[②]因此，文明反映了变化“自然地”发生的程度，反映了毁灭力量与保存力量之间的张力被责任的自发性模式掩盖的程度。因此，真正的文明只是随着基督教的出现才到来，基督教使得权威不可侵犯，服从高于一切，自我克制是神圣的[③]——这是理性主义对宗教的功能性诠释。

梅特涅关于权威性质的陈述是老生常谈——因为保守派认为这 201
是理所当然的；而关于自由的陈述是肤浅的——因为他认为这个问题毫无意义，这表明了保守派的困境。但是他关于革命性质的分析却清晰有力。一八二〇年，在安排一系列意在击退革命攻势的会议时，梅特涅撰写了一份“信仰告白”，将有关革命性质的分析与历

① N. P.，Ⅷ，p. 468.
② N. P.，Ⅶ，p. 638.
③ N. P.，Ⅷ，p. 242.

史哲学结合在一起。[1]梅特涅认为，直到十六世纪，保存与毁灭的力量一直处于越来越具自发性的平衡状态中，但是后来发生了三个事件，使得文明被暴力取代，秩序被混乱取代；这就是印刷和火药的发明以及美洲的发现。印刷使得观念交流变得容易，因而流于庸俗；火药的发明改变了进攻与防御武器之间的平衡；发现美洲在物质和心理上改变了局势。贵金属的大量流入使地产价值发生了突然的变化，而地产是保守秩序的基础，一夜暴富的前景催生了冒险的精神以及对现状的不满。最后，宗教改革颠覆了道德世界，使人类超越历史力量，从而完成了这个过程。

所有这些导致了一种类型的个人出现，他们象征着革命的时代：自命不凡的人，这是人类精神向貌似完美迅速奋进而产生的自然结果："宗教、道德、法律、经济、政治、管理，一切似乎都成为大家共同的财产，唾手可得。科学似乎可凭直觉获知，经验对于自命不凡者来说没有价值；信仰一钱不值，他以个人信念取而代之，然而形成个人信念时，他放弃了分析或研究，因为这些似乎是过于循规蹈矩的活动，他自诩能一口气掌握所有的问题。法律对他也没有价值，因为他并没有参与立法，以他的素质，不能屈尊承认可以追溯至无知和粗鲁年代的那种有限性。力量就在于他自身；为什么要服从只对于那些失去了……洞察力的人才有用的事情呢？适用于一个软弱时代的事物不再适用于理性的时代……（所有这些）都倾向
202 于一种将构成社会的所有因素都个人化的事物的秩序……"很难找到比这更悲观的陈述。本意在讽刺——揭露假装与事实之间的不相称——结果却只不过是描绘了对手的目的。梅特涅相信他只需揭露就能使其沦为荒谬的事情，他的对手却认为只需确认，就能使其生

---

① N. P.，Ⅲ，p. 400f.

效。这是不可避免的革命性的误解，不情愿承认“真理”不一定是不言自明的。当梅特涅急切地试图保护“现实”以抵御其敌人时，问题越来越成为有关现实的性质以及“真理”性质的辩论。如果“现实”仍然是一目了然，他就用不着确证它，但他越来越强调要进行确证，结果却证明它已经瓦解。

接下来梅特涅根据类别和来源区分自命不凡的人，他们包括平均主义者和理论家：前者是意志刚强、富有决断的人；后者是活在自己世界中的抽象理论家。但无论自命不凡有什么样的伪装，都是源自中产阶级。革命的贵族是迷失的灵魂，注定要成为革命的牺牲品，或者被迫对比他地位低下者俯首听命。公众总是不相信变化，渴望法律的平等保护，只是为了追随自己艰辛的命运的召唤。但是中产阶级、律师、作家、官僚和略受过一点教育的人，拥有交流的手段，有野心，但没有目标，心怀不满但又无法提供其他出路，这些人才是革命的真正动力。梅特涅得出结论说，难怪革命发生在欧洲最富有的国家，而不是最穷的国家；不在最落后的国家，而在最先进的国家，它完全丧失了斗志，“甚至当还没有发动群众之前，革命就已经在国王的宫廷和城镇的住宅里大获全胜”。

本来革命是不会成功的，如果不是政府过于软弱，如果不是因为人们相信了某种神话，将这种神话——可以将英国的制度照搬到欧洲大陆上来——付诸实践的结果是毁灭性的。梅特涅在晚年写道——与他的信仰告白同时：“今天欧洲特有的极端混乱源自将英
国的制度照搬到欧洲大陆来，这些制度与欧洲现有的条件完全冲 203
突，其应用或者是一种幻觉，或者是遭到扭曲。所谓‘不列颠学派’是法国革命的起因，革命具有如此强的反英倾向，结果现在使欧洲遭到了蹂躏。自由和秩序的概念在英国人的头脑中是不可分离的，

马夫会当面嘲笑改革派，如果他们在马夫面前高谈什么自由的话。”[①]法国大革命的战争将这些原则传遍欧洲，对波拿巴的憎恨只是暂时延缓了其有害的影响，而且这还是因为误解而造成的。国王们与拿破仑进行战争，部分也是人民与他们自己的主人进行战争，希望借此使得法国大革命承诺得以兑现。一八一四年缔结的明智的和平本来可能会开启一个平静的时期，但是拿破仑从厄尔巴岛回来，仅用一百天就摧毁了波拿巴统治十四年所取得的反革命的成就。拿破仑再次在法国发动革命，使欧洲暴露在无休止的社会纷争中。[②]

四

梅特涅深刻地分析了横扫欧洲的动荡不安的起因，但是分析的深刻之处又恰恰是其不当之处。如果革命精神如此广泛传播，那如何能够抵挡呢？如果革命的起因如此具有根本性，可以回溯至久远的历史，那还有什么可能的补救办法呢？如果中产阶级如此强大，那应该如何对付它呢？柏克等历史保守派的代表可能会回答说，通过逐渐的融合，通过学会温和主义和了解适应的必要性。甚至卡斯尔雷也仍然可以告诉路易十八，革命者“在政府里最不值得害怕，因为他们与其他事情混在一起。暴君或许会去毒死一个令人讨厌的人物，但是一位立宪君主唯一能约束他的办法就是任用他”。[③]但是梅特涅这位理性主义保守派认为，这种解决办法是一种危险的逃避。对于他这个启蒙主义的产物来说，政治问题必须具有逻辑悖论

---

① N. P.，Ⅷ，p. 218.
② N. P.，Ⅲ，p. 409.
③ Webster，Ⅰ，p. 547 (Appendix).

的精确性，因此他强调了分歧，而不是将其抹平。如果毁灭的力量变得猖獗，保守派的任务就是要加强秩序的力量；如果普遍要求改革的话，那就更应该以权威的名义进行抵制。 204

于是，自由＝自愿服从秩序这一等式实际上成为死气沉沉的定义，以普通的准则来为无所作为进行辩解。因此梅特涅不厌其烦地将对公众热情让步比作挥霍资产；因此提出了他的基本准则："处于激动狂热的情绪中，人们不能思考改革；在这种情况下，智慧独善其身。"①因此，他越来越固执地反对任何变化，因为变化意味着有可能对压力让步："当一切都摇摇欲坠时，最重要的是必须有无论如何都坚持不变的事情，使得失落者可以找到联系，迷途者可以找到避难所。"②这解释了他为何喜欢拿破仑胜过波旁家族，尽管后者具有"合法性"；在梅特涅看来，合法性本身并非终点，而是一种工具，当它与稳定的需求发生冲突时，就必须让步。因此，吊诡的是，梅特涅成了维护现有体制的人，无论他对其会有多大的遗憾，但是颠覆它只会意味着更大的危险。在一八二〇年的恐慌中，巴登大公提出取消宪法，梅特涅回答说："每一种合法建立的秩序本身都包含着一种更佳体系的原则……总而言之，宪章并非宪法。必须由政府来区分好与坏，加强公共权威，保护国家的安宁和幸福不受敌人侵犯。"③

正当革命时期，却竭力试图通过秩序带来变化，将秩序与安宁等同起来，这是一种徒劳的竞争，一种导致自我毁灭的绝技表演。尽管竭力否认，这其实是力求重获失去的天真，追求责任出于自发的那个时期，是视政权为相互履行职责的贵族观念。"梅特涅体

---

① N. P.，Ⅲ，p. 415.
② Srbik，Ⅰ. p. 354.
③ N. P.，Ⅲ，p. 375.

系”回答了革命成因的问题，但却没有指出一旦发生革命，应该如何应对。它抽象地谈论准备改革，却从不讨论什么是恰当的具体措
205 施。直至一八五一年，梅特涅给他的继任施瓦岑贝格最好的忠告依然是加强拥有土地的贵族阶层的力量，好像仍然可以摧毁中产阶级似的。说什么革命总是政府的过错，只有采取行动才能起到保存作用，这些都是寻常话语，但是付诸实践则会导致恶性循环，因为梅特涅尽管在原则上不反对改革，却想让它成为秩序的化身，而他的对手以变化的名义想要的是同样的事情。结果是陷入僵局，形式战胜了实质。

就这样，梅特涅永不停歇地追求一时的安宁，追求哪怕是暂停生活的波动，使得已经发生的——或许是不可避免的——事情能呈现为一种普遍的原则，而非意愿和不确定性的表现。如同一位物理学家无法精确测量电子的位置和速度，于是集中所有的能量来使电子静止，哪怕是一瞬间，因为这样他才能为后来者永远描绘出电子的运动轨迹。或者像一位驾车人在陡峭的山路上失控地朝某个不可知的方向前行，不顾一切地想要把握住方向盘；因为假使他能够做到这一点的话，那么他不可避免的下行代表的就是秩序，而非混乱。同样，梅特涅无论拥有如何强大的洞察力，也都变得越来越武断固执。虽然他断言那些从没有过去的人不可能拥有未来，但是那些曾拥有过去的人也可能因为想要在未来寻找过去而遭遇厄运。

在所有这些执迷不悟中有着一种宏伟的因素。梅特涅对事情可能的发展不抱幻想；他认为自己的任务是缓和其不可避免的后果：“现存的社会每况愈下，没有什么会静止不前……社会已经达到了顶峰，在这样的情况下，前进就意味着下行……在同时代的人看来，这样的时期似乎是无止境的，但是对于历史长河来说，两三百年算什么？……我生活在可怕的年代，我出生得太早或太晚……早

一点，我可能会享受生活，晚一点，我或许能帮助重建。现在我却把时间花在想办法支撑起倾颓的房屋上。”[①]他反对革命，并非因为它不可能，而是因为它“不正常”。他抵抗民主，因为“权威是永久权力的代名词；虽然在（议会政权）中，权力似乎是短暂的……我理解 206
心胸狭隘的人为何喜欢自诩为权力的代表，但同样无疑的是，所有反对权威的人都喜欢看见它被降低至个人的层面上，因为这会使得他们很容易扫除它……”[②]因为他认为秩序是均势的表现，而均势是世界格局的反映，他确信国家的“基本利益”最终会自我恢复。但是他预测革命者将会被他们自己创造的世界所吓倒。[③]错位越大，新旧交替过渡时期的混乱就越狂暴。梅特涅认为专制政权并非缺乏有保障的权利，而是没有普遍准则的政权。暴政并非革命的起因，而是革命可能的结果。毁灭的力量越是成功地损害了社会秩序，权威——社会必然的表现形式——就越是会具有个人的形态，即保守派对武断专横的看法。

梅特涅正是如此摆出了保守派的挑战：需要超越意愿的绝对有效性和需要限制权力的诉求。这是对谦恭的经典理论表达的重新定义，“愿您的旨意奉行”，只不过这次是理性取代了上帝。这代表了如何努力应对最为根本的政治问题：不是控制邪恶，而是限制正义。“惩”恶是相对容易的事情，因为那只是简单地表达了公众道德观，而要限制正义权力的行使则更加困难，因为这是强调正义既存在于时间，也存在于空间；强调意愿无论如何高贵，都会受到超越意志的力量的限制；强调达到自我限制是社会秩序的终极挑战。关于这个问题，梅特涅认为任何一方面的过度都是扰乱社会。个人

① N. P.，Ⅲ，p. 347f.
② N. P.，Ⅷ，p. 467. 他没有这样看待英国，他认为“英王陛下政府”这个词表达了权威的永恒性。
③ N. P.，Ⅷ，p. 235.

意志是偶然的，因为人是超越自身的力量的一个方面：是社会及其历史表达，即国家的一个方面，而国家像人类自己一样的确是自然的产物，因为它反映了人对公正和秩序的基本需求。因为国家也是“自然的”，所以也像人类一样有生命周期，只不过它不能达到人类
207 的终极慰藉：国家不会死亡，它必须为自己所有的罪过付出代价。[①]

因此，恰如其分地，这位保守政治家的最后一个举动具有象征性意义也即请求匿名，只有这样才能为他的准则作出辩解。一八四八年，有一个获得革命胜利的代表团称他的辞职为“慷慨大度”，年事已高的梅特涅回答说：“我严正抗议使用这个词。只有君王才能做到慷慨；我的行为出自我的正义感和我的职责观念。”于是，这位“治疗革命疾病的医生”最后的姿态是最后一次急切地强调秩序，强调权利高于意志，即使在奋斗了半个世纪之后遭遇失败也是如此。当一个代表坚持要使用“慷慨”这个词时，梅特涅回答道：“我在辞职时已经预见到了还有另一种说法，即声称我带走了君主政体，但事实并非如此。没有哪位个人有足够强壮的肩膀承担起整个帝国；如果国家消失了，那是因为它们失去了对自己的信念。”[②]这也是保守派困境的最后象征：保守派的任务不是击败革命，而是阻碍革命；如果一个社会不能防止革命——革命这一事实就表明了其价值观的分崩离析——那么也不能以保守的手段击败革命；秩序一旦被破坏，就只能经历混乱才能恢复。

五

然而，梅特涅的准则如此刻板，还有另外一个原因；的确，其刻

① N. P. , Ⅰ, p. 334.
② N. P. , Ⅶ, p. 626; Ⅷ, p. 212.

板性在很多方面只不过反映了他所代表的帝国的体制而已。每个时期都有一些不合时宜的国家，在有些人看来，这些国家貌似在倒退，甚至衰退，但他们没有意识到自己面对的是一个分崩离析的世界秩序里最顽强的幸存者。然而，那些使它们幸存的顽强的特质同样也限制了其适应性。面对一个不再能理解它们的世界时，刻板成了它们对瓦解社会的力量本能的反应。

这就是奥地利帝国在十九世纪的情形。该帝国由同一个王朝孜孜不倦地建造，逐渐变得强大有力，成为欧洲对付东方的坚强堡垒，帝国的疆土包含了通晓最多种语言的民族和最多层次的文明， 208
团结在同一个皇帝之下。在中世纪所有大型封建体制中，奥地利是唯一得以留存进入现代的帝国，将其维系在一起的仍然是相互忠诚、一系列复杂的观念以及不言而喻的必要性。梅特涅写道："奥地利是在法律上统一，但是行政上多样化的国家。它的多样性并非是意志的行为，而有其根本的原因，其中最为重要的是具有不同的民族性……因此帝国的基础是必须维护帝国内各组成部分的不同法典；这是我们唯一的抵御手段，能够防止我们这个时期特有的各种观念变得整齐划一。"①

但是在一个中央集权和民族主义的时代，一个理性化执政和成文法规的时代，王权国家能做些什么呢？现代性对于一个如此复杂，确切说来，如此微妙的结构具有瓦解作用。各种关系如此错综复杂，企图定义它们结果却只能加深分歧，那么如何能使有机体制理性化呢？法国高度中央集权化的政府取得了成效，而另一个国家如果试图集权化，却很有可能将所有的精力消耗在内部纷争上，那么，法国的经验对后者有什么适用性呢？奥地利曾经有过这样的经

---

① N. P.，Ⅷ，p. 474.

历，皇帝约瑟夫曾经尝试采用启蒙运动的经验，结果差点搞垮整个帝国。如果说奥地利帝国学习新事物很慢的话，但它从不会忘记一次教训，而它的记忆也像它的拘谨刻板那样，给它带来了毁灭。

因此梅特涅不仅在理论上，而且在突出的实践方面都与自由主义对抗，他认为奥地利自由主义者追求现代中央集权化的国家是异想天开，因为那是基于一种不适用于奥地利的政权概念。在一八四八年的自由主义革命企图将奥地利转变为中央集权制国家之后，梅特涅写道："维也纳不是巴黎，不是消耗整个帝国生命的城市，不是因此可以随意制定法律的城市。它只不过是帝国的心脏恰好位于其中的外壳……它是整个王国集合体的首都，只不过因为皇帝恰好居住在此，只是出于实际的原因，因为它地处中央……构成帝国的
209 所有部分都听命于皇帝——他是帝国真正的和可见的首脑。有人会听命于一个只代表其自身的内阁吗？匈牙利会服从它的命令吗？的确，怎么会呢，难道是内阁佩戴着圣斯蒂芬王冠吗？……皇帝就是一切，而维也纳什么都不是。"[①]这是对困境的又一次重要分析，但再次没有提供任何补救措施，因为奥地利的悲剧恰好是个人忠诚的合法理由已经不再充足，十九世纪日益将政权削弱至抽象的概念，该政权每一次行动的根据都是它所采取措施的合理性，而非其统治者的历史"事实性"。

梅特涅对奥地利帝国结构的分析导致他否认内阁的责任，并非因为他相信皇帝拥有绝对的权力，而是因为他的责任观适用于与他对手不同的话语领域。梅特涅认为，责任意味着一种法律概念，因为这个原因，在议会制国家，议会是最高法院。但是奥地利却没有

---

① N. P.，Ⅷ，p. 424f.

能力建立中央代议制，因为其维系纽带是王朝的，而非民族的。责任内阁意味着主权在民，但是主权在民则关乎奥地利的解体。[①]在帝国各区域建立立法机构也不能改变这种情形，因为虽然王权可以统辖好几个民族，主权在民却是不可分割的。不同民族组成的议会的等级制安排也不是解决办法，正如大不列颠和爱尔兰的经验所证明。因此呼吁建立责任政府相当于要求完全不负责任。因为不存在奥地利民族，内阁只能对自己负责。奥地利是历史和王朝观念的产物，只能在其君主的准则中寻求责任，在它自身形象的唯一代表——皇帝那里寻求责任。

这又是一个绝妙的悖论。但是在一个民族主义的世纪，君主应该如何统治呢？梅特涅回答说，通过增强政权，通过分散行政，使它能够真正起到管辖作用。这个多语言的帝国只有通过展示中央权威的有力作用以及它与文化多样性的适应性，才能生存下去。这是梅特涅为奥地利帝国的根本弊病——将政治家的作用与行政混为一谈——开出的处方。随着十九世纪向前推进，这个不合时宜的帝国越来越寻求精确的谋划，这更易见于官场规则的运用上，而非见于 210
根据变化的条件进行的调整。行政会造成“自我管理”的错觉；消化庸常杂务的方式是常规工作，这在外人看来却是成功的条件。官僚政治的动机是追求安全；它以避免犯错而非达到目的来衡量成功；它自诩客观，其实是否定伟大构想的必要性——所有这些特征对于一个分崩离析的结构来说，或许象征着从迫近的混乱中挽救确定性的方法。可以理解，即使结果会是灾难性的，奥地利也还是日益将纯粹的行政考虑用于解决其复杂的国内问题。虽然奥地利要想从王朝转变为中央集权制国家，的确不可能不遭遇分崩离析，但这

---

① N. P.，Ⅷ，pp. 427，465，471 等。

并不意味着它必须将十八世纪或者更早的治理国家的方式移植到现代。奥地利政治家的作用已经僵化，表现在将国内合法化问题的性质与其官僚体制混为一谈，过时的行政方式因此遭遇迅速大量增加的工业化、民族主义和自由主义等问题。于是，奥地利帝国君主制失去了以实际表现来为自己辩护的机会，使得反对派能在原则分歧之外，还加上了效率不高的指控。

行政体系几乎就是延续了封建时期义务的等级形式。皇帝不仅在法律上是权威的唯一来源，而且还是政策和行政的实际中心。治理国家不是通过内阁各部，而是通过帝国宫廷的各部门，其首脑不是部长，而是“枢密官”，是各部门的终身长官。几乎有十年的时间，梅特涅是唯一拥有“部长”头衔的人，他后来为这种显赫的地位付出了代价，因受人忌妒而被罢黜了国内所有的权力。除了皇帝之外，至少还有三个机构负责协调各部门；但这些实际上都是跨部门委员会，由各相关部门官员组成，这些部门的结构和功能混乱，以至于一八八四年一位杰出的奥地利历史学家都无法确切地将其描
211 述出来。[①]总而言之，皇帝可以随意召集他们，他们也只考虑皇帝愿意让他们讨论的事情。有人将奥地利政权描述为一种新奇装置，轮盘转动时只顾发出声音，却寸步不动。难怪梅特涅晚年说，他曾经治理过欧洲，但从来没有治理过奥地利。

梅特涅任职外交部后的最初几个举动之一就是提议重组外交部，但这只是徒劳，接着他又马上递交了一份计划，想要引进一个Reichsrat，即帝国议会来协调和制定基本政策，[②]结果也是徒劳。所有这些努力，如同其他许多努力一样，都因皇帝的固执己见而无疾而终。弗兰茨皇帝是一个庸人，他相信经验教训存在于机械的记

---

① Springer，Ⅰ，p. 120.

② N. P.，Ⅱ，pp. 315，444f.

忆。他认为成功就是失败的对立面，因果关系是时间前后相继。因为他的前任约瑟夫二世倾向于中央集权制，结果导致国内纷争，于是他尽量避免一切改革。因为一八〇九年召集民众的尝试并没有取得胜利，于是他就绝不再依靠公众的支持。他固执多疑，迂腐且缺乏想象力，他经历过诸多变故，以至于认为坚持具有一种道德价值。他最突出的特征是装模作样地刻意吃苦耐劳，其实反映了他的麻木不仁。他的伯伯、伟大的约瑟夫二世曾经说："他讨厌思考，从不表达自己的想法，因为他害怕知道真相……因为他已经知道固执……会使得他的环境容易对付，他利用固执，因为这样一来他就可以感到诸事顺心……威胁会影响到他，这是令他最为不快的事情，因为这会揭示出他麻木不仁的个性，那就是害怕麻烦。这使得他心胸狭窄，好说话，随意作出允诺，但又固执己见，自以为是地为他的出身感到自豪。"①

此人统治了奥地利整整一代人，那或许还是奥地利历史上最关键的时期。他心地狭隘，却自以为能亲自解决一切问题，因为对于平庸的人来说，所有问题都是一样地困难——也一样地简单。一连串的灾难只教会了他变化是变革的原因，而非表现。因此他不惜一切代价，不择手段地要避免它。他的警察监视体系臭名远扬，哪怕 212
是最无足轻重的警察报告，他读起来也津津有味。他把自己的特权看得很紧，小心翼翼地将权势分给臣属，以避免任何人大权在握。即使是梅特涅，尽管在外交事务上卓有成就，也觉得在探讨任何国内问题时有必要恭顺地声明一下这些事情与外交政策的关系。②难怪他这样的人要求助于官僚规则的确定性，干涉行政的每一个细节，没有他的恩准，甚至最微不足道的决定也无法通过。他勤奋无

① Springer，Ⅰ，p. 110.
② 参见 N. P.，Ⅱ，p. 432。

比，但勤奋只不过是平庸之人良心上的自我安慰而已。梅特涅有次难得地气急败坏，说“他处事像一把钻子，一直深入下去，直到突然惊讶地发现自己在某个地方冒出头来，结果只不过是在备忘录上打了一个洞而已”。[①]

在这种情况下，梅特涅谨慎地运筹帷幄，就是可以理解的了。除非不动声色地让皇帝作出一个决定，让他能幻想稳定会伴随变化，否则他肯定会拒绝。梅特涅曾经悻悻地说：“我们有一位升天的圣人，因为很多年来他都是一只脚站立在柱头上……他的美德就在于采取了这种尴尬的姿势；我的姿势也好不到哪里去。”[②]他的话不无道理。但是皇帝的个性在国内的影响甚至更为有害，梅特涅再次为我们留下了最为精炼的描述：“我想要政府起到治理作用，我的同事却只想按照既定规则来执行……在这种情况下，新的法令在下属各部门兜了一大圈之后，才会提请我注意。各部门最后定稿，只有在急切需要作出决定时才会来找我，这其实使得我除了同意行政提议之外，没有其他办法……奥地利帝国最大的错误……就是政府要去过问应该由行政体系解决的问题，这彻底妨碍了治理机制，用琐碎小事淹没了最高层，却让最底层摆脱了责任。我是否应该强迫行政改变方向呢？但我并没有足够的权力。我是否应该摧毁这种
213 机制呢？那只会导致瘫痪。我的任务既非治理也非行政管理，而是对外代表奥地利帝国。”[③]

于是，当一八一五年这位保守政治家审视国际秩序问题时，他的任务是：在国外代表自己的国家，掩饰它的弱点，尽量延迟不可避免的事情的到来。在完成这项任务时，他具有非凡的外交手腕，

---

① Srbik, I, p. 447.
② N. P., III, p. 333.
③ N. P., VII, p. 619.

在一段时间内，使得弱点转变为外交资本，使他成为帝国的保守主义良知。梅特涅试图将奥地利国内事务的合法化与国际秩序的合法化等同起来，这并非刻板的表现，或许只是他在一种只能既来之则安之的国内体制中唯一可能采取的策略。因此这是卓越的外交才能，纯粹的操纵局势，而之所以没能达到最高境界，既因为梅特涅缺乏创造性，也是环境使然。梅特涅在他的政治遗言中写道："我生活在什么样的时代？让任何人看看一八〇九年到一八四八年之间奥地利与全欧洲的局势，再让他问问是否仅凭一个人的洞察力就能够化险为夷。我自认为认清了局势，但也深知不可能在我们的帝国内建立一种新的体制……因为这个原因，我所有的关注都集中于保存现有的体制。"①

这位保守派政治家的墓志铭是：历史大于个人，但是尽管历史的确与人教训，它却不会让人在此生领会这一点。这种说法也表明了梅特涅的能力有限。评判政治家不仅要看其作为，也要看他们对其他选择的看法。那些最终成就伟大事业的政治家之所以成功，并非通过妥协，无论妥协有什么充足的理由。他们注定不仅要维持完满的秩序，而且还要有力量去面对混乱，找出创造新事物的材料。

① N. P.，Ⅶ，p. 640.

第十二章
亚琛会议与组建和平

一

当和平终于来到越来越习惯于无休止争吵的欧洲时，不仅令人 214
感到宽慰，也予人幻想破灭的感觉。要忍耐革命战争时期的苦难，只能靠企盼太平盛世和设想一个没有问题的世界。冲突如此激烈，以至于人们认为只要没有战争那就是和平，认为秩序是均势的自然结果，而和谐则是保存自我不言而喻的准则。但是这些期望越大，无法避免的幻灭就越严重。总有一天人们会意识到，战争的加剧并不能转移为和平问题，和谐是联盟的属性，但不是“合法”秩序的属性，稳定不等于普遍和解的意识。战争的目的是明确的，那就是打败敌人，但是和平的目标则具有偶然性，是调整均势各组成部分之间的不同。战争的动机是由外部施加的，因面临共同敌人的威胁而引起。和平的动机是试图在秩序的体系框架内实现国家的历史使命。因此，长期的和平并不一定伴随着和谐意识，这是后代的——或岛国意识的错觉。相反，只有在确信不可能发生无法避免的灾难的时期，才能够在不断变动的盟友之间进行秘密外交，这也意味着不存在不可弥合的裂痕；这种时期貌似悲观怀疑，却表明风险是有限的；虽然存在着有限的战争，却表明分歧只是次要的。

215 梅特涅在一八一九年写道："一八一五年后发生的一切事情都属于正常的历史进程。自一八一五年以来，我们的时代已经开始自生自灭，前进是因为无法停止，但引导的力量已不复存在……我们再次陷入这样一个时代，每天都有成千上万人打着小算盘和发表着琐碎的意见，形成了当下的历史。海上依然时有喧嚣，但暴风雨转瞬即逝。无可否认，在如此的海洋上依然有翻船的可能，甚至更有被淹没的可能，因为大风比暴风雨更难以预测，但此时的景象已不再壮观。"①梅特涅提到的"小算盘"意味着稳定已经被视为理所应当。当完全的转变已经不可能或难以想象时，政治家的才能就必须集中用在几乎难以察觉的变化上，因为这些变化日积月累的影响力最后可能会扰乱均势。当绝对诉求被放弃时，偶然性就成为主宰的力量。尽管它所呈现的场面并不壮观，却是合法秩序实践它对永恒的直觉的模式。战争涉及抑制细微差异，而和平则见证其再度出现。

维也纳协议稳定性的一个标志是，一八一五年之后发生的争议越来越表现为如何诠释建立了国际秩序的三套条约的冲突：（一）和平条约与《维也纳会议最后议定书》，（二）同盟条约（《肖蒙条约》与《四国同盟条约》），（三）神圣同盟。和平条约与《维也纳会议最后议定书》解决了欧洲的领土安排问题，但是否同时代表这种安排的保障，仍存在争议。英国认为一八一四至一八一五年条约的构成仅仅意在用于解决再次出现的法国侵略问题，而亚历山大一世则坚持认为该条约意味着保障国内的和领土的现有秩序，这两种诠释中的哪种是正确的呢？这将是亚琛会议要讨论的问题。针对法国的同盟条约表明，欧洲因为对共同敌人的担忧而组织起来，至少是部分

① N. P.，III，p. 297.

地组织起来了。但作为定期会议的附加条款，卡斯尔雷在大国外交关系上引进了某种完全新颖的事物：关于一个欧洲政府的设想。但是关于可作为国际讨论恰当主题的问题却仍未明确。对均势的威胁是政治性的还是社会性的？会议外交在英国国内是否可以合法化？ 216
这些是特罗保和莱巴赫会议的问题。除了教皇和土耳其苏丹之外，所有最高统治者很快都加入了神圣同盟，[①]该同盟强调了道德原则的普遍性以及各国君主的友好同盟，但是伦理准则的普遍诉求既可用来为自我约束辩护，也可用来为普遍的干涉辩护。沙皇日渐增长的神秘主义倾向是会成为革命的武器还是限制俄国扩张的手段？这个问题导致了维罗纳会议的召开。

当然，一系列的会议必然会标志着试图在强国监督下组织欧洲的各个阶段。在这些会议上，团结一致不是最终目标，而是一系列条件，对它的阐释有赖于参与者的地理和历史地位，而且它还要受到在国内使国际共识合法化的可能性的限制。但是在一八一五年，战时的习惯仍然很强大，人们仍然乞灵于和谐来起到化解分歧的神奇作用，认为诚信足以解决被视为因误会而产生的问题。此时尚不明显的是，三位主要领导者对于时常受到呼吁的“团结一致”有完全不同的理解：卡斯尔雷认为它是国际合作的原因，而不是表现；梅特涅认为它是在道义上支持奥地利政策的手段；而沙皇则认为它是通往人类和解之极乐境界的一个步骤。

二

紧随巴黎和平之后的时期的标志是卡斯尔雷和梅特涅最为紧密

---

① 英国摄政王也亲自致信表示赞同其目标。

的合作。这是一段经历了同盟各类危机考验的合作。而且，与那段时期一样，他们目标一致，部分是因为利益相同，部分是由沙皇的压力所造成的。只要英国仍然将它的安全寄托在欧洲大陆的稳定之上，奥地利就是它的天然盟友。英国和奥地利都是维持现状的国家，因为稳定是英国在欧洲大陆唯一的利益，而对于奥地利稳定则是其生存的条件。两国对均势因素的理解是一致的，即强大的中欧
217 是欧洲均势的必要条件，而强大的奥地利则是中欧的关键。他们都同时面对一个不安分的俄国，因为俄国仅仅用了一代人的时间，就将自己的边境从第聂伯河扩展到越过维斯瓦河。

尽管亚历山大一世日益倾向于宗教神秘主义，他却依然是一个令人不安的源头。人们很快就发现，神圣同盟的通用表述可以有各种各样的阐释。或许可以从文本中删去民族之间的兄弟情谊，但是产生它的精神会持续留存下去。来自欧洲各地的报告都谈到了俄国特工的活动。在西西里岛，他们与雅各宾派勾结；在西班牙，俄国大使与人磋商出售俄国船只以替换西班牙舰队——这是对英国的直接挑战，即使毫无意义。在威尔士公主拒绝嫁给奥朗日王储之后，俄国朝廷安排一位女公爵与遭到拒绝的亲王结婚。这使英国感到尴尬，俄国却从中受益。一方面，这些行为可归因于沙皇的新顾问卡波季斯特里亚斯，他是一位希腊贵族，设法将启蒙运动的自由准则与为独裁者服务结合了起来，他的教条主义和疑似泛希腊主义很快使梅特涅对他产生了几乎不可抑制的厌恶。另一方面，俄国这个年轻且落后的国家的不安全感也是这些行为的原因，它还不习惯于位于事件的中心。卡斯卡特伯爵报告说："所有俄国人都特别关注对己不利的比较，任何表面上的优势都会使他们受到伤害……他们恨我们能做到他们所不能做到的事情，而且如果没有任何可以立即获得优势的目标时，他们就总是倾向于削弱而非增

强我们的力量。”[①]

沙皇的宗教狂热并不涉及政治上的退缩。相反，这似乎给了他另一个介入别国内政的借口，甚至奥地利也没能幸免，尽管梅特涅已有防范，使得情况没有失去控制。当涅谢尔罗迭询问奥地利是否镇压了虔敬派时，梅特涅冷淡地否认了，但又立即补充说，他们没有被镇压是因为他们从来就没被允许过。本书上一章[②]已经提及梅特涅最后对神秘主义进行了一番指责，还把整个交谈情况转告了奥皇，附带下面一段嘲讽的话：“如果我谈到了一些奇怪的事情， 218
那是因为我想在有关《圣经》主题和宗教警察的讨论开始之前就做个了结……沙皇亚历山大一世所有的想法总是归结于一件事，劝人改变宗教信仰，因此他在意大利劝说雅各宾派，在欧洲其他国家劝说虔敬派。如今对《圣经》读者的关注已经取代了‘人权’。”[③]因此，与俄国关系的问题仍然同在朗格勒、特鲁瓦和维也纳时是一样的：某人企图将欧洲秩序与他的自我意志等同起来。一位奥地利外交官说道：“亚历山大一世希望世界和平，但不是为了和平以及和平的益处，而是为了他自己的目的；不是无条件的，而是在心理上有所保留：他自己必须是这个和平的决定者；世界的安宁和幸福必须由他赐予，并且整个欧洲都必须认为这份安宁是他的功劳，有赖于他的善意，而且如果他心血来潮，就可以随时打破这份宁静……”[④]梅特涅正是因为意识到俄国反复无常、不太稳定、好管闲事，才制定了亚历山大一世在世期间那些相应的政策。

---

① C. C.，XI，p. 265. 1 July，1816.

② 见本书边码第 197 页。

③ N. P.，III，p. 51 - 54.

④ Text，Nicolas Mikhailovitch，*Les Rapports Diplomatiques du Lebzeltern*（St. Petersburg，1915），p. 37f.

但是虽然梅特涅和卡斯尔雷在均势的因素和可能的危险问题上看法相同，他们却并不一定能就关于对抗危险的政策达成一致。在卡斯尔雷看来，会议是诚信的象征，而诚信则是欧洲和谐的充足动因。在梅特涅看来，会议仅仅是一个需要用外交手段去赋予内容的框架。在卡斯尔雷看来，团结一致是和谐的起因；在梅特涅看来，则是道义认同的表现。卡斯尔雷提议向沙皇表明无须担忧，以缓和他的情绪；梅特涅则试图通过获得亚历山大一世对自我限制原则的认可来制约他。卡斯尔雷的政策认为欧洲的危险是政治性的，梅特涅则认为真正的危险是社会性的，他致力于防止他所谓的革命党从一个大国那里获得政治上的支持。

这种分歧既反映了地理位置的区别，也反映了国内体制的区别。英国这个岛国一心认为自己国内制度无懈可击，可以将其政策基于不干涉他国内政的原则之上；奥地利这个多语言帝国意识到其
219 制度不合时宜，必须试图去避免转变，而不是去限制转变。英国处于欧洲的边缘，可以不在乎在评估另一个国家的意图时犯错，但是梅特涅却没有这种安全边际。因此，虽然卡斯尔雷和梅特涅都代表维持现状的国家，并实施基本上是防御性的外交政策，但是梅特涅的“沸点”更低。卡斯尔雷坚信自己坚不可摧，因此可以在诚意的真实性上赌一把；而梅特涅时刻警觉灾难，必须寻求更为切实的安全表达。

十二月三十一日，卡斯尔雷写了一封信件供传阅，以缓解英国代表对俄国动机的不安，他写道：“我们岛国的位置*使我们充分远离直接的危险*(强调语气为我所加)，允许我们推行更为慷慨和信任他人的政策。鉴于欧洲的现状，英国有责任通过施加安抚性的影响力，将它所唤起的信心用于和平……必须记住当务之急是激励欧洲国家……意识到它们曾经团结一致战胜的危险，而放松警惕性将会

再次遭受危险……”[①]卡斯尔雷对岛国安全拥有自信，因此教训梅特涅，说他“胆小”和过度谨慎。一八一六年春天，当沙皇提出一个全面裁军的方案时，卡斯尔雷认为这证明了他的政策的合理性。虽然卡斯尔雷回避了这个提议，只是建议俄国像奥地利和普鲁士那样单方面裁军，但是他将答复寄给梅特涅，指出“坦率并具安抚性的外交体系，坚持同盟的原则……可能会使俄国国内的经济考虑对其军费开支产生最大的影响”。[②]当梅特涅建议英国和奥地利调整步伐以对付俄国时，卡斯尔雷回复道：“如果奥地利来信提出的警告不幸应验，推测普鲁士和法国可能会与奥地利和英国协同努力，积极参与反对(俄国)或许还较合理，但是有理由相信，现在这两个国家都不认为危险迫在眉睫。在这种情况下我……请求梅特涅亲王考虑， 220
是否最好还是缓和一下警告的口吻。”[③]最后，当梅特涅试图将创立于巴黎以监督和平条约履行的大使级会议转变为一个收集全欧洲警察报告的中心时，卡斯尔雷严厉地抗议道：“指出这一点或许有点冒昧：欧洲无论发生什么情况，都不至于使得本该各国共同发出的权威性警告变成任何一个特定的临时法庭的专属职责，这种方式不应成为习以为常的事情，尤其不应该出自于在巴黎召开会议的大臣们。”[④]

然而在紧随《巴黎条约》后的时期，这些意见交流仅仅是分歧的小小征兆，其全部涵义要过一些年才会完全显露，当时则被更广泛的利益性质认同所掩盖。只要社会威胁没有变得更明显，梅特涅都会满足于把它当作一个奥地利问题而不是欧洲问题去处理。只要亚历山大一世依旧如此反复无常，那么试图将同盟改变为欧洲政府就是冒险。尤其是，梅特涅的精力都集中于巩固奥地利在德意志和

---

① Webster，Ⅱ，p. 67；C. C.，Ⅺ，p. 104，28 December，1815.
② Webster，Ⅱ，p. 99.
③ Webster，Ⅱ，p. 107.
④ Webster，Ⅱ，p. 72.

意大利的地位，而卡斯尔雷的不干涉原则提供了一个能达到此目的又避免俄国干涉的极好掩护。只要事关抑制俄国影响力的政治性且主要是消极的任务，卡斯尔雷和梅特涅就会并肩作战。如果发生偶尔的分歧，那都不是根本性的，而且只会延伸到方法而不是目的上去。因此，卡斯尔雷对和平时期欧洲会议的第一次召开抱有相当大的期待。一八一八年九月底召开的亚琛会议证明了通过会议展开外交的效果，会议消除了误解并再一次展示了诚意所带来的不言而喻的益处。虽然梅特涅的动机更加复杂，他也同样希望能使会议起到好的作用，即使只是为了着手建立一个道义框架，用于他知道必然会出现的外交竞争。

三

221 一八一五年以后的时期是第一次尝试在和平期间通过会议制度来组建国际秩序，也是大国第一次明确尝试行使控制权。在战后早期，在法兰克福、伦敦以及最为重要的巴黎召开的大使级会议分别处理了德意志的领土安排、奴隶交易的禁止和《巴黎条约》的履行的问题，因此成为新趋势的象征。但是这些会议仅限于已经妥善制定好主要大纲的具体问题，因此并不代表真正的考验。然而，当全权代表准备亚琛会议时，摆在他们面前的却是欧洲的全部问题。当他们在讨论会议日程、与会资格，甚至还有以什么为依据来召开会议时，越来越清楚的是，达成团结一致并不像他们期望得那样简单。

亚琛会议不仅突出显示了成员国对国际秩序有不同的理解，同时也表明了卡斯尔雷的意愿与他实际可以在国内加以合法化的东西之间的不相称。这让卡斯尔雷处于艰难且悲剧性的地位。他首倡会议制度，结果它却超出了内阁和英国民众的理解。对于内阁和英国民众来说，欧洲安宁的普遍问题意味着危险地干涉他国内政。在卡斯尔雷看来，同盟是欧洲团结一致的表现，但是对于英国民众和内阁来说，同盟必须针对某国，而他们除了法国之外，想象不出还有其他敌人。这迫使卡斯尔雷一再表现出暧昧的态度：他在同外国打交道时所代表的诚信的原则，在内阁面前却弄得似乎是迫于国外的压力；他期望作为欧洲和谐象征的事物，却只有作为控制法国的机制才能在英国得到合法化。当讨论到以什么为依据召开会议时，这点就变得愈发明显了。《巴黎条约》第五条款规定三年后重新审视同盟与法国的关系，《四国同盟条约》第六条款则为解决欧洲安宁的普遍问题制定了会议制度，这是两种选择。卡斯尔雷倾向于将会议建立在《四国同盟条约》的基础上，因为这象征着外交关系的新 222
方式，但是内阁唯一会考虑参加的只有处理法国问题的欧洲会议，并且还必须是根据和平条约的义务而召开的会议。

卡斯尔雷与梅特涅之间也出现了类似的意见相左，使得问题更加复杂化。虽然卡斯尔雷的设想已经远远超越了内阁，但在梅特涅看来却还不够。卡斯尔雷依然相当英国式地将同盟仅仅建立在政治利益认同的基础上，但是这种方式的实用主义使得它对于梅特涅而言是不够的，因为梅特涅寻求一种可以组织欧洲国家参与社会斗争的原则。原则上他并不反对意在保障现存秩序的俄国计划，但他意识到一个集体安全体系能够维护普遍干涉和共同防御的正当性，使得区域性冲突不可能发生，使行动的可能性减至同盟中最不具野心的国家的水平。梅特涅不打算让俄国这个最令人不安的国家有机会来对每个欧洲问题发表看法，或者让奥地利的政策依赖亚历山大一世的许可。卡斯尔雷试图利用会议来表明“欧洲政府的新发现，一举扫除以外交手段掩盖视线的蛛网，突出整个会议制度的真实性质，使强国协商拥有一个国家的效率和差不多的简洁性”。[①]梅特涅认为会议是给欧洲上一次道德课的机会，有关条约的神圣性，有关沙皇的自负与他实现抱负的能力之间的差异。因此，他支持英国内阁努力将会议建立在《巴黎条约》的基础上，因为他最为关心的是阻止沙皇提出一系列欧洲的问题。无论动机如何不同，梅特涅与英国内阁还是取得了胜利，亚琛会议最终还是以《巴黎条约》第五条款为依据召开。

卡斯尔雷和梅特涅的指令反映了这种差别。英国的指令主要由卡斯尔雷起草，但同时也考虑到内阁的感受，专门讨论法国问题，仿佛欧洲组织起来只能是为了对付某个国家，在四个标题下列出了问题要
223 点：占领军的撤离；同盟国的经济赔偿要求；占领军撤离后如何在军事上防范法国的问题；同盟国与法国的外交关系。[②]前三个标题没有什么问题，因为威灵顿已经主张占领军撤离，而法国议会已经投票同意满足同盟国的经济赔偿要求。指令表明，从法国撤军后建立新的军事防范体系没有必要，因为《四国同盟条约》正是为这种相关情况而设计的。因此一切都有赖于内阁对《四国同盟条约》的理解而定。

但是内阁的分析表明它不愿意对欧陆作出承诺。它不反对将法国的侵略或拿破仑式革命当作战争的起因，但是对于为防备除拿破仑式革命之外的国内动荡而进行同盟协商的条款却很不满意。卡斯尔雷被告知除非得到内阁明确授权，不得牵涉进这个问题，唯恐议会将其诠释为“有系统地干涉法国内政，威胁法国，从而威胁其独立并损害它的尊严”。另外还宣布不可能允许法国加入同盟，并用了一个蹩脚的借口，说那“将使国王在自己的臣民前处境尴尬”。诚然，内阁同意邀请法国加入第六条款规定的共同协商，但只是为

---

① C. C.，XII，p. 54，20 October，1818.
② Webster，II，p. 134f.

了表明英国认为这些会议的目的除了制约法国之外，别无他想。让法国加入会议制度的唯一理由是，在同盟采取措施对抗法国发生革命时，这是一种征求英王意见的方法，毕竟，“同盟本质上是在法国基础上建立起来的”。(强调语气为我所加)

如果卡斯尔雷的指令表明一个岛国除了防御角度之外不能从任何其他角度考虑对外政策，那么梅特涅的计划——包含在致皇帝的一封信里——则反映了欧陆政治家对于道义象征的追求。[①]当内阁只谈论法国时，主要关注俄国的梅特涅却对法国几乎只字不提。卡斯尔雷称赞会议开创了国际关系的新纪元，而梅特涅赞同举行会议， 224
因为这是《巴黎条约》的规定，因此是条约关系神圣性的象征。梅特涅的信件以对俄国意图的分析开始，再恰当不过了：亚历山大一世因互相冲突的动机而举棋不定，不大可能扰乱欧洲的安宁，哪怕这只是因为他日渐增长的宗教狂热。虽然亚历山大一世因笃信宗教，不太可能制定侵略性政策，却仍然引进了一个不安定的因素，因为这牵涉到无止境地追求道德和宗教信仰上的皈依。“因此产生了大量的阴谋诡计，扰乱了几乎所有的政府；因此造成了大批传教士和信徒不断涌入。”

梅特涅因而拒绝了俄国召开一个依照维也纳会议模式的会议的主张。这些主张的要点是一个局限于主要强权间的会议可能会激起从属国家的猜忌，而缺乏实际效果则可能拖累会议制度。梅特涅坚持说，不存在猜忌的理由，因为会议只会处理法国问题，并且将遵循现有的条约义务。至于是否会有无所作为的危险，“如果会议不能改变现存的秩序，那就是它最有利的结果；这种结果将会是自一八一五年以来……一直拒绝迎合革新狂热的陛下您和其他内阁所取得

① N. P.，III，p. 139f.

的最伟大的胜利。然而，对于那个一有机会就向“时代精神”表达敬意，用言辞来放大所有改革者和宗派主义者希望的朝廷来说，我们这个朝廷的确作出了极大的妥协，尤其在改革者看来如此，只要一切都保持不变”。这是梅特涅外交手段的另一个例证，表明他如何能把无所作为当作一种武器，如何利用会议施加心理影响。梅特涅最后说：“我们的谋划迄今为止一直非常顺利，而且我不怀疑在亚琛会议上也将是如此……很大程度上取决于第一步。我们及时完成了第一步，因此避免了作出妥协……我们从英国和普鲁士内阁那里取得了如此多的优势，我预料谈判不可能背离我们深思熟虑的指引。”

四

225 梅特涅没有失望。沙皇跨越欧洲的行程也显示出他一贯的模棱两可：他在华沙的演讲中表示希望波兰的自由制度很快会成为其他欧洲国家的榜样，接下来他逐个访问各德意志朝廷，表白他的和平意图。当亚历山大一世来到亚琛时，他似乎满怀和解的情绪。他向卡斯尔雷保证他视四国同盟为欧洲稳定的关键，并强调四国同盟的解散意味着犯罪。他不可能允许法国加入同盟，梅特涅曾担心的俄国单独与法国订约更是不可能。在这种气氛下，不难以符合卡斯尔雷指令的方式来解决法国与四国同盟的关系。十月二日达成了一致意见，让同盟军从法国撤离。十天后，又决定重启四国同盟，但不允许法国成为成员之一。为了避免法国的敏感情绪，这个决定一直保密，另有一份公开议定书邀请法国参加基于第六条款的再联合。到此时为止，事件的发展似乎证明卡斯尔雷对会议制度有效性的信心是有道理的。他自豪地说：“要审视我们当前的活动……不可能根据外交往来的常规过程来进行……(但是)现在各国内阁肩并肩站在一起，已经很快地消除了误解，或许能避免意见上的分歧。”[1]

但是很快就表明，会议的快速进展导致了一种假象，结果是以会议制度的未来为代价。对法国的担忧平息下来，法国被允许进入大国协同合作，一个完全采取防御性政策的时期结束了。从此以后，共同的行动必须以建立道义共识为基础，而不出所料，正是沙皇为实现此目的提供了最为极端的构想。十月八日的一份俄国备忘录最终表露了沙皇为何怀有狂热的宗教心态，这是卡斯尔雷在他们第一次会面时就注意到了的。从长篇哲学论述中浮现的是要求制订有关领土和国内制度的《保障条约》，[2]备忘录强调，四国同盟是普遍联盟的政治化表述，基于和平条约以及《维也纳会议最后议定书》，意在处理战后时期的双重问题，即对外国侵略的担忧以及国 226
内革命的威胁。为了消除这些危险，亚历山大一世提议，至少需要确保现有的条约能够起到“团结同盟”（Alliance Solidaire[3]）的效果，四国同盟必须负责既保护欧洲国家不受侵略，也防止国内动乱。备忘录最后说，有了如此对安宁的保障，将会促进社会的进步，并给予各国民众更大的自由。

这是将普遍干涉所有国家内政的原则强加于一个共同安全体系之上，显然卡斯尔雷绝不会同意这样一种安排。尽管保障现有秩序对梅特涅很有吸引力，但他也不准备借口他的政策适用于社会改革来证明其合理性，也不肯坐视亚历山大一世的军队穿越整个欧洲来对抗他所谓的革命的危险。但是虽然卡斯尔雷和梅特涅一致反对沙皇的计划，他们在处理该问题的方式上却有不同，而这种不同再一次显示了和睦表象下的分歧。卡斯尔雷否定了俄国备忘录所基于的

---

① Webster，Ⅱ，p. 146.
② W. S. D.，Ⅻ，p. 723f.
③ 法文，负连带责任的同盟。——译注

原则，认为它不切实际并且违背不干涉内政的原则；而梅特涅急于为他的俄国选项留有余地，因而同意沙皇的原则，但援引亚历山大一世自己所倡议的神圣同盟来表明“团结同盟”是没有必要的。如同在此后很多相似的情况下那样，梅特涅通过让沙皇相信其实这并不是他真正的愿望，从而诱使他放弃了一个自己原本珍惜的计划。

梅特涅的备忘录标记的时间是十月七日，起草时已经预见到了俄国的提议，因此表面上好像是有关结束占领法国后欧洲新的政治关系，而非沙皇的备忘录，但是其真正含义却毋庸置疑。备忘录首先从法律上分析了现有的条约关系：《肖蒙条约》依然完全有效，因为虽然有关对法战争的条款失效，却并不能影响其他永久条款；而《四国同盟条约》的有效期是二十年，且不包含任何废除条约的条款。因此法国不可能加入同盟，因为一个新成员的加入将从根本
227 上改变同盟的性质，如同一个原有签约国退出一样。但是这些法律上的论述仅仅是个开头，接下来是对道德问题滔滔不绝的雄辩，而这个问题在沙皇心目中是如此重要。梅特涅认为，因为四国同盟反映了政治道德观的一个根本原则，而且，既然同盟国过去所有的安全措施均旨在对付一个国家，现在也不能容忍从这个国家那里接受对自己国内制度的保障，那么一个新的同盟就只能限于阐明一般的原则。但是鉴于还存在着神圣同盟，这不仅是多余的，甚至是不敬的：“根据一般条款来进行交往，只会侵犯神圣同盟，该同盟条约也存在于(强调语气为梅特涅所加)《肖蒙条约》里，这项条约是最有用的工具，也最符合其威严的制订者的意图。”[①]

诉诸神圣同盟证明是无可辩驳的。通过高度赞扬亚历山大一世在

---

① Hanz Schmalz, *Versuch einer Gesamteuropäischen Organisation* 1815-1820 (Berner Untersuchungen zur Allgemeinen Geschichte), p. 38f. 梅特涅有关四国同盟与普遍同盟的区分，参见 N. P. Ⅲ, p. 160f.。

道义上的贡献，梅特涅使他无法再坚持重新阐释条约架构。通过保持当前秩序不变，他在强烈呼吁改革的欧洲获得了一个安定的象征。按照一贯的做法，梅特涅让别人去承担挫败沙皇意图的主要任务，而卡斯尔雷迫于国内压力，正急于加入这场交锋。在十月二十日一份措辞激烈的备忘录里，他就俄国对现有条约的诠释提出了异议。①

梅特涅同意沙皇提案的原则，却否认了其必要性，卡斯尔雷则直截了当地否决了亚历山大一世关于国际秩序的构想。四国同盟非但不代表普遍道义原则的应用，而且还直接针对明确列举出来的具体危险。会议制度并非意在监督欧洲国家的政府，而只是要根据情况的变化来诠释现有条约的条款。无论是国内的还是其他的动荡，这样的事实从来都不能作为战争的原因。相反，同盟需要依情况逐个考虑是否特定的变化所呈现的威胁足以允许进行干涉。卡斯尔雷总结道："为世界和平与幸福建立普遍同盟的问题，从来都只是猜 228
测和希望，但它从未付诸实践，而且可以冒昧地说……它永远都不会。'团结同盟'的想法必须被理解为……在道义上意味着首先必须建立一种统一政权的体制，能……将一个和平与公正的内在体制强加于所有国家……在此之前，通过欧洲国家联盟来管理欧洲的体制必须具有某种实际形式，必须抛弃所有笼统与不合格的保障观念，必须让各国依靠自己建立在公正和智慧基础之上的体制来保障安全，辅以其他国家愿意提供的支持……"②

这是英国与欧洲大陆之间最基本的问题，即使再多的"诚意"也无法掩盖这个问题：英国对于国际事务的观念是防御性的，英国只有在出现压倒一切的危险的情况下才会合作。但是欧陆国家的政

---

① 虽然备忘录意在向内阁表明卡斯尔雷的警惕性并且没有给沙皇看，但是在谈判过程中，无疑也有同样的，即使措辞不那么激烈的辩论。

② Text，Webster，*Congress of Vienna*，p. 166f.

策是预防性的，它们的关键战役是第一仗而不是最后一仗，它们致力于防止主要的危险成为现实。英国希望限制实际侵略的范围，而欧陆国家则试图预防侵略的发生。在欧洲大陆，必须以严谨的谋划——这对于一个岛国而言似乎很琐碎——来代替实际上的隔离状态。仅仅依赖善意，无法弥合沙皇的宗教狂热、梅特涅对达到最广泛的道德共识的坚持，以及岛国心态之间的分歧；欧洲的视野无论如何高尚，也无法弥合这种分歧。

十月二十日一封内阁的来信表明，卡斯尔雷拒绝考虑沙皇的计划是多么明智。在沙皇提出计划的消息还未到达伦敦之前，内阁就担忧会议最后可能会发表一个声明，宣布将定期举办会议作为欧洲外交的固定制度。内阁对四国同盟第六条款的这种诠释感到意外，反应痛苦，没有什么比这更好地表明了卡斯尔雷与内阁之间深刻的分歧，因为卡斯尔雷认为这种诠释是他最自豪的成就。这封信尽可能回避作出承诺，聊以自慰地认为可以接受召开另一次会议，只要
229 不提及周期性会议。该信件再一次表明，除了面临共同的危险之外，任何将欧洲组织起来的设想根本就超出了英国的思维范畴。诚然，给出的主要理由是很难召集一个“持怀疑态度的”新议会，但是真正的困难是更为根本性的：“我们这次赞同(发表大会声明)，而且是不无勉强的，(向从属国家)保证我们只想讨论撤军的简单问题；但是如果要向它们宣布将建立一个周期性会议制度，那我们就必须声明这些会议只能限于一个……主题，或者甚至……只针对一个国家，那就是法国，并且在没有得到《万国法》允许之前不得以任何方式进行干涉……”[①]事实上，内阁中由坎宁领导的一派否定周期性会议的原则，认为其违背了英国的政策传统。因为这会使得英

① C. C. ,Ⅻ, p. 394.

国陷入欧洲大陆所有的争吵中，而“我们真正的政策一直是不干预，除非出现紧急的情况，那时我们将成为主导力量”。虽然信件特地否认了内阁同意这个意见，但没有什么可以掩盖这样的事实，即英国参与建立会议制度只是因为其外交大臣的个人控制力，因为内阁想不出什么体面的办法来挫败他的意愿。

等信件到达时，像时常发生的那样，危机已经过去了。面对卡斯尔雷的强硬和梅特涅的含糊其辞，沙皇撤回了他有关“团结同盟”的提议。然而，亚历山大一世依然力图留住一些什么，哪怕是略微表示一下欧洲的道德统一也行。尽管卡斯尔雷急于尽可能少地吸引注意力，以便缓和他在国内的困境，他仍然不得不同意让同盟发表声明，宣布由合法且符合宪法的统治者领导的法国已经提供了足够的证据表明其和平意向，可以参加四国同盟会议。同时，同盟在一个秘密议定书里再次确认了四国同盟。①尽管对“合法且符合宪法的”说法颇有微词，内阁还是接受了卡斯尔雷关于这只是沙皇圣典语言的一部分且完全没有意义的保证。②

此时，就在会议似乎准备好以和谐的面目高调结束时，另一场 230
争论出现了，再一次表明在缺乏更为实际的保障时，和谐的表象并不足以消除欧陆国家的疑虑。这次是普鲁士试图在共同安全体制中寻求安全。普鲁士的领土从维斯瓦河延伸到莱茵河另一边，两个主体部分被飞地隔开，因此它为卡斯尔雷所说的对同盟的诠释必须因事而异而深感不安。于是，普鲁士提出制定《保障条约》，仅涉及主要国家的领土所有权问题，包括荷兰和德意志邦联在内。沙皇所中意的计划的一部分有可能得以实现，他会有什么反应可想而知，但是甚至连梅特涅都动心了。一如既往地，他赞同这个条约，不仅因

① 参见 B. F. S. P.，Ⅵ，pp. 11-19。
② C. C.，Ⅻ，pp. 71，75.

为它意味着俄国承认自我限制，更重要的是，这是一种能减弱普鲁士国内军方影响力的手段，因为他们总是对奥地利怀有敌意。[①]因此他试图找出一种方案，可以让英国不用承担条约要求应尽的义务就能够表达其道义上的认可。但要起草一份如此包罗万象的文件被证明是不可能的，会议如卡斯尔雷所期望的那样以团结一致的表象结束，也如梅特涅所计划的那样什么都未改变。

但是在和谐的面目之下，多种动机的互不相容变得越来越明显。随着法国被纳入大国协同，政治竞争终于结束；而唯一可以让英国国内同意英国参与欧陆事务的动机也随之消失了。英国日益回避作出承诺，结果形成了一个恶性循环：英国的孤立主义倾向越严重，意识到奥地利实际薄弱环节的梅特涅就越来越依靠他用以制约沙皇的最有效的武器：诉诸沙皇的道德狂热。然而梅特涅越是迎合沙皇的狂热心态，卡斯尔雷就越难参加任何联合行动。但是随着亚琛会议的结束，两人都急于掩盖这一点：梅特涅是因为他同俄国谈判的立场是建立在他可以选择英国这一幻觉上；而卡斯尔雷是因为他的欧洲设想——他仍然希望可以战胜内阁的愚钝，实现这一设想——以及，在他看来，他的盟友对安全的斤斤计较。但是他肯定已
231 经感到幻想的时间已经快要到尽头了。此时梅特涅正在参与一个行动，这个行动无疑表明下一场战役将会在某个卡斯尔雷可能无法追随的平台上展开，无论他个人情感如何。他向普鲁士国王提交了两份备忘录，对其国家的行政体制提出建议，并力陈为何不可能兑现在群情激昂的一八一三年所作的承诺，为何无法向国民颁布宪法。[②]梅特涅所采用的具体理由没有这第一步本身有趣，这一步表明了梅特涅的意图是要起到欧洲保守主义良知的作用。

---

① N. P.，III，p. 159.
② N. P.，III，p. 171f.

第十三章
《卡尔斯巴德决议》与在中欧的主导地位

一

在战后初期，梅特涅主要的担忧是如何建立强大的中欧，他认 232
为这是保证欧洲稳定和奥地利安全的条件。他深信强大的奥地利是中欧的关键所在，因此国内体制重组成为他最关心的事情。一八一七年，他提交了一份有关奥地利政府机构改革的计划，包括分散行政权力以及任命四位大臣，每位负责一个民族。① 他试图通过妥善的行政管理来为这个多语言帝国创建一种身份，近似于普鲁士在北方所做的卓有成效的努力。但是奥地利皇帝与拿破仑开战并非为了以改革纲领来开创一个和平新时代，而且他也想不出有什么理由要从根本上改变一个已经使奥地利度过了革命时期的体制。梅特涅只能尝试完全通过外交手段来主导中欧，这是他对国内事务无能为力的表现，他只能试图创建一个因其内在逻辑而必须依赖奥地利支持的政治体制；他只能联合在挫败民族主义和自由主义这两类运动方面与奥地利有共同利益关系的各类主权国家。诚然，德意志和意大利都不能幸免于目前正在荡涤欧洲的潮流，但是社会的动荡只要不失控，其实有利于梅特涅的计划，因其能够防止从属国家尝试独立的政策。因此在战后初期，梅特涅更倾向于将反抗限于局部区域，

233 而非镇压反抗；倾向于防止对手获得大国的支持，而非对革命进行讨伐。因此梅特涅的方法主要还是政治性的：使欧洲的俄国和德意志的普鲁士这两个他认为具有革命性的大国束手无策。

在意大利这相对来说比较容易。因为奥地利的地理位置以及从属国家中的王朝需要依附他国，奥地利控制着意大利北部和中部，并且与那不勒斯王国签订了条约，使那不勒斯军队处于奥地利的掌控之中，而重新掌权的国王也答应未经奥地利的许可不会改变本国的机构设置。梅特涅一八一七年访问了意大利各王国，有报告说烧炭党在大范围活动，在很大程度上是俄国间谍煽动的。但是他自信有能力挫败革命运动，部分是通过让更多意大利人参与奥地利属下意大利省份的行政管理，部分是通过尽可能揭露俄国人的活动，从而迫使沙皇要么抵赖，要么终止这些活动。[②]

德意志的情况更复杂一些。奥地利在那里既不拥有占优势的地理位置，也不仅仅是只需同从属邦国打交道。奥地利位于德意志的边缘地带，面对一个强大的普鲁士，没法指望在地理上控制德意志，而当时民族主义和自由主义这双重运动正威胁着奥地利的道义立场。在整个狂热的一八一二年，普鲁士的爱国者梦想着改革后的德意志，自由主义者正在制订计划，以期发挥民族主义灵丹妙药的作用，而梅特涅在孜孜不倦、顽强狡猾地努力挫败这些愿望。统一的德意志将会导致奥地利被排除在其历史力量的源头之外，因为奥地利这个多语言帝国永远不可能成为通过民族主义而得到合法化的体制的一部分。基于国民大会制度的德意志，或者即使只是建立在统一语言基础上的德意志，对于一个建立在历史体制相互依赖的神话上的国家都意味着持续的挑战。由于这一原因，梅特涅在一八一

① N. P.，Ⅲ，p. 69f.

② N. P.，Ⅲ，p. 175f.（梅特涅关于意大利局势的总结报告。）

三年才一直拖延，直到同盟的建立是以能够确保奥地利生存的原则为基础。历史性君权神授不可侵犯的观念确保了德意志有着多个主权邦国，因此对同一民族性的诉求会淹没在各王朝的诉求之中，而这些王朝只能通过达成协议——道义共识的正式表述——而非霸权 234
来治理。

因此梅特涅的德意志政策是对道义联系的现实性的一场赌博。他不屑于再将奥地利的皇冠加之于德意志，因为他希望奥地利对德意志的优势地位建立在平等这个神话的基础之上。而且他还同意将普鲁士的重心从东欧转向德意志，将奥地利的重心从德意志转向东南欧，因为他相信奥地利的道义立场并不依赖于其在德意志拥有相应的领土。梅特涅认为奥地利立场的道义力量在于保护王朝免受民意干扰，保障从属邦国免遭权力争夺。普鲁士的领土分散在邦联各处，只有以防御为目的将德意志组织起来才能找到安全感，因此它肯定会形成一种外部压力，使得从属邦国必须寻求奥地利的支持。

当维也纳会议上的主要角色为欧洲均势而交锋时，一个由奥地利、普鲁士、汉诺威、巴伐利亚和符腾堡组成的德意志委员会正尝试建立德意志邦联，该邦联曾经在战争期间得到过频繁但又含糊的允诺。《特普利采条约》和《肖蒙条约》等国家法令呼吁成立一个有着多主权邦国的德意志，但是致德意志人民的《俄普宣言》却宣布了解放战争的开始，允诺国家实行宪政。但是奥地利的宪政目标可以简单地定义为：创建一个推动人民行动的体制，假使可行的话，让他们通过各自的王朝行动，将民族热情转移至秘密外交的领域。因为谈判由各王朝的代表们来进行，由于爱惜各自的君权，他们对此问题不会存在疑问。结果是产生了《邦联法案》，创建了由享有主权的各邦国构成的德意志邦联。德意志各邦国宣布放弃相互间的战争，并承诺将内部纷争交付调停。他们成立了一个由各邦国政府

委派的代表组成的国民大会，十一个主要的邦国各有一票，而其余各邦国则以六个一组为单位投票。除了战争与和平等重大问题需要
235 三分之二的多数票通过之外，其余事项均由简单多数票来决定。承诺的宪政改革仅留下了一项纲领性条款，即第十三条款："各邦国都将实行基于国民大会的宪政。"而梅特涅很快就将剥夺其全部涵义。

要阻挠民众的行为，再也找不出比这策划得更好的工具了。邦联国民大会是由政府的代表而非人民的代表组成，给予小邦国的投票权比例失调，禁止各邦国之间的战争鼓励了宗派主义，修订宪法需要全体同意，由奥地利行使大会主席职权，所有这些都突出表明只有通过影响力而不是权力才能采取行动。从属邦国的处境迫使它们寻求奥地利的保护，包括对抗邦国内革命和普鲁士的主导地位。对普鲁士国家使命的担忧成为在奥地利的监护下德意志邦联内的统一要素，如此众多的爱国主义者所企盼的国家体制主要是由反民族主义的动机维系在一起。但是梅特涅的问题比简单地孤立普鲁士要更为复杂。心怀不满的普鲁士在反抗邦联的束缚时，可能会成为民族运动的代言人，并将模糊的不安从滋扰转变成大灾难。通过让从属邦国在道义上达成共识以及获得普鲁士的支持来控制德意志，这看上去像是互不相容的尝试，但确实是梅特涅德意志政策的核心。

梅特涅利用了《维也纳条约》使普鲁士陷入的困难处境，还利用了普鲁士政策的摇摆不定，普鲁士从未能对基本选择作出决定：是通过统一德意志来为安全奠定民族基础，还是通过与奥地利的友好关系来奠定内阁基础。普鲁士领土跨越中欧，有着随意且无法防御的边界，担心法国对莱茵兰的打算以及俄国对波兰的野心，它当然想要寻求一个军事力量强大的邦联以获得安全保障。但是具有侵

略性的德意志政策肯定会吓倒一心想要维护独立主权的从属邦国。另一方面，普鲁士认为奥地利的支持在对俄国或法国的战争中是必不可少的，而这又与加强邦联的努力互不相容。

普鲁士需要五十年来解决它的困境：欧洲领土暴露最多的国家同时也有着最无法防御的边境。尽管如此，在战后初期，这却导 236
致了半心半意地尝试更改维也纳协议的错误，然而对于究竟该朝哪个方向转变却没有清晰的概念；犹疑不定地努力追求强大的德意志地位，然而对其先决条件却没有任何准确的想法。贯穿整个解放战争时期普鲁士外交的烦恼是试图兼备所有政策的好处，这个问题现在又再一次出现。普鲁士寻求在邦联里与奥地利享有同等地位并且得到正式认可，又想设法保证与奥地利的合作，以对抗法国和俄国。普鲁士实施以同奥地利友好为条件的德意志外部政策，又执行只有使奥地利保持中立才能获得的德意志内部政策。

如此自相矛盾的做法，在对付梅特涅这样的精明人时是致命的；梅特涅的精明微妙之处实际上恰好在于掩盖对抗的存在。普鲁士的表现越是飘忽不定，奥地利的道义立场就越是强硬；普鲁士越坚持，奥地利就越可能退回到现有条约义务的范畴。就这样普鲁士陷入了进退维谷的境地，反而向从属邦国表明了奥地利的道义要求具有正当性。没有什么比梅特涅给他出席法兰克福国民大会的代表布奥尔的第一次指示能更好地概括他的德意志政策了，根据《邦联法案》，布奥尔当时担任了会议主席。梅特涅首先要求布奥尔不要强调这个头衔，然后说道：“更为重要的是拒绝其他邦国的要求而不是强调我们的要求……你的任务是尽量利用《邦联法案》所赋予的主席权力为（我们）谋利，（却）不要引起注意以免引发怀疑……并通过你自己端正的行为来谴责邦联其他邦国模棱两可的意图。有了这样的行为，可以预料大多数（德意志邦国）都将被我们的谦虚所吸引，他们不仅会接受我们的建议，还会积极地要求我们提出建议……我们索要的很少，相比之下得到的却很多。”①

在这样的形势下，普鲁士无论转向哪边都会受阻。当法兰克福的普鲁士代表提议由奥地利和普鲁士共同指导大会以及共同承担对德意志的军事控制责任时，他只不过是给梅特涅提供了一个展示奥
237 地利主导地位的途径。这个提议是秘密传达给其他德意志朝廷的，而梅特涅回答说奥普友好关系如此坚定，不需要任何正式的条约，总而言之，公开的合作只会让从属邦国团结起来反对他们。为了掩盖让步，普鲁士不得不召回了代表。当普鲁士要求在邦联的军队数量与奥地利一致时，梅特涅以他擅长的拐弯抹角，要求奥地利代表投票给普鲁士，因为他知道从属邦国将会反对这个提议。②当普鲁士国王要求将他的波兰省份纳入邦联时，梅特涅利用这种软弱的表现来证明奥地利是不可或缺的。他首先说服普鲁士国王撤销提议，说服他相信该提议只会惹恼沙皇，而且还没有任何希望得到从属邦国的认可，接着他又提出一个秘密的普奥防御联盟作为替代方案。③这种替换象征着梅特涅德意志政策的基础：他打算利用德意志从属邦国对普鲁士的害怕来控制它们，并且利用普鲁士对法国和俄国的害怕来控制普鲁士。

就这样，最初期望甚高的德意志邦联越来越成为给予奥地利政策最广泛道义基础的一种方式。国民大会变成了外交官会议，梅特涅坚持要求奥地利代表延迟投票，直至接到他的指示，这更突出了大会的无能为力。《邦联法案》第十三条款曾经承诺各邦国可以实行基于国民大会的宪政，但是梅特涅将其解释为仅仅具有纲领性意

---

① Stern, Alfred, *Geschichte Europas seit den Vertraegen von* 1815 *bis zum Frankfurter Frieden von* 1871, 10 Vols. (Munich-Berlin, 1913-1924). Vol. Ⅰ, p. 298.
② Stern, Ⅰ, p. 530.
③ Stern, Ⅰ, p. 633 (Appendix).

义，是诚意的象征，具体执行要由各政府自行决定。奥地利处于主导地位，这不仅表现在由奥地利代表行使主席职权，而且大会会场居然就是奥地利大使馆，直到一八四八年，邦联的印章都是奥地利的印章。普鲁士要想摆脱这种束缚，只有通过基于与爱国团体和自由主义运动结盟的国家政策，但是，尽管有少数人赞成这种做法，国王和他的顾问害怕革命比害怕外国的攻击更甚。难怪战时曾经燃起的巨大希望，现在都被相应的怨恨所取代；尤其是年轻的一代深感受骗，国家的期望落空了，大学本来在许多方面算是最真 238
正的国家机构，现在成为了抗议的据点。但是奥地利掌控了邦联的运作机制，抗议也无济于事。寄希望于沙皇也注定会失望。越来越明显的是，他含糊其辞的笼统概括更可能成为压迫的力量，而非为自由而战。梅特涅在亚琛会议前就指出，如果一切保持不变，沙皇的道义立场将会垮掉，这再次显示了他的分析能力，如果不是创造力的话。

因此，到了一八一八年底，梅特涅已经造就了一个稳定的中欧，而奥地利是其关键。但嘈杂之声并没有停止，仅仅表现得如磐石般坚强统一也无法避免社会斗争。由于德意志内部备感挫折，对沙皇不再抱有幻想，第一次公开的革命行动就是刺杀一位时事评论员，此人因撰文拥护君主制而出名，被耶拿大学一个精神失常的学生刺杀。刺杀科策布①标志着梅特涅试图完全以政治手段来组织欧洲的努力的终结，从此以后，他将主要使用政策手段来获得进行压制的道义基础，永不休止地追求秩序，这将标志着革命浪潮的终结以及中欧帝国得以继续生存。

---

① August Friedrich Ferdinand von Kotzebue (1761－1819)，德国戏剧家和作家，1783 年在俄国进入政界，1817 年被亚历山大一世派往国外，报道当时西方在政治、财政和教育方面的思想动向。1819 年他被一个激进学生团体的成员暗杀。——译注

二

梅特涅在罗马得知科策布被刺杀的消息，当时他正陪同奥皇拜访意大利各朝廷。他从副手和宣传官根茨那里获悉此事。根茨给他写了一系列歇斯底里的信件，显然他害怕科策布的命运可能会等待着他。根茨敦促奥地利绕过邦联，立即采取镇压手段，领导一场反对革命的讨伐运动。但是以梅特涅头脑之清醒，不至于在情绪如此失控的时刻来实施政策手段。他在科策布的谋杀案中见到的不是挑战，而是有机会让那些德意志小朝廷知道奥地利平时的说教是多么
239 明智。按照他屡试不爽的策略，他着手阻止风险，利用德意志的恐慌来让别人向奥地利拱手送上它想要的目标，通过采取冷漠旁观的策略来表明奥地利不可或缺。该局面似乎正是设计好来证明过去三年梅特涅所有的说教都是有道理的。在所有德意志主要邦国中，奥地利是唯一免于受到革命威胁的国家，没有爱国社团扰乱奥地利大学的安宁，出版界也非反政府宣传机构，尽管这可能更多应该归功于奥地利警力雄厚，而不是因为拥有道义上的共识，但它至少提供了一个可供操作的有用借口。

于是又开始了梅特涅令人抓狂的不作为时期，意在迫使他潜在的盟友明确表示他们可以作出哪种承诺。梅特涅很愿意领导一场反革命讨伐运动，但是他需要得到保证，必须有尽可能多的其他国家参与，尤其是普鲁士。他更愿意绕过邦联，哪怕只是为了表明，纯粹通过秘密外交——无论力量如何被削弱——而非国家机构，可以更好地解决重要的问题。但是，他这样做的目的不在于展示奥地利的自我意愿，而在于表明邦联的无能为力，使其他各朝廷“自发地”意识到奥地利的援助是它们唯一的保护。因此，他这次的外交活动以

无所事事开始，对于任何熟悉梅特涅外交手段的人来说，这都不足为奇。他以事不关己的口吻回复根茨的信函，心不在焉的冷漠语气旨在表明他已经胜券在握。他只用了一段话来谈论科策布的谋杀案，将此归因于某民族的阴谋，接下来长达数页的信谈论罗马的建筑奇迹，谈论比例、美与灵性之间的关系。[1]根茨几乎无法克制他的歇斯底里，回信说：真正的问题不是压制某民族的阴谋，而是要改革产生这种阴谋的大学教育制度。他还附上了一封奥地利驻萨克森领事的信件，此人将整个骚乱归于宗教改革运动。但是，他的热忱再一次在梅特涅那里遭到了冷遇，梅特涅确信，假使根茨的信件有半点反映了当时德意志各邦国的精神状态的话，那定会尽量在其他方面采取措施。他动身前往那不勒斯，以此表明他漠不关心，因为那里更加远离骚乱的中心。他回信说，教育改革应仅限于大学校
规。他尖刻地写道：“至于宗教改革运动，我在奎里纳尔宫又无法 240
同马丁·路德打交道，我倒是希望这将证明用不着根除基督新教也有可能办成一些好事情。”[2]

与此同时，其他德意志政府变得惊恐万状。普鲁士国王设立了一个委员会来调查革命的倾向，并立即从耶拿召回了所有普鲁士的学生，众多其他朝廷也学了他的样。这种势头如此强劲，以至于魏玛大公——虽然曾经炫耀自己崇尚自由主义，但是不幸这次惹事的大学恰好位于他的领地——也提议邦联国民大会制定统一的德意志大学校规。这位倒霉的大公尽可以标榜自己崇尚学术自由，忠于他的宪法，但是显然这里又有一个梅特涅的对手被诱入圈套，变得慌不择路。如果连自由主义的魏玛大公也承认高校必须改革，谁又能怪奥地利大臣跟着学样呢？假使国民大会无力处理这种紧急事件，

---

① N. P.，Ⅲ，p. 227f.
② N. P.，Ⅲ，p. 234f.

那么如果梅特涅提议采取另一种措施，难道他不只是表达了全德意志的共识吗？不管教条主义的根茨如何抗议，梅特涅下令奥地利代表赞同大公爵的提议。他对根茨解释说："没有必要蔑视这位超级雅各宾分子(大公)，他对此习以为常。看来更明智的方法是按照我们的愿望来解释他的意图，要就让他作茧自缚，要就暴露出他在撒谎。"[①]结果很快就显示出国民大会不是采取果断行动的机构，正如设计了该机构的梅特涅深知的那样。大公的提议在委员会遭到冷落，德意志各邦国政府越来越歇斯底里，唯恐到处都是刺客，情绪几乎完全失控。邦联名誉扫地，奥地利的不可缺少得到了充分证明，行动的时刻已经来临。梅特涅写道："没有时间可以浪费了，如今各邦国政府的担忧已经大到足以采取行动，否则它们的恐惧很快就会达到令自己瘫痪的程度。"

241　六月十七日，在得知科策布遇刺的消息两个多月后，梅特涅终于动身去北方，他向根茨传达了行动计划。[②]他要去卡尔斯巴德休养，安排了德意志各邦国大臣在那里与他会面。他对同行们的提议是基于这样的准则：道德上的危险可能比实际威胁更具有瓦解作用，而同属一个民族使得即使想隔离最无足轻重的德意志邦国也会成为空想，而只有协同和预防措施才可以阻止革命潮流。阴谋已经在德意志找到了暴力表达的出口，而这个国家传统上仅限于动动笔头而已，这表明危险已经到了何种程度。为此他尤其指责大学和肆无忌惮的出版界，只有严肃大学校规和建立审查制度，才可以扭转这一趋势。难怪根茨兴高采烈地说："看见德意志这位独一无二的人物能够采取自由和果断的行动，并且达到如此的高度，我不祥的预

① N. P., Ⅲ, p. 243f.
② N. P., Ⅲ, p. 250f.

感似乎全都烟消云散了……”①

但是梅特涅不会抱任何侥幸心理。尽管普鲁士并不会真正追求革命的政策，但还远远不能肯定在支持采取镇压措施方面，它会走多远。梅特涅也不想被迫处于把自己的意愿强加于从属国家的地位。将压制的方案与奥地利等同起来，可能会增强普鲁士的力量，因为如此众多的爱国者依然视这个国家为民族使命的倡导者。但是，由普鲁士来提出一个压制的计划将会摧毁它最后剩下的优势：诉诸民族运动的能力。因此，梅特涅于七月二十八日在特普利采拜访了普鲁士国王，他有两个目标：为卡尔斯巴德会议制定一个共同纲领，以便使普鲁士疏离德意志的民族主义，并且使国王无法兑现他有关实行宪政的承诺，从而挫败洪堡等普鲁士政治家想要使普鲁士与德意志自由主义建立联盟的企图。

随后梅特涅与普鲁士国王有一场奇妙的对话，梅特涅像一位严厉的老师，责怪普鲁士犯下了罪过，而备受指责的国王则拼命地企 242
图把责任推到自己的大臣身上。②对于这位恐慌的国王，梅特涅以先知和救主的面目出现。关于宪政的危险，难道他没有警告过无数次吗，不止是在亚琛？难道他没有预言过革命的危险吗？垂头丧气的国王说：“您所预见的一切都已经发生了。”但是梅特涅非常严厉，他强调说，革命仅仅是始终随教训而来的表现，其根源在普鲁士，而奥地利本身并不受影响。然而，鉴于睦邻友好的政策，奥地利愿意协助遏止革命的浪潮，但是首先要明确哪些政权配得上这种帮助。如果它们软弱无能，优柔寡断，奥地利就将缩回自己的壳里去。国王被留在德意志独自对付革命的前景吓坏了，开始指责他的首相哈登贝格的副手们。为了纠正自己的错误并且表明好意，他建议梅

---

① N.P.，Ⅲ，p. 256.

② N.P.，Ⅲ，p. 258f.；Stern，Ⅰ，p. 568.

特涅去告诫哈登贝格什么宪政体制最适合普鲁士，虽然梅特涅是一个会因为采取民族主义政策而受损最严重的国家的大臣，而哈登贝格却是一个能从民族主义政策中获益最多的国家的大臣。梅特涅以一份备忘录作答，解释说《邦联法案》第十三条款所承诺的国民大会并不一定意味着代表机构，而普鲁士国王也同意这一点。当梅特涅准备与普鲁士大臣们协商时，国王无可奈何地建议："首先，一定要让这些人(普鲁士大臣)将承诺诉诸文字。"还有什么比这更能说明梅特涅的掌控力呢？难怪梅特涅得意洋洋地向奥皇报告："我发现有两个负面因素参与了这场较量：软弱的国王和无能的首相……我认为我的任务就是要增强国王灵魂中最活跃的因素，使得面临瘫痪的危险时，他不敢采取实行宪政这么一个最大胆的步骤。"①

结果是召开了特普利采会议，奥地利和普鲁士制定了共同纲领。将举行两个会议：卡尔斯巴德会议和维也纳会议。卡尔斯巴德会议将应对迫在眉睫的危险，考虑采取措施限制新闻自由，严肃大学纪律，并且建立一个中央委员会来调查革命运动。维也纳会议将
243 处理邦联的机构问题，尤其是第十三条款的解释。此外，哈登贝格还承诺在完全恢复秩序前，普鲁士不会实行宪政，而且即使实行宪政，也只会基于按照"字义"解释的，即梅特涅所定义的国民大会，那就是由各省代表组成的大会。②总而言之，奥地利国内的合法化原则已经成为德意志的组织原则。

经过如此精心铺垫，八月六日开幕的卡尔斯巴德会议的结果如何，自然毋庸置疑。会议的基调由拿骚的代表定下，他对奥地利表达了最热烈的感激之情，奥地利"本身不受革命潮流影响，却策划了阻止革命的措施"。普奥提议被照单全收，各邦国都决定将少于

---

① N. P., Ⅲ, p. 264f.
② Stern, Ⅰ, p. 573.

二十页的出版物提交审查，并禁止那些遭到任何邦联成员反对的出版物。因此每一个邦国，尤其是奥地利，对邦联境内所有的出版物都有完全的否决权。大学被置于政府的监督之下，各指定一名代表监督，负责执行纪律和监督课程倾向。总部设在美因茨的中央委员会将调查革命活动。梅特涅的地位相当稳固，以至于他能出面倡议采取温和的态度。是普鲁士坚持将提交送审的出版物页数定为二十，而梅特涅本来认为十五页就够了。当普鲁士提议设立一个特别法庭，不仅要调查还要审判革命者时，梅特涅坚持不能以有追溯既往效力的法令来审判个人。①

梅特涅以绝技取胜：奥地利这个最脆弱的国家成为了力量的源泉；最能从《卡尔斯巴德决议》获益的国家竟变成了最无私的国家。会议上全体外交官毕恭毕敬地感谢梅特涅亲自出马指挥大家，这说明了征服不一定总需要以武力的形式来进行：“如果我们可以说，已经以您能够接受的方式，完成了您召唤我们一起面对的艰巨而光荣的任务，那都是受之于您……睿智的领导。在阿尔卑斯山那 244
一边时，您就听见了肆无忌惮的文人们的喧嚣和那骇人听闻的罪行……您发现了邪恶的真正原因……我们今天在这里完成的事业当初就已经在您的运筹帷幄之中。”②后代对梅特涅洋洋自得的信件谴责不已，却无视了在很多情况下，这些信件只是反映了当时的特殊情形。例如这封寄自卡尔斯巴德的信件：“(三十年来)第一次将产生一系列反对革命的措施，目标正确，先发制人。这是一八一三年以来我一直想做的事情，却一直遭到那个可怕的沙皇亚历山大一世的阻碍，现在我已经完成了这件事，因为他不在场……如果奥地利皇帝还怀疑自己不是德意志皇帝的话，那他就错了。”这是一种自

① N. P.，Ⅲ，p. 270f.；Stern，Ⅰ，p. 577f.
② N. P.，Ⅲ，p. 284.

相矛盾的情况，却恰好符合梅特涅性格中那一点怪异的特征：弗兰茨放弃了德意志帝国的皇冠，却成了德意志的皇帝。

于是，卡尔斯巴德会议就此结束，各邦国自发地肯定了奥地利的主导地位，梅特涅成为实际上的德意志首相，尽管他声称对此不感兴趣。普鲁士迫不及待地默许自己被改变了方向，使它在整整一代人的时间内都无法与民族潮流保持一致；洪堡等思想更为自由的大臣们很快就被迫辞职，德意志邦联沦落为从属外交官们聚会的场所，而真正根本性的决定则通过内阁之间的直接协商来达成。唯一代表全德意志的机构已经成为仅在形式上批准决策的工具。九月二十日，邦联未经辩论就一致认可了卡尔斯巴德会议上作出的决定，就此暂时终结了德意志统一的梦想。

三

但是，如果梅特涅所谓的革命运动仍然能够获得外国支持的话，那他的胜利是不完整的。如果其他国家拒绝认可《卡尔斯巴德决议》，奥地利将不仅会在德意志，而且在全欧洲处于被动地位。随着维也纳会议的临近，处于奥普监护之下的德意志南部的朝廷，尤其是符腾堡州，变得焦躁不安起来，梅特涅因此邀请英国和俄国批准《卡尔斯巴德决议》。[①]但是这只突出显示了卡斯尔雷的困难处
245 境，因为不可能让任何一位英国政治家表示同意一种国内压制政策，无论他对此如何感到同情。他也不可能赞同实际上是普遍干涉他国内政的原则。虽然卡斯尔雷本人心怀好意，他也只能如此答复奥地利大使：“我们总是很高兴见到有害的根源被扫除，但是却没

---

① N. P.，Ⅲ，p. 285.

有权力公开表示同意。”[1]

俄国则更加难办。卡波季斯特里亚斯向沙皇表明了奥地利主导德意志的危险，并且没有忘记指出亚历山大一世“团结同盟”的主要反对者现在却在利用同一信条为自己服务。结果俄国发来照会，语气恼怒且不肯作出承诺，表示如果《卡尔斯巴德决议》只涉及德意志问题，俄国无权干涉，但如果属于欧洲事务，那么就应该邀请俄国去卡尔斯巴德。[2]十二月四日，卡波季斯特里亚斯甚至试探卡斯尔雷是否有可能组成联合代表团去参加维也纳会议。

但是如果卡斯尔雷无法同意梅特涅的政策，他至少可以防止沙皇使用它作为借口来利用中欧的困境达到俄国的目的。如果说不干涉原则是英国自我限制的原则，它也可以被用作一块盾牌，让梅特涅躲在其后组织中欧。卡斯尔雷因此非常巧妙地答复了俄国的主张。[3]他承认《邦联法案》是《维也纳协议》的一部分，外国势力有权抗议违背法案的行为。但是他否认《卡尔斯巴德决议》除了竭力以合法的方式确保国内安宁外，还有任何其他目的，他相信俄国肯定也会同意这个目的；英国并没有正式回复有关《卡尔斯巴德决议》的通知，正是因为给予意见则意味着干涉德意志内政。与此同时，卡斯尔雷致函英国驻柏林的大使，申明英国不可能再作出其他表示，德意志邦国不应该继续争议下去：“我们的盟友必须记得我 246
们还要面对国会，至关重要的是……不想愤怒地讨论欧洲大陆政治问题……”[4]

《卡尔斯巴德决议》标志着欧洲政治的转折点、奥英合作的边界问题，以及不干涉原则用于将社会斗争限于局部的界限。因为奥

---

① Webster，Ⅱ，p. 192.
② Stern，Ⅰ，p. 595.
③ C. C.，Ⅻ，p. 178f.，14 January，1820.
④ C. C.，Ⅻ，p. 175，15 January，1820.

地利已强大到足以在没有非德意志国家援助的情况下挫败德意志境内的革命，卡斯尔雷与梅特涅之间的分歧仍然可以通过利用政治武器来阻挠俄国干预而得到掩饰。在采取消极措施，建立一个不作为的框架方面，梅特涅和卡斯尔雷仍然意见一致。但是很显然，一旦社会斗争发生在一个更为广泛的范围里，那么不作为的原则就不再能满足梅特涅。正如他使普鲁士参与了他的德意志政策，他肯定也要尝试使俄国参与他在欧洲的努力。当《卡尔斯巴德决议》的遭遇表明要获得俄国的回溯批准是不可能的，使俄国参与就变得更加重要。当竞争变得具有明确的社会性且扩大至全欧洲范围内，同盟的团结一致就必定要经受关键性考验。一八二〇年，革命在欧洲各不相同的地区陆续爆发，表明同盟也像人类一样，不能活在过去的记忆里，必须根据当前来重新定义团结一致的意义。

第十四章
特罗保会议与欧洲的组织

一

一八一九年底，梅特涅借用各国已认可的合法化原则——作为一种使其同奥地利相联系的手段——构建了他错综复杂的组合之一，以掩盖奥地利的弱点。他用四国同盟作为联络英国的桥梁，以便能通过政治手段挫败俄国的影响。在他和沙皇的关系里，他也借助神圣同盟来保证有可能依赖俄国的支持，假使社会斗争失控的话。因为普鲁士的帮助，德意志境内的叛乱得到了平息，而德意志邦联则变成了奥地利政策的延伸，并且获得了从属邦国迫不及待的默许——实际上是响应了它们的请求。维也纳会议已经结束，对第十三条款进行了重新定义，结果依然是模棱两可，以至于毫无意义，变成了陈词滥调，成立国民大会的承诺并不会影响君主的权力。意大利的局势也平静了下来。 247

取得所有这一切成就并没有造成不可逾越的分歧。通过确保主要国家间的分歧大于各主要国家与奥地利之间的分歧，奥地利的中心地位已经转变成了其外交资本，使得奥地利在每一次国际危机中都成为关键性国家。卡斯尔雷认为梅特涅是最“理智的”欧陆政治家，或许有点胆小，但仍然是最容易对付、最温和、最讲究实际的人。亚历山大一世认为梅特涅是欧洲最具思想的政治家，虽然还未完全准备好随他攀上高峰，但仍然是唯一能够理解他想象力飞翔高度的人。在外交事务上普鲁士则成为奥地利的卫星国。

因此，梅特涅的政策能否有效实施取决于它有能力避免要求作出明确承诺的重大危机的能力，在于有能力营造出与所有大国都很
248 亲密的假象。他的政策是精心编织的网络，在所有方向都有敏感的触角，又是如此错综复杂，以至于掩盖了没有解决任何根本性问题这样的事实。亚历山大一世仍然执拗于他关于"团结同盟"和普遍干涉权的想法，而卡斯尔雷则继续坚持他有关同盟唯有政治目的以及不干涉内政的原则。只是一种双重的错觉才使得这种观念上的冲突没有变得显而易见：沙皇听信了梅特涅关于团结同盟已经存在的说法，而卡斯尔雷则相信他用自己对亚琛会议条约架构的诠释把它抹杀了。鉴于亚历山大一世没有去强求他认为已经在原则上得到公认的事情，卡斯尔雷也就没有得到任何机会来使同盟内部的分歧明朗化。但是只有在没有普遍性问题占据同盟国注意力的情况下，这种错觉才能得以维持，只要有一个大国试图诉诸同盟，就会暴露出亚琛会议的分歧仍然存在，同盟的团结正处于瓦解状态，因为各国既无法对危险的本质也无法对其程度达成一致意见。

一八二〇年发生的动荡与接下来一系列类似事件从根本上改变了国际关系。一月，西班牙的加的斯发生了军队叛乱，这几支军队本来是要派往不安分的南美洲殖民地执行任务的。虽然叛乱起初似乎无足轻重，但很快蔓延，三月七日，国王被迫恢复超自由的《一八一二年宪法》。这是一次成功的革命，不像德意志的那样是一次孤立的密谋事件；对现有秩序的颠覆必然会导致俄国尝试实现它对同盟的诠释。早在一月十五日，甚至在知道西班牙发生的事件之

前，卡波季斯特里亚斯就曾发出一封照会，将建立在同盟崇高准则之上的新外交体系与旧日自私的原则相比，呼吁君主把他们的原则转化为实践。[①]难怪卡波季斯特里亚斯认为西班牙革命几乎是天赐良机，将会最终证实他的观点。他告诉奥地利大使，自从法国占领结束后，反法同盟就失去了唯一可以将其维系在一起的目标。在随 249
后的一次会谈中，他又有些自相矛盾地说，四国同盟已经被亚琛协议所取代，他认为该协议保障了现有的领土安排和国内的制度。[②]因此，俄国于三月三日发信邀请同盟各国商讨共同对付西班牙的步骤，也就毫不奇怪了。

但是卡斯尔雷的反应已经毋庸置疑。英国成为西班牙盟友已经超过十年，不可能允许法国以四国同盟代表的身份介入，并且得到欧洲的许可来实现连征服者拿破仑都无法达到的目的。但是俄国军队可能横扫欧洲进入西班牙，这种选择也同样不可接受。因此，卡斯尔雷作出了非常尖锐的答复，指出宪政国家与专制国家之间的区别，再次明确了英国人对同盟的观点："组建同盟的目的是对付法国，从来不是……一个意在管辖全世界或监督其他国家事务的联合体。"诚然，同盟旨在保卫欧洲以应对"革命力量"；但只针对其军事性质，而非反对它的原则。总而言之，鉴于西方宪政国家与东方专制政权之间国内体制的差别，只有在面临空前危险的情况下，共同行动才是可行的。[③]因此，亚琛会议以来发生的任何事情都并没有改变一种根本的分歧，这种分歧源于对危险性质的不同看法：无论欧陆政治家所选择的补救措施有何不同，他们始终都认为社会动荡是主要的威胁，并试图将它作为一个国际性问题来处理。但是卡斯

① Schwarz, p. 178f.
② Schmalz, p. 52f.
③ Webster, II, p. 238f. Text, Harold Temperley and Lillian Penson, *Foundations of British Foreign Policy* (Cambridge, 1938), p. 48f.

尔雷只承认表现为公开的侵略行为的政治威胁，而且即使那样，也要将英国的承诺限于反抗对欧洲均势的攻击。

这种分歧的原因不像卡斯尔雷认为的那样，在于宪政原则上的差异，而在于历史发展上的差异，最重要的是，在于英国已经完成了构建民族国家这样的事实。在欧洲，自由主义在法国大革命原则的旗帜下战斗，思想原则上的共识取代了政治忠诚。英国将法国大
250 革命与拿破仑等同起来，因此自由主义以本土生长的功利主义政治经济的形态出现。虽然对现存秩序的攻击时有发生，有时很暴力，但是由于民族凝聚力的情感超越了任何国内的分歧，政府和改革者都认为那是内部问题。在欧洲大陆，革命具有象征意义，象征普世原则的应用，但是英国否认这些诉求的普遍性，认为革命只有实际意义，无论它是否构成具体的威胁。在欧洲大陆，民族主义和自由主义这两种运动只有通过颠覆国际秩序才能达到目的，因此压制与改革都是国际问题，必须根据外交政策的准则来处理。而英国认为要求改革是内部问题，因此压制与改革仍属于国内政策领域。当卡斯尔雷提到空前的危险时，他指的是独霸天下的企图，而当梅特涅提到空前的危险时，他指的是社会动荡。无论有多少善意，也无法弥补这一历史状况下的分歧，只是因为梅特涅不信任俄国的意图，才一直掩盖了这种分歧。

但是卡斯尔雷与卡波季斯特里亚斯之间的交流使梅特涅处境困难。同卡斯尔雷一样，他无意授权让沙皇的军队跨越欧洲，但他也不想让素来反复无常的亚历山大一世突然改变主意，让革命者得到一个大国的支持。他知道英国在西班牙问题上的敏感，但是他也希望考虑沙皇在道义上的敏感。总之，他倾向于卡斯尔雷的政策，但也倾向于亚历山大一世的信条，结果是同亚琛会议上一样的妥协；同意亚历山大一世提议的原则，但拒绝联合行动，因为那无法实

施。而且，如同在亚琛一样，梅特涅利用卡斯尔雷的执拗来反衬他的温和与友好。他认为，举行一个英国拒绝参加的会议实际上是在鼓励革命者，而且总而言之，外国的干预只有在对付具有局部意义的革命时才是有效的。①但是与此同时，梅特涅试图使沙皇的心态为自己所用，提议在维也纳召开大使级会议，以形成一种道义上的联 251
系，他肯定自己将在会议上占主导地位。卡斯尔雷甚至连这种想要讨好俄国的尝试也加以拒绝，不肯满足俄国对团结的象征的渴求，于是梅特涅退而求其次，建议趁路易十八去世之际，给巴黎的同盟国大使递送一份联合《最后指令》。②但是在卡斯尔雷看来，这些举措都是短视的企图，是将同盟用于自私的目的。《最后指令》有悖于实证外交政策的每一项原则，这种政策只会在危险发生时才能应对危险。因此，沙皇只得满足于仅仅由奥地利、普鲁士和俄国所采取的联合步骤。

不过，这已经避免了公开的分裂。这是梅特涅最后一次能够将社会团结的原则与不干涉内政的准则相结合；既支持英国又证明他对沙皇的忠诚。但是七月二日发生的事件结束了所有的幻想。这一天，那不勒斯爆发了革命，导致颁布了“西班牙宪法”。梅特涅再也无法避免在欧洲范围内进行一场交锋。

二

梅特涅毫不怀疑新动荡的严重性。这并非像暗杀科策布那样是失去理智的狂热行为；也不像西班牙的革命那样，出现在处于英国保护之下的欧洲的某一边缘国家。那不勒斯是意大利最大的一个王

---

① Stern，Ⅱ，p. 120.
② Webster，Ⅱ，p. 211；Schwartz，p. 186.

国，与奥地利订有条约，禁止其不经协商就改变体制。这场革命的危险性也不仅在于其象征意义。民族运动和自由运动第一次联手，威胁到了梅特涅政策的一根支柱：奥地利在意大利的优势地位。很清楚，他不会轻易放弃。

卡斯尔雷躲在英吉利海峡的另一边观察事态，在他看来解决办法似乎很明显：毕竟那不勒斯的革命威胁到了奥地利，因此要由奥地利去平息它。如果军事干预有必要，那应该是基于自卫的权利，
252 而非普遍干预的权利。因此他与奥地利大使谈到摆在奥地利面前“非常棘手和事关荣誉的任务”，英国可以赞成但绝不会参与，他敦促奥地利对那不勒斯采取单边行动。

但是在这位奥地利外交大臣复杂的政策中从来没有哪件事情会如此简单。如果在意大利境内投入奥地利兵力的主要部分，让沙皇自由追求自己在北欧的目标，或许以民族主义倡导者的面目出现；对抗那不勒斯的波旁家族，但不阻止他们的法国表亲恢复在意大利的地位，并以他们的保护者的面目出现，那么这一过程会有悖于梅特涅政策的每一项原则，因为他的政策始终都是有关利用奥地利的资源，并且根据最广泛的道义和物质基础来战斗。但是欧陆国家的联合行动可能会导致英国退出同盟，使奥地利必须仰仗沙皇的善心。更糟糕的是，奥地利在意大利的兵力还不到两万，在增强兵力之前只有按兵不动。在此期间，梅特涅明确表达了他的决心。一封致意大利各王国的信件宣布，奥地利打算在必要时动用武力来保护意大利的安宁。另有一封类似的信件寄达德意志各朝廷，敦促当奥地利忙于对付意大利的事情时，采取纪律严明的政策。①

意大利几个朝廷的答复让奥地利在意大利的地位愈发显得岌岌

① Stern，Ⅱ，p. 121；N. P.，Ⅲ，p. 382.

可危。托斯卡纳大公否认需要奥地利的援助，而教皇国务卿康萨尔维则表示担心奥地利的强硬态度可能会招来那不勒斯的攻击。而且，八月九日，法国致主要国家的一封信更突出了梅特涅陷入了怎样的困境。法国同意奥地利干预那不勒斯，但只为实际原因，因为奥地利的地理位置使它最适合代表欧洲采取行动。①法国的信函指出，要遏制意大利的革命浪潮，除了召开五个大国的会议之外，别无他法，因为没有道义上的支持，采取武力只会加剧邪恶。信件最后提出不祥的警告，奥地利的单方面行动可能导致意大利诸王国求助于它们传统的保护者法国，而尽管违背自己的意愿，法国仍然不得不成为宪政运动的领头者。

在这种情况下，梅特涅无意一味采取孤立的行动。英国的友谊是宝贵的，但英国的不满没有俄国的不满那么危险。英国退出同盟会使奥地利的政策失去很多灵活性，但是一旦俄国获得行动的自由，就可能会用它来破坏奥地利的欧洲立场。梅特涅没有忘记他前一年的经验，卡波季斯特里亚斯曾经试图扮演德意志小邦国代言人的角色。梅特涅绝不会再次因为必须依赖俄国事后的同意或沙皇不可靠的善意，拿自己的立场冒险。因此他决定不惜一切代价夺走俄国的选择。卡斯尔雷劝他采取果断的行动，好似奥地利的干预完全取决于在半岛的力量平衡，但是梅特涅更关心行动的方式，而非行动本身；更关心让俄国参与意大利的联合行动，而非战胜那不勒斯的革命。现在他收获了他在春天谨慎实施的政策的成果。卡斯尔雷断然拒绝了五国就西班牙问题召开会议，而梅特涅将卡斯尔雷的拒绝意见改为提议奥皇与沙皇举行会议，这样他就能将那不勒斯问题添加在本次大会的议程中，不是请求帮助，而是作为迫切要求君主

253

① Schmalz, p. 61f.

关注的又一个问题。他起草了一封讨好亚历山大一世的信件，让奥皇署名，其中提到了英国受到“宪法的约束”，指出它不能与奥地利和俄国君主崇高的地位相比，后者是“仅有的两位依然拥有行动自由权的君主”。①

但是他想诱使沙皇个人同意奥地利对意大利进行干预，同时孤立法国，并且继续保持与英国的联络，这种微妙的努力没有成功。亚历山大一世认为终于证明了自己是正确的，不那么容易对付。他给奥皇写了一封热情的私信，同意在波兰议会会议——他当时正急着去参加会议——结束后，任何时候都可以会面；②但同时还附上了一封卡波季斯特里亚斯的信件，卡波季斯特里亚斯建议按照亚琛模式召开一次五国会议，与君主们的会议同时举行。很显然，梅特涅将无法避免那种必然会导致英国退出同盟的对国际秩序结构的
254 诠释。

与此同时，卡斯尔雷眼见自己一生努力的成果即将烟消云散，试图劝说梅特涅立即采取行动以保护同盟团结的假象，一个劲儿地解释采取单边措施的明智之处——这恰好是梅特涅竭尽全力想要避免采取的步骤。卡斯尔雷认为他这位奥地利同行的迟疑不决令人费解，认为唯一的原因是他害怕那不勒斯的实力，因此他试图让梅特涅放心。他于七月二十九日写道：“如果奥地利认为值得担当起责任，那么毫无疑问它有能力打败那不勒斯王国，瓦解叛军。”③九月六日他又写了一封信，尝试阐释那不勒斯革命的法律地位，好似奥地利地处中欧的困境可以通过耐心讲解《国际法》的准则得到解

① Gentz, Friedrich von, *Dépêches Inédites aux Hospodars de Valachie*, 3 Vols. (Paris 1876-1877), Vol. 1, p. 75.

② Gentz, *Dépêches Inédites*, p. 76.

③ Webster, II, p. 262.

救。[1]卡斯尔雷坚持说，同盟只有在针对公开的和空前的危险时才能发挥作用。虽然革命可能会构成威胁，但它以不同的方式影响不同的国家。至于那不勒斯，“按照英国议会一贯坚持的原则，英国受到的……威胁还不够直接……不足以证明它有理由参与武装干涉”。在与俄国大使交谈时，卡斯尔雷又再次提到英国对其盟国的同情心不能超出善意的中立的范畴：“相比我们积极参与其中的事业，我们可以给一个严格说来与我们无关的事业更为强大的道义支持。应该将革命视为特殊的而非一般的问题，视为意大利的问题，而不是欧洲的问题，因此属于奥地利的范畴而非同盟的范畴。”[2]无论卡斯尔雷如何忠于同盟，没有哪位英国政治家能够实施完全与岛国的心态相左的政策。革命对一个确信自身制度独一无二的国家不产生威胁，没有人会认真对待那不勒斯的实际攻击的危险性。因此梅特涅面临的情况是，他最可靠的盟友宣布不可能施以援手，而他 255
最危险的对手却吵吵嚷嚷着要帮忙。梅特涅写道：“奥地利参照实质来考虑一切事情，而俄国首先需要的是形式；英国希望没有形式的实质……我们的任务就是要结合英国的不可能与俄国的模式。”[3]这导致顽强的后卫行动，旨在使英国留在同盟内作为对付俄国的筹码，而又不至于惹恼反复无常的沙皇。但是如果不可能形成一种俄国和英国都能接受的政策，那么梅特涅决定选择沙皇。他向当时英国驻维也纳的大使斯图尔特解释说，尽管英国袖手旁观不符合奥地利的利益，但是假如俄国和法国分别行动，那就是妨害奥地利的利益。如果奥地利不得不与自己的盟友争吵，那最好还是选择它最不担忧的那个国家。英国国内发生了一场危

① C. C.，XII，p. 311f.
② Webster，II，p. 271.
③ Schmalz，p. 66.

机，每天都威胁要推翻利物浦内阁，这也证实了梅特涅采取这项政策是明智的。①

因此，梅特涅在俄国的坚持前一步步退缩了。八月二十八日，他试图用曾经在亚琛会议上非常有效的观点来打动沙皇，他写道，同盟的团结如此坚强有力，因此没有必要举行一次正规会议来加以证明。相反，同盟成员国应该与那不勒斯断绝外交关系，同时在维也纳召开一个大使级会议，作为一种道义上的接触。②梅特涅知道召开这样的会议不会给他带来什么麻烦，因为他在维也纳会议上曾经完全彻底地掌控住那些大使们，以至于好讥讽者称他们为他的后宫佳丽。如果亚历山大一世当时没有在波兰，或许他会满足于同意梅特涅的提议。但是现在他如此接近事件发生的现场，想到大事件的成形居然会没有他的参与，就无法忍受。他回答说，不展示出欧洲在道义上的团结，就无法打败邪恶。他还坚持于十月二十日在特罗保召开一个五国会议。卡斯尔雷断然拒绝讨论从那不勒斯撤出英国大使，认为这是对别国内政的无理干涉，这使得梅特涅失去了实施自己计划的最后一个希望。

256 九月底，梅特涅认输了。他告诉斯图尔特，有心怀敌意的俄国在其背后，奥地利不可能在意大利采取行动，无论他如何渴望兼顾英国的敏感心态，他的通融程度也还是要受到奥地利安全要求的限制。为了避免更糟糕的尴尬情景，英国应该派代表来特罗保，哪怕只是列席会议。他轻易就说服了斯图尔特，后者恳求卡斯尔雷允许他去特罗保“作为完全的不相干者，唯一的作用是成为我们政府的信息渠道”。③

---

① 国王离婚：Webster，II，pp. 214-215。
② Schmalz，p. 63.
③ Webster，II，p. 521f.（Appendix）.

但是虽然卡波季斯特里亚斯在为自己取得的胜利感到自豪，卡斯尔雷在猛烈抨击大陆动作迟钝，局势却发生了几乎令人察觉不到的变化，使梅特涅能够再次以欧洲首相的面目出现。如果奥地利要求七月召开一次会议，那会被理解为一种软弱或者固执的表现，而在九月勉强同意召开会议，则表现了奥地利的自信与温和态度。只有奥地利在干预那不勒斯这件事上直接与利益相关，现在却发现别人正越来越急切地催促它去做它自己拼命渴求的事情。采取行动的责任越来越朝向沙皇转移。很快亚历山大一世援引崇高原则时就无法再含糊其辞，自由主义者和民族主义者将不再有希望获得外国的支持。正如上一年在特普利采那样，如今在准备召开特罗保会议时，梅特涅用一个热情的拥抱使最令他担忧的君主束手无策。

从召开会议似乎不可避免的那一刻起，梅特涅就意识到，他的主要问题不是那不勒斯，而是亚历山大一世的心态。法俄达成相互谅解将毁灭中欧；回归到沙皇信奉自由主义的阶段可能会使革命爆发。但是俄国的支持最终也可能会具有同样的危险，因为卡波季斯特里亚斯的武断可能会迫使奥地利采取一种它力所不能及的政策。梅特涅想压制革命，以象征回归安宁，而卡波季斯特里亚斯希望挫败革命，目的是带来一个神圣同盟设想的新时代。梅特涅想要一定程度的秘密外交；卡波季斯特里亚斯更倾向于踏上讨伐之路，以改革欧洲各国政府。卡波季斯特里亚斯在大会召开之前写的信件使他的意图一目了然。他致信法国首相黎塞留说，俄国准备再次对抗自我中心，他希望能取得比亚琛会议更多的成就，并且他告诉俄国驻 257
法兰克福大使安斯泰德，如果奥地利试图获得俄国帮助，让那不勒斯变成奥地利的卫星国，那他就是在欺骗自己。革命的过错不在于人民，而在于政府，因为政府不肯给予它的人民能够保障其安宁的制度。[1]因此，特罗保的根本问题不是那不勒斯的革命，而是俄国政策的未来走向，在于神圣同盟的含糊声明究竟应该是认可卡波季斯特里亚斯有关国家宪政的抽象概念，还是梅特涅的社会压制政策。在解决这个问题之前，俄国的政策会一直表现出不同寻常的暧昧，在承诺改革与威胁干预一切革命之间来回摇摆，取决于沙皇的心态以及卡波季斯特里亚斯暂时的影响。梅特涅的主要目标就是要消除这种暧昧态度的源头。根茨写道："我们的任务可以归结为一个词：卡波季斯特里亚斯。"

在这种情况下，只是纯粹出于傲慢，梅特涅才开始考虑一件事情：他提出不仅要在会议上挫败卡波季斯特里亚斯的意图——因为这仍然会让革命者误以为得到了一个大国的友谊；而且要通过让自己取代俄国大臣这样一种措施来击败俄国，不但要征得亚历山大一世的同意，而且要在他急切的领导之下征服革命。因此他着手让自己成为处于宗教狂热之中的亚历山大一世的大祭司，成为官方认可的神圣同盟的诠释者，从而让社会斗争既获得合法性，也具有神圣性。

梅特涅命令奥地利驻俄国大使勒布泽尔腾男爵不得离开沙皇左右，并通过他寄送了大量有关欧洲阴谋的报告，阴谋的总部在巴黎，据称试图颠覆所有的王位。不知为何桀骜不驯的波兰议会很不情愿接受亚历山大一世不言自明的善意，这似乎是天赐良机，专为表明梅特涅所称颂的秩序优于变化、稳定优于改革是有道理的。结果来得不迟。俄国回复法国八月九日发出的照会，警告在当前的危急时刻采取"过时的"外交手段是危险的，谴责法国怀疑奥地利的
258 动机："让(法国)大臣放弃……对奥地利的任何嫉妒心。那个国家

① Schwartz, p. 192.

的意图不可能，也不应该引起任何(这样的情绪)。”①

梅特涅的温和立场对卡斯尔雷也并非没有影响。诚然，卡斯尔雷没有停止抗议举行五国会议，但与此同时，他也不忍心使同盟的分歧变得明显，他担心他的固执可能会迫使梅特涅作出让步，那将再无其他选择。在这种心态下，他迫不及待地要顺着梅特涅给他的台阶下台，于是允许斯图尔特作为观察员列席特罗保会议。②诚然，斯图尔特奉命不得签署协议，也仅限于观察与领土平衡相关的问题，但这些都是用来对付议会的托辞。英国观察员出席会议的象征性影响仍然非常深远，而且更为重要的是，万一需要摊牌时，会给梅特涅这一方增加一个重要砝码。此外，虽然卡斯尔雷不愿英国与推翻革命一事牵扯在一起，他至少可以防止其他人阻碍奥地利的谋划。因此，他对法国明确表示，法国不可能指望英国支持它与那不勒斯的波旁王室有任何家族密谋。③法国遭到俄国的拒绝，又受到来自英国方面的压力，不得不放弃在欧洲会议上以宪政国家代言人的面目出现的梦想。为了掩饰自己不得不退让的尴尬，法国借口西方各国的宪政原则具有同一性，因此它不得不学英国的样，仅限于以观察员的身份出席特罗保会议。

当特罗保会议的主要角色开始集合，卡波季斯特里亚斯像很多梅特涅从前的对手那样，突然发现自己被孤立一旁，因为梅特涅巧妙地利用了他自己的提议。普鲁士是奥地利的外交卫星国，英国的代表是斯图尔特，因为自命不凡反而成为梅特涅容易施展诡计的一个目标。法国代表是两名观察员，驻圣彼得堡的大使拉费罗内和驻维也纳的大使卡拉芒。但是卡拉芒发疯般地嫉妒他的同事，同时又

① Sbornick of the Imperial Russian Historical Society, Vol. CXXVII, p. 456f.
② Webster, II, p. 278.
③ Webster, II, p. 281.

被梅特涅玩弄于股掌之中，结果在谈判的关键阶段，他居然把自己
259 收到的秘密指示拿给梅特涅看。卡波季斯特里亚斯达到了召开会议的目的，但只不过是为他万分痛恨的维也纳阴谋家提供了一个讲坛。名义上是五个国家聚集在一起，然而实际上无非是奥地利皇帝和俄国皇帝的会议——正如梅特涅一贯坚持的那样——而其他参会者只不过是奥地利的后备力量。梅特涅做到了这一点，首先是依靠俄国的帮助孤立了法国，然后又利用这场胜利，依靠法国的帮助孤立了俄国。难怪卡波季斯特里亚斯开始感到不安。甚至在大会开幕前他就说："我一直在追求一种大胆的政策，或许胆子太大了。"

然而，梅特涅的兴趣不在于胜利，而在于获得行动的道义基础。孤立俄国是万不得已，是一种因从来没有付诸具体实践而更有效的心理武器。正如他试图通过获得普鲁士的默许，而不是通过压倒多数票来主导德意志邦联，他也试图依靠俄国的帮助而非它的孤立来组织国家的协同行动。为此，他以欧洲良知以及欧洲道义原则的保护者的形象出席特罗保会议，通过征服沙皇取得在那不勒斯的胜利。

三

梅特涅的心态开始接近他在一八一三年那个伟大时期的轻松的冷嘲热讽，这并非没有道理。他又一次使奥地利成为关键性国家，尽管它本质脆弱，并且利用它的危机来巩固其国际地位。普鲁士国王急匆匆前去参加会议，要求他的大臣们准备一份有关普鲁士宪政问题的备忘录，提交梅特涅批准。亚历山大一世越来越后悔自己曾经信奉自由主义的阶段。在这种情况下，梅特涅确信他会击败那个"蠢货"卡波季斯特里亚斯。亚历山大一世刚刚否决了卡波季斯特

里亚斯想要在特罗保会议上实行法俄协同政策的努力，因为他认为法国国内的形势“过于不稳定”，如果梅特涅知道这一点的话，他就会更加自信了。

梅特涅于十月十九日抵达特罗保，沙皇第二天到达。沙皇到达后不久他俩的第一次见面持续了三个小时，并且按照前一年在特普利采与普鲁士皇帝举行会谈时建立的模式进行。惭愧的君主在严厉的奥地利外交大臣面前再一次承认了自己的错误，梅特涅表示，补救过失的办法在于未来齐心协力。悔过自新的沙皇说：“从一八一 260
三年到一八二〇年，七年过去了，但我觉得似乎有一个世纪之久。无论如何，我在一八二〇年不会重复一八一二年做过的事情。您没有改变，但是我变了；您没有什么可以后悔的，但是我有。”[①]卡波季斯特里亚斯或许曾设想会议将成为一个新时代的开始，恢复安宁是根本改革的先决条件，最终将引入宪政，但是哪怕他只是想保留住自己的位置，也必须奉承这位奥地利外交大臣。梅特涅在十月二十日与他第一次见面后说：“我在我熟悉的领域开始我们的对话，那就是纯粹理性。他已经被套牢在那里，为了试探他，我离开了。他没有跟上来……‘这太离谱了，’我对自己说，我要给他一个真正的考验。我顺便提到了《启示录》；他建议我烧掉……那个虚假的《约翰福音》……当时我就想：现在我们可以有进展了……”[②]

于是在十月二十三日的第一次全体会议上，梅特涅提出了奥地利的计划，意在再一次设法满足俄国对表达团结的要求，而又不至于明确提出将迫使英国公开采取孤立立场的原则。[③]梅特涅强调，没有哪个国家有权干涉别国国内事务，除非这些事务对国外产生影

① N. P.，Ⅲ，p. 352.
② N. P.，Ⅲ，p. 351.
③ Schmalz，p. 70f.

响。但是，相反，当其他国家的国内变革威胁到另一个国家自身的体制时，这个国家就有权进行干预。梅特涅要求的正是让欧洲认可不干预原则，借此名义他又提出要平息那不勒斯的革命。以奥地利对那不勒斯的干预来让沙皇承诺自我限制的原则，获得对该条约结构的限制性解释，同时又使用同盟来压制社会动乱，这是在巧妙地耍弄花招。假使卡斯尔雷当时在场，他恐怕也不会提出不同的建议，因为梅特涅是根据“英国的”准则来使他的意大利政策合法化。

但是卡波季斯特里亚斯不愿意如此轻易投降。沙皇可能放弃了他早期的狂妄，但哪怕是梅特涅亲自出马，是否能诱使他回到纯粹
261 秘密外交上来，也仍然是未知数。他一直坚持召开会议来表明欧洲在道义上的团结一致，而非重申不言而喻的自卫权。梅特涅可能获得了实质性胜利，但却必须给它披上一件形式的外衣，这种形式现在几乎已经成为俄国人的一种仪式。谈判当中出现了间歇，卡波季斯特里亚斯准备正式答复，在此期间，梅特涅与亚历山大一世进行了长久的私人会谈，为沙皇做好了心理铺垫。十月二十九日，在第二次全体会议上，普鲁士拿出了一份备忘录，对奥地利几乎亦步亦趋，以至于俄国人怀疑它出自梅特涅之手。

在此期间，俄国的意图也明晰起来。卡波季斯特里亚斯问斯图尔特：“奥地利皇帝需要十五万或二十万人去砍掉烧炭党人的脑袋吗？他们可以听从他的调遣，但是如果他们想要一个道义上的借口来推翻一个政府，那就必须表明要用什么来取代它。为人类的福祉重建一个国家是值得伟大的欧洲联盟考虑的问题。”[1]没有什么比这更能表明奥地利与俄国对国际秩序的概念之间的差别：梅特涅抵抗

---

① Webster，Ⅱ，p. 290.

革命，因为它扰乱均势；卡波季斯特里亚斯试图镇压革命，因为它阻止合法君主以哲学王的姿态将他们的善行赐予人民，而善行的形式往往就是革命者倡导的改革。俄国十一月二日的备忘录公开表明了这种差异，[①]提出干预的根据不是自我防御的权利，而是一八一四至一八一五年的条约，据说是代表了对现有秩序的保障。它提出了证明同盟干预具有合理性的三项原则：革命自动将受到影响的国家排除在同盟之外；同盟各国有权采取必要的措施来防止革命疫情扩散，使受到影响的国家重回同盟的怀抱；但是这些措施并不能影响一八一四至一八一五年条约的领土安排。

这当然是重复亚琛会议上的论辩，事实上，是采用了梅特涅自己否定"团结同盟"的理由，那就是现有的条约足以完成所有的目标。但是梅特涅更担忧的是将其用于那不勒斯的问题，而非卡波季 262
斯特里亚斯的笼统概括。这位俄国大臣认为，奥地利干预的目的是为了让那不勒斯能够自由实现民族的愿望和保障其"双重自由"：政治自由和国家独立。因此他提议在奥地利干预之前，由大国施加道义上的压力或由一个中立的权力出面调停，最好是教皇。即使这无法起到成效，奥地利只要解释它将要在那不勒斯建立什么样的制度，也可以获得同盟的许可进行干预。总之，卡波季斯特里亚斯想要任命自己为欧洲的合法仲裁者；但是没有哪位政治家能比他国内的支持者更强硬，而现在梅特涅对沙皇的影响已经超过了这位俄国大臣。根茨写道："特罗保的唯一问题是看谁更强硬，亚历山大一世还是卡波季斯特里亚斯。"[②]

这个问题很快就解决了。十一月五日，梅特涅否定了卡波季斯

① Schmalz, p. 72f.
② Gentz, Friedrich von, *Briefe von Friedrich von Gentzan Pilat*, 2 Vols. (Leipzig, 1868), p. 436.

特里亚斯对一八一四至一八一五年条约的诠释。他认为只有条约的文字本身具有约束力，而对其精神的解释则依环境而定。但是，奥地利已经准备好为了欧洲的福祉接受一个非常宽泛的诠释。[①]这是典型的梅特涅式的策略：同意俄国提出的原则，但作为奥地利的让步，而非逻辑的必然。它接受俄国对条约结构的诠释，但只是为了给自由应用该诠释制造一个借口。它给了亚历山大一世一个他长久以来一直寻求的欧洲统一的象征，但只是为了让他作出不可撤销的承诺。卡波季斯特里亚斯很快就发现他的胜利是空洞的。他提议同盟各国以刚刚制定的原则的名义，同意那不勒斯采纳另一种宪法，但是梅特涅拒绝了他的提议。梅特涅说，该同盟唯一的任务就是要恢复国王的行动自由，使他回到各国的协同中来；任何进一步的干预都会限制他的主权，从而使干预无法达到目的。十一月六日，卡波季斯特里亚斯被迫承认不能限制那不勒斯国王的主权，显然梅特
263 涅占了主导地位。十一月七日，沙皇强迫卡波季斯特里亚斯在原则上同意梅特涅提出的一个折中方案。梅特涅致信他在法国的大使说："我们终于能够站稳脚跟了。当然，我们还会遇到一些障碍，但我们已经占领了高地，因此我们必定赢得胜利。我们已经扼杀了'民族希望'和'调停'的权宜之计。"[②]

梅特涅的折中方案同意卡波季斯特里亚斯提出的三项原则，只是为了应付英国人，又增加了一个附加条款，规定干预只是万不得已的措施。但是梅特涅计划的实质部分表明，本协议是终止任何改革计划的手段，对"双重自由"或政府的重建只字不提。相反，梅特涅坚持认为，应该由合法统治者自行判断该采取什么措施来实现国

---

① Stern, II, p. 131; Schmalz, p. 76.
② Schmalz, p. 77.

内和平。[1]结果，卡波季斯特里亚斯曾经如此顽强争取的原则变成了一种俄国自我否定的原则，等于承认它们是压制的工具，但作为改革的工具则毫无意义。梅特涅赢得了诠释神圣同盟准则的权利，因此特罗保不仅标志着那不勒斯革命终结的开始，更为重要的是，也标志着俄国革命政策终结的开始。

卡波季斯特里亚斯的调停提案也没有什么好结果。本来意在挽救些许宪政的手段成为梅特涅用来孤立对手的一个微妙的步骤，因为他将不可能实现的其他选择摆在了对手面前。梅特涅提出，“斡旋”不应该由教皇出面，也不应该由法国波旁王朝出面——这是绝望的卡波季斯特里亚斯提出的另一个建议——而应该由欧洲召开会议来进行，那不勒斯国王必须出席会议，提出申诉。这是一个极其恶毒的建议。如果国王不被允许离开那不勒斯，那就会证明他缺乏自由：如果他出席会议，他肯定会以情况万分紧急为由要求奥地利干预。如果试图让国王离开那不勒斯，也可能引发温和派与极端分子之间的激烈冲突，从而在尚未交火之前就削弱了该国国内的力量。沙皇当然不会错过任何一个机会来在这样一个庄严的法庭上展示自己的仁慈。梅特涅说：“我有百分之八十五的把握，卡波季斯 264
特里亚斯会利用剩余的机会来剥夺世界的宁静，使人们不再尊重理性，使常识失去尊严。”[2]

梅特涅完全有理由担心卡波季斯特里亚斯可能会利用他在特罗保取得的一个成就：起草协议的权利。虽然梅特涅让卡波季斯特里亚斯的原则变得毫无意义，但是阐明这些原则却可能扯断仍然将英国与同盟维系在一起的脆弱的联系，无论如何防范都无法让英国同意普遍干预权，而法国将遵循英国的做法。为此，梅特涅一直将他

① N. P., Ⅲ, p. 391.
② N. P., Ⅲ, p. 356.

的谈判内容完全瞒着西方国家的代表。他鼓励斯图尔特缺席两次去维也纳看望他怀孕的年轻妻子，向他保证，他不在场时不会采取任何决定。结果这种缺席使得法国无能为力。当拉费罗内抗议奥地利十月二十三日的建议时，梅特涅讽刺地问他究竟是在表达他个人的意见，两位法国代表的意见，还是法国的意见。[1]但是沙皇认为法国再一次对革命表现出软弱，感到非常愤怒，威胁要对法国进行军事监控。

十一月十九日，西方代表突然发现自己面对的是一个既成事实。不知情的斯图尔特刚从维也纳回来，被邀请去参加全体会议，结果看见的是一份已经签署了的文件：《预备协议》，其中就包含了梅特涅的折中方案。斯图尔特激烈反对，他和他的法国同行都拒绝签字，但无济于事。梅特涅在同盟的破裂变得显而易见之前就已经孤立了卡波季斯特里亚斯，并且使沙皇做出了承诺。在谈判中，他的英国选项一直是讨价还价的工具，等到干预权得到保证，沙皇已经处于他的掌控之中，他就可以坦然面对他的口是心非的后果。梅特涅的个人掌控力如此明显，以至于斯图尔特即使已经完全被骗，还仍然为他寻找借口："……整个事情似乎都叫人难以理解，或至少是缺乏善意……（但是奥地利）因为害怕英国政府变更，俄国
265 改变主意，只好求助于三个大的君主国之间的亲密协同……至于梅特涅亲王，无论我现在如何觉得受到了伤害……（也）不至于影响我们一贯的彼此信任，也绝不会削弱我们的友谊。"[2]

但是卡斯尔雷却不像他弟弟那么容易对付。他太了解沙皇的心态，知道梅特涅不可能不作出一些让步就达到他的目的，而他却无法找到借口在英国议会为这些让步进行辩护。当看到自己珍爱的会

---

① Schmalz, p. 82.
② Webster, Ⅱ, p. 528f. (Appendix).

议制度被用于达到他认为不可能的目的时，他越来越恼火：他告诉俄国大使："我从未像现在这么后悔没有同沙皇陛下在一起，不能告诉他我的想法……沙皇每次都反复表示他坚定不移的决心，绝不会订立新的协议，不会在现有的关系之外组建新的关系，不会寻求除普遍同盟之外新的保障。他的这种决心实际上是欧洲的安全保障。那他为什么现在改变主意了呢？"[①]他于十二月十六日致信斯图尔特，重申了英国的立场：将国家从同盟中开除以及用武力改革这些国家的制度既违反《国际法》，也违反现有的条约。何况，如果同盟成员国试图将这一原则用于自身，那么《协议法案》也会使得英国无法参与，而任何试图另辟蹊径的做法都"将使任何阶层的人都感到憎恶，以至于如果不处罚出主意的大臣以作补偿的话，就可能会动摇国王陛下的王位"。这并不意味着英国不讨厌秘密结社与军事革命，但是，英国虽然承认干预作为自我防御的权利，却"作为同盟成员之一，无法承担管理统一欧洲警力的道义责任"。[②]

然而，伟大的梦想不容易放弃。即使现在，卡斯尔雷也发现很难承认欧洲协同无法将岛国不干涉内政的观念与大陆的防范政策结合起来。他仍然希望，耐心和善意有可能使同盟恢复战时的亲密关系。他告诉俄国大使，寄送十二月十六日的信件时他痛心不已。他坚持说他并不反对同盟的目的，但是反对以正规文件的形式来宣告目的。随此信附给斯图尔特的私人信件再次证明卡斯尔雷不愿放弃 266
他关于治理欧洲的设想："真是不可思议……三国朝廷居然想到要去根据已经被推翻的神圣权利和消极服从的原则，来改革已经能够极好地应付急需的同盟。他们可能已经预料到了汉诺威王室无法维持斯图亚特王室的原则，后者依赖这些原则结果却丧失了王位……

① Webster, Ⅱ, p. 302.
② Webster, Ⅱ, p. 303f.

现在要由三国朝廷来决定是否要……在不同的旗帜下……抗衡危险……他们可能会像我们所说的那样就此事进行抗衡，却又不表明有争议的原则。我们不能遵循他们的原则，如果他们是理论家，我们就必须自行采取行动……”①

但这是徒劳。卡斯尔雷眼见同盟真正的成就并没有发挥作用，这本来意味着没有政治动荡。欧陆国家，尤其是梅特涅，认为同盟是对付当前危险的武器，无论它可能是什么。既然梅特涅认为社会斗争高于其他一切事情，而卡斯尔雷又拒绝认为这是一个国际性的问题，于是梅特涅逐渐脱离了他与英国的联系。卡斯尔雷的抗议终止了《预备协议》，却不能阻止十二月八日卡波季斯特里亚斯起草一封同盟国照会，他以自己那《启示录》一般的笔调再次从一八一四至一八一五年条约的结构中找出了干预的理由，使事情更糟糕的是，他甚至还暗示得到了英国的许可。②同盟分裂近在眼前，但是在分裂发生之前，梅特涅就已经成功地使大陆有效地组织起来，以至于英国的帮助成为可有可无，而且他还小心翼翼地使同盟采取的措施最后可以归咎于沙皇。尽管英国日渐远离同盟，但它与奥地利的关系仍然比与任何其他国家更为紧密。

四

特罗保会议标志着梅特涅外交活动的高峰。他不愿意或无法使奥地利适应这一时期的主要趋势，面对必须进行一场对抗民族主义和自由主义的战争这样的前景，他成功地使其成为欧洲的而不是奥
267 地利的争斗，避免了以此来象征奥地利国内体制的不协调。面对重

① Webster，Ⅱ，p. 305.
② N. P.，Ⅲ，p. 392f.

新崛起的法国想要通过家族密谋和呼吁宪政来恢复它在意大利的地位，他设法孤立了法国，削弱了其重要性。特罗保会议上法国代表的角色再悲惨不过了。梅特涅以最和善的全权代表的面目出现，使其他代表掉入一个又一个陷阱。当卡拉芒接受卡波季斯特里亚斯让法国调停的建议时，梅特涅不怀好意地鼓励他在全体会议上提出该建议，等到沙皇愤怒地抗议居然有人还想在合法的主权国家与革命之间进行调解时，梅特涅立刻弃他不顾。这位毫无戒备心的法国人向梅特涅出示了一封秘密信件，内容涉及抗议《预备协议》，并且将干涉那不勒斯比作强加给法国的枷锁，于是梅特涅决心一定要让亚历山大一世知道他潜在盟友的摇摆不定。[1]法国对《预备协议》的最终反应只反映了其无能为力：它拒绝签署协议，但参与了邀请那不勒斯国王，结果是既得罪了俄国又得罪了英国。

但是如果梅特涅没有成功地使俄国保持中立的话，那么用计挫败法国对梅特涅作用不大。他有两种选择：是在实际上孤立俄国还是在道义上控制它。虽然梅特涅并没有排除前一种选择，而且正是为此才把英国选项保留到最后一刻，但是他知道这将最终迫使奥地利采取力所不能及的政策。因此他施展所有的诡计来掌控沙皇，而亚历山大一世对自己在波兰的实验已经感到幻灭，变得越来越虔信宗教，这也帮了梅特涅的忙，但是通过在特罗保进行长时间的对话，他自行达到了目的。正是在特罗保，梅特涅准备了他的“信仰告白”，为了在沙皇面前装装样子，巧妙地批评狂妄之人，呼吁在变化中保存秩序。[2]他提到理论家的坏影响，显然指的是卡波季斯特里亚斯，正如他将倡议宪政与革命的狂妄放肆等同起来。也是在特罗

---

① Stern, Ⅱ, p. 135.

② 见本书边码第 201 页注。

保，沙皇得知有一个俄国警卫团兵变，这虽然是由其指挥官的暴行引起的，但是梅特涅轻而易举地将其解释为革命病毒四下传播的后
268 果，是激进分子试图恐吓沙皇。①

就这样，神圣同盟的信条曾经满怀希望地设想了一个社会新秩序，现在却成为一种恢复梅特涅社会均势观念的手段。梅特涅几乎不为人察觉地将沙皇的道义热情从革命的力量转变为保守的力量，如果不是反动力量的话。假如说亚历山大一世在特罗保会议结束时身边有一位外交大臣的话，那此人是梅特涅，而不是卡波季斯特里亚斯。亚历山大一世在寄出几乎所有信件之前都会拿给梅特涅看，喋喋不休历数自己的罪过。两个朝廷一起准备给它们驻伦敦大使的联合指令，以应付利物浦内阁倒台，而这似乎是指日可待的事情。梅特涅从来不会满足于只采取单一的措施，他又私下将这件事告诉斯图尔特，借此既表明善意，也表明他的处境困难。②

如果俄国能通过独立的政策来推翻欧洲均势，那么普鲁士也能够利用奥地利在意大利的尴尬处境来颠覆德意志的内部平衡。但是特普利采和卡尔斯巴德会议已经解决了独立的普鲁士外交政策的问题，普鲁士国王只是把特罗保会议看作获得梅特涅对普鲁士国内体制提供建议的机会。他直到十一月七日才到达特罗保，但此前王储已经来了，他很快就受到梅特涅的诱惑，终其一生都是梅特涅的崇拜者。当普鲁士国王与其他君主会面时，梅特涅利用这个机会谈到了他对普鲁士内部管理的意见，结果国王再次推迟了批准政府重组。③

梅特涅的地位已相当稳固，因而会议结束时，他表现出温和的

---

① N. P.，Ⅲ，p. 355；Schmalz，p. 77.
② Webster，Ⅱ，p. 296.
③ Stern，Ⅱ，p. 145.

态度，接受了卡波季斯特里亚斯关于由教皇来调停那不勒斯国王与革命之间冲突的建议。但是当卡波季斯特里亚斯致信呼吁教皇协助和解事宜时，梅特涅却为奥皇起草了一封信件，只要求给予精神上的帮助，谴责革命。[①]正如一八一三年拿破仑本来可以接受莱巴赫会 269
议的基本原则，从而挫败梅特涅的设计；正如普鲁士本来可以拒绝联合行动，从而可以在维也纳会议上阻挠他达到目的，如今那不勒斯的革命者也可以通过实施温和的政策，使梅特涅在特罗保举步维艰，但是每一次梅特涅都赌心理因素的有形影响，结果每次他都赢了。邀请国王参加莱巴赫会议更使那不勒斯的温和派与极端主义者之间的冲突明朗化。那不勒斯无法拒绝邀请，但是国王出发前被迫再次发誓遵守极端自由主义的“西班牙”宪法，而亚历山大一世只能将这一步解释为直接挑衅，结果一劳永逸地结束了卡波季斯特里亚斯对宪政和调停的要求。

虽然梅特涅的政策本质上是防御性的，但所采取的形式却是一个深知自己弱点的国家唯一能够采取的形式，它可以借此维持现状又不至于穷尽所有。那就是在道义上达成共识。在卡斯尔雷看来是应该以优势兵力来约束侵略的问题，梅特涅却试图以在道义上作出承诺的方式使侵略不可思议。即使这不算是建设性的构想，也是灵活的构想：通过使沙皇承诺讨伐反革命，试图一揽子解决亚历山大一世的反复无常和欧洲的社会动荡问题，从而一劳永逸地使他卷入对抗所有因为他的暧昧态度而受到鼓励的运动。外交手段再次起到了实际上的压力不可能取得的效果，这是梅特涅十年来活动的高峰：在欧洲大陆上，奥地利国内的合法化原则已经成为国际秩序的组织原则。那不勒斯国王和同盟各国君主正在赶去参加的莱巴赫会

① Stern, Ⅱ, p. 137.

议象征着国际关系的新性质。莱巴赫会议与此前的会议不同，并非一次全权代表会议，而是这位奥地利外交大臣将要给其他欧洲国家一次道德教训的舞台。

第十五章
莱巴赫会议与欧洲的治理

一

在一八五四至一八五九年之间，年逾八十的梅特涅写了一系列备忘录给他的继任者布奥尔，后者因为奥地利地位脆弱而深感担忧，不惜代价寻求一种联盟体系。梅特涅以他清醒的隐晦风格论辩说，中欧帝国没有任何可以依靠的国家，因为它很快就会发现邻国既不够强大，也不愿意提供支持。但是奥地利也不可能保持中立，因为地处中心地带，注定会牵扯进每一次冲突，何况中立还会鼓励其他国家提出与奥地利的生存不相容的要求。这种困境的解决方案在于依托奥地利唯一真正的优势：它在欧洲没有自私的欲望，所有寻求安宁的国家必然倾向于它。因此，奥地利从不会真正孤立，如果只是为了获得盟友而盲目地作出承诺，那只会削弱奥地利的地位。奥地利只能为特定的目标作出承诺，它真正的政策是在任何冲突的早期阶段，通过不参与政策来定义联盟的道义框架，而非被动地接受它，以奥地利的参与来交换这个典型维持现状国家唯一感兴趣的目标：安宁的条件。梅特涅坚持认为，只要明白其目的，孤立不值得惊慌失措。外交活动成功的关键是行动的自由，而不是正式的关系。① 270

这是梅特涅一生外交活动的基础。行动的自由，意识到自己比任何对手拥有更多的选择余地，这是比联盟更好的保护，因为它能保留所有的选择以备不时之需。但是一个岛国的行动自由可以因其
271 地理位置得到保证，中欧国家的行动自由却不得不依赖它的道义地位，以及通过安排其他国家作出承诺，使得奥地利的选择永远大于任何潜在的竞争对手。这种政策需要冷静的头脑，因为它试图通过平静地接受很大的风险、孤立或者损害奥地利利益的突然协议，来表明奥地利是不可或缺的。它的成功取决于正确权衡力量的组合，尤其取决于这样的事实：奥地利卓越的灵活性并非错觉。鉴于它的成就直到最后一刻才会显现，而风险却显而易见，要实施这种政策要求，就必须具有梅特涅特有的近乎傲慢的自信心。由于这种政策取决于许多无形的因素，随着奥地利的地位在十九世纪逐渐下降，尤其是普鲁士和俄国将奥地利视为自己的主要竞争对手——普鲁士关注德意志，而俄国关注巴尔干半岛——之后，实施这种政策变得越来越困难。梅特涅的接班人只看到了危险，而没有注意背后的构想，他们在互不相容的选择中恐慌地来回摇摆，以此取代了他微妙的操纵，结果是使奥地利注定走向末日。

然而，在梅特涅仍然能够控制事件走向时，人们能从他在危机时刻的外交活动中发现两个几乎不可避免的阶段：貌似犹豫不决的阶段，他此时会不易察觉地定义共同努力的道义框架，以至于它看上去像是普遍愿望自发的表达；其次是一种象征性的行为，通过公开声明使奥地利的盟国承诺采取有限目标的政策。因此，一八一三年春天曲折的谈判之后是布拉格会议，旨在表明拿破仑的诉求与均势体系互不相容；《卡尔斯巴德决议》导致维也纳会议召开，展示

① N. P.，Ⅷ，pp. 354－417.

德意志在道义上的团结一致；特罗保会议之后是莱巴赫会议，象征着欧洲在道义上团结一致——并且在此过程中使沙皇作出了不可撤销的承诺。

因此，莱巴赫会议主要是梅特涅在特罗保一手缔造的欧洲政府的体现。卡波季斯特里亚斯呼吁英国调停也无济于事；法国派出第三位全权代表布拉卡来监督他的同行和防止那不勒斯国王的行为过于胆怯，结果也无济于事。梅特涅完全掌握了控制权，在很大程度 272
上是因为他掌控了亚历山大一世。他写道："没有人相信皇帝（亚历山大一世）与我意见完全一致，实际上现在也仍然一致。过去四个月的影响正在开花结果。俄国外交大臣被击败了，强者挟持了弱者，依据的是力学定律、物理学定律和道德法则。"[①]普鲁士国王甚至没有露面，只是派遣了他的外交大臣，伯恩斯托夫，他实际上是梅特涅的附庸。英国代表斯图尔特又再次受到鼓励去维也纳看望妻子，直到基本的决定已经做出，结果又重复了一遍特罗保会议上不明就里的人怒不可遏的场景。那不勒斯国王的欺骗性已经到了无以复加的地步，以至于梅特涅竟能再次以倡导适度的人的面目出现。这位君主一离开那不勒斯，就立刻放逐了他的议会和宪法，虽然他刚刚还以戏剧性的语言立下誓言要维护议会和宪法，说什么如果违背誓言就天打雷劈。

在这样的情况下，各国很快就做出了决定。亚历山大一世于一月八日抵达，一月十日梅特涅报告说："今天，除非天崩地裂……我们已经赢了。卡波季斯特里亚斯就像魔鬼在圣水中那样左右翻滚，但是他已经在圣水里了，无计可施。"[②]梅特涅又找出了他"后宫"的另一位成员，那不勒斯驻维也纳大使鲁福，并指派他为那不

① N. P.，Ⅲ，p. 424.
② N. P.，Ⅲ，p. 424.

勒斯的发言人，而宪法规定的外交大臣，陪同国王一起来的加洛只好在附近的格尔茨赋闲。一月十三日接着发生的一幕几乎可以说是直接出自喜歌剧，使得在莱巴赫的梅特涅乐不可支。鲁福出席了全体会议，宣读了根茨和梅特涅替他起草的演讲，其中那不勒斯国王请求同盟各国根据“正义、智慧和宽宏大量的准则”，指派他担任调解员的角色。梅特涅以同样高昂的语气回答说，同盟各国很高兴“协助陛下获得更多百姓的爱戴”，但不幸的是，在特罗保就已经决定“不承认任何以犯罪手段造成的并且会时刻扰乱世界和平的动荡”。面对这样的强硬态度，一位立宪君主该怎么办呢？梅特涅通过
273 鲁福的声音回答说：作出最大牺牲，并且放弃同盟各国拒绝与之协商的宪法。鲁福来时就准备好了一封国王致那不勒斯人民的信函，国王“在上帝和他自己的良心面前他完全若无其事”，他告诉臣民他违背了自己的誓言，只是为了让他们避免战争的恐怖。但是，唯恐还有人反对这种崇高的行为，另附一封机密信函，宣布说有一支奥地利占领军将要到来，以“保证”实现欧洲愿望。

等斯图尔特回到莱巴赫，喜剧的第一幕已经结束了，他发现梅特涅忙着写第二幕的剧本，将当着其他意大利朝廷代表的面通知加洛公爵同盟各国的决定。斯图尔特再次发现同盟各国已经准备发布宣言，而他又没有参与有关此宣言的谈判，只被要求表示同意。他再次因为天真被利用而胡乱抗议一气，但他能做到的仅仅是获准在会议记录上写下“尽管英国代表在场……他没有得到授权参与会议的谈判过程……”[1]结果甚至这种让步也很快被证明是虚幻的。斯图尔特于一月三十日到达时，正值与会的欧洲准备向那不勒斯的外交大臣宣布其决定的庄严时刻，他发现梅特涅已经用另一个全新的声

---

① Webster，II，p. 316.

明取代了原来的声明，非常强调同盟各国的团结一致，并且完全略去了斯图尔特的保留意见。代表们已经陆续到齐，斯图尔特怒不可遏。最后人们还是说服了他同意让新声明保留原样，而梅特涅同意最后宣读他的抗议。加洛公爵被召唤到会议代表面前，梅特涅以庄严尊贵的姿态——与先前的激烈言行形成对照——向他宣布了同盟各国的决定，而且说话的方式几乎使人忽略了斯图尔特的保留意见。但是结局却是一种反高潮，与气势昂扬的代表阵列不相称。革命国家的大臣没有提出愤怒的抗议或不失尊严地强调他的原则，他听完梅特涅严肃的演讲，只是和善地点头表示同意。他感谢梅特涅 274
所作的努力，承诺回到那不勒斯之后尽其所能支持他们。①那不勒斯的革命曾经导致了召开两次欧洲会议，使欧洲的大臣们忙乎了近一年，最终的失败表明了革命之愚蠢，而梅特涅在七个月曲折的外交活动中实施的所有舞台管理措施都未能达到这一效果。

只是当奥地利成为欧洲的代理人，而且革命爆发半年之后，奥地利军队才越过了波河。但比获得欧洲许可干预那不勒斯更重要的是梅特涅对沙皇的影响，一位英国外交官说，即使俄国是奥地利的一个省，梅特涅的言行也不可能比这更自信了。尽管梅特涅热情洋溢、滔滔不绝地表白奥俄永恒的友谊，但是在与斯图尔特谈话时，他明白无误地表明了自己认为谁才是他真正的敌手。斯图尔特说："他告诉我他终于能够让俄国沙皇作出承诺，不仅对抗意大利，而且对抗全欧洲的自由派……后续会议将表明他所有的谋划都没有落空，在奥地利面临前所未有的威胁时，他指引奥地利帝国获得了安全的和值得称赞的胜利。"②

---

① Stern，Ⅱ，p. 154f.；Webster，Ⅱ，p. 318f.

② Webster，Ⅱ，p. 315.

二

但是，在产生这些有益的结果之前，还是不得不再次听到英国的声音。斯图尔特在莱巴赫扮演了同在特罗保一样可笑的角色，但是随着议会会议的临近，再加上反对党抨击外国干涉独立自主的国家，卡斯尔雷不能仅仅满足于斯图尔特空洞无力的抗议。一月十九日致会议全体代表的信函似乎是答复同盟各国十二月八日在特罗保的宣言，再次概述了英国的立场。[①]该信件字斟句酌竭力显得是在讲道理，迂腐地一再重复所有在过去一年已经证明无效的理由，表明
275 写这封信其实只是为了提交英国议会，卡斯尔雷并不想在同盟中引起分歧。他再次重复了岛国政策所有的理由：普遍干预权违背了英国的根本法则：但是即使不存在这种反对理由，英国也无法参与这种事情，因为假使“君王们不是那么慈悲为怀”的话，可能会导致全面的暴政。并非要在原则上否定干预，事实上英国内阁经常承认它作为正当防御的必要性，但是它不能建立在普遍的权利之上，肯定不能基于一种英国始终反对的对一八一五年条约的诠释。干预是国际行为的一个例外，绝非其规则。

这封信件没有任何新意，结束时的语气还表明欧洲同盟是卡斯尔雷唯一的外交政策。信里最后强调，英国“完全公正地看待东方国家纯真的意图”，“感情上的分歧”不影响“同盟在任何其他问题上的和睦友好关系，也不会削弱他们对所有共同事业所给予的最大热情”。卡斯尔雷的政策具有一种悲剧性的迟钝，拒绝承认共同的行动已经不可能，这并非因为任何人的过错，而是因为岛国和欧

---

① Webster，II，p. 321f.

洲大陆对危险的看法已经互不相容。但是卡斯尔雷如果承认这个事实，那就必须否定自我。在他看来，分歧不在于努力构建一个集体安全体系，而在于对它的滥用；不在于同盟的性质本身，而在于竭力想给同盟一个并非它初衷的方向。因此他认为他的任务是维护同盟，而不是宣布分歧，而随此信函一起寄送的短简也透露出起草信函时的保留态度："……你们会避免任何可能会引起怀疑的讨论，避免怀疑同盟各国政府看待问题的不同方式可能会削弱同盟的和睦友好，而实际上根据条约真正接受的所有观点你们始终会和谐且尽力地尊重和申明将维持这种同盟的和睦。"①奥地利驻伦敦大使告诉梅特涅："卡斯尔雷就像一个极其爱好音乐的人在教堂里；他想鼓掌，但又不敢。"他这样说，并非没有道理。

因此，恰如其分地，卡斯尔雷在下议院的最后一次外交政策演 276
讲为同盟进行了强有力的辩护，他承认同盟犯过错误，但是也认为它将继续发挥作用。他描述了烧炭党的活动，其准确程度恐怕连梅特涅也难以超越。他捍卫奥地利的动机，他认为奥地利能够在全体欧洲会议上获得支持，这本身就足以证明其动机之纯粹。因此，问题不在于奥地利是否应该干预，而在于如何说明干预有理。然而，这种差异并不值得造成同盟的分裂，更不应该导致采取孤立的政策。同盟继续存在，力量并没有减弱："关于大陆主权国家的联盟已经说了很多，我仍然不会放弃为它辩护。持反对意见的绅士们曾经如此不看好同盟的前景，结果却大失所望，难怪他们心感不快。如果指望他们多一点耐心，那恐怕是对人性期待过高……只要这件事情能够持久下去，都将提醒人们他们有多么愚蠢。我希望这个同盟将持续巩固欧洲和平，它已经证明了……可敬的反对派先生们沉

① Webster，Ⅱ，p. 323f.

溺于其中的预言以及他们所建议的政策之荒谬。”①

以惯用的字斟句酌和一如既往冷冰冰的平静语调发表的演说，表达了对欧洲联合的愿景，但是它注定要失败，因为它永远无法为英国公众所理解。在他们看来，以结盟来巩固和平本身就自相矛盾。同盟有特定的目标，而且必须有所针对。在没有遭遇空前危险的情况下，与欧洲大陆联合采取的共同政策根本就无法在国内得到合法化。卡斯尔雷设想的通过诚信获得欧洲统一，仅仅通过同盟的和谐来治理欧洲，都只不过是海市蜃楼，其倡导者注定会遭到毁灭，尽管看似冷静迂腐，却依然具有悲剧性。

三

与此同时，奥地利向南方进军，梅特涅坚持要将这场喜剧演到
277 底，直到展示了每一种可能的道义原则，才能打发观众回家。梅特涅从来不会给被击败的对手恢复的机会，他现在开始着手消除卡波季斯特里亚斯最后一个可能阻碍干预的借口：特罗保会议曾经允诺给予那不勒斯机构体制，以保证其安宁。如同在卡尔斯巴德，梅特涅曾经使恐慌的德意志国家平静下来；如今在莱巴赫，他使坚持要恢复绝对统治地位的贪婪的那不勒斯国王态度缓和下来。在旷日持久的谈判中，梅特涅说服他接受《那不勒斯王国基本法草案》，该草案曾经秘密提交给沙皇，并得到了他的许可。草案准确地反映了梅特涅治理国家的准则：虽然规定了分散管理，但加强了君主的权力，君主的权力只能受到纯粹具有顾问功能的国务委员会以及协商委员会的限制，后者是由那不勒斯和西西里代表组成的议会。②卡波

① Hansard (Commons), 21 February, 1821.
② Stern, II, p. 155f.

季斯特里亚斯徒劳地呼吁沙皇至少留下一点点代表机构。欧洲秩序的合法化原则确立了一位“合法”的统治者，即使此人是那不勒斯国王般可笑的人物，一个性格极其执拗的人，想请求撤销他的任何决定都是不可能的。总而言之，梅特涅现在已经足够强大，公然绕过卡波季斯特里亚斯，并且诱使亚历山大一世让他的外交大臣闭嘴。梅特涅说：“卡波季斯特里亚斯与皇帝之间的鸿沟越来越大……(但是)皇帝更强硬，理由是显而易见的。”①

事实上，现在梅特涅最大的问题是要约束沙皇的过分热忱。亚历山大一世写道：“我们正在从事与撒旦的斗争，”这证明他多么仔细地研究了梅特涅的“信仰告白”。“大使们不足以完成这个任务，只有那些上帝置于人民之上的人物才能——上帝保佑——在……与此恶魔的力量交锋中……生存下来。”他又写道，自从各国内阁根据神圣同盟的准则会面以来，所有基督教的敌人、所有革命者、烧炭党人和要求平等的激进分子都已经发誓复仇。②在这种心态中，不难诉诸讨伐的想法，当然不是为了改革人性，而是要打败革命；不是为了开启一个新时代，而是为了恢复平静。沙皇对法国代表 278
说：“难道您认为召开这个会议的唯一目的是惩罚几个烧炭党人吗？……那不勒斯学了西班牙的样，现在也应该成为杀一儆百的对象……如果我们在那不勒斯建立了公正的秩序，或许法国也能有机会在西班牙起到奥地利在那不勒斯的作用。”③

但是梅特涅并没有打算让法国从他艰苦的谈判中得到好处，而且他知道如果是在西班牙，英国绝不会仅仅局限于善意地提出抗议。如果同盟各国干预伊比利亚半岛，结果就不会只是就某个行动

① N. P.，Ⅲ，p. 429.
② Schwarz，p. 224.
③ Stern，Ⅱ，p. 152.

的合法化进行了本质上是学术性的讨论，而英国也欣然同意其实质，而是必将导致公开的、最终的和不可逆转的同盟破裂。梅特涅虽然愿意采取独立的政策，但并不准备迫使英国变成公开的敌人。他深知正是因为拥有英国这一选项，他才可以追求一种冷血的厚颜无耻的政策，才能够承认沙皇每项措施的原则，但与此同时完全控制其实质，使得俄国无法达到任何具体的“俄国”目标。卡斯尔雷的友谊降低了梅特涅的风险。只要保持与英国的联系，最糟糕的事情也只不过是奥地利与俄国之间发生纯粹的政治争斗，而这种争斗无论如何有害，都会因为英国的支持而得到缓解。但是如果英国被驱赶到不可挽回的对立面，梅特涅的政策就将失去灵活性，他就只能通过迎合沙皇的偏见来减少风险。梅特涅以现在已历经考验的亚琛会议的策略来应对这个问题。他说服亚历山大一世，鉴于法国的条件尚不稳定，对西班牙进行干预是不成熟的；但是为了让自己的拒绝显得比较和善，他又指出另一个展示欧洲道义团结的机会，提议将西班牙问题推迟至次年将在佛罗伦萨召开的会议讨论。梅特涅说道：“我最大的优点就是利用了我的影响来防止(亚历山大一世)越过好的或正确的界限。因为邪恶从善的边界开始，它是如此隐蔽，以至于理性如果没有所谓外交手腕的得力帮助的话，就无法发现这种边界线。”①

279 二月二十八日，梅特涅发表了最后一次演讲，会议正式结束。三月七日，奥地利军队在列蒂战役中摧毁了那不勒斯的军队。三月二十四日，几乎没有遭受任何人员伤亡的奥地利军队进入那不勒斯，刺刀尖上插着橄榄枝。没有什么比这能更好地体现梅特涅以和平为武器、温和为工具、道义共识为基础的政策的终极意义。

---

① N. P.，Ⅲ，p. 438.

四

但是，正当奥地利军队所向无敌地朝那不勒斯前进时，仍然聚集在莱巴赫的各国全权代表们却获知了一个令人惊讶的消息，似乎证明奥地利外交大臣有关所有革命相互关联的话不无道理。三月十二日，传来了皮埃蒙特爆发革命的消息，那是唯一不受奥地利影响的意大利王国，革命导致了国王退位。但是有了上一年的经验，梅特涅几乎可以机械照搬在那不勒斯和德意志大获成功的策略来对付这场革命。没有必要说服亚历山大一世相信存在新的威胁这个事实，即使真要让他相信的话，那也是为了抑制他的迫不及待。沙皇宣称，“现在我明白了为什么上帝让我一直留在这里，我对他感恩不尽，由于他的安排，我才能仍然与我的盟友们待在一起……如果我们拯救了欧洲，这是因为他的愿望。”[1]九万俄国军队被动员起来，作为正在加速向意大利进军的奥地利军队的后备力量，同时打消法国任何企图干涉的念头。在此期间，梅特涅授权俄国驻都灵大使尝试与革命者谈判，让他们向新国王——退位君主的弟弟——投降，以换取赦免——这是一种离间革命阵营的手段。四月八日，奥地利军队彻底击败了皮埃蒙特革命者。

人们可能会认为，梅特涅肯定能在奥地利获得普遍称赞，因为他采取的政策在不到两周的时间内平定了两次革命，巩固了奥地利在意大利的优势地位，而又没有穷尽帝国的道义和物质资源。但是 280
一项政策是否明智只有在回顾时才能显示出来，而风险却是立马可见，尤其是像梅特涅这样巧妙编织的政策。因为如果可以换来实质

① Schwarz, pp. 211, 225.

性内容，梅特涅总是准备放弃形式。以梅特涅的前任施塔迪翁为首的“奥地利学派”政治家站在凯旋的制高点，认为梅特涅取得的成就是理所当然的，却又批评他不应该冒无谓的风险。他们不理解危险的程度，因而也无法理解成功的性质。让俄国参与针对皮埃蒙特的行动，在他们看来似乎是危险地放弃奥地利的主权。事实上，他们质疑在财政负担本已十分沉重的情况下这次行动是否还有必要，指责梅特涅毫无必要地把奥地利从英国的盟友变成了俄国的卫星国。即使对于他在莱巴赫如此精心安排的戏剧，他的同事们也只看见了表面的价值，这算是梅特涅保持低调谦逊的技巧的明证。但是梅特涅在他获得最伟大胜利的时刻，居然发现维也纳内阁比俄国的朝廷更难对付，这是命运的讽刺性安排。

四月二十二日，梅特涅以两封长篇信函答复了施塔迪翁，令人想起了有关一八一三年政策的杰出声明。[1]开头的警句和问句定下了信函的基本语调：“我有勇气，但不抱幻想……如果我没有把握促成(俄国军队)撤退，就像我让他们前进那样，您认为我还会让他们进军吗？”这个骄傲的声明是个开头，接下来梅特涅概括了自己的动机。他承认没有必要展示实力来打败皮埃蒙特和那不勒斯的革命，但是他关心的并不是皮埃蒙特或那不勒斯各自发生的动荡，真正的危险在别处而不是在意大利：“我(认为)自己的职责是消灭俄国自由主义，向欧洲表明激进分子遭到了两个仍然行动最自由的大国的反对……在一八二一年只有事实才能说明问题。所有的承诺，俄国皇帝所有的言辞都没有价值；调动十万部队……这次动员花费了一千二百万，这才是事实。命令他们停下来，这是另一个同样重要的事实。十二万部队靠近我们的边界，但只在我们提出要求时才

① N. P.，Ⅲ，p. 467f.

能前进……这是第三个事实。”施塔迪翁应该对取得的成就或者俄国的无关紧要不抱幻想：“已经产生了巨大的好处，但充其量也只 281
是使我们可能继续生活下去。我们一定不能欺骗自己；我们只是朝这个方向迈出了一步而已……邪恶已经达到了惊人的程度……（欧洲所有的国家）肯定会认为我们的成功是犯罪，我们的概念是错误的，我们的观点愚不可及。”

他比谁都更彻底地承认了自己的无可奈何。他处于胜利的顶峰，全欧洲几乎都视他为首相，三位君主没有他就不肯采取任何行动。经历两次大获全胜，然而梅特涅感受到的不是权力和荣耀，而是无力、危险以及灾难的临近。在他职业生涯的顶点，这位中欧国家的外交大臣却如此悲观，这再清楚不过地表明，帝国注定要走向灭亡。奥地利不愿意调整国内体制，在一个民族主义的时代又无法继续这样生存下去，即使其最成功的政策也无非只是延缓死期，是绝望地想要抓牢盟友的承诺，不是为了建设性的工作，只是为了暂时转移那不可避免的大灾难的一部分。因此，梅特涅的政策是纯粹意义上的外交，本质上只是一种器乐类的技巧表演，其技巧纯熟恰好证明最终的徒劳，证明这个中欧帝国需要稳定压倒一切，却只能通过发挥绝技来谋求生存。

但是，一八二一年四月，的确有人使出了绝技；虽然没有为奥地利的困境提供最终解决方案，但却避免了灾难。假如说梅特涅曾经有疑虑，他也从来没有让外面的世界知道这一点。在努力掩盖他所代表的国家的弱点方面，梅特涅极其成功，以至于奥地利在欧洲大陆的领导地位无可替代，而且正如梅特涅正确判断的那样，并没有疏离英国。梅特涅最后说道：“俄国没有领导我们，是我们领导了沙皇亚历山大一世，这有几个很简单的原因。他需要别人的建议，但他已经失去了他所有的顾问。他认为卡波季斯特里亚斯是烧炭党首领，他不信任他的军队、他的大臣、他的贵族和他的人民。在这种情况下，一个人不可能领导……而且英国完全站在我们一边。”这是梅特涅政策的真正成就，它消灭了俄国自由主义，并且通过假装服从获得了对奥地利最危险的对手某种程度的控制权。

282　五月份，欧洲列强的重聚终于结束了。但在允许沙皇受到俄国朝廷的影响之前，梅特涅提交了另一份备忘录，意在继续约束亚历山大一世，直到来年的会议。备忘录大纲基本遵循特罗保会议上的那份“信仰告白”，[①]分析了革命的原因以及自行其是的危险性，提到了革命的伪装是要求宪政——这显然是攻击卡波季斯特里亚斯——并且再次重申只有先维持秩序而后才能改变。[②]但是特罗保备忘录是以一个布道者雄辩的口吻撰写的，而莱巴赫备忘录的语气却具有功成名就之人不失分寸的自信。它向沙皇表达的不仅仅是奥地利的敬意，还有整个社会的敬意，感谢沙皇认清了社会弊病，同时在欧洲团结之中发现了救治弊病的办法。梅特涅又说，亚历山大一世将会得到良心上的安慰——巧妙地暗示俄国在意大利提供的帮助只是一种职责，不应对奥地利构成要求。梅特涅最后概括了奥地利与俄国可以共同阻止革命疾病蔓延的手段，包括两个朝廷继续保持最亲密的关系，在面临重大问题时对驻各国首都的大使共同发布指示，在维也纳召开大使级会议作为联络方式，以及准确地应用莱巴赫原则。梅特涅这个模糊的说法究竟指的是什么，将在接下来的几个月里变得明朗起来。

由梅特涅撰写的致全体代表信以及各国君主发表的共同宣言结束了为期五个月的会议，该会议在此期间实际上构成了一个欧

---

① 见本书边码第201页注。
② N. P., III, p. 480f.

洲政府。[1]致全体代表信将同盟的正义精神、保守主义和温和态度与革命者的黑暗意图作了对比。革命者渴望摧毁一切超越空想的平等之上的事物。面对这样的威胁，各国政府不得不保护一切合法的存在。这并不意味着应该避免必要的改革，只意味着变化只能“出于自由的决定，出自那些上帝赋予了责任的人们开明的想法……以免动荡篡夺足够的权力，成为一种普遍的祸害”。这个宣 283
言并非奥地利外交大臣的意见，也非全体君主的意见，而是“永恒的真理”。

五

成功政策的本质就是后人往往会忘记事情很容易是另外一个样子。希特勒如果在一九三六年就被推翻，他只会是一个相当可笑的革命头目，正如在列蒂战役中四下逃窜的那不勒斯军队使他们曾经的努力显得可怜，而不是危险。但是假如一八一九至一八二〇年所有的革命同时发生，那么毫无疑问奥地利帝国将会在它最终灭亡的前一个世纪就土崩瓦解。但是，梅特涅利用英国的不干涉政策作为盾牌，设法平息了德意志境内的叛乱。卡波季斯特里亚斯的教条主义和利物浦内阁的软弱使得那不勒斯问题万分危急，梅特涅通过完全掌控沙皇，巧妙地战胜了这位俄国大臣。他在皮埃蒙特革命爆发前击败了那不勒斯革命，当同盟因为多瑙河两公国和希腊的革命经历最严峻的考验时，他已经平息了皮埃蒙特的革命——这一切都是以欧洲代理人的身份完成，并且没有穷尽奥地利帝国的道义和物质资源。他不为卡斯尔雷的抗议所动，同时又缓和了沙皇想要讨伐西

① N. P., Ⅲ, p. 486f.

班牙的渴望。他抵制了狭隘的“奥地利学派”外交官的批评。[1]就这样，欧洲的共同治理成为现实，即使只有一瞬间，而且是为了无望的事业。具有象征性意义的是，五月五日，莱巴赫会议结束前一周，拿破仑在圣赫勒拿岛去世。他未能通过征服实现的欧洲大陆的政治统一，现在却通过自愿服从合法化原则得以实现。

在使欧洲符合奥地利的合法性原则的过程中，欧洲大陆与岛国对于外交政策的观念显得越来越不相容。无论卡斯尔雷如何同情梅
284 特涅的目标，英国国内的现实却迫使他变得越来越孤立。奥地利大使暗示他日益加深的保留态度是由利物浦内阁制造的困难而引起的，他无可奈何地回答说：“他们无聊地坚持把我们采取的，而且必须继续采取的方针归因于政府暂时的困难处境，而不是将其纳入那些在我们的体系中必须永久不变的原则。如果三国朝廷再继续坚持长时间*公开*（强调语气为我所加）宣称它们的超级原则，那很快就会造成一种分歧，而这是我们大家都想要避免的。”[2]后人认同的整个后维也纳时期的格局的轮廓就此开始显现；三个东方国家承担了管辖欧洲的权利，不仅要对付政治上的动荡，而且要对付社会动荡；而与此同时，奉行独立自主的外交政策的英国变得越来越有敌意，而法国则实行权宜之计，在这些势力之间来回摇摆不定。

但莱巴赫会议之后，这种局势得以延缓，不仅是因为卡斯尔雷不愿意放弃他通过会议进行外交的理想，而且还因为一个事件，该事件一时间似乎表明，卡斯尔雷和梅特涅之间的整个争端都只不过是语言上的吹毛求疵。多瑙河两公国和希腊的叛乱突然使梅特涅和

---

① 他回到维也纳之后，嘲讽地写道：“我回到了这个美好的城市。当然大家都知道所有的事情，而且早就预测到了。没有人肯承认事情可能会是另外一个样子，一切都简单和一目了然……一切都很容易，每个人一直都是这样盼望的……成功之后，讨论是不可能的……”N. P.，Ⅲ，p. 442。

② Alison，Ⅲ，p. 223.

卡斯尔雷面临俄国要将政治影响力扩大到地中海的危险。卡斯尔雷旁观梅特涅巧妙地应用莱巴赫会议的基本原则，他认识到，共同干预的原则，而非不干涉的原则，可以提供更有用的挫败行动的工具。难怪梅特涅在最后给沙皇的备忘录中坚持要对采取重要措施以及如何准确应用共同原则发布联合指示。正当莱巴赫会议召开时，传来了多瑙河两公国反叛的消息。虽然沙皇在意大利的事件中给奥地利开了一张空白支票，梅特涅却不会准备在巴尔干地区给亚历山大一世同样的回报。梅特涅所代表的机构专门有政策禁止开出空白支票，尤其是因为它意识到要求联合行动将使活动维持在同盟最没有进取心的成员的水平。奥地利对巴尔干半岛唯一的兴趣是一切都保持不变。

卡斯尔雷在希腊危机中实行的政策表明不干涉原则并不代表具 285
有优越的道德观，甚至不代表国内体制的差异，而是主要反映了隔离的地理位置带来的安全感。在希腊，奥地利与英国的利益同样牵涉其中，换句话说，英国像奥地利一样感到了威胁，现在似乎岛国也突然要诉诸同盟，甚至意味着要诉诸神圣同盟。此时，令人惊讶的是，甚至卡斯尔雷也提到了革命的邪恶以及国际阴谋的危险，他的道理和梅特涅的一样有说服力，但更加字斟句酌。当问题再次涉及挫败沙皇，梅特涅和卡斯尔雷之间旧日的协同关系又充分恢复了。读到急于挫败亚历山大一世的卡斯尔雷如何表白友谊，真有些奇怪，那份热情只有梅特涅才与之不相上下，而梅特涅的优势是已经积累了一年的经验。

第十六章
希腊的叛乱

一

一八二一年初夏，梅特涅写道：“我觉得自己像我的朋友蜘蛛那样位于一张网的中央，我喜爱蜘蛛，因为我常常观赏它们……我罗织这张网来从各方面承托我的道义手段……但是现在的局势迫使这只可怜的蜘蛛待在自己精心编织的网中央。这些蛛网看上去非常美丽，编织巧妙，能够抵挡轻微的攻击，但是抵挡不了一阵大风。”[①]这种自带嘲讽的离奇比喻反映了“梅特涅体系”的实质，反映了他让对手作茧自缚、以无形的约束来挫败对手的政策。这种政策有赖于这样的神话：受“游戏规则”的约束，敌人无法在不耐烦的时候一把扫除这张网。通过这些战术，梅特涅取得了非凡的成就。但正当他大获全胜，平息了德意志和意大利境内的反叛，长久期待的均势似乎最后胜券在握时，“一阵大风”却从完全出乎意料的方向——巴尔干半岛吹来。尽管大风没有撕破这张巧妙编织的网，却迫使它经历了最为严峻的考验。甚至在莱巴赫会议结束之前，就传来了多瑙河两公国发生反对土耳其人的起义的消息。 286

巴尔干半岛的危机引发了道德和实质性问题，与中欧最近发生的事件性质完全不同。最不着边际的想象也很难将奥斯曼帝国这个欧洲与之争斗了五百年之久的好战的神权政治国家纳入“合法”政权的范畴；深受基督教信念影响的君主兄弟联谊也不可能包括苏丹，苏丹本人曾经拒绝加入神圣同盟，总之，他即使加入了也是不合时宜的。但是哪怕巴尔干的危机与最近发生的事件有相似之处，
287 也只会带来新的问题。是俄国，而非奥地利，将收获在巴尔干半岛进行干预的成果。自彼得大帝时代开始，俄国的扩张就是以奥斯曼帝国为代价，亚历山大一世在他统治的早期也遵循这个传统，当时他利用《蒂尔西特条约》赋予他的行动自由，入侵了多瑙河两公国。只是因为受到拿破仑侵略的威胁，他才被迫于一八一二年签订了《布加勒斯特条约》，通过该条约，俄国获得了对多瑙河两公国的某种保护国权力。根据该条约，雅西和布加勒斯特的总督由奥斯曼帝国政府任命，但必须经过俄国同意，而且必须出自希腊贵族阶层。正是由于此原因，最初爆发“希腊人”起义的地区既不属于希腊也不属于俄国，起义由曾在俄国军队担任军官的两个希腊人领头，其中一人名为伊普西兰蒂，他在亚历山大一世讨伐奥斯曼期间，曾经深受沙皇喜爱。一八二一年二月，伊普西兰蒂赫然声称有一个大国准备支持他，他以基督教的名义向沙皇求助：“救救我们，陛下。挽救我们的宗教免受迫害者摧残，把我们的教堂和圣坛还给我们，让那神圣的光芒照耀您治下的伟大国家。”②

神圣同盟的缔造者该如何回答呢？这不是源自中产阶级、意在获得政治自由的革命，而是具有宗教基础、反对一个国家的民族运动，而这个国家，甚至驻君士坦丁堡的俄国大使当时也因为它满不在乎地反复违反《布加勒斯特条约》而正与其磋商。土耳其也不是

① N. P.，Ⅲ，p. 444.

② Text，Prokesch-Osten，Anton von，*Geschichte des Abfalls der Griechen*，5 Vols.（Vienna，1867），Vol. Ⅲ，p. 61f.

一八一四至一八一五年条约框架的一部分，因此不受俄国对同盟的诠释的保护。而且，卡波季斯特里亚斯正急于实现希腊独立的理想，得知了伊普西兰蒂的计划，秘密地鼓励他寄希望于俄国的支持。伊普西兰蒂的信件于三月十七日抵达莱巴赫，那时皮埃蒙特发生革命的消息传来仅三天。俄国应该在巴尔干半岛扮演奥地利在意大利为自己保留的角色吗？这难道是梅特涅细心谋划的最终结果？他制定了一种原则，结果反而将使得亚历山大一世能够实现彼得大帝的梦想？

但是梅特涅此时还不准备为了仅仅在理论上应用这样的类比而牺牲自己关于需要安宁的构想。早在一八〇八年，他就宣布保存奥 288
斯曼帝国符合奥地利的根本利益，依然是他典型的理由：这能够保障奥地利南部疆界的安宁，而这种局势发生任何变化都只会带来长久的动荡。[①]现在他不准备让亚历山大一世在奥地利的庇护下得到因他与拿破仑在蒂尔西特达成谅解而错过的事情。但是要防止俄国进入土耳其，并不像希望得那么容易，奥地利主要的兵力在意大利，而且无论如何，无法想象奥地利会去同一个刚刚交付了十万兵力由它指挥的国家交战。

因此，亚历山大一世与梅特涅最后一次交锋在沙皇视为己有的层面上展开，即绝对道义诉求的层面。梅特涅着手证明亚历山大一世尽管是自己行为的主人，却无法控制自己的意志，同样的准则可以成为干涉意大利的原则依据，但也可以成为不干涉巴尔干半岛的原则依据。但是，梅特涅认为，自从亚历山大一世进入宗教狂热状态，这已经成为一种政治“事实”，存亡取决于是否能正确利用它。因此梅特涅与亚历山大一世打交道时，承认他的道义诉求，同时保

① N. P.，Ⅱ，p. 164f.

留诠释它在具体情况下应该如何应用的权利。他着手证明，将巴尔干比作意大利只是一种幻想，是狡猾的革命者捏造的，因为他们企图逆转朝他们奔腾而来的潮流。梅特涅递交给亚历山大一世一份备忘录，其中写道："无疑这次爆发起义是精心策划的结果，目标是这些阴谋家认为最可怕的势力：由一个保守体系维系的两个王国……这是在奥地利与俄国之间扔下一个火把……在信奉希腊东正教的最有权势的君王与其臣民之间挑起纷争……迫使他从西欧撤退，让他完全被东部的事务拖住手脚。"[1]总之，同一个同盟曾经使梅特涅能够在意大利发挥作用，现在又被用来防止俄国在巴尔干半岛发挥作用。为了换取在西方辅助奥地利的特权，亚历山大一世被要求扭转俄国在东方实施了一个世纪的政策。友谊可以造就武力无法打造的枷锁。

结果并没有拖延很久。亚历山大一世告诉梅特涅"多瑙河两公
289 国发生的革命充其量也只是一场新的冲突，起因在于希望阻止神圣同盟宣扬的基督教原则的应用"。俄军辞退了伊普西兰蒂，他的副手弗拉迪米雷斯库被褫夺了所有俄国勋章。卡波季斯特里亚斯真正热衷的只是希腊独立，他被命令给予伊普西兰蒂答复，教训他自由不可能得之于阴谋，建议他悔过前非。[2]在这样的情况下，土耳其人不难挫败起义，伊普西兰蒂逃往匈牙利，消失在监狱里达六年之久。

莱巴赫会议就此挫败了三次革命，两次根据干涉的原则，第三次根据不干涉的原则，两种原则都成为对神圣同盟信条的合法化应用。但是梅特涅不愿意有任何侥幸心理。在与亚历山大一世分别一周之前，他得到了沙皇的允诺：没有同盟的支持，不会在巴尔干采

---

① Schwarz, p. 216.
② Text, Prokesch-Osten, Ⅲ, p. 65f.

取行动。他最后一个备忘录宣布奥俄合作，并共同就欧洲均势的基础下达对两国大使的指示。梅特涅成功地避免了被一阵大风撕破网，但是奥斯曼的问题不会这么早得到解决，也不会由梅特涅一人来解决。多瑙河两公国失败的起义为摩里亚半岛“真正的”希腊人提供了一个信号，鼓励他们提出自己的独立要求。在不到三个月的时间内，土耳其人就被赶出了半岛，东欧的问题成为欧洲外交的核心问题。

二

奥斯曼帝国直到十七世纪还是使中欧惊恐颤抖的强大国家，但现在已风头不再。帝国领土跨越三大洲，呈现出军事独裁和封建关系的奇怪混合，各地由总督治理，以不同程度独立于君士坦丁堡的苏丹。但是即使突尼斯的大公、埃及的埃米尔、摩里亚的帕夏和多瑙河两公国的总督享有不同程度的自治，他们也都会遭到奸诈的攻 290
击，中央政府常常借此掩盖其越来越虚弱的真相，表示自己的权威。苏丹的欧洲附属国中，希腊占有比较得宠的位置，在文化、经济和行政上控制着巴尔干半岛。土耳其海军大部分由希腊水手组成，雅西的大学使用希腊文印鉴，多瑙河两公国的总督传统上总是出自希腊贵族阶层。因此希腊人的反叛对奥斯曼帝国的结构本身是一个致命的打击。如果反叛成功，帝国失去对爱琴海的控制权，那么中央政府如何能保住地域更为遥远的省份呢？因此难怪土耳其人对失去摩里亚的反应近乎歇斯底里，而当希腊人求助于与他们具有同样宗教信仰的教徒时，土耳其人的反应变为疯狂。早期的宗教狂热精神回潮了，导致希腊人在土耳其人的都城被屠杀。一八二一年复活节，君士坦丁堡的希腊东正教牧首与其他几位主教一起被绞死在教堂的大门口。

这是对俄国的直接挑战，因为俄国在传统上是希腊东正教信仰的保护者，何况亚历山大一世这样的宗教狂人，本来听闻土耳其人粗暴地镇压多瑙河两公国的起义时就十分不自在，现在就更是感到火上浇油。而且，亚历山大一世现在已经脱离了梅特涅的影响，听从卡波季斯特里亚斯诠释他的道德义务，加上两个意料之外的因素的支持，这种诠释就变得更有说服力了。六月，普鲁士王储的导师安齐隆撰写了一份备忘录，否认奥斯曼帝国是“合法”政权，提议委任俄国为神圣同盟的代表来恢复秩序。他的提议得到了一个来自过去的声音的支持：克吕登纳男爵夫人。她早就失宠，现在又重新露面，设想新的十字军东征，她欣喜若狂地写信给她从前的弟子，说是相信他会在耶路撒冷欢度圣诞节。梅特涅说：“只有坚强的灵魂才能抵御环境的影响，要冲破影响，那就需要更加坚强的灵魂。沙皇(亚历山大一世)仍然坚持不动，但是他独自一人……”①

因此整个夏天亚历山大一世都摆出一副他特有的姿态，貌似坚忍不拔，其实是在掩盖内心犹豫不决，貌似不肯妥协，掩盖的是优
291 柔寡断。他想要留住梅特涅的友谊，但又不愿遭到大臣的非难，他盼望同盟各国团结，但又希望以希腊东正教拯救者的形象出现。整个七月，亚历山大一世的通信都反映了这种暧昧的态度。他强调自己忠于莱巴赫会议精神，却又于七月十一日致信奥地利皇帝，质问欧洲是否期待他袖手旁观奥斯曼的暴行。他谴责屠杀与他信奉同种宗教的教友，却又于七月十七日致信梅特涅说，他只会与盟友采取一致行动。②但是梅特涅本人就曾经是善用“团结一致”这个术语的

---

① N. P.，Ⅲ，p. 444.

② Text，N. P.，Ⅲ，p. 416 (Letter to Metternich)；Prokesch-Osten，Ⅲ，p. 124f. (Letter to the Emperor.)

大师，无疑明白叶卡捷琳娜女皇的后代一旦与人翻脸，就几乎不再有可能约束他。发生在君士坦丁堡的事件似乎使得战争不可避免。

此时，俄国驻奥斯曼帝国大使斯特罗加诺夫一直在与帝国政府磋商，一方面涉及违反《布加勒斯特条约》的事件，另一方面也展示他自封的奥斯曼帝国境内东正教信仰保护者的身份。斯特罗加诺夫是旧式“俄国学派”的外交官，认为俄国才是拜占庭帝国的继承者，君士坦丁堡是俄国政策的天然目标。斯特罗加诺夫直接受教于卡波季斯特里亚斯，所以他的所作所为完全没有缓解冲突，而且帝国政府这方面又以超出往常的傲慢无礼来对待这位俄国大臣。如果说亚历山大一世的措施在西方人看来暧昧不明，在多疑的土耳其人看来却是再明白不过。在他们看来，神圣同盟似乎就是召唤新的十字军东征，而沙皇假惺惺的好言好语只不过是准备直接向土耳其海峡进发的托辞。关系变得如此紧张，斯特罗加诺夫从君士坦丁堡撤离，前往黑海上的一个港口，六月五日，他从那里寄出了一封长信讲述土耳其人的暴行。

卡波季斯特里亚斯的回信非常急切，[1]谈到对基督教肆无忌惮的恶行，并代表俄国呼吁欧洲达成共识，要求立即重建被毁的教堂，保障信仰不可侵犯，区分无辜者和罪犯，确保那些没有参加革命的人能平静地生活。奥斯曼帝国如果拒绝的话，就表明自己不配与基督教国家打交道，俄国将与其他基督教国家一起保护拥有共同 292
信仰的教徒。要求帝国政府在八天之内予以答复。不出卡波季斯特里亚斯所料，苏丹怒不可遏，甚至拒绝考虑最后通牒，只是因为英国大使斯特兰福德勋爵出面干涉，斯特罗加诺夫才免遭愤怒的土耳其人暗杀。八月十日，俄国大使乘船前往敖德萨，此时宣战似乎在

① Stern，Ⅱ，p. 217；Webster，Ⅱ，p. 355.

所难免。

但是梅特涅不为所动。他知道亚历山大一世追求的不是政治征服，而是道义上的征服。因此，哲理上的沟通或许更容易平衡政治关系。这也同当初在莱巴赫的交锋相去不远，当时竞争缓和下来，变成了诠释神圣同盟的信条。卡波季斯特里亚斯认为沙皇的道义责任要求他在东方采取积极的政策，梅特涅则坚持说，诉诸沙皇的宗教信仰恰好证明了罪恶之奸佞狡猾。但是既然亚历山大一世在莱巴赫已经允诺不会脱离盟友，梅特涅谈判的立场实际上比看上去更为强硬，尽管有俄国政策的传统，尽管土耳其人固执倔强。只有当意愿一致时，联盟才能为行动提供更广泛的道义和物质基础。一八二一年梅特涅成功地掌控了亚历山大一世，因此一八二一年在平定意大利国内叛乱期间，奥地利使得俄国在外交上沦为卫星国的地位。因为亚历山大一世无法得到奥地利同样的默许，神圣同盟挫败了卡波季斯特里亚斯的希腊计划，于是梅特涅与卡波季斯特里亚斯之间的问题转变成了合法化原则的信条是否能战胜民族利益诉求的交锋。

卡波季斯特里亚斯的急躁不安无法掩盖一个事实，那就是，用梅特涅的话来说，“全世界只有两个派别在彼此对抗：卡波季斯特里亚斯的派别与梅特涅的派别。既然沙皇属于梅特涅派，那他的对手就只好听天由命了”。他对沙皇的精彩“描绘”表明，梅特涅了解亚历山大一世的个性，后者无论在采取什么行动时都优柔寡断，却通常先是长时间地犹豫不决，接着又表现为顽固的坚持。亚历山大一世以高昂的宗教情绪来实施政策，因此往往在无法避免要作出决定时，表现出一种偏执的狂热，还将其认作是道义上的需求。因此，一八〇七年，在弗里德兰战役败北后，他对拿破仑的仇恨一夜之间变为热情的赞赏；因此一八一二年被迫参战后，他以一种顽固的劲

头坚持下去，认为这是在道义上对拿破仑焚烧莫斯科的复仇。同 293
样，一八一五年以后，他在维也纳遭受的挫折导致他产生了宗教神秘主义情绪。梅特涅因此试图不惜一切代价防止俄国改弦易辙，因为他深知亚历山大一世一旦动武，很快就会将其变成一场远征。“只要打响第一枪，亚历山大一世就会带领随从脱离我们的视线（强调语气为我所加），届时他自诩的神授君权就不再会受到任何约束。”①

在这种情况下，梅特涅安排让警察报告雪片似的飞往容易动摇的沙皇那里，他派出了那么多的信使，以至于到最后他在维也纳都找不到人可以派遣。所有这些呼吁都只有一个目的，那就是指出，俄国在欧洲的根本利益是压制社会革命，而不是报复奥斯曼帝国的残暴行为，无论这对亚历山大一世个人来说有多么痛苦。在巴黎，凶狠的中央革命委员会正在以某种尚未明确的方式煽动摩里亚的叛乱，目的在于损害同盟，因为同盟将注定使它的努力成为徒劳。弗兰茨皇帝答复沙皇七月十一日的信件说：“我们必须对抗的罪恶存在于欧洲，而不是奥斯曼……要放弃任何关于其实际目标的幻想，只需看看那些现在如此痴迷于所谓基督教利益的人……他们根本就不相信任何上帝，他们既不尊重上帝的法则也不尊重人的法则……最后的希望在于同盟各国朝廷团结一致，才有可能避免正在逼近的罪恶。”②这是在诉诸莱巴赫会议时期的沙皇，要他处逆境而坚持不懈，从而使他的努力具有神圣意义，抵制奸佞狡猾的中央委员会的诱惑，因为该委员会企图在亚历山大一世的道义责任与人道主义信念之间制造冲突。特罗保会议以及莱巴赫会议早期曾经呼吁同盟各国团结一致以便共同行动，现在则要借呼吁同盟各国团结一致来制

① Schwartz, p. 234.
② Text, Prokesch-Osten, Ⅲ, p. 156f., 22 August, 1821.

订按兵不动的原则。在此关头，卡斯尔雷出乎意料地重新加入了同盟，似乎他从来没有离开过一样。

奥斯曼帝国以及控制海峡的问题并非像在那不勒斯压制革命那
294 样，是遥远而“抽象”的问题。这不是涉及岛国安全的问题，不能采取自以为是、袖手旁观的政策，因为奥斯曼帝国的毁灭可能会导致失去对地中海，尤其是中东的控制。这是第一次出现对于大英帝国和奥地利同样具有巨大威胁的问题，突然人们不再谈论梅特涅的胆怯及其政策的小心谨慎。而且，卡斯尔雷现在居然开始批评梅特涅不够谨慎；实际上，他甚至怀疑梅特涅与沙皇勾结，准备让奥斯曼帝国解体。①因此，六月份当梅特涅恳请他一起参加在君士坦丁堡的行动时，他态度很冷淡。但是七月十六日，事前没有与梅特涅进行任何协商，卡斯尔雷就向沙皇提出建议，表明事关英国基本利益时，卡斯尔雷同样会诉诸同盟，甚至会利用其最广泛意义上的诠释。在一封致亚历山大一世的私信中，卡斯尔雷少有地滔滔不绝，向特罗保会议和莱巴赫会议时期的沙皇，同盟的保护人、慷慨大度的统治者提出请求，声称他的善举将保障欧洲的安宁。他忘记了前一年对同盟非法扩张的非难，不顾仅仅几个月之前还批评沙皇关于建立一个欧洲政权的妄想，他甚至还违背了不干涉别国内政的原则，因为这封信还包含了几乎不加掩饰的对卡波季斯特里亚斯的攻击。

卡斯尔雷致信沙皇的借口是三年前亚历山大一世在亚琛会议上说过的话，当时沙皇说卡斯尔雷在危机时刻尽可以直接求助他。信件开头隐晦地提到沙皇在国内面临的困境，接着又强调了英俄的团结一致以及同盟所具有的约束力，虽然不久前他还曾经急切地要对这种约束力加以限制。卡斯尔雷强调，他毫不犹豫地致信亚历山大

① Webster, II, p. 361.

一世："我私下深信不疑，无论皇帝陛下您受到什么样的……来自本土的考虑以及您的臣民特殊性情（强调语气为我所加）的压力，陛下对复杂罪恶的看法都会与英国政府的看法相一致；我以同样乐观的态度相信，陛下您会克服本土一切障碍（强调语气为我所加）……再次如众望所归，表明陛下您决心维护由最近各种和平条约所巩固 295
加强的欧洲体系不可侵犯。"鉴于所发生的一切事情，这似乎是在宣扬一种奇怪的原则。这里向奥斯曼帝国提供了它曾经拒绝加入的条约的保护，而那不勒斯曾经签署过条约，想求助于其适用性，却屡屡遭到拒绝。卡斯尔雷对希腊叛乱真正的问题所在的诠释也同样引人注意，他否认这是一种孤立的现象，而是"有组织的反抗精神，正在有步骤地传遍欧洲，当执政者的权力无论因为什么原因而减弱时，这种精神就会爆发"。而仅仅九个月之前，卡斯尔雷还声称沙皇对抗革命的努力是"大英帝国无法追随的美丽幻觉"。

卡斯尔雷没有否认土耳其人的暴行"使人类颤抖"。但是，同梅特涅一样，他坚持认为人道主义的考虑次于维护欧洲"神圣不可侵犯的格局"，而任何激进变革都会彻底动摇这种格局。因此他恳请亚历山大一世"向后代自豪地展现皇帝陛下您一贯秉持的原则……对这个……近乎未开化的国家表现出宽宏大量，因为出于对陛下您全力帮助在欧洲建立的体系的敬畏，在面临这样的挑衅时必须如此"。信件最后强调，最近同盟内部的分歧只是有关共同目标的小小争议，英国对沙皇的忠诚依然未变："我……确信各国……都有自己特殊的行为习惯，但都会不变地恪守同盟的根本责任，当前的欧洲体系……为了欧洲的安全和安宁，将继续长久地保存下去。"①

---

① C. C. , XII, p. 403f. , 16 July, 1821.

从不久前发生的事情来看，这封信简直可说是无与伦比地厚颜无耻，但是它展现卡斯尔雷心态时就事论事的口吻让人无话可说。既然英国的利益受到了威胁，他完全理解危险是不言而喻的，正如前一年他乐意承认同盟可能有各种不同的诠释。人们太经常提到
296 “压倒一切的危险”，以至于卡斯尔雷再次认为同盟像最初那样是和平卫士。

尽管亚历山大一世最初对卡斯尔雷的来信反应并不积极，但是他无法抵御两个最大盟友的进攻。十年来他徒劳地追求本该心存感激的欧洲的赞许，现在赞许却唾手可得。破天荒第一次，他的信条的普遍应用没有受到斤斤计较的限制，即使诉诸他的理想实际上是呼吁无限的自我限制，那也仍然最终，尽管有点迟地，证明他是正确的。同时，梅特涅也诱使普鲁士外交大臣声称安齐隆的备忘录是他“自作主张”，这样一来，所有关于友谊的表白最终勉强掩盖了俄国再次受到孤立的事实。所有这些加在一起，使亚历山大一世再次退缩。八月初，卡波季斯特里亚斯认为巴尔干的战争将会使同盟恢复团结，亚历山大一世以梅特涅的口吻回答说：“如果我们对土耳其人的答复是宣战，巴黎的革命委员会将会胜利，没有哪个政权可以存在下去。”他禁止卡波季斯特里亚斯在任何信件中提到战争的可能性，当斯特罗加诺夫从君士坦丁堡回来后去觐见他，亚历山大一世告诉他自己的决定，并命令他照此办理。八月二十九日，亚历山大一世答复卡斯尔雷，尽管仍然有些闪烁其辞：“我将最大限度地忍耐下去。”[①]难怪梅特涅九月三日写道：“每天我都得到新的证明，沙皇亚历山大一世越来越执著于我的‘作派’…… 卡波季斯特里亚斯想要采取行动，但是沙皇不肯。”[②]

---

① Text, Prokesch-Osten, Ⅲ, p. 191f.

② N. P. , Ⅲ, p. 448.

虽然避免立即爆发战争有很多好处，但是制造冲突的因素却依然存在。希腊人的叛乱继续引发双方无数暴行。卡波季斯特里亚斯仍然是俄国大臣，而且几乎所有的俄国外交官都与他一起请求立即采取行动。随着亚历山大一世心灵的劳苦日益增加，他躲藏在自己令人费解的暧昧态度后面，每一次采取和解的行动都试图以气势汹汹的声明作为补偿。亚历山大一世的决定给了卡斯尔雷和梅特涅喘气的机会，但仅此而已。亚历山大一世告诉英国大使，他们有整个冬天来尝试避免战乱，但同盟最好还是考虑一下他们的行动方针，以防战争被强加于他们头上。[①]梅特涅的解决方案是求助于老办法， 297
即维也纳的大使级会议，这将给沙皇提供团结一致的象征，使梅特涅自己得到挫败沙皇野心的渠道。但是卡斯尔雷担心梅特涅可能太好说话，而且他认为问题过于复杂，不能交给大使解决。[②]接下来梅特涅建议与卡斯尔雷单独会面，恰好英国国王将要去汉诺威访问他的臣民，可以用这个作为借口。

梅特涅对英国驻维也纳参赞戈登提到这件事，结果遭到了冷遇。戈登仍然拘泥于前一年卡斯尔雷的谨慎旁观的策略，他坚持说单独磋商将导致“误解和嫉妒以及来自其他方面的恶意报告”。[③]但是他已经落后于形势，他对同盟的看法还停留在特罗保会议和莱巴赫会议期间，当时并没有牵涉到英国的直接利益；或者停留在亚琛会议期间，当时法国被视为唯一的威胁。但是奥斯曼帝国的情况不同，对于卡斯尔雷，这似乎是实际问题与抽象理论——肯定会令梅特涅感到吃惊的关于拿破仑革命的观点——问题之间的差异：“假设引起我们注意的问题是具有普通特征的问题，直接涉及欧洲任何

① Webster，Ⅱ，p. 373.
② Webster，Ⅱ，p. 365.
③ C. C.，Ⅻ，p. 439，3 October，1821.

一部分都赖以生存的政权的具体形式（例如最近那不勒斯的情况），那么关于与梅特涅亲王举行会谈，我就会与您有同感……但是奥斯曼的问题性质完全不同，我们英国人认为这不是个理论性问题，而是实际问题……”[①]（强调语气为我所加）于是，两位杰出的政治家于一八二一年十月底最后一次会面，像往常那样，着手为维持欧洲均势制订共同的行动计划。

三

梅特涅遍访德意志的旅行是凯旋之旅。在每一个朝廷，他都作为战胜革命之人而受到欢迎，他说各德意志朝廷要求得到的是命
298 令，而不是建议。[②]英国国王对他的款待也不可能令他减少自信。他与乔治四世第一次会面时，谈话内容更多是围绕着大英帝国的国内事务，而非希腊的叛乱问题，这显示出梅特涅作为欧洲保守良知的身份。乔治四世打定主意要迫使利物浦辞职，他征求这位“治疗革命疾病的医生”的意见，如何才能办成这件事却又不至于引起混乱。至于梅特涅自己，虽然他不在乎利物浦，却想要确保政府内部的变动不至于导致卡斯尔雷离职。因此他试图说服卡斯尔雷安排让利物浦主动辞职，由他自己重新组阁。卡斯尔雷同意了，但条件是利物浦自愿辞职，否则他将与利物浦一起离开。[③]

当卡斯尔雷与梅特涅终于考虑希腊叛乱的问题时，他们在很大程度上意见一致。梅特涅带来了一份备忘录，分三部分谈论俄奥争议问题。备忘录首先谈到，要获得谈判的基础，必须将同盟“视为

---

① Webster，Ⅱ，p. 366.
② N. P.，Ⅲ，p. 492.
③ N. P.，Ⅲ，p. 494；Webster，Ⅱ，p. 356f.

实际上存在且具有全面的效力”——这是稍加掩饰的对卡斯尔雷的暗示，让他不要再像前一年那样自以为是地非难同盟；卡波季斯特里亚斯是解决问题的主要障碍，驻君士坦丁堡的奥地利与英国代表应该尝试获得奥斯曼帝国政府的一些让步，以便消除所有战争的借口。①卡斯尔雷表示赞成，两位大臣同意协同努力维护和平，如果发生战争，则在俄国要求英国和奥地利表态时，避而不答。他们还将同样的指示分别寄往驻俄国的英国和奥地利大使。但是两位大使将分别采用适合各自具体情况的理由，以免看上去奥地利与英国已经达成共识来对付俄国。②英国驻奥斯曼帝国大使斯特兰福德勋爵将与帝国政府谈判。于是，到了十月底，梅特涅的蛛网比过去任何时候都更结实。在莱巴赫会议上他已经得到了沙皇的允诺，不会采取单独的外交行动，在汉诺威，他与英国安排好了协调的措施。如同 299
在一八一三年春天那个关键时刻，梅特涅代表了相关各方之间的桥梁，因为他拥有双方都认可的合法化原则，对于卡斯尔雷是诉诸政治均势，对于亚历山大一世，则是社会均势。

卡斯尔雷最先致信亚历山大一世，但是他过于实打实地大胆采用了英国的特殊理由。他没有诉诸同盟的崇高原则，而是试图说服沙皇不要贸然采取行动，指出这样做“不合情理”。他没有诠释亚历山大一世的道义信条使其符合自己的理由，而是干脆完全否认其可行性。按照在汉诺威达成的共识，他拒绝讨论俄国所询问的英国对万一发生战争的态度，因为“面对如此不祥的争斗，没有哪个国家能够预料自己的态度”。即使战争不可避免，他也不会同意战争的目标是建立一个希腊国家，“源于皇帝本人强烈谴责的一种反叛的制度”。卡斯尔雷又说，如果俄国大臣推荐这样的计划，那就让他

---

① Schwarz, p. 239; Phillips, W. A., *The Confederation of Europe* (London, 1913), p. 225.

② N. P., Ⅲ, p. 492f; Webster, Ⅱ, p. 375f.

以比较明白晓畅的方式来阐释，也不用指望能得到俄国盟友的任何建议，相反，他们还会提出异议。但是他这样直接攻击卡波季斯特里亚斯，结果不幸起到了不好的效果，因为沙皇不懂得英国人设想的大臣的责任，反以为矛头是对着他本人。卡斯尔雷信件接下来的内容也没达到预期的效果。他虽然承认的确是土耳其人犯下了暴行，却又就情感与为政之道的关系发了一通议论，而亚历山大一世只能把它理解为是对他热情洋溢地宣扬的所有信条的挑战："……如果一位政治家允许自己随心之所欲来规范自己的行为，而不是听从理智的指挥，那我实在想不出当他心血来潮时会有什么约束……但是我们必须总是牢记，他的重要责任是保证那些直接交付他照看的利益的和平与安全，他不应该投机取巧试图改善未来一代人的命运，结果危及当代人的命运……"①

然而由于卡斯尔雷不屑采用沙皇的神圣语言，他失去了说服人
300 的能力；整个秋天，关系一直恶化下去。这在很大程度上是由卡波季斯特里亚斯引起的，他仍然在撰写信件，以最尖锐的语气诠释沙皇的意图，希望能够诱使卡斯尔雷或者梅特涅给出不慎的答复。但是亚历山大一世自己也变得焦躁不安，他指出自己的军队总是听从欧洲指挥，他不怀好意地允诺，即使身在本国军队中间，他也会像奥地利、法国、英国和普鲁士的代表就在身边那样采取行动。然而，梅特涅不准备去验证这样一个允诺。十二月五日，他致信亚历山大一世，沙皇发现他使用的语言更容易理解，不像卡斯尔雷笨拙的逻辑。梅特涅说，东方的危机是罪恶的原则在被击败之前的垂死挣扎。他告诉亚历山大一世这次他遍访的德意志与一八一八年有很大不同，现在的安宁在很大程度上应归功于沙皇在莱巴赫的态度。尽

① Webster, II, p. 376f., 28 October, 1821.

管这有些夸张，但是这给了亚历山大一世一个可借以自夸的名声，是一个很好的开场白，可以引出最后要说的话，试图解除这位情绪不稳定的对手的疑虑，将决心拔高到道德行动的层面："不要让任何事情转移我们的注意力。伟大的声望等待着君王，与他们的坚定不移以及高尚的努力相称。这几乎相当于拯救文明免于遭受……变态的心灵……长期以来胆敢酝酿的战争……陛下，对于道义上的征服者与那些没有其他目标、只一心惦记着征服各处领土和摧毁大小帝国的征服者，历史有不同的记载。"①

为了强调等待着亚历山大一世的道义上的征服，梅特涅又重复了一次前一年夏天的花招。信使携带着大量报告急匆匆来回奔波，报告在德意志和意大利的革命阴谋。甚至卡斯尔雷也来凑热闹，写了一封信，用花哨的语言谈到革命的湾流从南美海岸奔涌至爱琴海岸。②虽然这些报告没有立即缓解冲突，但还是使得沙皇更为犹豫不决。勒布泽尔腾男爵报告说："一切都让他感到不信任和疑虑重重"。很快就有情报抵达西欧说，亚历山大一世正在按照奥地利的模式组建自己的秘密警察。

梅特涅接下来把他的攻势对准亚历山大一世盔甲上的另一个缝 301
隙：他的外交大臣的暧昧态度。梅特涅写道："卡波季斯特里亚斯想要战争，又不要战争。他想要俄国的支持，使希腊问题得到解决，但不是……为了俄国的利益。他自以为身负重任，但又遭遇这种情况下特有的尴尬处境：服务于两种事业，却只伺候一位主人……没有什么比这两件事情更自相矛盾的了；如果建立一个希腊国家，你就会发现它会认为俄国是自己唯一需要担忧的敌人。"③为了揭露这

① Stern，Ⅱ，p. 561f.（text）.
② C. C.，Ⅻ，p. 443，14 December，1821. 这封信实际上从未送达，因为英国大使担心信中某些威胁性段落可能会造成有违本意的效果。
③ Schwarz，p. 246.

种矛盾，一月二十八日，梅特涅终于回复了卡波季斯特里亚斯带有威胁性的信件。他的回信措辞狡猾微妙，否认了有关奥地利没有践行莱巴赫会议精神的指控。[1]事实上，奥地利拒绝让自己被拖进土耳其人的事务中去，是为了避免在西方发生另一轮革命。梅特涅先照往常那样谴责革命及其倡导的无神论观念，接着提出解决当前两难困境的建议，建议区分两种问题，一个是奥斯曼帝国违背与俄国现有条约的问题，俄国有权单方面要求履约；另一个是希腊叛乱所带来的问题，后者是欧洲共同关心的问题，也是适合欧洲会议讨论的主题。梅特涅允诺要证明奥地利的友谊，支持消除纯粹“俄国的”怨恨。他将其归入四大类：（一）重建希腊教堂，（二）保护希腊宗教，（三）区别对待有罪的与无辜的希腊人，（四）解救多瑙河两公国。梅特涅提出支持“俄国的”要求，试图借此指出沙皇外交大臣的“希腊”动机，诱使亚历山大一世最终放弃任何干涉希腊叛乱的特殊权利。

但是整个二月，沙皇继续缩在沉默中；如果卡波季斯特里亚斯充满怨恨的信件略有一点表达了亚历山大一世的心态，那么战争就是不可避免的。斯特兰福德勋爵在君士坦丁堡的谈判遭遇土耳其人
302 的强硬态度，遭到了失败，此时卡波季斯特里亚斯似乎赢了。他回答梅特涅的信件如此尖锐，以至于这位奥地利外交大臣以为他这是要终止关系的前奏。但是卡波季斯特里亚斯的复信只是想最后嘲弄梅特涅一下。这封信送出后仅仅三天，亚历山大一世就像上一年八月那样，在可能需要单独行动时退缩了。他很不容易放弃人类彼此和解的前景，哪怕是为了控制海峡这个俄国政策的传统目标。像往常那样，亚历山大一世以同盟团结为借口，躲避了两难的困境。他

---

① 参见 N. P.，Ⅲ，p. 531f. 以及 Webster，Ⅱ，p. 379。韦伯斯特尽管对梅特涅颇有看法，也称赞这封信很“机敏”。

告诉勒布泽尔腾，他厌烦了来回递送信件，将派遣全权大使前往维也纳与梅特涅磋商。他的人选算不上恰当。塔蒂斯切夫是前俄国驻马德里大使，因为一八一七年对英国玩弄手腕而出名。但是虽然沙皇可以自以为所有的选择仍然对他开放，梅特涅却很清楚他已经赢得了关键性胜利：将道义问题争议转化为政治问题，只有以他最擅长的秘密外交手段才能解决。他嘲讽地说："炸弹已经爆炸了，结果里面装满了——棉花……真叫人不知该说什么才好，用尽了愚人的心思，现在倒希望来讨论了。选择了恰好可用的人，理由很简单，因为在俄国最难找的就是人了……现在事情可能会办得顺手起来。"[1]

然而事情并不顺手，因为塔蒂斯切夫就像他朝廷的动机那么暧昧不明。他来时带着卡波季斯特里亚斯起草的信件，信的内容强调俄国要保护奥斯曼帝国境内的基督徒，要将土耳其人对希腊的主权变为宗主国关系。但是塔蒂斯切夫也承认他收到的指令不止卡波季斯特里亚斯的这封信件。同时，亚历山大一世还告诉他，要强调俄国决心只会与盟国统一行动。这更合梅特涅的心思，因为统一行动的要求给了奥地利否决俄国行动的权力。派一位地位较低的全权代表与梅特涅谈判是危险的，在维也纳进行谈判更是加倍地危险，派一位身负两种指令，但其目的都只不过是要达成协议的代表来谈判，那简直就会造成致命的后果。[2]而且，塔蒂斯切夫为人极其自负，竟以为自己骗得了梅特涅，而梅特涅总是很清楚如何对付低估 303
他的人。在提到塔蒂斯切夫时，他说："很少有人知道，那些自以为很精明的人是多么容易被人利用……只有完全诚实的对手才很难

---

① N. P.，Ⅲ，p. 505.

② 有关梅特涅与塔蒂斯切夫的会谈，参见 Prokesch-Osten，Ⅲ，p. 303f. 和 N. P.，Ⅲ，p. 549f.。梅特涅的记述包含在写给他的诸大使的信件中，尤其是驻奥斯曼帝国大使。似乎他没有必要添油加醋；只会准确地加以叙述。

对付。”

于是，梅特涅得到了另一次施展纯粹秘密外交手腕的机会；展示他如何掌控一场目的明确、一切有赖于正确利用对手心理的谈判。这是他最后一次如此表演，此后他再也不能如此行事，不再能因为确信可以依赖英国人提供的选择而胸有成竹。塔蒂斯切夫加入了纳尔博纳、阿伯丁、卡拉芒、哈登贝格和斯图尔特等显贵的行列，他们都曾经与梅特涅谈判，结果却发现自己被弄得完全不知所措，而且还时常变成了这位狡猾的奥地利大臣的代言人。在接下来的会谈中，梅特涅说服塔蒂斯切夫根据沙皇的指示，而不是卡波季斯特里亚斯的指示来进行谈判。牢固地确立了团结的需求之后，接下来梅特涅请求塔蒂斯切夫说明至少在什么情况下俄国肯听从奥地利内阁的意见与同盟各国的意见，但是最后塔蒂斯切夫起草的内容只到达了梅特涅手中，梅特涅一个个否决了塔蒂斯切夫的要求；他不同意俄国对希腊人行使保护国的权力，不承认土耳其宗主权，也不同意同盟的军事行动，最后塔蒂斯切夫一筹莫展。当他无可奈何地请求梅特涅制定另一种纲领时，他只不过是表明了自己的困境：团结一致本身并非目的，而只是一系列条件，一旦成为目的，将导致放弃为政之道，使得同盟内最有决心且目的明确的成员占据主导地位。梅特涅写道：“只有两种可能，或者他们想欺骗我，或者是他们不知道自己究竟要什么或他们能做什么。前者太可笑，不值得考虑，后者正好符合我对他们国家的了解，我毫不犹豫地认为这是正确的解释。”①

在此时刻，奥斯曼帝国政府的一封态度固执的来信却几乎破坏了梅特涅精心设计好的事情，帝国政府不但拒绝了俄国的要求，还

---

① N. P.，III，p. 506.

指控俄国煽动希腊革命，语气似乎专为给卡波季斯特里亚斯提供一 304
个断绝关系的借口。①但是梅特涅还未到无计可施的时候，他借表明与俄国关系牢不可破来躲避困境：他将土耳其人的来信与奥地利的答复一起念给塔蒂斯切夫听，表示奥地利不屑于把这样一封信转交给俄国。这样，梅特涅的第一次拉帮结伙的行为实际上变成了消除宣战借口的措施。塔蒂斯切夫接受了梅特涅的托辞，事实上，他还表示说他相信土耳其人的无理放肆不会影响到俄国冷静的决定。就这样，维也纳的磋商沦为猫与老鼠的游戏，目的不在于达到俄国的目的，而在于发现塔蒂斯切夫为何如此愚蠢且优柔寡断。最后，三月二十七日，塔蒂斯切夫透露出梅特涅实际上成功地离间了亚历山大一世与卡波季斯特里亚斯。似乎塔蒂斯切夫现在被命令绕过卡波季斯特里亚斯，直接向亚历山大一世报告。塔蒂斯切夫还说，亚历山大一世的唯一愿望就是要找出体面的方法来挨过夏天，以便能够不受束缚地在秋天出席会议。梅特涅写道："在剥夺了世界几个月的和平之后，整个事情今天才算开始，沙皇亚历山大一世在我面前双手支撑着头，要求我把内容解释给他听……(他)想要在迷宫里找到出路，又来找他的老朋友阿里阿德涅要那个领路的线团了。"②

结果是给了他一个乱糟糟的线团。现在谈判双方都归梅特涅负责，他首先起草了塔蒂斯切夫致卡波季斯特里亚斯的正式报告，解释为何无法得到奥地利对卡波季斯特里亚斯指示的默认。接着他又附加上梅特涅本人的正式信件，仍旧针对卡波季斯特里亚斯，重申奥地利的立场依然是基于一月二十八日备忘录的原则，而且继续区别看待俄奥争端与希腊叛乱。接下来是给沙皇的半正式信件，为了缓和他的焦急心情，催促将召开欧洲会议的日期提前至八月。最

---

① Text, Prokesch-Osten, Ⅲ, p. 278f.

② N. P., Ⅲ, p. 507, 3 April, 1822.

后，梅特涅又托涅谢尔罗迭转交一封密信给塔蒂斯切夫，让他带给亚历山大一世，首先请求信任，又狡猾地表示惭愧，因为纯粹实行
305 了奥地利的政策，但是所谓奥地利政策指的也仅仅是他极其希望成为他的朋友们的力量支柱等等。①鉴于必须给亚历山大一世一些证据表明奥地利的友谊，梅特涅又为皇帝弗兰茨起草了一封信，宣布如果奥斯曼帝国继续坚持拒绝俄国基于现有条约的要求，奥地利将决定与其断绝外交关系——只要所有的同盟国同意，考虑到卡斯尔雷的固执，这个允诺足够安全。为了明确同盟的意义，从六月开始将在维也纳召开大臣会议。为了消磨酝酿阶段，他又给亚历山大一世灌输了一些关于欧洲稳定的思想。

四

卡波季斯特里亚斯被打败了。希腊问题与奥斯曼问题被隔离开来，俄国的野心被以同盟的名义挫败，虽然卡波季斯特里亚斯花费了七年时间竭力想给这个同盟一个最为宽泛的诠释。卡波季斯特里亚斯徒劳地想要证明如此诠释同盟口是心非，目的只是为了让亚历山大一世同意自我限制的原则。为了离间英国和奥地利，他徒劳地呼吁建立一支欧洲军队来对付西班牙的革命。梅特涅只是将这个提议添加在大臣会议的议程里，给了亚历山大一世又一个参会的动机。现在梅特涅主要担忧的不再是卡波季斯特里亚斯，而是卡斯尔雷的迂腐不化。梅特涅写道："卡斯尔雷永远理解不了问题的核心是亚历山大一世本人并不想牵涉在奥斯曼的事情里，只是卡波季斯特里亚斯……认为西班牙问题可以给他一个机会来提出奥斯曼问

① N. P.，Ⅲ，p. 539f. 所有信件日期都是 1822 年 4 月 19 日。Prokesch-Osten，Ⅲ，p. 363f.。

题……这又是一个我与卡斯尔雷的处理方式会完全不同的问题……卡斯尔雷会撰写一份备忘录来表明荒谬之人从来都不讲道理；而我只会发出一个小小的邀请，最后甚至要求'请赐复'……但是如果有什么能够挽救亚历山大一世和理性，那会是邀请信而不是备忘录。"①

这的确是卡斯尔雷与梅特涅的不同之处，一方面是构想不言而 306
喻的危险以及实施政策的进程，另一方面是始终努力建立持久关系的框架。卡斯尔雷的政策是经验性的，因为不列颠的岛国观念注重让自己无懈可击。因此英国只能根据自己提出的条件来与同盟各国共同行动，而且只针对那些它有权利对其加以定义的威胁。既然具有决定性意义的特殊问题导致人们意识到必须采取共同行动，英国的政策往往将所有力量都集中在当前的任务上，而很少考虑未来的结果。但是如果一个欧陆国家外交政策的问题并非暂时的危险，而是持久的易受攻击性，那么这样一种专门的做法就过于危险。梅特涅无法选择作出何种承诺或只管为自己进行战争，他一直需要得到支持，这迫使他采取一种确定"诉求"的政策，建立一个没有基本对抗，或至少有最大数量的潜在政治同盟的框架。英国的风险在于孤立，奥地利的风险在于解体。在卡斯尔雷看来，维持协议即是一切；在梅特涅看来，维持的方式也几乎同样重要。因为卡斯尔雷能够在会议结束后重新回到海峡对岸，他认为达成协议即是外交活动的目的。因为梅特涅必须与对手保持密切接触，他认为协议只是定义持久的关系。由于此原因，卡斯尔雷政策的主要倾向是要表明俄国诉求的"不合理"，如果这个目的失败的话，那就要集结优势兵力。同样，梅特涅的主要倾向是为他反复无常的对手建造一座金色

① N. P.，Ⅲ，p. 512.

桥梁，使得冲突的解决看上去是意愿的表达，而非表示投降。结果，卡斯尔雷与梅特涅最后一次争议也像往常一样，仅涉及措施的形式，而他们两人对其实质内容则是意见完全一致。

无论卡斯尔雷个人如何赞同梅特涅灵巧地利用同盟，但是受制于英国的国内体制，他自己却无法过于直接地作出承诺。自从亚琛会议以来，同盟首次有了一个英国可以同意的目标，甚至当此之际，卡斯尔雷仍然要费心说明他的政策是英国政策，而非欧洲行
307 动。他致信梅特涅说："我开始预见到危机正在迫近……可能会迫使奥地利和英国追求它们共同的目的，像在莱巴赫会议上那样，使自己采取有些不同的态度，符合他们各自政府的性质和资源。奥斯曼问题的突出特征……使我们最初能够以更多主动性来发挥作用，但是等到面临最后需要决定的问题时，我们的政策应该……不至于如此约束我们，竟使得必须……将整个谈判提交议会讨论。"

所有这些都只是开场白，真正要谈的内容是承认，当梅特涅采取希望能诱使俄国参加大臣会议的措施——允诺将讨论从君士坦丁堡撤出大使——时，英国无法合作。正如一八一三年英国拒绝讨论一个重要性在于貌似温和的和平计划，现在它也不能参与一个仅仅旨在挽救沙皇脸面的计策。经验主义外交政策的力量在于具有目的一致性，因此也具有与之相符的缺陷，那就是必须就事论事。梅特涅提出与奥斯曼帝国断绝关系，以表明他与俄国的亲密，为举行会议提供诱惑，尤其是争取时间。但是卡斯尔雷面临议会的困难，甚至都无法同意讨论这个步骤。梅特涅想让英国在会议上反对他的提案，但是卡斯尔雷却没有装假的余地，他讨厌让一位英国全权代表参加英国议会可能会认为违反了互不干涉原则的会议。他唯一能做的就是让梅特涅得到君士坦丁堡的斯特兰福德勋爵的帮助，为梅特

涅提供“一个支点，或许可以让你的杠杆发挥作用”。[①]

这句话标志着卡斯尔雷与梅特涅合作的基础：奥英的相互理解使英国能倡导让欧洲大陆从欧陆自身的角度来维护其政策，同时给予梅特涅一种选择，这是其政策灵活性的条件。梅特涅在回信中感谢了这一点。他假设两个国家利益一致是政策的根本原则，即使在追求各自目标时，它们有时选择不同的道路。但是卡斯尔雷对英国参加大臣会议犹豫不决，梅特涅对此的反应表明，尽管他精明异常，却仍然未能理解英国国内情况的根本事实，那就是参加任何欧 308
洲会议这一事实本身变得越来越难合法化。因此他将卡斯尔雷的犹豫归因于担忧会议的后果，他试图缓解这种担忧，解释说，会议将使得沙皇更不愿意说出“战争”这个致命的词。的确，俄国朝廷里的“希腊派”会希望使谈判为他们自己的目的服务；但是，梅特涅又说：“我们两个人一起下这盘棋，我不认为俄国朝廷在一八二一年会获胜。等到沙皇亚历山大一世接受我们的提案时，我肯定会觉得一八二二年的事情将像一八二一年那样继续下去；也就是说一切顺利。”[②]

亚历山大一世接受了提案。经过几个月令人不安的沉默，传来了俄国将不会越过普鲁特河的消息，倒霉的塔蒂斯切夫又再次被派往维也纳进行谈判。土耳其人作出的第一个让步结束了亚历山大一世的犹豫不决，他急切地接受了这种让步，表明他渴望同意盟友的请求。当奥斯曼帝国政府原则上终于接受《四点协议》时，斯特兰福德将这种示好的姿态直接转达给了圣彼得堡，尽管土耳其人对什么时候实施该协议故意保持沉默。沙皇迫切想逃避困境，选择将此认作恢复外交关系的充足理由。我们不清楚究竟是邀请信还是备忘

---

① Text, Webster, II, p. 537f. (Appendix), 30 April, 1822.
② Text, Webster, II, p. 538f., 16 May, 1822.

录促使沙皇作出此决定，然而毫无疑问是哪种文件提供了实行此决定的模式。沙皇对普鲁士使节说：“我可以让自己被希腊人的热忱所感染，但是我从来没有忘记他们的反叛动机不纯，何况我如果干涉将会给我的盟友带来危险。自我中心不再是政策的基础，我们神圣同盟的真正原则是纯洁的。”[①]六月二十五日，卡波季斯特里亚斯请了长假，再也没有回来。

梅特涅对此胜利的反应是什么呢？满怀高昂的成功喜悦，对自己所奉准则的正确感到洋洋自得，就像一位技术人员确信自己手艺高超。他写道：“现在证明这些准则是对的，（政策基于）历史而非
309 小说，基于知识而非信念。”[②]“我不是比别人更顽固，而是更坚持不懈。”“沙皇亚历山大一世说他只信任我，你想知道我的感觉是什么吗？一笑而已。”[③]对于梅特涅，讨论并非有关抽象理论，也不是沉浸于人类彼此友好相处的前景。他是十八世纪的产物，将政策视为科学，而非情感的表达。挫败了沙皇——这不是道义事实，而是政治事实。俄国默许自己受别人指引，偏离了其传统所要求采取的措施——这不是一个伦理事件，而是历史事件。他向奥皇汇报道：“彼得大帝成就的伟大事业已经解体，现在一切都换了新的基础。”[④]这位在维也纳操纵谈判、头脑清醒的人并不准备重复亚历山大一世在莱巴赫所犯的错误，即将召开的会议不会成为仅为表明团结一致的论坛，而是要让沙皇的承诺不可更改。英国内阁认为奥斯曼问题已经暂时解决，沙皇盼望着以欧洲拯救者的形象出现，此时梅特涅却开始着手安排一次他最善于将其转变为道义象征的会议，同时一劳永逸地终结俄国对巴尔干半岛的计划。然而，与上一年不

---

① Stern，Ⅱ，p. 250.
② N. P.，Ⅲ，p. 542.
③ N. P.，Ⅲ，p. 520.
④ N. P.，Ⅲ，p. 554.

同，这次会议目的不在展示奥地利与俄国意见一致，而是要将一种自相矛盾的事情提升至普遍原则的水平：挫败沙皇在东方的计划，却又让他继续作为热切的成员留在同盟内。为了这个目的，就必须展示最大限度的道义共识，这样奥地利就不至于因为与亚历山大一世意见相左而首当其冲。

因此梅特涅施展所有的计策目的都在于诱使卡斯尔雷参加预定将在维罗纳举行的会议。他致信卡斯尔雷：“俄国遭受了决定性的挫折，但是沙皇亚历山大一世不会认为自己是被打败了。他会把自己朝廷犯下的大错解释成为了欧洲利益而做出的巨大牺牲。俄国的政策在东方失去了威力，将会试图以在西方的大范围活动来取而代之……(但是)他的朝廷遭受的风险却减少了许多，因为(问题)现在已经到了一个不适于采取实际行动的层面。因为主宰各国最强的法 310
则是地理位置……因此现在四个(西方)大国能够掌控自己的行动；但是为了继续保持这种状况，就必须达成相互理解。”因此一切都有赖于卡斯尔雷参加即将召开的会议，会议不要求做什么，而只要求避免什么。信件最后承认，尽管设计巧妙，梅特涅的政策依然像蛛网那样弱不禁风，像纸牌屋那么不堪一击：“如果您让我失望的话，我就孤立无助了……交战将会失去平衡。上帝给了我足够的勇气不要拒绝交锋；但是如果我必须独自应对本该由两个因政治观点一致而彼此非常了解的内阁共同争取的事情，那问题就有些错位。”①

但是上帝不喜欢骄傲自大，不喜欢梅特涅在取得最大胜利时刻感到的精神上的骄傲。卡斯尔雷决定来维罗纳，但是这个决定只是表明了他处境之尴尬。同盟只能通过在欧洲的一个区域进行干预来

---

① Text，Webster，Ⅱ，p. 541f.（Appendix）

防止在另一区域采取行动，欧洲的协同行动只能依靠压制和不断的骚乱来取得，这些都背离了当初在巴黎满怀希望设想的协商体系。每次会议都越来越是为了图谋权益，而不是展示和谐的益处；相继召开的每一次会议都变成了操纵手腕的较量。在国内，卡斯尔雷越来越孤立。他是内阁唯一亲身体会过战时同盟伟大时光的人。在那一段转瞬即逝的时光里，欧洲似乎如此团结一心，以至于人们忘记了只是共同面临的危险才将它们维系在一起。他单枪匹马倡议制订了会议体制，但是七年已经过去了，卡斯尔雷亲手创建的稳定使得他的国家无法理解他的欧洲设想。即将召开的会议不但未能证明他的政策有效，反而显示出他的困境：他的成就被视为理所当然，也因为同样的原因，他的成就的真正意义变得越来越无法为人所理解。那么卡斯尔雷在维罗纳能达到什么目的呢？梅特涅所有的外交手段都基于给予亚历山大一世他想要的形式，但拒绝给予他实质性内容。但是一八二二年英国公众的基本反应是，不可能将欧洲的协同行动视为英国关心的内容，因而不足以对此作出任何让步，无论它是如何得走走形式而已。英国仍然能够继续与欧洲大陆合作，但
311 不是为了合作本身，只是就某些有限范围内的事情；总而言之，只能通过回到过去那种卡斯尔雷曾经如此努力超越的岛国观念境界。对于卡斯尔雷，会议旨在表明欧洲的团结一致，而对于英国内阁，这意味着危险地介入欧洲事务。这两种观念之间的鸿沟是不可逾越的。卡斯尔雷在最后一次与英国国王会面时说："陛下，必须同欧洲说再见了，只有您同我了解它，并且挽救了它；在我之后就不再有人能理解欧洲事务。"

四天之后，他自杀了。

第十七章
从政之道

一

卡斯尔雷的去世标志着欧洲政治的转折点。卡斯尔雷带走了英国与同盟最后一点联系，即对战时同盟的记忆，从此英国不再有动机来维持外交政策与其在国内合法化可能性之间的差别，其政策变得像英国人的心态一样与世隔绝。梅特涅写道："（卡斯尔雷的离世）是巨大的不幸，此人是无法取代的，尤其是对我而言。才智可以弥补其他一切缺陷，唯独弥补不了缺乏经验。卡斯尔雷是他的国家里唯一具有外交经验的人，他学会了理解我。恐怕要等好几年，才会有人获得与他相似的自信。"① 梅特涅击败了最危险的对手，同时却失去了最可靠的朋友。 312

事情很快就证明梅特涅高超的操纵手腕最终依赖的是英国提供的选项。的确，他的巨大成就靠的是运用杰出的外交手腕，这使他能够通过定义事件的道义框架来控制事件。但是他的手段之所以大胆，靠的是确信一旦摊牌，英国会站在奥地利这一边。这使得梅特涅能够在每次谈判中坚持下去，直到达到奥地利的所有目标，同时挫败亚历山大一世的目标，有时通过将讨论俄国提议拖延到另一次会议，有时通过宣扬自我限制的原则。的确，人们会怀疑这种运作

是否能无限期继续下去，是否亚历山大一世准备长期对欧洲团结一
313 致的幻想让步，实现这种幻想似乎总是未来的事情。英国与俄国一直是同一个联盟的成员，但同时又以彼此对立的方式来诠释同盟的责任，这种错综复杂的结合不可能长久保持下去，即使梅特涅老谋深算，善于制订方案，使得不协调结果反显得是互补。但是卡斯尔雷的逝世使得潜在的谋划变得明显，一口气扫除了同盟团结一致的幻象，而这种幻象是梅特涅实现其政策的条件。坎宁当上了外交大臣，奥地利与俄国的关系从政策的实现变为生存的条件。梅特涅不再能指望卡斯尔雷那样善意的中立，这种中立对其他国家施加影响，使其无法从奥地利的尴尬处境中获利。相反，现在鼓吹孤立主义和多疑的英国迫不及待地想要发挥传统的均势平衡者的作用，更可能鼓励大陆的分化，而不是缓解冲突。

随着安全边际减低，梅特涅被迫采取越来越拘谨的政策来避免风险。现在一切都有赖于将俄国留在同盟内，要求同盟团结一致现在成为梅特涅的目的，而不再是谈判的武器。从此，他讨价还价的地位受到削弱，因为俄国知道奥地利不再能经受得住同盟的不和。因此命运的报复就是过于圆满地满足我们的愿望。梅特涅现在达到了他追求的所有目标，如威灵顿从维罗纳报告说，他实际上相当于俄国的首相；他是欧洲的关键人物。但他也是自造神话的囚徒，因为他不再敢摧毁亚历山大一世的信仰。面对多疑的英国，他被迫迎合沙皇对十字军东征的渴望——在此过程中使英国的保留态度变为敌对情绪。再也不能施展绝妙的操纵手腕，不能在变化的形势下通过灵活地运筹帷幄来寻求奥地利的安全。取而代之的是不断抬高合法性，尽量严格划分界线，使得原本灵活的关系现在反而象征着不

① N. P.，Ⅲ，p. 522.

可改变。有一种现象，后人将其与整个后维罗纳时期联系在一起，那就是几乎不惜一切代价固执地维护现状，这种现象其实是从卡斯尔雷开始。从此以后，梅特涅只能在三个“东方国家”的联盟中寻求安全，这三个国家之所以团结一致，是因为害怕社会动乱，同时必须对付英国，因为英国现在正在力求实施有限目的的政策，在某种程度上可说是公开反对由奥地利、普鲁士和俄国组成的所谓神圣同盟的信条。

自相矛盾的是，正是坎宁一方面企图使英国摆脱欧洲大陆事务 314
的牵连，同时却又帮助完全实施了他万分憎恶的信条；卡斯尔雷不愿意引起公开的不和，这一点遭到后人的责骂，但却是缓解社会压力的手段，即使并非有意。的确，卡斯尔雷与坎宁的不同之处主要还是着重点的问题。卡斯尔雷认为同盟是他本人建立的，更愿意保留其形式，即使在它采取了没有哪位英国政治家会同意的措施之后；而坎宁不仅反对其措施，还反对其原则，利用一切机会来突出分歧。但是梅特涅的政策恰好有赖于这种微妙差别。没有人比夏多布里昂更确切地概括了卡斯尔雷死亡的全部涵义：“我相信欧洲会从英国外交大臣的逝世中得到好处，我常常同您谈到他的反欧陆政策。伦敦德里侯爵(卡斯尔雷)会在维也纳造成很多伤害，他与梅特涅的联系含糊不清，令人不安；奥地利失去了危险的支持，将被迫更靠近我们。”①卡斯尔雷对欧洲团结的追求竟然会被诠释为——而且是正确地——一种反欧陆的政策，这是他的一生最后的讽刺。

就这样，梅特涅曾经设想维罗纳会议将开拓一个奥英合作的新时代，②结果却标志着合作的终结。的确，威灵顿以英国全权代表的身份出席了会议，携带着卡斯尔雷为他自己起草的指示，但是指示

① Webster, II. p. 488; d'Antioche, Chateaubriand, pp. 342, 348.
② Webster, II. p. 541(Appendix).

不会自己发挥作用；即使威灵顿不缺乏能力，他也无法得到国内的支持。不言而喻，他出席会议仅仅是因为卡斯尔雷突然去世，无法完全改变他的部署安排，但是威灵顿不会让英国承诺参加任何协同措施。因此，威灵顿在维罗纳的角色与斯图尔特在特罗保的角色几乎没有区别，只不过现在分裂将成为永久性的。因此，梅特涅被迫进入一种他不怎么适合的角色：就同盟的实现与沙皇单独和公开地交锋，这与他的性情或者信念都相去甚远。正如梅特涅早已预料到的，亚历山大一世试图以西方的共同行动来代替他在东方的自我限
315 制。对于梅特涅，现在一切都有赖于将俄国留在同盟内，他一步步被迫同意采取措施，使法国在伊比利亚半岛起到的作用等同于奥地利前一年在意大利所起到的作用。然而，同样不可避免的是，对西班牙的干涉导致英国公开与同盟决裂。

卡斯尔雷设想的因不言而喻的和谐需求团结在一起的欧洲就此终结，但是它存在之久毕竟足以使人们将欧洲秩序视为理所当然，这是获得永久性的最为困难的一步。或许欧洲的团结再也没有像一八一五至一八二一年间那样真实地存在过，以至于人们逐渐忘记了根茨曾经怀着怎样的担忧来看待维也纳的协议，他曾经预测五年之内将爆发一场大战；而卡斯尔雷本人又是怎样看待该协议，他认为如果能在十年内避免另一次冲突，那就很好了。但是，欧洲在接下来的一个世纪内都没有发生过大战，因为在此期间，欧洲团结的神话成为政治术语，令梅特涅能够在道义上掌控欧洲，随之构建一种国家组合，使得实际上不可能发生什么重大冲突。等到英国脱离同盟，均势的要素已经形成：莱巴赫会议上所定义的合法化原则成为连接普鲁士、俄国和奥地利这三个东方国家的纽带，与之相对的是无法采取大陆政策来对抗其协同作用的法国，以及越来越意识到自己超欧洲角色的英国。因为东方集团的道义框架由奥地利所定义，

因此起主导作用的那一组国家的政策是保守和主张维持现状的，而且不会因为这个原因导致英国主动地产生敌意。的确，在亚历山大一世逝世后的一段时间内，俄国与英国结盟，在巴尔干半岛采取独立的政策，但是一八三〇年西欧的革命向新沙皇表明，梅特涅在社会动荡的危险方面的准则是正确的，国家组合的格局在一代人的时间内一直是“神圣同盟”在欧洲大陆占主导地位，与英国隔海相望。

二

很少有哪个时期呈现出如此戏剧性的个性对照，或如此清楚地表明在俄国打败拿破仑与维罗纳会议之间这段时期内构建合法秩序的问题。当拿破仑主宰欧洲时，基于国家战略概念的政策是不可能 316
的。国家的命运有赖于征服者的意愿，只有适应法国的体制才能得到安全。但是拿破仑在俄国的失败清楚地表明不再能以武力来治理欧洲，独断专行的人必须承认有限性才能找到安全。拿破仑大军的解体迫使欧洲国家重新定义自己在国际秩序中的位置，建立新的势力平衡，从而避免将来再发生侵略，同时从十八世纪结构解体的混乱中寻找出一些组织原则，以确保稳定。

后人能从这个时期接受不少教训，幸运的是，当事者都是具有鲜明个性的人，每个人都以自己的方式代表了对秩序问题的一种回答：拿破仑代表对权力的诉求，亚历山大一世代表了绝对的道义诉求政策之不确定性，卡斯尔雷代表了因承认和平不言自明的好处而得以维持的均势概念，梅特涅代表了因认同合法化原则而得以维持的均势。拿破仑和亚历山大一世是革命者，因为两人都企图将欧洲的构成与自己的意志等同起来。的确，拿破仑企图通过主宰天下来建立秩序，亚历山大一世则希望通过人类和解来达到此目的。但是先知的诉求有时也像征服者的诉求那样令人不知所措，因为先知的诉求是要求完美，而完美则意味着整齐划一。乌托邦的实现只能通过铲平和消除不平等，结果反而会侵蚀所有形式的责任心。侵犯合法秩序的两个重要象征是：征服者和先知，追求普遍性与追求永恒，追求使对手无能为力的和平与追求极乐的和平。

但是政治家必须永远对这些企图保持怀疑，并非因为他喜欢操纵鸡毛蒜皮的小事，而是因为他必须做最坏的应急准备。必须依赖另一个主权国家持续的善意是令人泄气的，因为这等于承认自己无能，招引别人不负责任，因为他确信事情不会受人的意志影响。完全依靠个人道德上的纯洁性等于放弃克制的可能性，因为道德诉求
317 涉及追求绝对，否认细微差别，拒绝历史。这在根本意义上是征服者或先知与其他政治家之间的问题，是识别概念和可能性与坚持个人意志的偶然性之间的问题，企图逃避时间与需要在时间中生存之间的问题。这是一个悲剧性且必然没有定论的较量。政治家会将先知视为一种政治表述，先知则会以超验标准来判断政治家。无论先知的动机如何纯洁，都必须为曾经在他之前作出“假”预言的先知付出代价，而政治家准备对付的正是后者。政治家面临着总是要打乱其盘算的事情，因为使人振奋的不是平衡，而是普遍性，不是安全，而是不朽。

这种振奋人心与有效组织之间的冲突是历史不可分割的要素。振奋人心意味着将自我与事件的意义等同起来，而有效组织需要纪律以及服从群体的意志。振奋人心是永恒的，它的有效性是其观念固有的。有效组织是历史性的，取决于某一时期可用的材料。振奋人心是呼吁伟大，有效组织则是认识到平庸是领导力的惯常模式。为了达到政治上的有效性，就需要组织，由于这个原因，将先知的

设想转化为政治术语总是会歪曲其倡议者的意图。因此，并非偶然地，宗教或先知运动最伟大的精神成果往往产生于当它们仍然处于对立面时，当它们的构想是其唯一的现实时。同样，已经确立的宗教或先知运动也往往会表现出向往它们已经消失的具有“真实”内在性的时期。认识到个人反思的自发性不可能制度化，这是群体狂热的起源，是十字军东征、“宗教改革运动”、大清洗运动的起源。

征服者试图将他的意志与义务的结构等同起来，先知试图在超验的时刻解散组织，政治家试图掩盖有效组织与振奋人心之间的紧张关系，营造一种义务的模式，使其具有充分的自发性，能够将武力的使用减少到最低限度，但同时又具有足够的坚定性，不至于要求将某种一时的情绪高昂合法化。卡斯尔雷和梅特涅都是信奉均势的政治家，在实力的平衡中寻求安全，这是理所当然的。他们的目标是稳定，而不是完美，而实力的平衡是历史教训的经典表达，也 318
即如果没有对付侵略的实际保障，就没有安全的秩序。因此，新的国际秩序产生于对力量与道德、安全与合法性之间联系的充分认识。无人试图将其完全建立于服从合法化的原则之上，那是先知的追求，具有危险性，因为它的前提是推崇自我约束。但也无人认为权力具有自我限制性，因为征服者的经验已经证明正好相反。然而，产生了一种均势，它能给予相对安全性，因此逐渐被普遍接受，而且其关系变得越来越具有自发性，其合法性逐渐被视为理所当然。

的确，国际秩序建立于误会和误解之上；误会，因为卡斯尔雷创建的作为和谐象征的会议制度被梅特涅用来作为孤立对手的外交手段。误解，因为卡斯尔雷将稳定与和解的意识等同起来。但是认为每个国家都会以同样的方式来诠释所有的威胁，而不仅仅是世界霸权的威胁，这是一个悲剧性的错误。革命时期的本质是，对“合法”秩序的攻击掩盖了其中所有的差异；但是同样，稳定时期的特性是，对其合法性的接纳使得能安全地就本土或边缘性问题进行争夺。因为推翻拿破仑之后，国际秩序中不再包含革命的国家，英国就不再有真正的动机继续参与现存的会议制度，尤其是因为就国际秩序的主要威胁而言，自由主义和民族主义这两种运动在英国并不被认为具有危险性。因此会议制度或者导致对边缘问题的争议，这在卡斯尔雷看来是斤斤计较且令人厌恶，或者展示对某种威胁的一致性意见，而英国无法承认这种威胁是国际问题。达到欧洲团结一致，并非像卡斯尔雷想象的那样，是因为它具有不言而喻的必要性，而是通过玩世不恭地利用会议机制来定义社会压迫的合法化原则；不是通过卡斯尔雷的诚信，而是通过梅特涅的操纵手腕。

但是即使有这些合格条件，人们也仍然会问，组建起一个近似的欧洲政权——无论多么脆弱——并且有英国在一旁作为观察者，是
319 如何做到的？是什么使梅特涅成为欧洲的首相？对于梅特涅来说不幸的是，十九世纪下半叶的历史由他的对手来书写，他在原则和政策上对于他们都是一种诅咒，他们把他的成就归因于狡猾与幸运的矛盾性结合，归因于对手的平庸无能，却没有解释为何这样一位人物能够在历史上留下印记。他那个时代的文献确凿无疑地表明，在整整一代人的时间内，欧洲发生的所有事情都由梅特涅促成，或是直接的，或是通过他的反对立场。诚然，沙皇的反复无常和普鲁士国王的犹豫不决也有助于梅特涅的成就，但是亚历山大一世不稳定的情绪也可能导致一场新的讨伐。虽然亚历山大一世的反复无常谁都可以利用，但只有梅特涅取得了个人控制权。另一方面，梅特涅自己对其哲学信条优越性的诠释遭到了非难，被视为墨守成规，但是单单凭狡猾的迂回不可能欺骗欧洲整整十年。相反，梅特涅的成就源于两个因素：欧洲团结并非梅特涅的发明，而是所有政治家的共同信念；梅特涅是继承了十八世纪伟大传统的最后一位外交家，

一位政治“科学家”，他在一个越来越通过“事业”来实现政策的时代冷静和不动声色地安排他的各项组合。他深为自豪的信条因此具有心理上，而非哲学上的重要性：因为他相信，的确，是确信自己的正直，他能够冷静和玩世不恭地认为别人的信条是可以利用的力量。因为他认为政策是一种科学，他不允许有任何感情上的依恋来干涉他采取的措施。在梅特涅的外交手腕中，不存在他选择目标时特有的僵化的教条主义，也没有亚历山大一世处事时不着边际的多愁善感。尽管他很自负，但他总是愿意为了一个解决方案的实质而放弃它的形式，因此他的胜利成为一般持续关系的定义，而非伤口。

梅特涅还具有掌握形势根本特征的非凡能力和深刻的心理洞察力，这使他能够控制对手。一八〇五年，几乎只有他一个人指出了普鲁士不再是腓特烈大帝时代的国家；一八一二年，他是最早意识到拿破仑的失败带来了根本性转变的人之一；一八一五年以后，他 320
比任何人都更了解正在欧洲酝酿的社会变革的性质，他决定对抗潮流，这或许反映了他的从政之道，但并没有反映他的洞察力。因此面对对手他占了很大优势，因为他知道自己想要什么；如果说他的目标有些僵化的话，但至少是明确固定的。梅特涅在希腊危机紧要关头写道：“每个人都想要点什么，却完全不知道如果去获取，当前形势最令人困惑的是，没有谁知道如何达到自己的目的。但是，因为我知道自己想要什么，也知道其他人*能做什么*（强调语气为梅特涅所加），我完全胸有成竹。”[①]这种话听上去得意洋洋、沾沾自喜，但并非没有说出实情。

但是如果梅特涅没有在一个特定的框架中发挥作用——在此框

① N. P., III, p. 511.

架中他呼吁欧洲团结看上去不只是在婉转地追求奥地利的国家利益——那么他的外交技巧也不会起到什么作用。十九世纪早期是一个过渡阶段，如同在所有这样的阶段中那样，新的责任模式的出现在某段时间内反而只会突出已经被取代的价值观。十八世纪的政治体制已经崩溃，但是其理想却依然为人所熟悉。这些理想源于得到真实性验证的理性主义哲学，因此具有普遍适用性。对于梅特涅那个时代的人，欧洲团结是一种现实，郑重其事地呼吁欧洲团结的形式本身就表明了它对普遍意识的掌控力。人们意识到有地域差别，但却认为这只是更大整体内的局部差异，还没有将团结一致与身份等同起来，也没有将民族诉求与道义要求等同起来。因此梅特涅所有的同行都在根本上是同种文化的产物，认可同样的理想，拥有相似的趣味。他们彼此理解，不仅因为他们都能流畅地以法语交谈，而是在更深的意义上，他们意识到自己共有的东西远比使他们分离的问题更具有根本性。当梅特涅将意大利歌剧介绍给维也纳，或者当亚历山大一世把德意志哲学带到俄国时，他们并不需要刻意去容忍，甚至都没有意识到自己是在引进某种“异族”的东西。追求“优秀”的理想仍然比出身更重要。因此俄国外交大臣卡波季斯特里亚斯是希腊人，俄国驻巴黎大使波茨措-迪-博尔哥是科西嘉人，
321 而法国首相黎塞留曾经是敖德萨总督。威灵顿曾经在奥地利对抗缪拉的战役中为它提供过军事建议，一八一五年，普鲁士和奥地利都要求施泰因担任本国的邦联议会代表。梅特涅拥有国际化教育背景和理性主义哲学理念，只不过恰好因为封建关系才是奥地利人，也同样很容易被看作是任何其他国家的大臣。如果说他与奥地利有任何特殊联系的话，那也是源自理念，而非民族上的认同，因为奥地利所代表的原则与他自己的信念最接近，因为奥地利这个多语言帝国是他国际化价值观的宏观世界。一八二四年他致信威灵顿说：

“很久以来，欧洲对我来说都具有祖国(patrie)的特征。”

由于这些原因，梅特涅能取得成就，不仅仅因为他善于说服人，而且主要还因为他的话听上去可信。与所有同行相比，他最能适应十八世纪的准则，部分是因为这些与他自己的信念相符，更重要的是，因为奥地利的利益与欧洲和平的利益相一致。因为梅特涅政策的最终结果是稳定，奥地利的收获总是无形的，所以他极端地玩世不恭、冷酷地利用对手的信仰等都没有导致一切失去约束，没有像后来同样的策略在俾斯麦手上所遭遇的那样。因此梅特涅的政策就是典型的维持现状，政策的实施不在于动用更强的武力，而在于人们自愿赞同他的合法性概念。这些政策所取得的成就是持续达一代人之久的和平时期，没有军备竞赛，甚至也没有一次重大战争的威胁。一八四八年之后变化发生时，他的政策能够融入现有的框架，没有导致奥地利的解体或持久的革命。

但是政策的失败之处恰好是其成就的另一面。在革命时期将稳定与维持现状等同起来，这加重了奥地利国内体制倾向于刻板，最后导致彻底僵化。梅特涅外交手段的灵活多变掩盖了其成就的真正本质；他只是企图掩盖，在一个民族主义和自由主义的时代，奥地利越来越不合时宜；他只不过是在拖延最后结账的日子。的确，在一个民族主义的时代，真正成功的政策对于一个多语言的国家或许是不可能的，以奥皇之冥顽不化，肯定会反对国内改革的努力。然而，拿破仑战争的结束标志着奥地利最后一次有机会可能通过顺应 322
潮流来应对扑面而来的风浪，使自己摆脱过去的束缚，无论这个过程多么痛苦。但是梅特涅卓越的外交手段却使得奥地利避免了在国内改革与革命斗争中间作出艰难的选择；在一个理性化执政管理的时代继续以基本上没有变化的国内体制存在下去；在一个民族主义的时代继续保留一个多民族帝国的身份。梅特涅如此灵巧地发挥他的作用，以至于人们忘记了他起作用的基础是外交手段，根本性问题并没有解决，那是一种人为操纵，而非创建。通过恰当地评价国际关系因素以及通过熟练地利用这些因素，外交活动能够取得很多成就，但这无法取代观念；其成就最终必须依赖目标，但是目标的确定却是在外交活动范畴之外，而且外交活动只能视其为既定目标。梅特涅足智多谋，以至于在某段时间内，他能够使杂耍表演看上去像是国际关系的自然形式；他的运作组合如此巧妙，以至于在十年的时间内，竟然掩盖了这样的事实，即貌似应用普遍原则，实际上只是一个人的绝技表演。

只有肤浅的历史决定论会认为政策总是有可能获得成功的。奥地利的悲剧性困境没有简单的解决方法；它可以放弃自己的灵魂，顺应潮流，或者可以维护自己的价值观，与此同时，使自己彻底僵化。因此任何人如果想要真正批评梅特涅，必须谴责的不是他最后的失败，而是他对失败的反应。梅特涅对身怀精湛技艺的自鸣得意使得他无法达到本来可以达到的悲剧性境界，考虑到他所参与的过程。梅特涅缺少在历史上的无数危机中使得精神超越困境的那种品质：审视深渊的能力，不是以科学家那种超然态度，而是将其视为必须克服的生死挑战。然而，人们只见到一种苦乐参半的无可奈何，虽然也自有其辉煌之处，但是却使这位不合时宜的帝国的政治家注定无法实现自己最大的野心：在后代眼里成为保守主义的象征。人之所以成为神话，并非因为他们懂得什么，也不因为他们成就了什么，而是因为他们为自己设定的任务。

323 梅特涅过于了解十八世纪秘密外交的教训，这种外交活动对平衡的熟练意识很适合这样一个时代，其格局未受到挑战，各组成部分怀抱对自身的安全意识而行动；但这种外交活动在一个持续动荡的时代却没有生命力。只要梅特涅在一个固定的框架中发挥作用，正当必须建立一个同盟或磋商一项协议的时候，他就能够熟练地运筹帷幄。每当他被迫制定自己的目标，那他就会一筹莫展。因为他通过操纵各种他视为既定的因素来寻求稳定，这位崇尚安宁的政治家为事件所困。因为他从来不打无把握之仗，结果他也未能成为一个象征。他比同时代大多数人都更知道是什么力量在起作用，但是这种了解并没有什么用处，因为他只是试图用这种知识来转移这些力量无情地向前推进的方向，而不是用于建设性任务。于是，这位十八世纪最后一位遗老不得不证明了启蒙运动的信条之一——知识就是力量——的荒谬。也因为这个原因，梅特涅政策的最后结果具有一连串的讽刺意味：这位政治家曾自诩他的信条放之四海而皆准，然而他的政策却随着一个人的去世而失去了灵活性；是普鲁士使其政策的结构解体，虽然他曾设想这个国家是政策的支柱，然而政策的合法性遭到颠覆，不是因为社会革命或中产阶级的代表的努力，而是因为奥图·冯·俾斯麦的努力，他是普鲁士社会最为传统的一员，他的祖先甚至早于普鲁士王室的祖先，但是他依然完成了曾由梅特涅掌控的徒劳的革命想要完成的任务。

因此这两位赞同休养生息的政治家最后被自己的国内体制所击败：卡斯尔雷败于忽视它，梅特涅败于过分意识到其可乘之机。但是他们的成就不仅在于带来了长久的和平年代，而且在于他们对自己那个时代的影响力。源自拿破仑战争的欧洲协同几乎等同于他们的均势观念，使这种协同得以维持的会议制度几乎是卡斯尔雷个人的创造。正是他为同盟的分歧进行调停，在他的一生中，他一直是同盟的良知，即使后来被迫充当了越来越被动的角色。他几乎是单枪匹马将英国的安全与欧陆的稳定等同起来；等到岛国心态重新恢 324
复，英国参与欧洲事务已经足够长久，使得能够建立新的秩序而不至于导致灾难性后果。然而无论梅特涅如何竭力抵制“梅特涅体系”这个说法，它却概括了整整一代人奋斗的意义。在一八〇九至一八四八年之间，人们可以不同意他的意见，厌恶他，但却躲不开他。他是神圣同盟的大祭司，是其既定信条的诠释者。他是会议制度的操纵者，他的对手突然发现别人巧妙地利用了他们的提议，使得他们自己遭到孤立。对他的攻击之猛烈，反而证明了他起到的核心作用。他不具名地、旁敲侧击地揭示了政策或许可以基于知识，但是政策的实施却是一门艺术。

三

那么政治家发挥的作用是什么？有社会决定论研究将政治家贬损为被称为“历史”的机器上的控制杆，是命运的代理人，他或许能够对此命运有所察觉，但是却不顾自己的意愿继续成就此命运。这种相信环境的普遍存在和个人的无能为力最后扩展为相信决策的观念。人们总是听说计划的偶然性，因为无法了解事实，听说行动的难处，因为知识有限。当然，不能否认政策可能会产生于虚空，也不能否认政治家会遭遇他必须作为既定的存在来对待的材料。不但资源的地理位置和可获取性能够显示政治家才能的有限性，而且人民的性格及其历史经验的性质也能同样显示出这一点。但是说政策不能创造出自己的实质，并不等于说实质可以自我实现。意识到拿破仑帝国摇摇欲坠，这是一八一三年政策的条件，但是它本身并非政策。是否必须以均势秩序来取代革命时期，是否行使意志将让位于坚持合法性，这可能仍然是“悬而未决”的事情。但是只需研究一下大部分国家采取的摇摆不定的措施，就能理解，无论是这种均势的性质还是实现均势的措施都还不是一目了然。无论国家利益现在看来如何貌似“不言自明”，当时的人们却被迫面临政策的多种

选择，要考虑互相矛盾的行动方针：大部分不提倡无条件中立的奥 325
地利政治家或者认为必须继续与法国结盟，巩固奥地利与无往不胜的征服者的关系；或者认为必须立刻改变立场，考虑到横扫整个欧洲的民族主义热忱。梅特涅几乎是独自一人坚定不移，因为他坚信拿破仑的帝国与均势体系不相容，这并不一定意味着一个多语言的帝国会与民族主义的时代相容。与此同时，当英国内阁催促推翻拿破仑，后来又要求条件苛刻的和平时，那只是反映了公共的意见。是卡斯尔雷造就了均势的和平，而非报复的和平，造就了一个和解的法国，而非完全丧失能力的法国。对这些政策的选择并不在于“事实”，而在于如何诠释事实。[①]它涉及的事情就根本而言是一种道义行为：是一种*判断*，其有效性既有赖于目标的构想，也有赖于对可用材料的了解，后者基于知识，但并不等同于知识。

因此，衡量一个政治家的标准就是看他是否有能力识别力量之间真正的关系，并且使这种知识为他的目的服务。奥地利必须寻求稳定，这是由它的地理位置和国内体制决定的，但是它能够成功地将其国内合法化原则与国际秩序的合法化原则等同起来，即使是短暂的，而且无论如何不明智，那也是它的外交大臣的功劳。英国也尝试在实力平衡中寻求安全，这是二十三年来间歇性战争的结果，但是它居然能成为欧洲协同的一部分，那要归因于一个人的努力。因此，没有什么政策比它给自己定下的目标更好。卡斯尔雷作为政治家的衡量标准是，他意识到在建设合法秩序时，保持欧洲团结比实施报复更重要，而梅特涅的衡量标准是他从来没有混淆他所取得成就的形式与实质，他理解奥地利帝国能够生存下去，不在于取得

---

① 政策是“客观的”，因为它反映了安全的需求，这种说法可说是陈词滥调，如同在行为已经完成后给予它一个动机。为政之道的关键性问题不是为已经完成的政策找到正式的定义，而是要了解它在任何一个具体时期的*内容*。有关政策的争执涉及的从来不是对安全的识见，而是对其性质的分歧；并非有关安全是否可取，而是有关获取安全的最佳手段。

326 胜利，而只能在于和解。这两人的失败之处在于他们为自己设定的任务超出了手中可用材料的能力：卡斯尔雷的设想超过了他本国社会的构想，而梅特涅努力的目标在一个民族主义的时代是无法企及的。

但是仅仅根据政治家的观念来判断他是不够的。与哲学家不同，政治家必须实现自己的构想。政治家最终总是要遭遇他手中可用材料的惯性力量，会遭遇这样的事实：其他的国家不是可以操纵的因素，而是必须与之和解的力量；安全的需求因各国的地理位置和国内体制不同而有差异。他的工具是外交，是一门艺术，通过达成一致意见而非动用武力，通过展示一种将特定企望与普遍共识协调起来的行动的理由，来将各个国家联系在一起。外交活动有赖于说服而非强迫，因此，前提是有明确的框架，或者通过对合法性原则达成一致意见；或者，理论上说，通过拥有对国家之间关系的相同诠释，尽管后者在实践中最难做到。卡斯尔雷与梅特涅的成就在很大程度上得之于他们非凡的外交才能，两人都能主导自己参加的每一次谈判：卡斯尔雷是因为有能力调解相冲突的观点，以及具有得之于经验主义政策的一心一意；梅特涅则是因为具有掌控对手的异乎寻常的个人禀赋，他有能力定义一种道义框架，使得当对手作出让步时，看上去不像是屈服，而像是自愿为共同事业作出牺牲。

然而，对一种政策的严峻考验在于是否能获得国内的支持。这有两个方面：在政权机构之内使一种政策合法化，这是一个涉及官僚理性的问题；是使其与民族经验相和谐的问题，而后者又是一个涉及历史发展的问题。一八二一年，相比与俄国大臣打交道，梅特涅在与奥地利大臣打交道时遭遇了更大的困难，这尽管反常但并非偶然。在每一次谈判期间，卡斯尔雷都要与他的内阁较量一番，其激烈程度超过了与外国同行的较量。政策的精神与官僚体系的精神是根本对立的。政策的本质是它的偶然性；它的成功取决于判断正确，而这种判断部分是出自推测。官僚体系的本质是追求安全，其成功在于可预见性。深刻的政策得以成功，在于持久的创造性，在于对目标的不断重新定义。良好的执政管理有赖于常规，也即对可 327
以应付平庸的关系的定义。政策涉及风险的调整；而行政则涉及避免偏差。政策的合理性在于其措施与平衡感之间的关系；而行政的合理性则在于根据既定目标所采取行动的合理性。试图以行政方式来实施政策，将导致追求可预见性，结果往往为事件所困。努力从政治上进行管理则导致完全不负责任，因为官僚体系的设计本意在执行，而非构想。

通过行政来实施政策的诱惑是永远存在的，因为多数政府主要为执行国内政策而建立，其主要问题是执行社会方面的决定，这个任务只会受到技术可行性的限制。但是关注外交事务上的技术问题则会导致根据曾经避免的错误而非已经实现的目标来作出评价，导致相信人们会更倾向于以对灾害的预设而非对机会的发现来判断能力。难怪一八一四年在维也纳会议争议最激烈之时，范西塔特干脆否认存在来自俄国的威胁，而一八二一年，施塔迪翁也抗议针对皮埃蒙特的战役耗尽了奥地利的财政。在这两种情况下，风险都是显而易见的，而危险则或者是象征性的，或者被延迟了；在两种情况下，对明确性的追求都采取了否认实际存在危险这样一种形式。

也是出于这个原因，将计划与执行的责任区分开来是危险的。责任涉及判断的标准，即合法性，但是官僚体系的标准却与社会的努力不同。社会目标的正确性通过国内体制的合法化原则得到证明，这个原则可以是理性、传统或个人魅力，但总而言之会被认为是一种终极价值。官僚措施的好坏却要根据主要是功能性的标准来判断，即为实现既定目标而采取的行动是否合适。一个社会只有能力在有限的范围内作出决定，因为其价值是相对固定的；而一个理想的官僚体系应该能够执行任何行政上可行的决定。因此，试图从官僚的角度来界定社会目标总是会导致将手段的合理性用于制订目标。在很大程度上，正是将概念等同于责任，才使得卡斯尔雷的政
328 策具有了如此的灵活性，使梅特涅具有如此微妙的韧性。因为卡斯尔雷和梅特涅的合法性得之于社会努力的目标，而非行政常规程序，他们能够规划政策，作为长期国家战略。因为他们的任职时间很长，他们能够在实施其构想时，恰当注意他们的手段与对方的关系，而非仅仅注意各自的理性。

除了官僚作风的障碍，政治家往往很难在国内使其政策合法化，因为一个国家的国内和国际经验没有相通性。一个民族的整个国内努力表现为竭力通过对正义的性质达成共识，来将武力转变成义务。义务的形式越是表现为自发，社会价值观就会表现得越“自然”和“普遍”。但是一个民族的国际经验则挑战其正义观的普遍性，因为国际秩序的稳定有赖于自我限制，有赖于协调合法性的各种形式。一个国家会根据一项政策在国内的合法化来评估该政策，因为对它的评判没有其他标准。但是将国际秩序的合法化原则与一种狭隘的正义观等同起来，必然会导致革命的局势，尤其是如果国内的合法化原则与其不匹配的话。如果一个社会以既要求普遍性又要求排他性的原则来使自己合法化，总之，如果其“正义”的概念不包括不同合法性原则的存在，那它与其他社会之间的关系最终将以武力为基础。因为此原因，互相竞争的合法性体系会非常难以彼此理解，不仅因为它们无法就“公正”要求的性质达成一致意见，而且，或许更重要的是，因为他们无法将可以企及的国际共识在国内合法化。

但是，即使不存在根本的意识形态鸿沟，一个国家的国内经验

也往往会妨碍其对外交的理解。从国内看，最大的难题是对“正义”的性质达成一致意见。但是在国际问题上，政策的定义所固有的国内共识往往必须与其他国家类似的国内共识相互妥协。当然，国内实施政策的工具是官僚体系，意味着意志和执行的统一，而它在国际上的工具是外交，意味着应用上的偶然性。许多国家对外交 329
政策表现出了强烈的对抗情绪，即使可能是下意识地，这使得达成没有回报的决定必定会造成精神上的伤痛，因为有这样一种双重标准：在国内被定义为“正义”的事情，在国际上仅仅是一个谈判的对象。同样理所当然的是，许多社会的自我意识呈现出一种自以为是，仿佛是因为外国人的苛刻做法才使自己失去了与生俱来的权利。国内政策的推动力来自直接的社会经历，但外交政策的推动力却并非实际的，而是潜在的经历——战争的威胁——政治家则试图避免使其变得明朗化。

因此政治家就像古典戏剧中的英雄，能够预见未来，却无法将其直接传达给同胞，也无法验证它的“真实性”。国家只会从经验中获得教训，结果等到“知道”已为时太晚，无法采取行动。但是政治家们必须表现得好似自己的直觉是已经经历过的事情，好似自己的愿望是真理。正是由于这个原因，政治家往往与先知命运相同，他们在自己的国家得不到荣誉，总是很难在国内使自己的计划纲领合法化，他们的伟大之处通常只有在事后，当他们的直觉已成为经验时，才能够显现出来。因此，政治家必须是教育家，他必须跨越一个民族的经历与他的远见之间的鸿沟，跨越一个民族的传统与未来之间的鸿沟。他的可能性在这个任务中是有限的。如果一个政治家过于超越他的人民的经验，就不能获得国内共识，无论他的政策如何明智。对此，卡斯尔雷就是证明。如果一个政治家将其政策拘囿于其人民的经验，就将注定使自己变得僵化。对此，梅特涅就是证明。

正是由于这个原因，大多数杰出的政治家或者代表了根本上保守的社会结构，或者代表了革命者：保守者能起到作用，是因为他了解其人民的经验以及一种持续关系的根本所在，这是稳定的国际架构的关键。革命者能起到作用，是因为他超越了经验，并将公正的与可能的等同起来。保守者(尤其是如果他代表根本上保守的社会
330 体制)之所以得到合法化，是因为对社会努力的基本目标以及对社会经验的本质达成了共识。因此，他没有必要时刻证明每一步的正确性。革命者之所以被合法化，是因为他的个人魅力，是因为对他本人或他的原则的合法性达成了一致意见。因此，他的手段被认为具有偶然性，是他的目的或他本人使其手段合法化。保守的体制会产生实质的概念，能提供宏大构想的框架；而革命的秩序会产生升华的概念，能突破技术上的限制。因此，两者都涉及政治家的根本问题：当不可能获得对实质的理解时，如何达到对政策复杂性的理解。

本书讨论的保守政治家属于具有因循守旧的社会体制的国家和具有足够凝聚力的社会，他们能够胸有成竹地实施其政策，是因为怀抱着这样的信念：国内的争议在根本上还是技术问题，仅仅局限于达到一致的目标。这使得梅特涅在一八〇九年至一八一二年间能够实行一种“绥靖”政策而不至于被控叛国，卡斯尔雷能够与拿破仑谈判而不至于被控“卖国”。因此从政之道不仅涉及构想问题，而且还涉及实施问题，必须既了解期盼的愿望，也理解能够达到的目的。本书描述了卡斯尔雷和梅特涅如何努力将正义的与可能的协调一致，国际的与国内的合法化协调一致，这是他们作为政治家的故事；他们无法使自己最珍视的成就永远维持下去，这是他们作为人的故事。

四

最后的问题是，从历史经验中得出结论，并且断言历史事件本质上是独特的，这是否有效？我们可以认为，事件不会完全一样地反复发生，即历史不会“重复”自身。但是，甚至连最粗糙的实际经历也是如此。一个人第一次看见一头大象，不会知道他面前是什么。（除非他见过可以代替亲身体验的图片或描述。）当他第二次见到大象时，可能最终就会通过概括其外貌和建立对应的参照来给它命名。因此一个概念从来不能描述某个物体的“一切”或某个类别的“法则”。牛顿定律关于苹果没有提到任何有意义的事情，这怪 331
不了牛顿，因为其意义恰好在于这样一个事实，即通过辨识出“落体”的正式关系，既从苹果中提取出“独特性”，即苹果当时的外观，也提取出“苹果性”，即苹果作为某个类别成员的外观。同样，应该指出拿破仑不完全等同于希特勒，卡斯尔雷也不完全等同于丘吉尔，这并不有悖于从历史角度研究国际关系。任何关系的存在都有赖于所面临问题的相似性。本书的结论将反映——正如任何其他概括性结论——从个体经验的独特性中提取普遍性的能力。

物理法则是一种解释，而不是描述，历史通过类推而非等同来与人教训，这意味着，历史的教训绝非自动产生，只能通过一种标准来领悟，即承认一系列经验的意义，意味着我们得到的答案绝不会比我们提出的问题更好。在自然科学中，只有当本质上的道德行为承认感官体验的意义时，才能得出深刻的结论。在外交事务研究——对以国家为个体的研究——中，如果没有意识到历史背景，就不可能得出有意义的结论。社会存在于时间中，多于存在于空间中。在任何既定时刻，一个国家只是个体的集合，正如实证主义学者不厌其烦地指出的那样。但是它通过共同的历史意识实现了身份认同，这是国家都具有的唯一的“经验”，是它们唯一能从自我中获得教训的可能性。历史是国家的记忆。

可以肯定的是，国家往往是健忘的。很少见到国家从过去吸取教训，而得出正确的结论则更为罕见，因为历史经验教训如同个人经验一样，具有偶然性，只教训某些行为的后果，但不能强迫人们意识到类似的情况。一个人可能经历过热炉烧灼，但是，当面对具有一定大小的金属物体时，他每次都必须首先确定那是否的确是一个炉灶，才能用得上他的知识。一个民族或许会意识到革命形势可能产生的后果，但是如果不能识别革命形势，那么该民族的知识就派不上用场。然而，在物理和历史知识之间依然存在着一种差异：每一代人都只有一次提取知识的机会，只能尝试一种解释、一次实验，因为他们是自己这一代人的实验对象。这是历史的挑战和悲剧，是“命运”在地球上存在的形式，而要解决问题，甚至意识到这个问题，也许是政治家最为棘手的任务。

参考文献

一、档案

1. 英国档案

CASTLEREAGH, Viscount, *Correspondence, Dispatches and Other Papers* (12 vols.) Edited by his brother, the Marquess of Londonderry. (London, 1848-1852)

《通信、公文和其他档案》，脚注中简作 C. C.。如题名所示，该文集收录了各种资料。第八卷至第十二卷涉及卡斯尔雷的外交政策，对二手文献做了很好的补充，但根据这些记载无法重组事件始末，尤其是一八一五年之后的事件。

British and Foreign State Papers. Edited by the Librarian of the Foreign Office (London, 1841)

《英国和外国公文》，简作 B. F. S. P.。一八四一年出版的官方文件。请酌情采用，因为卡斯尔雷在与议会交涉中有所保留。第一卷至第九卷涉及本书相关时期。

Parliamentary Debates.

《议会辩论》，简作 Hansard。主要用来表明卡斯尔雷试图在国内使其政策合法化时遇到的障碍。第一辑第二十卷至四十一卷及新辑的第一卷至第七卷涉及本书相关时期。

TEMPERLEY, Harold, and Lillian PENSON, *Foundations of British Foreign Policy*. (Cambridge, 1938)

收录了主要的说明性文献。该文献与本书所涉时期相关的内容不多但很精要。

WEBSTER, Charles, *British Diplom*acy, 1813-1815. (London, 1921)

《英国外交》，简作 B.D.。收录了外交部的档案，以及摘录了卡斯尔雷的信函，很好地呈现了本书相关的时期。

WELLINGON, Duke of, *Dispatches* (13 vols.) Edited by Gurwood. (London, 1837)

《公文》，简作 Gurwood。威灵顿既是军人又是外交官，与这一时期的事件密切相关，所以他的信件提供了有用的背景材料。第八卷至第十三卷涉及了这段时期。

——, *Supplementary Dispatches, Correspondence and Memoranda* (15 vols.) Edited by his son.（London，1858-1876）

《补充公文、通信和备忘录》，简作 W.S.D.。第六卷至第十四卷涉及相关时期。收录了其他关键人物的文献，威灵顿公爵与这些人直接或间接相关。其中包括了许多卡斯尔雷的信件和备忘录。虽然繁杂却是非常珍贵的资料。在诸多方面，比卡斯尔雷的信函还更有用。

2. 奥地利档案

GONSALVI AND METTERNICH，*Correspondence 1815 - 1823 du Cardinal Gonsalvi avec le Prince de Metternich*. Edited by Charles Van Duerm.（Louvain，1899）

梅特涅与罗马教皇国务卿的通信。用以说明梅特涅的意大利政策以及他对教会的清醒态度。

GENTZ，Friedrich von，*Dépêches Inédites aux Hospodarsé de Valachie*（3 vols.）Edited by Anton Prokesch-Osten.（Paris，1876-1877）

——，*Briefe von Friedrich von Gentz an Pilat*（2 vols.）Edited by Karl Mendelson-Bartholdy.（Leipzig，1868）

——，*Tagebuecher，aus dem Nachlass Varnhagen von Ense*，4 vols.（Leipzig，1873-1874）

《致瓦拉几亚大公未出版的公文》，简作*Dépêches Inédites*。梅特涅最亲近的助手之一根茨撰写的资料，包括一些梅特涅的备忘录。虽然根茨夸大了他自己的作用，但很好地描写了事件经过，尤其是一八一五年后的事件。

HANOTEAU，Jean，*Lettres du Prince de Metternich à la Comtesse de Lieven*.（Paris，1909）

梅特涅写给驻伦敦的俄国大使妻子的情书。其中梅特涅对自己的描述非常有趣，尤其是他的理性主义哲学。

KLINKOWSTROEM，Alfons，*Oesterreich's Theilname an den Befreiungskriegen*.（Vienna，1887）

根茨讲述奥地利参与一八一三年战争的历史。其中一篇附录包含梅特涅与施瓦岑贝格的信件来往，尤其有用。

KUEBECK，Max，*Metternich und Kuebeck，Ein Briefwechsel*.（Vienna，1910）

一八四九年至一八五〇年梅特涅与这位奥地利外交官讨论德意志问题的信件来往。梅特涅关于德意志统一问题的观点尤其有用。

METTERNICH，Clemens，*Aus Metternich's Nachgelassenen Papieren*，8 vols. Edited by Alfons v. Klinkowstroem.（Vienna，1880）

《梅特涅遗档》，简作 N.P.。梅特涅留下这些资料代替自传。第一卷包括了梅特涅自鸣得意且往往不准确的生平片段和他对拿破仑和亚历山大的精彩描述。其余部分收录了外交文件、私人信件和笔记。这些文件的准确性受到质疑，但偏差之处微不足道，而且这些文件与之后发现的梅特涅其他手稿内容相一致。（参见 Baillieu，Section Ⅲ D.）本书另有法语版，题名为《回忆录》（*Mémoires*），前五卷有英译本。但只有以上版本能展现这些文件的原貌，包括了法语及德语手稿。

——，*Briefe des Staatskanzlers Fuerst Metternich-Winneburg an den Oesterreichischen Minister des Aüsseren Graf Buol-Schauenstein aus den Jahren，1852-1859*. Edited by Carl J. Burckhardt.（Munich，1934）

梅特涅写给接任外交大臣的信件，在奥地利政策上给他提供建议。是理解梅特涅基本外交政策原则很有用的资料。

——, *Metternich-Hartig, ein Briefwechsel*. (Vienna, 1923)

一八四八至一八五一年梅特涅与前任奥地利伦巴第总督的通信。梅特涅有关治国之道及行政管理本质的观点很有意思。

ONCKEN, Wilhelm, *Oesterreich und Preussen im Befreiungskriege*, 2 vols. (Berlin, 1880)

讲述了一八一三年上半年奥地利及普鲁士的政策，非常详尽的附录，包括主要的外交信件和附录中其他内容的德语翻译。叙述条理不清，但这些文件很珍贵。

PROKESCH-OSTEN, Anton von, *Geschichte des Abfalls der Griechen*, 5 vols. (Vienna, 1867)

熟知奥斯曼帝国的奥地利外交官描写希腊获得独立的历史。第一卷和第二卷是历史叙述。其余卷为档案，包括了一八二一年至一八二二年这段时间复杂的外交，很有参考价值。

——, *Aus dem Nachlass Prokesch-Osten's*, 2 vols. (Vienna, 1881)

第二卷中有梅特涅与作者的通信，作者是梅特涅在东方问题上的专家。尤其对于研究一八四八年以后的时期很有用。

3. 其他档案

ANGEBERG, Comte d', *Le Congrès de Vienne et les Traités de 1815*, 2 vols. (Paris, 1863-1864)

维也纳会议的基本资料，以及沙蒂永会议和亚琛会议的文件。

Acte du Congrès de Vienne. (Vienna, 1815)

维也纳会议官方最终决议。

CAULAINCOURT, *Mémoires*. Edited by J. Hanoteau. (Paris, 1933)

拿破仑派往俄国的大使及最后一任外交大臣的回忆录。不够深刻但写得不错，清晰地说明了帝国最后阶段的情况。

KLÜBER, Johann, *Acten des Wiener Congresses*, 9 vols. (Erlangen, 1815)

非常丰富地收录了各种文件，首先就是《肖蒙条约》和维也纳会议的大量协议。

MARTENS, G. F., *Nouveau Récueil de Traités*, 16 vols. (Göttingen, 1817-1842) 简作 Recueil.

相当完整地收录了一八〇八年到一八三九年间俄国参加签署的主要条约，以及各种其他重要文件。卷三至卷十涉及了本书相关的时期。

MUENSTER, Ernst, Count von, *Political Sketches of the State of Europe, 1814-1867*. (Edinburgh, 1868)

汉诺威使节写给同盟军以及一八一四至一八一五年间维也纳会议的信件；写给当时兼任汉诺威国王的英国摄政王。是关于德意志问题的主要参考资料。

NESSELRODE, Graf von, *Lettres et Papiers*, 11 vols. Edited by A. von Nesselrode. (Paris, 1904)

长期担任俄国外交大臣的涅谢尔罗迭留下的文件。卷三至卷七涉及了本书相关的时期。

PASQUIER, Duc du, *Mémoires du Chancellier Pasquier*, 6 vols. Edited by d'Audiffret-Pasquier. (Paris, 1893-1894)

由莱巴赫及特罗保会议时期的法国外交大臣撰写。即使是片面的，但却是研究这个时期有用的参考资料。

Sbornik of the Imperial Russian Historical Society, vols. xxxi, civ, cxii, cxix, cxxvii. (St. Petersburg, 1880-1904)

最为全面的俄国文件出版物，共一百四十八卷。由于编排随意，只能酌情采用。

TALLEYRAND, C. M. de, *Mémoires de Talleyrand* (5 vols.) Edited by the Duke of Broglie. (Paris, 1891-1892)

一位伟大的法国外交官的回忆录，在当时所有人中，他与梅特涅最为相似。与梅特涅的自传相同，塔列朗的《回忆录》中卷一和卷二的部分内容是断断续续的叙述，其余部分由正式信件构成。这是研究维也纳会议这段时期的珍贵资料。但必须有所保留地使用塔列朗写给国王的报告，因为这位拿破仑的前任外交大臣极力想要证明自己是必不可缺的。

——, *Correspondence Inédite pendant le Congrès de Vienne*. Edited by G. Pallain. (Paris, 1905)

相当一目了然。

说明：有些二手文献，如韦伯斯特（Webster）、富尼埃（Fournier）或吕克瓦尔德（Luckwaldt）的作品中附有许多原始资料。通过相关的列表能找到这些资料。

二、 传记或传记类专著

1. 关于卡斯尔雷

ALISON, Sir Archibald, *The Lives of Lord Castlereagh and Sir Charles Stewart*, 3 vols. (London, 1861)

第一部试图恢复卡斯尔雷声誉的研究著作，受其同父异母的弟弟查尔斯·斯图尔特之托撰写。主要基于《卡斯尔雷通信集》和同时期的资料，文献不够充足，分析欠深刻。作者认为卡斯尔雷和斯图尔特同样重要，这表明了他的洞察力有限。取而代之的是韦伯斯特的经典著作，他几乎采用了艾利森的所有资料，另有少量出自伦敦德里郡的档案。

HYDE, H. M., *The Rise of Castlereagh*. (London, 1933)

详尽地讲述了卡斯尔雷在爱尔兰的政治生涯，以及他在镇压爱尔兰叛乱中的作为。很同情卡斯尔雷的遭遇。

LEIGH, Jane, *Castlereagh*. (London, 1951)

一部相当肤浅的传记。对研究外交事件无用。对了解卡斯尔雷的个性以及自杀前的事件比较有用。

MARRIOTT, Sir J. A. R., *Castlereagh, The Political Life of Robert, Second Marquess of Londonderry*. (London, 1936)

一位历史学家迟到的辩护，他年轻时曾激烈攻击卡斯尔雷。关于外交历史的资料不多，但详细地描写了卡斯尔雷的个性和他在国内的困境。

SALISBURY, Marquess of, *Biographical Essays*. (London, 1905)

《评论季刊》（一八六二年一月）上刊载的为卡斯尔雷所作的精彩辩护，由一位后来的外交大臣撰写。基于的信息资料并不充足，因为当时威灵顿《信件补遗》中的相关卷册尚未问世。这篇文章具有某些争议性，但价值在于第一次真正认识到卡斯尔雷的欧洲设想。

WEBSTER, Sir Charles, *The Foreign Policy of Castlereagh*, 2 vols. Vol. Ⅰ, 1812-1815

(London，1931)；Vol. Ⅱ，1812-1822 (London，1925)

是研究卡斯尔雷外交政策的基本参考著作，主要引自外交部档案以及其他档案中的研究文献。这部作品几乎过分地客观，极力避免分析，往往完整引用原文，而不是叙述事件经过，更适合作为原始文献。对卡斯尔雷的描述相当公平，虽然可能过于强调了英国的角度。常常提到梅特涅的迟钝怯懦以突显卡斯尔雷的超凡智慧，这点相当误导人，韦伯斯特对大陆动机概况的叙述亦是如此。附录中有许多其他珍贵的原始文献，非常有用。

2. 关于梅特涅

说明：由于梅特涅相关文献数量庞大，其中许多都存在争议，所以仅列出了一些最具代表性的作品。

AUERNHEIMER，Raoul，*Metternich，Statesman and Lover*. (New York，1940)

高颂赞歌的传记。其中把梅特涅的感情生活与其外交活动联系起来，这种思路很可笑。

BIBL，Victor，*Metternich，der Dämon Österreich's*. (Leipzig，1936)

正如标题所示，这是一位著名历史学家撰写的一本有争议的小册子。他的手法是对每个词组都进行文本诠释，并且他坚持表面化地看待梅特涅的每个策略，简单地将梅特涅表现为一个骗子、叛徒、懦夫、傻瓜。很好地展现了近代自由学派史学研究者对梅特涅的态度。

——，*Metternich in Neuer Beleuchtung*. (Wien，1928)

比布尔(Bibl)永无休止地抨击这位保守派政治家的另一部作品。书中，作者研究了一八三一年至一八三四年梅特涅与巴伐利亚大臣弗雷德之间的通信。比布尔以巧妙的笔法将梅特涅描绘为一个骗子、叛徒、懦夫、傻瓜。

CECIL，Alger，*Metternich*. (London，1933)

一部简短、认同传主的传记。对外交历史和奥地利国内政策记述不多，但对梅特涅动机的描写较为恰当。

DU COUDRAY，Helen，*Metternich*. (New Haven，1936)

受斯尔比克(Srbik)巨作启发的又一部传记。有些许情绪化，但对梅特涅的描述较敏锐。

MALLESON，C. B.，*Life of Prince Metternich*. (London，188-)

第一部用英语撰写的梅特涅传记。自由主义史学的典型观点，将梅特涅描述为战胜军人的阴谋家、追随蛮族的阴险之人，结果是奴役了欧洲逾一代人。

MAZADE，Ch. De，*Un Chancellier d'Ancien Régime. Le Règne Diplomatique de Metternich*. (Paris，1889)

比较梅特涅与俾斯麦，指出后者之不足的法语作品。内容不多，但很好地分析了十八世纪思想对梅特涅的影响。

PALEOLOGUE，Maurice，*Romantisme et Diplomatie*. (Paris，1924)

研究了塔列朗、梅特涅和夏多布里昂。讨论梅特涅的部分特别有价值。

SANDEMANS，G. A. C.，*Metternich*. (London，1911)

第一部比较认同梅特涅的英语传记。虽然写作时资料不多，仍或许是迄今为止一位英语历史学家所能做到的最为公允的研究。

SOREL，Albert，*Essais d'Histoire et de Critique*.（Paris，1883）

关于梅特涅的章节写得很好，尤其是强调突出了梅特涅的外交技巧。总体而言，法国历史学家看待梅特涅要比德国历史学家更友善，因为赞扬拿破仑就得尊重他的主要对手。

SRBIK，Heinrich von，*Metternich der Staatsmann und der Mensch*（2 vols.）（Munich，1925）

一部展现出非凡博学及分析能力的里程碑作品。在许多方面可算是权威传记。但不足的是，斯尔比克赞扬了梅特涅的哲学观点，却忽视了他的外交手腕，所以呈现的几乎完全是梅特涅自以为是的形象：十八世纪的哲学王。此书对奥地利国内困境的分析也相当出色。

——，*Meister der Politik*（Vol. 3）. Edited by Erich Marcks.（Stuttgart，1924）

在该系列丛书中，斯尔比克所写的有关梅特涅的长篇论著概述了梅特涅的主要作品，各方面都写得极好。

WOODWARD，E. L.，*Three Studies in European Conservatism*.（London，1929）

简要地叙述了梅特涅的思想，几乎完全摘引自《梅特涅遗档》（N. P.）中的“信仰告白”。不算很深刻，但可作为适当的概论。

三、专题研究及专著

说明：从法国角度描写一八一四年反法同盟的有关拿破仑的资料非常多，例如梯也尔（Thiers）、比尼翁（Bignon）、何赛耶（Houssaye）、费因（Fain）的作品等等，但他们的研究较为偏狭，所以不在此列出。

1. 一八一二年至一八一五年时期

BRYANT，Arthur，*Years of Victory*.（London，1944）

琐碎地介绍了一八〇二年至一八一二年英国与拿破仑的战争，显然是在英国经历第二次世界大战的影响下写成的。

BUCKLAND，C. S. B.，*Metternich and the British Government*.（London，1932）

描述了一八〇九年至一八一三年梅特涅对英国的谨慎政策，以及他机智地与一波波大小官职的英国使节周旋，非常有意思。这段资料记述了第四次反法同盟成立前这段关键时期，描写奥地利风雨飘摇、错综复杂的国内局势，非常有参考价值。

DEMELITSCH，Fedor von，*Metternich und Seine Auswaertige Politik*.（Stuttgart，1898）

意在成为一部对梅特涅外交政策的权威研究，但作者生前只完成了第一卷。对一八〇九年至一八一二年梅特涅外交政策的分析很透彻。主要基于维也纳档案。

FOURNIER，August，*Der Congress von Chatillon*.（Vienna，1900）

对签订《特普利采条约》至拿破仑失败期间的梅特涅外交进行了细致但过于学究式的研究。附录包括梅特涅与胡德里斯特的通信、同盟国的军事考虑、特鲁瓦危机的相关文件、哈登贝格的日记和闵斯特给摄政王的报告，很有参考价值。

LUCKWALDT，Friedrich，*Oesterreich und die Anfänge des Befreiungskrieges von 1813*.（Berlin，1898）

对梅特涅通过巧妙政策使奥地利加入同盟的研究，写得非常好，观察敏锐。主要基于维也纳的档案文件。包含外交文件的附录虽然简单，但很有用。

MACUNN, F.J., *The Contemporary English View of Napoleon*. (London, 1914)
OMAN, Carola, *Napoleon at the Channel*. (New York, 1942)
又一部战争时期的琐碎作品，对希特勒时期与拿破仑时期的英国经历做了显而易见的对比。
ONCKEN, Wilhelm, *Oesterreich und Preussen im Befreiungskriege*, 2 vols. (Berlin, 1880) 参见上述参考文献中的奥地利档案。
——, *Die Krisis der letzten Friedensverhandlungen mit Napoleon*. Raumer's Historisches Taschenbuch Ⅵ, 5. (Leipzig, 1886)
研究与拿破仑最终和平谈判的专著。虽然不如富尼埃的作品全面，但有参考价值。
——, *Aus den letzten Monaten des Jahres 1813*. Raumer's Historisches Taschenbuch Ⅵ, 2. (Leipzig, 1883)
研究一八一三年最后三个月梅特涅外交的优秀专著。
ROSE, John Holland, *Napoleonic Studies*. (London, 1904)
研究拿破仑时期一些领域的论文，包括一个论述一八一三年梅特涅政策的章节，可参考但不够详细。
——, *The Revolutionary and Napoleonic Era, 1789-1815*. (Cambridge, 1894)
颇具参考价值的综述著作。对一八一二年至一八一五年的研究较其他时段更为全面。
SOREL, Albert, *L'Europe et la Révolution Française*. (Paris, 1904)
这部著名作品的第八卷论述第四次反法同盟。其中稍显夸大地描写了马基雅维利式的权谋政治家梅特涅利用阴谋诡计打败了英雄人物，但大体上是一部优秀的研究著作。文中还认可且基本上高度评价了卡斯尔雷。

2. 维也纳会议

FERRERO, Gugliemo, *The Reconstruction of Europe*. (New York, 1941)
详细记述了维也纳会议。几乎完全以塔列朗的《回忆录》为基础，但过于相信其表面文章。研究过程有些太过说教，与现代的联系过于牵强。自始至终，塔列朗的形象几乎具备超人禀赋。
FOURNIER, August, *Die Geheimpolizei auf dem Wiener Kongress*. (Vienna, 1913)
有趣地讲述了维也纳会议期间奥地利秘密警察的出色活动，另附秘密警察所拦截的机密文件。价值在于表明了机密文件大都不值得窃取。
LA GARDE-CHAMBONAS, Comte A. de, *Souvenirs du Congrès de Vienne*. (Paris, 1901)
法国代表团一位成员对维也纳社交生活的生动回忆，具有该“跳舞的”会议相关文献的一贯风格。有趣地描写了一些社交名流，如老利涅亲王。此书还有英语版和德语版。
NICOLSON, Harold, *The Congress of Vienna*. (London, 1945)
研究第四次反法同盟及维也纳会议外交活动的作品。写得很文雅，但完全是从职业外交官的角度出发，将本来可能取决于许多其他因素的成就归因于谈判技巧。又一部歌颂塔列朗的作品。
WEBSTER, Sir Charles, *The Congress of Vienna*. (London, 1934)
在外交部的要求下写成，当时正准备举行凡尔赛会议，要从其他重大和平努力中获得经验。采用直接、学究式的陈述，有些过于强调卡斯尔雷的作用。同样有用的是展现了历史的经验教训不像算术例题那样简单，成功也不一定被定义为与失败截然相反。

韦伯斯特总结说维也纳会议的错误之一是让法国参加谈判，结果外交部接受了他关于不要在德国问题上重蹈覆辙的建议，这些却最终成为《凡尔赛条约》的祸害之一。

WEIL，Commandant M-H，*Les Dessous du Congrès de Vienne*，2 vols.（Paris，1917）

这是另一份由奥地利秘密警察截获的机密文件。对此的总体评论与此前富尼埃的著作相同。

3. 维也纳会议之后至一八二二年期间

说明：关于维也纳会议以及余波没有权威的研究资料。等到可以获得相关文件的时候，历史学家却只是忙于自以为是地谴责这个时期。

BRYANT，Arthur，*The Age of Elegance*.（London，1950）

详细描写了一八一二年至一八二二年间的英国生活，有参考价值。虽然不是很严谨，但作为背景资料较为有用。

CRESSON，W. P.，*The Holy Alliance*.（New York，1922）

研究神圣同盟与新世界之间联系的作品，导致门罗主义的传播。对理解欧洲主要事件帮助不大。

MARRIOTT，Sir J. A. R.，*The Eastern Question*.（Oxford，1925）

对东方问题的研究可作参考，但本书所涉时期的内容非常少。作为背景资料来源不错。

MOLDEN，Ernst，*Zur Geschichte des Osterreichisch-Russischen Gegensatzes*.（Vienna，1916）

有用的作品，讲述了一八一五年至一八一八年奥俄之间的紧张关系，在某种程度上受到成书时一战环境的影响。以维也纳档案为基础。

MUEHLENBECK，E.，*Etude sur les Origines de la Sainte Alliance*.（Paris，1887）

有趣生动的研究著作，讲述亚历山大一世日渐增长的宗教热情以及他与克吕登纳男爵夫人的关系。

NAEF，Werner，*Zur Geschichte der Heiligen Allianz*.（Bern，1928）

极好的专著，论述了神圣同盟的起源，详细分析了梅特涅对亚历山大一世的草稿所做文字上修改的性质及意义。

PHILLIPS，W. A.，*The Confederation of Europe*.（London，1913）

第一部系统地为卡斯尔雷恢复名誉的著作。以外交部文件为基础，虽然远不如韦伯斯特著作那么周全，但其中的分析或许更为明晰。

RIEBEN，Hans，*Prinzipiengrundlage und Diplomatie in Metternich's Europapolitik*，*1815-1848*.（Bern，1942）

很好地论述了梅特涅政策的概念基础，较好地总结了他的外交活动。

SCHENK，H. G.，*The Aftermath of the Napoleonic Wars*.（London，1947）

以新马克思主义观点论述了维也纳会议之后的社会冲突。这是一篇虽然片面但不错的博士论文，但对研究外交历史没有用。

SCHMALZ，Hans，*Versuche einer Gesamteuropäischen Organisation*，*1815-1820*.（Bern，1940）

有用的专著，论述了梅特涅的干涉政策，特别强调特罗保会议。主要以维也纳档案为基础。

SCHWARZ, Wilhelm, *Die Heilige Allianz*. (Stuttgart, 1935)

写得相当好的著作，记述了维也纳会议之后的时期，但缺陷是未能区分神圣同盟与四国同盟，以及倾向于牺牲准确性来换取新闻效果。

WARD, Sir A. W., *The Period of the Congresses*. (New York, 1919)

4. 其他资料

BAILLIEU, Paul, *Die Memoiren Metternich's*. Historische Zeitschrift, 1880.

基于《梅特涅遗档》其余部分中的文件，试图完全颠覆此书第一卷中的自传部分。推翻了梅特涅自传作为历史资料的价值——虽然作为心理研究资料仍有价值。但是《梅特涅遗档》中的其余部分仍然是珍贵的文献资料。

BRINTON, Crane, *The Lives of Talleyrand*. (New York, 1936)

写得不错且有时精彩的书，但对于严肃课题来说太薄了。

COOPER, Duff, *Talleyrand*. (London, 1932)

虽然很片面，而且全盘接受了塔列朗对自己的评价，但是一部不错的塔列朗传记。

CROWE, Eyre Evans, *History of the Reigns of Louis XVIII and Charles X*, 2 vols. (London, 1854)

第一卷中关于两次复辟的记述特别有用。附录很少，但可参考。

HALL, John R., *The Bourbon Restoration*. (London, 1909)

写得不错，可参考的文献资料。

LOCKHARDT, J.G., *The Peacemakers*. (London, 1932)

关于塔列朗、梅特涅、亚历山大一世、皮特、卡斯尔雷、坎宁和威尔伯福斯的论文集。平庸且粗略肤浅。

MEINECKE, Friedrich, *Weltbuergertum und Nationalstaat*. (Munich, 1928)

一位著名历史学家特别出色的作品，研究了十九世纪世界主义价值观与民族主义价值观间的冲突。

MIKHAILOVITCH, Le Grand Duc Nicolas, *L'Empereur Alexander I*, 2 vols. (St. Petersburg, 1912)

关于一个怪人的最全面的传记。分析得不够深刻，但文献有参考价值。

——, *Les Rapports Diplomatiques du Lebzeltern*. (St. Petersburg, 1913)

很有趣的论述，汇编了驻圣彼得堡的奥地利大使的报告，但对梅特涅的政策的分析比较薄弱。

ONCKEN, Wilhelm, *Das Zeitalter der Revolution, der Kaiserreiches und der Befreiungskriege* (2 vols.) (Berlin, 1886)

一部极好的作品，记述了革命战争时期。第二卷涉及了一八〇〇年至一八一五年这段时期。对奥地利政策的分析特别有价值。

SCHIEMANN, Theodor, *Geschichte Russlands unter Nikolaus I*, 4 vols. (Berlin, 1904)

第一卷是亚历山大一世的传记，并附有原始文献，写得很好，有参考价值。

SCHMIDT-PHISELDEK, *Die Politik nach den Grundsätzen der Heiligen Allianz*. (Kopenhagen, 1822)

当时对神圣同盟的辩护书。因此很有趣。

SRBIK, Heinrich von, *Deutsche Einheit* (4 vols.) (Munich, 1936)

深刻研究了对德意志统一的追求以及奥普之间的冲突。第一卷论述梅特涅的时期。

TEMPERLEY, Harold, *The Foreign Policy of Canning*. (London, 1925)

VIERECK, Peter, *Conservatism Revisited*. (New York, 1949)
关于梅特涅、弗兰茨皇帝以及同代人的具有争议的专著，以上所有人物都以作者特有的鬼神学代表类型出现在文章中。有趣，但未跳出法国散文的传统，并非严谨的史学研究。

四、基本参考书目

Cambridge History of British Foreign Policy, 5 vols. Edited by A. W. Ward. (Cambridge, 1907)
第二卷论述本书相关时期。记述一八一六年至一八二二年这段时期的章节由菲利普斯(W. A. Phillips)撰写，并成为他撰写《欧洲邦联》的基础。包含有用的参考文献。

Cambridge Modern History. Edited by Sir A. W. Ward and G. P. Gooch. (New York, 1922-1923)
卷九和卷十涉及了本书相关的时期。在许多方面，此书比《剑桥英国对外政策史》要写得好，参考文献也丰富得多。

SCHNABEL, F., *Deutsche Geschichte im Neunzehnten Jahrhundert*, 3 vols. (Freiburg, 1929-1937)
对十九世纪德国历史极好的综述作品。关于外交历史的内容很少，但对国内体制及学术发展的分析较为有用。

SPRINGER, Anton, *Geschichte Oesterreich's seit dem Wiener Frieden von 1809*, 2 vols. (Leipzig, 1863)
优秀的作品，尤其好在论述奥地利国内问题方面。对梅特涅及帝国的分析公允合理。

STÄHLIN, Karl, *Geschichte Russlands von den Anfängen bis zem Gegenwart*, 4 vols. (Berlin, 1935)
卷三涉及本书相关时期。

STERN, Alfred, *Geschichte Europas seit den Vertraegen von 1815 bis zum Frankfurter Frieden von* 1871 (10 vols.) (Munich-Berlin, 1913 - 1924)
综述类研究主要作品，但很好地结合了文献资料。简单有用的附录，包含说明性文献资料。卷一和卷二涉及本书相关的时期。

TREITSCHKE, Heinrich von, *Deutsche Geschichte in Neunzehnten Jahrhundert*, 5 vols. (Leipzig, 1880)
经典的德意志民族主义史。毋庸赘言，梅特涅的世界主义价值观为作者所憎恨，他称梅特涅的政策是毒药。卷一和卷二涉及本书相关时期。

五、其他参考资料

BRINTON, Crane, *Anatomy of Revolution*. (New York, 1938)
FERRERO, Gugliemo, *The Principles of Power*. (New York, 1942)
JOUVENEL, Bertrand de, *On Power*. (New York, 1949)
MORGENTHAU, Hans, *Politics among Nations*. (New York, 1950)
PETTEE, George, *Process of Revolution*. (New York, 1938)

索　引

Aberdeen, George Hamilton Gordon, 4th Earl of (1784 - 1860)　阿伯丁伯爵，88，96，99-100，101-102，104，109，112，120，303

Act of Confederation，见 Germany

A'Court, Thomas　阿库特，150

Aix-la-Chapelle, Congress of　亚琛会议；aims of　目的，215；Metternich's attitude to　梅特涅的态度，220，238，242，255，261，278；Castlereagh's attitude to　卡斯尔雷的态度，220，248，294；British Cabinet's attitude to　英国内阁的态度，223；end of　结束，230；compromise of　妥协，250

Alexander I, Tsar of Russia (1777 - 1825)　亚历山大一世，俄国沙皇；meets Napoleon at Tilsit　在蒂尔西特与拿破仑会面，16；proposes intervention in Spain　提议对西班牙进行干涉，35；negotiates alliance with Britain　与英国磋商结盟，37；at Kalish　在卡利什，55；refuses to negotiate with Napoleon　拒绝与拿破仑谈判，71；dealings with Castlereagh over Holland　与卡斯尔雷就荷兰问题进行磋商，92-97；contest with Metternich in 1814　1814 年与梅特涅交锋，109；insistence on complete victory　坚持要取得全面胜利，111，118，121，125；measures to exclude France　将法国排除在外的措施，112，114；proposals at Châtillon　在沙蒂永会议上的提议，121-125；enters Paris　进入巴黎，137，179；negotiates Treaty of Fontainebleau　磋商《枫丹白露条约》，140；accepts Treaty of Paris　接受《巴黎条约》，142；in London　在伦敦，144，149-150；aims in Poland　在波兰的目标，152-153，159；at Vienna　在维也纳，159；concessions to Prussia　对普鲁士让步，171；friendship with Baroness Kruedener　与克吕登纳男爵夫人的友谊，188，290；Interference policy of 1815　1815 年的干涉政策，217，248；progress to Aix　向亚琛进军，225；proposes *Alliance Solidaire*　提议团结联盟，226，229，245，248；protests against Carlsbad decrees　反对卡尔斯巴德决议，245；tries interference in Spain　试图干涉西班牙，250；proposes Congress of Troppau　提议召开特罗保会议，255，259；reaction to Piedmont revolt　对皮埃蒙特叛乱的反应，279；puts down Danube revolt　镇压多瑙河地区叛乱，288-289；policy in Greece　希腊政策，290-291，

296；accepts Austro-British proposals on Eastern Question 接受奥英东方问题提议，308 *Character* 性格，Napoleon on 拿破仑的评论，90；Metternich on 梅特涅的评论，90，244；Talleyrand on 塔列朗的评论，90；compared with Metternich 与梅特涅比较，111；his moods 情绪，167，181，250，277，319；hatred of Bourbons 憎恨波旁家族，177-178；his religious fervor and mysticism 宗教狂热和神秘主义，181，185，187，197，216-217，224，267，288，293，316；his self-delusions 自我欺骗，187；his stubbornness 固执，292；his opinion of Metternich 对梅特涅的看法，247；his submission to Metternich 对梅特涅的顺从，267-268，272，274，277-278，292

Alliance Solidaire 团结联盟，226，228，229，245，248，261

Alps 阿尔卑斯山，18，100，244

Ancillon，J. P. E. 安齐隆，290，296

Anstett，Baron 安斯泰德，81，257

Antwerp 安特卫普，91，102，105，132，163，183

Auerstädt，battle of 奥尔施泰特战役，16，47

Austerlitz，battle of 奥斯特利茨战役，15，17，129，176

Austria 奥地利；domestic structure 国内体制，7-8，210-211，232；Talleyrand on 塔列朗的评论，7；war of 1808 1808年的战争，18-19；alliance with France 与法国结盟，23；achievements for peace 和平成就，26；Castlereagh's view of，in 1813 1813年卡斯尔雷的看法，36；as mediatory 作为调停者，60-61；dependence on treaties 依赖条约，69-70，83；army 军队，69，177，279，288；war 1813 1813年的战争，82-83，97-98；position in nineteenth-century Europe 在十九世纪欧洲的地位，174；conservatism 保守主义，191-192，239；"polyglot empire" "多语言帝国"，207-209，233；moral strength of 道德力量，25，161，216，234，236，270；interest in Ottoman Empire 对奥斯曼帝国的兴趣，288

Austro-Prussian alliance 奥普联盟，39

Auxiliary Corps（Austrians） 奥地利后备军，23，42-45，64，69，97

Balkan crisis 见 Greece，Danube Principalities，Eastern Question

Basle（Allied Headquarters） 巴塞尔，反法同盟总部，33，113-114，118

Bassano，Duke of 巴萨诺公爵，28，44，98，102-103

Bathurst，Henry，3rd Earl（1762－1834） 巴瑟斯特伯爵，165

Bautzen，battle of 包岑战役，71-72

Bavaria 巴伐利亚，165，234

Beauharnais，Eugene de，Viceroy of Italy（1781－1824） 欧仁·博阿尔内，意大利总督，140

Belgium 比利时，22，101，119，125，130，142

Bentinck，Lord William（1774－1839） 威廉·本廷克，32-33

Berlin 柏林，14，149

Bernadotte，Jean，Crown Prince of Sweden and later Charles XIV（1763-1844） 贝尔纳多特，瑞典王储，后为卡尔十四世，112，114-115

Bernstorff，Count Christian von 伯恩斯托夫伯爵，272

Bismarck，Otto von 俾斯麦，323
Blacas d'Aulps，Count，later Duke of 布拉卡公爵，271
Black Sea 黑海，291
Blücher，Marshal（1742－1819） 布吕歇尔元帅，117，123，125，133
Bohemia 波希米亚，14，63，64，69，72，79，82
Bordeaux 波尔多，135
Bourbon dynasty 波旁王朝，135，141；British attitude to 英国的态度，31，108，156，178，185；legitimacy of 合法性，137；Russian opposition to 俄国的反对，177；restoration of 复辟，137，141，179；of Naples 那不勒斯的，252，258
Breslau 布雷斯劳，73
Brussels 布鲁塞尔，12
Bubna，Count 布勃纳伯爵，42-43，46，57，71
Bucharest，Treaty of 《布加勒斯特条约》，287，291
Buol-Schauenstein，Count von 布奥尔-绍恩施泰因伯爵，236，270
Burke，Edmund 柏克，193-194，198

Cadiz 加的斯，248
Campbell，Sir Neil 坎贝尔，175
Canning，George（1770－1827） 坎宁，29，313；isolationist policy 孤立政策，34；compared with Castlereagh 与卡斯尔雷比较，314
Cape Colonies 开普殖民地，142
Cape of Good Hope 好望角，108
Capo d'Istria，Count（1776－1831） 卡波季斯特里亚斯；adviser to Tsar 沙皇的顾问，217，245；Metternich's opinion on 梅特涅对他的看法，217，281－282，301；attitude to Alliance 对同盟的态度，248；exchange with Castlereagh on Spain 就西班牙问题与卡斯尔雷交换意见，250；as spokesman of German powers 作为德意志邦国的代言人，253；dogmatism over Neapolitan revolt 对那不勒斯起义的武断看法，256，258-260，262，266-267，283；encouragement of Ypsilanti 对伊普西兰蒂的鼓励，287，289－290；on Eastern Question 关于东方问题，291－292，296，301-302；Castlereagh's attack on 卡斯尔雷的谴责，294，299；retirement 退隐，308
Caraman，Duke of（1762－1839） 卡拉芒公爵，258，267，303
Carbonari 烧炭党，233，276，278，281
Carlsbad，decrees of；conference proposed 卡尔斯巴德决议，会议提议，241；aims 目的，242；Austro-Russian proposals 奥俄提议，243；Metternich's success at 梅特涅的成功，243；Tsar protests at 沙皇抗议，245；Castlereagh's attitude to 卡斯尔雷的态度，245；significance of 意义，246，269，271
Castlereagh，Viscount（Robert Stewart，2nd Marquis of Londondery，1769－1822） 卡斯尔雷，伦敦德里侯爵；birth and early career 出生与早期生涯，29；Foreign Secretary and Leader of House of Commons 外交大臣和众议院领袖，29；duel with Canning 与坎宁决斗，29；opposes Metternich's overtures of 1813 反对梅特涅1813年的提案，36；resurrects Pitt plan 重启皮特计划，37-40，60，91，93，167；

obtains guarantee from Tsar 1813 1813年获得沙皇的保证，56；distrust of Prague Congress 不信任布拉格会议，85，87；dealings over Holland 解决荷兰问题，92-97；leaves for Continent 1813 1813年前往欧洲大陆，97，104，105；opposes Frankfurt proposals 反对法兰克福提议，101；arranges marriage of Princess Charlotte 安排夏洛特公主的婚姻，108；arrives in Basle 到达巴塞尔，114；negotiates with Metternich 与梅特涅磋商，114-116；presses for defeat of Napoleon 要求打败拿破仑，118；at Congress of Châtillon 在沙蒂永会议上，120-127；negotiates with Tsar 与沙皇磋商，124-125；discouraged with Coalition 联盟受阻，126；advocates moderation 提倡温和，139；height of influence 影响力高峰期，140-141；aims at Congress of Vienna 在维也纳会议上的目的，147，150-151，173-174；disagreement with Tsar 与沙皇意见相左，153-154；proposes alliance of France，Austria and Britain 提议法国、奥地利和英国结盟，168；instructions to Wellington 1815 1815年给威灵顿的指令，177-178；proposals in Paris 在巴黎的提议，179-183；part in forming Quadruple Alliance 参加组建四国同盟，185；co-operation with Metternich 与梅特涅合作，216-217；opposition to Cabinet 与内阁意见相左，221-222，228-229，310，326；aims at Aix 在亚琛会议上的目的，222；supports Spanish revolution 支持西班牙革命 249-250；reaction to Naples revolt 对那不勒斯起义的反应，252，254；protests against Metternich at Troppau 在特罗保会议上反对梅特涅，265，266；last foreign policy speech 最后一次外交政策发言，276；dealings over Eastern Question 解决东方问题，285，294-296；appeal to Tsar 诉诸沙皇，294-295；confers at Hanover with Metternich 在汉诺威与梅特涅协商，298-300，307；agrees to Congress of Verona 同意举行维罗纳会议，310；suicide 自杀，311，313

Character and Opinions 性格与观点；On European stability 关于欧洲稳定，5，218-219；belief in equilibrium 相信均势，33，59-60，91，316，325；general policy 一般政策，35，216，325-326；as mediator of Coalition 作为同盟的调停者，119；on Polish Question 关于波兰问题，158-159，163-165；on Holy Alliance 关于神圣同盟，189-190；on revolutions 关于革命，203；on Russia 关于俄国，219；on Allied unity 关于同盟团结，254，275-276；on Eastern Question 关于东方问题，285，294-296；on Metternich 关于梅特涅，114，247；as architect of Conference System 作为会议制度的创造者，186，221，310，318，323；policy of non-interference 不干涉政策，124，248-249，258，284-285；empiricism 经验主义，251，306；compared with Metternich 与梅特涅比较，5，6，30，306，325-326；Metternich on 梅特涅的看法，312，315

Cathcart，1st Earl of（1755-1843） 卡斯卡特伯爵，33-34，39，42，81，87-88，92，94，96，104，111，118，217；attitude to Metternich 对梅特涅的态度，85；at Châtillon 在沙蒂永，120

Catherine the Great，Empress of Russia 俄国叶卡捷琳娜女皇，291

Caulaincourt，Marquis de 科兰古，81-82，100-101，104，114，128-129，134；becomes Foreign Minister 成为外交大臣，103；at Châtillon 在沙蒂永，120-124，130；negotiates Treaty of Fontainebleau 商讨《枫丹白露条约》，140

Charlotte，Princess 夏洛特公主，108，217

Chateaubriand 夏多布里昂，314
Châtillon，Congress of 沙蒂永会议，119-127，128-135
Chaumont，Treaty of 《肖蒙条约》，131-132，158，177，215，226，234
Clancarty，Richard Trench，2nd Earl of（1767 - 1837） 克朗卡迪伯爵，119，134，178
Coalitions，nature of 同盟的性质，30，36，125，186；crisis in the 危机，94
Conference System 会议制度，186-187，227，318
Constantinople 君士坦丁堡，286，290-291，294，301，307
Cooke，Sir Edward（1755 - 1838） 库克，134，141，142
Cracow 克拉科夫，45，57，162，171
Czartoryski，Adam 恰尔托雷斯基，90

Danube Principalities 多瑙河两公国；Russian invasion of 俄国侵略，287；revolt in 反叛，283-286，289；settlement concerning 相关协议，301
Diet，Polish 波兰议会，253，257
Dijon 第戎，137
Dnieper，river 第聂伯河，89，217
Dresden 德累斯顿，77-79，81
Duka，Count 杜卡伯爵，72
Dutch East Indies 荷兰东印度公司，142

Eastern Question 东方问题，283-285，287，290-297，301-308
Egypt，Emir of 埃及的埃米尔，289
Elba，Isle of 厄尔巴岛，31，140，203
Elbe，River 易北河，57，64，69，79，128
English Channel 英吉利海峡，34，36，187，251

Florence 佛罗伦萨，278
Fontainebleau，Treaty of 《枫丹白露条约》，140，177
Fouché，Joseph，Duke of Otranto（1763 - 1820） 富歇公爵，81
Francis I，Emperor of Austria（1768 - 1835） 奥地利皇帝弗兰茨一世，19，21，45，62-63，75，83，130，167，253；letter to Tsar 1813 1813 年致沙皇的信，55；“peace at all costs” “不惜一切代价获取和平”，61，71，77，80；signs Treaty of Reichenbach 签署《赖兴巴赫条约》，76；weakness 弱点，79；signs Holy Alliance 签约加入神圣同盟，189；character 性格，211-212；conservatism 保守主义，211-212，232，322-323；his relations with Metternich 与梅特涅的关系，212；tour of Italy 巡视意大利，238；“Emperor of Germany” “德意志皇帝”，244；on Eastern Question 关于东方问题，293，305
Frankfurt 法兰克福，257；Conference of 会议，100-103，118-119，221
Frederick the Great，King of Prussia 普鲁士腓特烈大帝，14，48，157
Frederick William III，King of Prussia 普鲁士皇帝腓特烈三世，14，47，55，110，117，144，159，231，237，241，259，268；Metternich on 梅特涅的看法，242
French Revolution 法国大革命，3-5，8，38，89，133，136，194，203，249-250

Friedland, battle of　弗里德兰战役，16，292

Galicia　加利西亚，24，43，63，171
Gallo, Duke of　加洛公爵，272-273
Geneva　日内瓦，141
Genoa　热那亚，38
Gentz, Chevalier Friedrich von（1764－1832）　根茨；anxiety over Kotzebue murder　因科策布被谋杀感到焦虑，238-241；at Laibach　在莱巴赫，272；on Mettenbich　关于梅特涅，11-12，84，170；on Talleyrand　关于塔列朗，148；on Congress of Troppau　关于特罗保会议，257，262；on Congress of Vienna　关于维也纳会议，315
George Ⅳ, King of England, The Prince of Regent（1762－1830）　英国国王，摄政王，乔治四世，11，86，104，123，189，190，216，297-298
Germany，38，57，93，98，132，142，221　德意志；Federation of　邦联，162，165，230，243；Act of Confederation　《邦联法案》，234-236，245；as Austrian tool　作为奥地利的工具，237，247；Federation discredited　取消邦联，240，244；revolutionary tendencies in　革命趋势，232-233，300；Metternich's policy in　梅特涅的政策，234
Gitschin　伊钦，72
Gneisenau, August Wilhelm, Graf von　格奈森瑙，117
Gordon, Sir Robert（1791－1847）　戈登，297
Görz　格尔茨，272
Graham, Sir James　格雷厄姆，195
Grande Armée　法国大军，8，15，17，27，39，46-47，57，98
Great Britain（并参见 Maritime rights）　大英帝国；policy in Napoleonic wars　拿破仑战争期间的政策，31，107；as mediary in 1814　1814 年的调停者，33；as guardian of the Coalition　同盟的保护者，40，108；obtains colonies of Tobago, etc.　获得多巴哥等殖民地，142；attitude to Bourbons　对波旁家族的态度，31，108，156，178；attitude to Spanish revolution　对西班牙革命的态度，250；attitude to Neapolitan revolt　对那不勒斯起义的态度，254，265，275；attitude to Eastern Question　对东方问题的态度，308；breaks openly with Alliance　与同盟公开决裂，315
Greece: revolt in　希腊反叛，283-285，290-301，304-305；Castlereagh on　卡斯尔雷的看法，294-296；Metternich on　梅特涅的看法，292-294；Tsar's policy towards　沙皇的政策，290-291，296
Grotius　格劳秀斯，198

Habsburg, house of（并参见 Francis I）　哈布斯堡王朝，7，45，62，123，131，142
Hague, The　海牙，108
Hamburg　汉堡，75
Hamilton, William Richard　汉密尔顿，134
Hanover（并参见 George Ⅳ）　汉诺威，11，15，56，165，234；conference at　会议，298-299

Hardenberg, Prince Carl August von (1750 - 1822) 哈登贝格, 104, 122, 141, 170, 242-243; on Metternich's diplomacy 关于梅特涅的外交活动, 303; on Polish Question 关于波兰问题, 155-158, 160-161, 165-166, 169
Harwich 哈里奇港口, 108
Hitler, Adolf 希特勒, 146, 283, 331
Holland 荷兰, 32, 39, 104, 115, 142, 167, 184; independence 独立, 92-93, 96, 100; acquires Belgium 获得比利时, 119, 125; boundaries established 1814 1814 年确定疆界, 132, 134, 230
Holy Alliance 神圣同盟, 90, 215, 216, 256, 308, 313, 315; birth of 诞生, 184-185; Tsar's conception of 沙皇的构想, 188, 226; Metternich's view of 梅特涅的看法, 188-190, 247, 263, 268, 324; Castlereagh's view of 卡斯尔雷的看法, 188-190; invoked by Ypsilanti 被伊普西兰蒂援引, 287, 291-292
Hospodars, the 大公, 总督, 287, 289-290
Hudelist, Staatsrat 胡德里斯特, 111, 113, 135
Humboldt, Baron Wilhelm von (1767 - 1835) 洪堡男爵, 244, 307
Hungary 匈牙利, 20, 209

Ile de France 毛里求斯, 142
Illyria 伊利里亚, 20, 73, 74, 75, 80
Imperial Crown 皇冠, 55, 56, 234, 244
Irish Rebellion 爱尔兰叛乱, 29
Italy (并参见 Naples) 意大利, 38, 105, 111, 132, 142, 171, 177, 218, 247, 300; Metternich's policy in 梅特涅的政策, 233

Jackson, Sir George (1785 - 1861) 乔治 · 杰克逊, 149-150
Jacobins, the 雅各宾派, 177, 179, 218
Jassy 雅西, 287
Jena, battle of 耶拿战役, 16-17, 47, 129, 176; university of 耶拿大学, 238, 240
Jerusalem 耶路撒冷, 290
Johann, Archduke 约翰大公, 62
Joseph, Emperor of Austria 奥地利皇帝约瑟夫, 208
Joséphine, Empress of the French 法国皇后约瑟芬, 140

Kalish, Treaty of 《卡利什条约》, 52, 54-55, 81, 91, 153, 156, 158
Kant, Emmanuel 康德, 194, 197, 199
Knesebeck, General von dem 克尼塞伯克, 48, 49, 50-52
Kotzebue, August von (1761 - 1819) 科策布, 238, 239, 251
Kruedener, Baroness von (1764 - 1824) 克吕登纳男爵夫人, 188, 290
Kutusoff, Prince Michail Larionovitch (1745 - 1813) 库图佐夫, 47

La Ferronay, Pierre Louis, Count (1777 - 1842) 拉费罗内伯爵, 258, 264
La Harpe, Frédéric Cesar de (1754 - 1838) 拉阿尔普, 90, 110

Laibach, Congress of　莱巴赫会议, 216, 269, 270-283, 296, 297, 315; significance of　意义, 271, 289, 293; Metternich at　梅特涅出席会议, 271-274, 280-283
Landau　兰道, 184
Langres　朗格勒, 110, 115; conference at　会议, 115, 118, 119, 128, 177, 218
Laon　拉昂, 133
La Rothière, battle of　拉罗蒂埃战役, 120
Lebzeltern, Baron　勒布泽尔腾男爵, 52, 54-55, 64, 257, 300, 302
Leipzig　莱比锡, battle of　战役, 93, 98, 170
Lieven, Count, later Baron　列文伯爵, 35
Ligne, Charles Joseph, Prince de (1735-1814)　利涅亲王, 160
Liverpool, Robert Jenkinson, Earl of (1770-1828)　利物浦伯爵, 115, 124, 126, 134, 141, 161, 164, 170, 181-182, 185, 298; cabinet　内阁, 29, 30, 177, 255, 268, 283, 284
Locke, John　约翰·洛克, 194
London　伦敦, 42, 86, 144, 221
Louis XIV, King of France　法国国王路易十四, 181
Louis XVIII (1755-1824)　路易十八, 108, 123, 176, 178-179, 182, 251
Louis Napoleon　路易·拿破仑, 196
Luebeck　吕贝克, 75
Luetzen, battle of　吕岑战役, 71
Lunéville　吕内维尔, 114
Luther, Martin　马丁·路德, 240

Madrid　马德里, 302
Maggiore, Lake　马焦雷湖, 142
Mainz　美因茨, 12, 158
Malta　马耳他, 142
Mannheim, conference at　曼海姆会议, 102
Marie-Louise, Empress of the French (1791-1847)　法国皇后玛丽-路易丝, 21, 70, 81, 115, 140
Maritime rights, British　英国海洋权利, 33, 37, 39, 87, 92, 100, 146
Merveldt, General Count　默费尔特伯爵, 98
Metternich, Clemens Wenzel Nepomuk Lothar, Prince von (1773-1859)　梅特涅亲王; upbringing　成长, 12; appointed envoy in Saxony　被任命为驻萨克森公使, 13; negotiates with Prussia 1804　1804年与普鲁士谈判, 14-15; struggle with Government after Austerlitz　奥斯特利茨战役后与本国政府的争执, 15; attitude to Spanish campaign　对西班牙战争的态度, 17; suggest Austro-Russian alliance　建议奥俄联盟, 18; Foreign Secretary　外交大臣, 19; arranges marriage of Marie-Louise and Napoleon　安排玛丽-路易丝与拿破仑的婚姻, 21-22; negotiates "limited alliance" with Napoleon　与拿破仑协商"有限联盟", 23; 1812 negotiations with French　1812年与法国谈判, 41-42; armistice 1813　1813年的停战, 45; sends Polish documents to Napoleon　将波兰文件送交拿破仑, 48; defines

Austrian aims in 1813 Coalition 定义奥地利在1813年同盟的目的，51，82；mission to England and Russia 出访英国和俄国，52-54；negotiates with French Ambassador 与法国大使谈判，65；pledges aid to Tsar 允诺支援沙皇，68；requests armistices 要求停战，72；concludes Treaty of Reichenbach 签订《赖兴巴赫条约》，75；meets Napoleon at Dresden 在德累斯顿与拿破仑会面，77-79；Congress of Prague 布拉格会议，81-82；offers peace 1813 1813年议和，97；"Prime Minister" of Coalition 同盟的"首相"，97，133；at Frankfurt 在法兰克福，100-103；contest with Tsar 1814 1814年与沙皇交锋，109-113；opposes Bernadotte 反对贝尔纳多特，112-113；negotiates with Castlereagh 与卡斯尔雷磋商，114-116；aims and achievements at Congress of Châtillon 在沙蒂永会议上的目标和成就，120-127，173-174；visits London 访问伦敦，144；delays over Polish Question 对波兰问题的拖延，156；aims at Aix 在亚琛会议上的目的，222，224；appeals to Holy Alliance 诉诸神圣同盟，227；reaction to Kotzebue murder 对科策布被谋杀的反应，238-239；proposes Carlsbad conference 提议召开卡尔斯巴德会议，241；meets King of Prussia 与普鲁士皇帝会面，242，259；proposes Allied Intervention in Naples 提议同盟干涉那不勒斯，252-253，260；at Troppau 在特罗保，259-264；height of power in Europe 欧洲权势的高峰，269，286；at Laibach 在莱巴赫，271-274；policy over Piedmont revolt 针对皮埃蒙特叛乱的政策，280-281；difficulty with Cabinet 在内阁遭遇的困难，283；interest in non-intervention in Danube uprising 倾向于不干涉多瑙河两公国起义，288；visits England 访问英国，297-298；Conference of Hanover 汉诺威会议，298-301；negotiates with Taticheff 与塔蒂斯切夫磋商，302-304；offers to break with Turkey 提议与奥斯曼断绝关系，305，307；proposes Congress of Verona 提议召开维罗纳会议，309
Character and Opinions 性格与观点；Personality 个性，11-12，319-324；belief in reason 相信理性，8-11，26，193-194，197，206，309，320；conservatism 保守主义，10，193-196，209-210，280，321；realism 现实主义，198-199；dogmatism 教条主义，205，207；tact 手腕，12；psychological insight 心理洞见，319，321；the European 欧洲人，321；"Prime Minister of Europe" "欧洲的首相"，11，256，281，319；summary of general policy 总的政策概述，20-21；on European stability 关于欧洲稳定，5，218-219，316；belief in solidarity of states 相信国家间团结一致，12-13；on public opinion 关于公共舆论，16-17；on moral strength of Austria 关于奥地利的道德力量，25，161，216，234，252，259，270；on Prussia 关于普鲁士，49；on equilibrium 关于均势，59；on diplomacy 关于外交，99；on Congress of Vienna 关于维也纳会议，147；on Polish Question 关于波兰问题，155；on Holy Alliance 关于神圣同盟，188-190；on liberty 关于自由，195；on mysticism 关于神秘主义，197；on revolutions 关于革命，73-74，200-203，233，238，300；on Austrian Empire 关于奥地利皇帝，208-210；on Russia 关于俄国，110，219；Italian policy 意大利政策，233，251，260；German policy 德意志政策，234-237，246；policy of repression 压制的政策，204，207，238，244，257，261，323；power over Tsar 对沙皇的控制，267，272，274，281，283，292，304；basis of diplomacy 外交的基础，270-271，321-324；policy over Eastern Question 东方问题政策，284-285，292；on Napoleon 关于拿破仑，25-26；on Louis

Napoleon 关于路易·拿破仑，196；on Castlereagh 关于卡斯尔雷，114，305，312；relations with Tsar 与沙皇的关系，90，99，244；relations with Emperor 与奥皇的关系，62-63，212；relations with Napoleon 与拿破仑的关系，130；relations with Castlereagh 与卡斯尔雷的关系，216-217；relations with Cabinet 与内阁的关系，283；compared with Napoleon 与拿破仑比较，65；compared with Tsar 与沙皇比较，111；compared with Talleyrand 与塔列朗比较，136；compared with Burke 与柏克比较，193-194；compared with Castelreagh 与卡斯尔雷比较，5-6，30，218-219，306，325-326；Napoleon on 拿破仑的看法，11；Hardenberg on 哈登贝格的看法，11；Gentz on 根茨的看法，11-12，84；Tsar on 沙皇的看法，247；Castlereagh on 卡斯尔雷的看法，247；Aberdeen on 阿伯丁的看法，100；autobiography 自传，175；posterity on 后代的看法，244，313，319，322

Metternich System 梅特涅体系，196，204，286，324

Meuse，River 默兹河，119

Morea（位于今希腊） 摩里亚半岛，289，290

Moscow，retreat from 撤离莫斯科，24，26，89

Moselle，River 摩泽尔河，158

Münster，Count，later Prince 闵斯特伯爵，123

Murat，Joachim，King of Naples（1767－1815） 缪拉，那不勒斯国王，34，321

Naples，Kingdom of 那不勒斯王国，34，233，239，255；revolution in 革命，251，269，274，297；Bourbons of 波旁家族，252，263，267；discussed at Troppau 在特罗保会议上的讨论，259－269；at Laibach 在莱巴赫会议上，271－272，277；defeated at Rieti 在列蒂战役中失败，279，283

Napoleon：marches through Prussia 拿破仑：进军普鲁士，14；victories of Jena and Auerstädt 耶拿和奥尔施泰特战役的胜利，16；meets Tsar at Tilsit 在蒂尔西特与沙皇会面，16；Spanish campaign 西班牙战争，17；marriage to Marie-Louise 与玛丽-路易丝的婚姻，21，27；Alliance with Austria 与奥地利结盟，23；defeat at Moscow 在莫斯科战败，4，24；negotiates with Metternich 1812 1812 年与梅特涅磋商，41-45；faith in 1813 campaign 对 1813 年战争的信心，71；meeting with Metternich at Dresden 在德累斯顿与梅特涅会面，77-79；Congress of Prague 布拉格会议，81-82；appeals to Emperor for peace 1813 1813 年向奥皇要求议和，98；proposes Mannheim conference 提议举行曼海姆会议，102；appoints Caulaincourt Foreign Minister 任命科兰古为外交大臣，103；terms at Congress of Châtillon 沙蒂永会议条款，120；defeats Blücher 打败布吕歇尔，123；demands peace from Tsar 向沙皇要求议和，129；exiled to Elba 被放逐到厄尔巴岛，140；escapes 逃跑，175；Waterloo 滑铁卢，179；abdication 退位，179；death 逝世，283

Character and Opinions 性格与观点；Impact on “legitimacy” 对“合法性”的影响，4，316；need for omnipotent appearances 需要无所不能的假象，43，45，63，131，316；on Polish nationalism 关于波兰民族主义，48，89；inflexibility 灵活性，74；domestic policy 国内政策，110；misunderstanding of Congress of Châtillon 误会沙蒂永会议，120；relations with Metternich 与梅特涅的关系，130；“revolutionary chieftain” “革命首领”，176－177；Metternich on 梅特涅的看法，25－26；

British hatred of 英国的憎恨，107；compared with Metternich 与梅特涅比较，65
Narbonne，Count 纳尔博纳，64，67，303
Nassau，Duchy of 拿骚公国，243
Nesselrode，Count（1780－1862） 涅谢尔罗迭，93，100，122，178，217，304
Netherlands 见 Holland
Nieman，River 涅曼河，16，29，154

Oder，River 奥得河，49，57，69，91
Odessa 敖德萨，292，321
Opotschna 奥波奇诺，75，77
Orange，Hereditary Prince of 奥朗日王储，108，119，217
Ottoman Empire 奥斯曼帝国，37，286；relations with Russia 与沙皇的关系，287－288；character of 特征，289；Sultan of 苏丹，216，290

Palatinate 普法尔茨，142
Paris 巴黎，18，22，134，221；Tsar's advances on 沙皇进军，110，112，114－115，179；First Peace of 第一次条约，142-143，144，148，168，184；Second Peace of 第二次条约，176，181，184，216，220-221，222
Parma，Duchy of 帕尔马公国，140
Paul，Tsar of Russia 沙皇保罗，90
Peter the Great，Tsar of Russia 彼得大帝，287，309
Peter the Hermit 隐修士彼得，197
Piedmont，revolution in 皮埃蒙特革命，279，287，327；pacified 安抚，283
Pietist sects 虔敬派，217
Pitt，William 皮特，29；relation with Tsar 与沙皇的关系，37
Pitt plan 皮特计划，38，39，60，91，93，96，101，107，167，173
Plaeswitz，armistice of 帕拉格维特茨休战，72－74
Po，River 波河，142，274
Poland 波兰，14-15，46，51，55，57，64，96，119，132，141，255；history under Napoleon 拿破仑统治时期的历史，89；Tsar's aims in 沙皇的目的，152－153，177，235
Polish Question 波兰问题，95，101，105，113，153－154；British attitude to 英国的态度，163；Castlereagh's views on 卡斯尔雷的观点，158-159，163-165；Metternich's views on 梅特涅的观点，155；Prussia and 与普鲁士，113，155
Pius VII，Pope 教皇庇护七世，22，216，262，263，268
Portugal 葡萄牙，92，93，152，176
Posen 波兹南，171
Potsdam 波茨坦，14
Pozzo di Borgo，Carlo Andrea 波茨措-迪-博尔哥，320
Prague 布拉格，100；Congress of 会议，78－82，87－88，93，130，169，271
Protocole Préliminaire 《预备协议》，264，266，267
Prussia（并参见 Frederick William III，King of） 普鲁士，39，75，141；compared with

Austria 与奥地利比较，7；invaded 1804 1804年的侵略，14；proposes armed mediation 提议武力调停，15；defeated at Jena and Auerstädt 在耶拿和奥尔施泰特战败，16；defection from Napoleon 背叛拿破仑，46-47；dilemma of 1813 1813年的困境，48-49；alliance with France 与法国结盟，50；joins Coalition 加入同盟，56；as German power 作为德意志国家，91；and Polish Question 与波兰问题，113，155；agrees to 1814 Convention 同意1814年的公约，124；and Saxony 与萨克森，157-158，161，162；threatens war 1815 威胁1815年开战，167，169；granted territories in Poland and Saxony 获得波兰和萨克森的领土，170-171，174；desire for revenge on France 希望报复法国，183-184；proposes Treaty of Guarantee 提议《保障条约》，230；party to Act of Confederation 《邦联法案》签约国，234-235；and German nationalism 德意志民族主义，241；as Austrian satellite 作为奥地利卫星国，247，258；policy on Neapolitan revolt 对那不勒斯叛乱的政策，261

Pyrenees 比利牛斯山，18，100，108

Quadruple Alliance 四国同盟，184-185，190，215，221；British interpretation of 英国的诠释，221-223；Tsar's conception of 沙皇的设想，226；Metternich's conception of 梅特涅的设想，227，247；Castlereagh's conception of 卡斯尔雷的设想，228；and Congress of Aix-la-Chapelle 与亚琛会议，249

Reformation, the 宗教改革运动，239，240

Reichenbach, Treaty of 《赖兴巴赫条约》，75-76，80，86，102，269

Rhine, River 莱茵河，12，18，38，74，75，92，98，100，134，163，170；Confederation of 莱茵联邦，56，74，93

Richelieu, Duke of (1766-1822) 黎塞留公爵，256，320

Rieti, battle of 列蒂战役，279，283

Ripon, Earl of 里彭伯爵，33，109

Robespierre 罗伯斯庇尔，12

Rome 罗马，238，239

Roumazoff 罗玛佐夫，18

Rousseau, Jean-Jacques 卢梭，3，194

Ruffo, Fabrizio 鲁福，272-273

Saarlouis 萨尔路易，184

St Aignan, Baron de 圣艾尼昂，100-101，104，

St Helena 圣赫勒拿岛，283

St Petersburg 圣彼得堡，258

Santa Lucia 圣卢西亚，142

Santo Domingo 圣多明各港，142

Sardinia 撒丁岛，37，39

Savoy 萨伏依，142，184

Saxony 萨克森，101，113，141，142-143，170-171，239；Frederick Augustus, King of

国王弗里德里希·奥古斯特，151，166，167；discussed at Congress of Vienna　在维也纳会议上的讨论，156-158，162
Scheldt，River　斯海尔德河，95，107
Schwarzenberg，Prince（1771－1820）　施瓦岑贝格亲王，45，46，57-59，64，97，112-119，125，173，205
Sicily　西西里岛，32，87，92，93，150，217，277
Silesia　西里西亚，13，49，50，57
Slave Trade　奴隶交易，221
Spain　西班牙，24，32，73，87，92，100，132，151，152，176，217；withstands Napoleon　抵抗拿破仑，17，93，249；revolution in　革命，248－249，251，278；French intervention in　法国的干涉，315；King of　国王，248
Stackelberg，Count　斯塔克尔伯伯爵，48
Stadion，Johann，Count（1763－1824）　施塔迪翁伯爵，18，73，74-75，77，120，121，129，280，327
Stein，Heinrich，Freiherr vom und Zum（1757－1831）　施泰因；on Austrian cohesion　关于奥地利的团结，7；assembles East Prussian states　召集东普鲁士各州，49；desire for vengeance　希望报复，184；Austro-Prussian ambassador　奥地利-普鲁士大使，321
Stewart，Sir Charles（1778－1854）　斯图尔特，72-73，76-77，78，104，133，140，178，303；at Congress of Prague　在布拉格会议上，81，85-86；memorandum on Paris　关于巴黎的备忘录，117；at Châtillon　在沙蒂永，120；ambassador in Vienna　驻维也纳大使，255，256，258；at Troppau　在特罗保，258，261，264，268，314；at Laibach　在莱巴赫，272-274
Straits，problem of　海峡问题，293-294，302
Strangford，Percy Smythe，6th Viscount（1780－1855）　斯特兰福德子爵，292，298，301，308
Strasburg　斯特拉斯堡，12
Stroganov，Baron　斯特罗加诺夫男爵，291，292
Sudeten crisis　苏台德危机，146
Sweden（并参见 Bernadotte）　瑞典，87，112，152，176
Switzerland　瑞士，103，110，111，132，142，175

Talleyrand-Périgord，Charles Maurice de，Prince of Benevento（1754－1838）　塔列朗亲王；18，101，161；on Austria　关于奥地利，7；on eighteenth century　关于十八世纪，8；compared with Metternich　与梅特涅比较，135-136；Bishop of Auteuil　奥特伊主教，136；recalls Louis XVIII to throne　帮助路易十八复位，137，141，179；at Congress of Vienna　在维也纳会议上，147－149，166，167－168；diplomatic methods　外交活动方式，148；protests at Vienna　在维也纳的抗议，151－152；views on Poland　对波兰的看法，155；on Metternich　对梅特涅的看法，160；admitted to “Big Four”　加入“四国”，167
Tarnopol　捷尔诺波尔，167，171
Tatischeff，M.　塔蒂斯切夫，302，303-304，308

Tauroggen, Convention of 《陶拉格协议》, 47
Teplitz 特普利采, 241; Treaty of 条约, 98, 156, 234, 242, 256, 259, 268
Thorn 托伦, 162, 171
Tilsit 蒂尔西特, 16, 17; Treaty of 条约 287, 288
Tirol 蒂罗尔, 130
Tobago 多巴哥, 142
Torgau, fortress of 托尔高要塞, 170
Toscana, Grand Duke of 托斯卡纳大公, 252
Troppau, Congress of 特罗保会议, 216, 259-269, 297; proposed by Tsar 沙皇的提议, 255; preliminaries 预备, 256-259; Metternich's plan at 梅特涅的计划, 263; significance of 意义, 263, 271, 282, 293
Troyes 特鲁瓦, 121, 126, 143, 177, 218
Tugenbund, the 美德联盟, 233
Turin 都灵, 279
Turkey, 见 Ottoman Empire

United States 美国, 92

Vansittart, Nicholas, Lord Bexley (1766 - 1851) 范西塔特, 164, 327
Verona, Congress of 维罗纳会议, 216, 309, 313; Castlereagh agrees to 卡斯尔雷同意, 310; significance of 意义, 314
Versailles, Treaty of 《凡尔赛条约》, 1
Vienna, Congress of 维也纳会议, 11, 40, 215, 218; origin of 起因, 144; five phases of 五个阶段, 149; de Ligne on, 160 利涅亲王; stalemate 僵局, 162; final acts ratified 通过最后决议, 171-172; issue at 问题, 172-174; Tsar's attitude to 沙皇的态度, 187
Vienna, conferences of 维也纳会议, 242-243, 245, 255, 271, 297, 304
Vistula, River 维斯瓦河, 45, 47, 57, 119, 163, 171, 217
Vitrolles, Baron de (1774 - 1854) 维特罗勒, 135
Voltaire 伏尔泰, 197

War of Liberation 解放战争, 236
Warsaw, Duchy of 华沙公国, 20, 48, 73, 75, 89, 118, 153, 158, 171, 225
Waterloo, battle of 滑铁卢战役, 178
Weimar 魏玛, 100; Grand-Duke of 大公, 240
Wellington, Duke of (1769 - 1852) 威灵顿公爵; in Spain 在西班牙, 108; ambassador in Paris 驻巴黎的大使, 150; plenipotentiary in Vienna 维也纳的全权代表, 177; arranges second restoration of Bourbons 安排波旁王室第二次复辟, 179; advocates withdrawal of army of occupation 提倡占领军撤退, 182, 223; in Verona 在维罗纳, 313, 314; on Italy 关于意大利, 321
Weser, River 威悉河, 15
Wessenberg, Baron 维森博格男爵, 52, 86

Westphalia，Duchy of　威斯特伐利亚公国，171
Wladimerescu　弗拉迪米雷斯库，289
Württemberg，kingdom of　符腾堡王国，234，244

Yorck，General Count（1759－1830）　约克伯爵，47，50
Ypsilanti　伊普西兰蒂，287，289

图书在版编目(CIP)数据
重建的世界：梅特涅、卡斯尔雷与和平问题，1812—1822 /
(美)基辛格(Kissinger，H.)著；冯洁音，唐良铁，毛云译.
—上海：上海译文出版社，2015.10（2023.12重印）
书名原文：A World Restored：Metternich，
Castlereagh and the Problems of Peace，1812—1822
ISBN 978-7-5327-6930-8

Ⅰ.①重… Ⅱ.①基… ②冯… ③唐… ④毛… Ⅲ.
①国际关系史—研究—欧洲—1812～1822 Ⅳ.①D850.9

中国版本图书馆 CIP 数据核字(2015)第 038166 号

本书由上海文化发展基金会项目资助出版

HENRY A. KISSINGER
A WORLD RESTORED
METTERNICH，CASTLEREAGH AND THE PROBLEMS OF PEACE，1812 - 1822

图字：09 - 2013 - 936（4）号

重建的世界
A World Restored
Metternich，Castlereagh and the
Problems of Peace，1812 - 1822

Henry A. Kissinger
亨利·基辛格 著
冯洁音 唐良铁 毛云 译

出版统筹 赵武平
责任编辑 陈 姝 缪伶超
装帧设计 人马艺术设计·储 平

上海译文出版社有限公司出版、发行
网址：www.yiwen.com.cn
201101 上海市闵行区号景路159弄B座
上海中华商务联合印刷有限公司印刷

开本 700×1000 1/16 印张 27.5 插页 6 字数 280,000
2015 年 10 月第 1 版 2023 年 12月第 6 次印刷

ISBN 978 - 7 - 5327 - 6930 - 8/D · 110
定价：99.00 元

如有质量问题，请与承印厂质量科联系，T：021 - 59226000